Internationales Flüchtlingsrecht seit dem Zweiten Weltkrieg

Konzepte, Akteure, Entwicklungslinien

HISTORISCHES KOLLEG

Schriften des Historischen Kollegs

Herausgegeben von Hartmut Leppin

Kolloquien
117

Internationales Flüchtlingsrecht seit dem Zweiten Weltkrieg

Konzepte, Akteure, Entwicklungslinien

Herausgegeben von
Annette Weinke

DE GRUYTER
OLDENBOURG

Das Historische Kolleg fördert im Bereich der historisch orientierten Wissenschaften Gelehrte, die sich durch herausragende Leistungen ausgewiesen haben. Es vergibt zu diesem Zweck jährlich bis zu sechs Fellowships. Darüber hinaus wird alle drei Jahre der „Preis des Historischen Kollegs" verliehen.

Die Fellowships dienen renommierten Wissenschaftlerinnen und Wissenschaftlern dazu, während eines Kollegjahres frei von anderen Verpflichtungen eine größere Arbeit abzuschließen. Professor Dr. Annette Weinke (Jena) war – zusammen mit Professor Dr. Inga Mai Groote (Zürich), Professor Dr. Johannes Heil (Heidelberg), Juniorprofessor Dr. Patrick Merziger (Leipzig), Professor Dr. Detlef Siegfried (Kopenhagen), Dr. Marco Swiniartzki (Jena) – Fellow des Historischen Kollegs im Kollegjahr 2021/2022. Annette Weinke hat aus Ihrem Arbeitsbereich ein Kolloquium zum Thema „Internationales Flüchtlingsrecht nach dem Zweiten Weltkrieg: Konzepte, Akteure, Entwicklungslinien / International Refugee Law after the Second World War: Concepts, Actors, Trajectories" vom 27. Juni bis 30. Juli 2023 gehalten. Die Ergebnisse des Kolloquiums werden in diesem Band veröffentlicht.

Das Historische Kolleg wird seit dem Kollegjahr 2000/2001 – im Sinne einer Public-private-Partnership – in seiner Grundausstattung vom Freistaat Bayern finanziert, die Mittel für die Stipendien kamen bislang unter anderem von der Fritz Thyssen Stiftung, dem Stiftungsfonds Deutsche Bank, der Gerda Henkel Stiftung, der C.H.Beck Stiftung und dem Stifterverband für die Deutsche Wissenschaft. Träger des Historischen Kollegs, das vom Stiftungsfonds Deutsche Bank und vom Stifterverband errichtet und zunächst allein finanziert wurde, ist die „Stiftung zur Förderung der Historischen Kommission bei der Bayerischen Akademie der Wissenschaften und des Historischen Kollegs".

Historisches Kolleg
Kaulbachstraße 15, 80539 München
Tel.: +49 (0) 89 2866 380
Fax: +49 (0) 89 2866 3863
E-Mail: franziska.nicolay-fischbach@historischeskolleg.de
www.historischeskolleg.de

ISBN 978-3-11-166987-8
ISBN (PDF) 978-3-11-167110-9
ISBN (EPUB) 978-3-11-167188-8
ISSN 2190-1392

Library of Congress Control Number: 2025940908

Bibliografische Information der Deutschen Nationalbibliothek
Die Deutsche Nationalbibliothek verzeichnet diese Publikation in der Deutschen Nationalbibliografie; detaillierte bibliografische Daten sind im Internet über http://dnb.dnb.de abrufbar.

Druck und Bindung: CPI books GmbH, Leck
Coverbild: „Twelve Nations sign Refugee Convention". Am 28. Juli 1951 unterzeichneten Vertreterinnen und Vertreter von zwölf Nationen im Palais des Nations in Genf die Konvention über die Rechtsstellung der Flüchtlinge, die von der Weltkonferenz zu Flüchtlingen und Staatenlosen (2. bis 25. Juli 1951) ausgearbeitet wurde. © UN Photo.
Satz: bsix information exchange GmbH, Braunschweig

www.degruyterbrill.com
Fragen zur allgemeinen Produktsicherheit:
productsafety@degruyterbrill.com

Vorwort

Das 20. Jahrhundert wird auch als das „Jahrhundert der Flüchtlinge" bezeichnet. Deutschland stand oftmals im Mittelpunkt dieser Fluchtbewegungen, wurde doch die europäische Flüchtlingskrise nach Ende des Zweiten Weltkriegs maßgeblich durch den deutschen Angriffskrieg und die gewaltsame nationalsozialistische Bevölkerungspolitik in Ost- und Ostmitteleuropa ausgelöst. Während des Kalten Krieges und nach dem Zusammenbruch des Sowjetkommunismus spielten die Bundesrepublik und das vereinigte Deutschland eine wichtige Rolle im Umgang mit Geflüchteten aus Osteuropa und außereuropäischen Regionen. Die interdisziplinäre Tagung, aus der der vorliegende Band hervorgegangen ist, hat sich das Ziel gesetzt, die Genese und Entwicklung des modernen internationalen Flüchtlingsrechts unter Einbeziehung der deutsch-deutschen Nachkriegsgeschichte genauer in den Blick zu nehmen. Für die großzügige Unterstützung danke ich dem Historischen Kolleg München und namentlich Herrn Dr. Karl-Ulrich Gelberg und Frau Dr. Elisabeth Hüls. Ebenfalls herzlich bedanken möchte ich mich bei Herrn Dr. Jörn Retterath und Frau Dr. Franziska Nicolay-Fischbach für die professionelle Ausrichtung der Tagung und Betreuung dieses Bandes.

Jena/ Berlin, im August 2025
Annette Weinke

https://doi.org/10.1515/9783111671109-201

Inhalt

Post-Cold War: Flüchtlingsrecht nach Ende des Kalten Krieges

Abkürzungen

AEMR	Allgemeine Erklärung der Menschenrechte
AEUV	Vertrag über die Arbeitsweise der EU
ALCC	Asian Legal Consultative Committee
AMIF	Asyl-, Migrations- und Integrationsfonds
AuslG	Ausländergesetz
AsylVfg	Asylverfahrensgesetz
AsylVO	Asylverordnung
AsylVfGuaÄG	Gesetz zur Änderung asylverfahrensrechtlicher, arbeitserlaubnisrechtlicher und ausländerrechtlicher Vorschriften vom 6. Januar 1987
BDC	Berlin Document Center
BGBl	Bundesgesetzblatt
BWA	Baptist World Alliance
BVFG	Bundesvertriebenengesetz (Gesetz über die Angelegenheiten der Vertriebenen und Flüchtlinge)
CWS	Church World Service
DDR	Deutsche Demokratische Republik
DM	Deutsche Mark
DPs	Displaced Persons
ECA	Economic Cooperation Administration
EGMR	Europäische Gerichtshof für Menschenrechte
EMRK	Europäische Menschrechtskonvention
EU	Europäische Union
EUV	Vertrag über die Europäische Union
EWZ	Einwandererzentrale
FLN	Front de Liberation Nationale
GEAS	Gemeinsamen Europäischen Asylsystems
GFK	Genfer Flüchtlingskonvention
GG	Grundgesetz
HNO-Arzt	Hals-Nasen-Ohren-Arzt
ICEM	Intergovernmental Committee for European Migration
ICIHI	Independent Commission on International Humanitarian Issues
ICISS	International Commission on Intervention and State Sovereignty

https://doi.org/10.1515/9783111671109-203

IJA	Institute of Jewish Affairs
IRO	International Refugee Organization
IKRK	Internationale Rote Kreutz
KfbG	Kriegsfolgenbereinigungsgesetz
KPD	Kommunistische Partei Deutschlands
LWF	Lutheran World Federation
MCC	Mennonite Central Committee
MFA	Ministry of Foreign Affairs (Außenministerium)
MSF	Médecins sans Frontières
NATO	North Atlantic Treaty Organisation
NCWC	National Catholic Welfare Council
NGO	Non-governmental organization
NRW	Nordrhein-Westfalen
OAU	Organisation für Afrikanische Einheit
PM	Pressmitteilung
QMV	Quality Majority Voting/Qualifizierte Mehrheitsabstimmung
R2P	The Responsibility to Protect
UfJ	Untersuchungsausschuss freiheitlicher Juristen
UN	United Nations
UNO	United Nations Organizationunhcr
UNHCR	United Nations High Commissioner for Refugees
UNRRA	United Nations Relief and Rehabilitation Administration

Einleitung

Annette Weinke

Internationales Flüchtlingsrecht und internationaler Flüchtlingsschutz nach dem Zweiten Weltkrieg

> „Prospects of peaceful mass migrations are today not much more favorable than twenty years ago. People are much more concerned with avoiding the immediate inconveniences which may result from an influx of foreigners than with preventing dangerous agglomerations of masses. These emotions are exploited by demagogues, whereas 'serious' politicians abstain from risking their popularity for such a 'trifling' matter. Even plans of resettling the limited number of displaced persons meet a strong opposition. To plead for a reopening of migration opportunities seems to be preaching in a wilderness. *Sed magna est veritas et praevalet.* Nationalistic phraseology has done much to obscure the basic factor constituting national interest and influencing national feelings and endeavors. People strive mainly to better their living conditions."[1]

Mit diesem pessimistischen Ausblick endet das *Opus magnum* von Eugene M. Kulischer „Europe on Move. War and Population Changes, 1917–1947". Während des 20. Jahrhunderts war die Thematik des internationalen Flüchtlingsschutzes mehrfach wechselnden Konjunkturen unterworfen. Auf einzelne Phasen des großen Engagements und der Hilfsbereitschaft folgten regelmäßig solche der Desillusionierung und Ernüchterung, die dazu führten, dass sich die Staaten von ihren humanitären und rechtlichen Verpflichtungen gegenüber Geflüchteten zurückzogen. Besonders greifbar wurden diese gegenläufigen Tendenzen in der zweiten Hälfte der 1940er-Jahre, als es innerhalb Europas mit schätzungsweise 20 bis 30 Millionen betroffenen Menschen zu einer Flüchtlingskrise kam, die die Ausmaße des Ersten Weltkriegs noch um ein Vielfaches übertraf.[2] Den Vereinten Nationen gelang es

[1] Eugene M. Kulischer: Europe on Move. War and Population Changes, 1917–1947. New York 1948, S. 319.

[2] Während die Forschung auf diesem Feld der Zeitgeschichte lange eher stagnierte, hat sie im letzten Jahrzehnt gerade in Bezug auf die Nachgeschichte des Zweiten Weltkriegs deutlich dazu gewonnen; exemplarisch seien hier genannt: Michael Marrus: Die Unerwünschten. Europäische Flüchtlinge im 20. Jahrhundert. Hamburg 1999; Jessica Reinisch/Elizabeth White (Hrsg.): The disentanglement of populations: migration, expulsion and displacement in Post-War Europe, 1944–49. London 2011; G. Daniel Cohen: In War's Wake. Europe's Displaced Persons in the Postwar Order. New York 2012; Peter Gatrell: The Making of the Modern Refugee. New York 2013; Jochen Oltmer:

https://doi.org/10.1515/9783111671109-001

1943 infolge des amerikanischen Drucks, mit der Gründung der *United Nations Relief and Rehabilitation Organisation* (UNRRA) in wenigen Monaten ein zwar nicht perfektes, im Ganzen aber höchst effektives multilaterales System zur Unterstützung und zum Schutz von europäischen *displaced persons* (DPs) und Flüchtlingen aus dem Boden zu stampfen. Wenige Jahre nach dem Kriegsende setzten sich mehr und mehr politische Nützlichkeitserwägungen und Partikularinteressen durch. Im aufkommenden Klima des Kalten Krieges entspann sich in der sich formierenden internationalen Gemeinschaft eine Kontroverse zwischen denjenigen, die sich für eine Ausweitung und Universalisierung des Flüchtlingsschutzes einsetzten und denjenigen, die auf eine stärkere Regulierung und Kontrolle von Menschen ohne festen Heimatstaat und ohne Staatsbürgerschaft drangen – letzteres mit dem Ziel, ein als temporär wahrgenommenes „Problem" binnen weniger Jahre lösen zu wollen.[3] Die Wahrnehmung der Genfer Flüchtlingskonvention war zeitweise stark von den Ereignissen von 1989 bestimmt, so dass dieser im Westen mitunter sogar eine bedeutende Rolle beim Fall des Eisernen Vorhangs zugeschrieben wurde.[4] Prozesse der Globalisierung und damit verbundene Veränderungen in der geographischen Ausrichtung und Zusammensetzung internationaler Flüchtlingsströme haben jedoch dazu geführt, dass die Bedeutung des Völkerrechts für einen effektiven Flüchtlingsschutz seit etwa zwei Jahrzehnten wieder vermehrt in Frage gestellt wird.[5]

Migration vom 19. bis zum 21. Jahrhundert. Oldenburg 2016; Matthew Frank/Jessica Reinisch (Hrsg.): Refugees in Europe, 1919–1959. A Fourty Years' Crisis? London/New York 2017; Philipp Ther: Die Außenseiter: Flucht, Flüchtlinge und Integration im modernen Europa. Berlin 2017; Peter Gatrell: The Unsettling of Europe. How Migrants shaped a Continent. New York 2019; Agnes Bresselau von Bressensdorf (Hrsg.): Über Grenzen. Migration und Flucht in globaler Perspektive seit 1945. Göttingen 2019; Jan C. Jansen/Simone Lässig: Refugee Crisis. 19452000. Political and Societal responses in International Comparison. New York 2020.

3 Die diskursive Rahmung als „Flüchtlingsproblem" setzte mit Mitte der Dreißigerjahre mit den großen Fluchtbewegungen infolge des Spanischen Bürgerkriegs und der nationalsozialistischen Judenpolitik ein; Jakob Schönhagen: Geschichte der internationalen Flüchtlingspolitik 1945–1975. Göttingen 2023, S. 40.

4 Frank Wolff: Die Mauergesellschaft. Kalter Krieg, Menschenrechte und die deutsch-deutsche Migration 19611989, Berlin 2019.

5 Jüngstes Beispiel der sich seit Jahren verstärkenden Kritik ist ein gemeinsames Schreiben von Staatspräsidenten und Ministerpräsidenten aus neun Mitgliedstaaten des Europarates vom 22. Mai 2025, in dem diese an den Europäischen Menschenrechtsgerichtshof appellieren, seine vermeintlich zu flüchtlingsfreundliche Auslegung der Europäischen Menschenrechtskonvention zu überdenken. Online zugänglich unter: (zuletzt aufgerufen am 05.08.2025); kritisch zu dieser Initiative Peter Hilpold: Challenging Strasbourg: The May 2025 Letter and the Pushback Against the European Court of Human Rights, Verfassungsblog vom 30. Mai 2025. Online zugänglich unter: (zuletzt aufgerufen am 05.08.2025).

Die historische Forschung beschäftigt sich nicht erst seit der so genannten Flüchtlingskrise von 2015 verstärkt mit den historischen Tiefendimensionen des internationalen Flüchtlingsrechts und modernen Flüchtlingsschutzes. Deren Wurzeln gehen auf humanitär-philanthropische Bewegungen des späten 19. Jahrhunderts zurück und wurden mit Gründung des Völkerbunds 1919/20 erstmals Gegenstand internationaler Verhandlungen und Vereinbarungen. Der Zweite Weltkrieg und die sich daraus ergebenden massiven Fluchtbewegungen innerhalb Europas trugen dann nach 1945 maßgeblich dazu bei, dass die *ad hoc*-Instrumente der Zwischenkriegszeit in ein institutionalisiertes Flüchtlingsregime unter dem Schirm der Vereinten Nationen (UNO) überführt wurden. Konzipiert als Bestandteil eines liberalen und multilateralen Weltordnungsentwurfs, der seinerzeit vor allem von den USA als aufsteigender Supermacht ausging,[6] wurde das internationale Flüchtlingsrecht erstmals auf permanente normative Grundlagen gestellt und in eine übergreifende Architektur verschiedener staatlicher und überstaatlicher Organisationen eingebettet. Dazu zählten neben der Allgemeinen Erklärung der Menschenrechte (1948),[7] der Europäischen Menschenrechtskonvention (1950)[8] und dem UNHCR-Statut (1950)[9] auch das Abkommen über die Rechtsstellung der Flüchtlinge (1951)[10] und das Übereinkommen über die Rechtsstellung der Staatenlosen (1954)[11] sowie, gut zwanzig Jahre später, das New Yorker (Ergänzung-)Protokoll von 1967.[12]

Der vorliegende Band, der aus einer internationalen Konferenz im Juli 2023 hervorgegangen ist, verfolgt das Ziel, Vertreterinnen und Vertreter von Rechts- und Geschichtswissenschaft sowie Expertinnen und Experten aus dem Bereich der

6 Am Beispiel visueller Symboliken auf der UN-Gründungskonferenz in San Francisco im Sommer 1945 hat Stephen Wertheim darauf aufmerksam gemacht, dass sich der amerikanische Internationalismus der Nachkriegszeit durch das Bekenntnis zur internationalen Zusammenarbeit und den Anspruch globaler amerikanischer Suprematie ausgezeichnet habe; Stephen Wertheim: Tomorrow, the World. The Birth of U.S. Global Supremacy. Harvard 2020, S. 169; zum Topos des „Globalismus" in den amerikanischen Kriegs- und Nachkriegsdebatten David Kuchenbuch: Globalismen. Geschichte und Gegenwart des globalen Bewusstseins. Hamburg 2023, S. 87–112.

7 Allgemeine Erklärung der Menschenrechte, 10. Dezember 1948, Res. 217 A (III) der UN-Generalversammlung.

8 Konvention zum Schutze der Menschenrechte und Grundfreiheiten, 4. November 1950, BGBl. 1952 II S. 685, 953.

9 Satzung des Amtes des Hohen Kommissars der Vereinten Nationen für Flüchtlinge, 14. Dezember 1950, Res. 428 (V) der UN-Generalversammlung, Anhang.

10 Abkommen über die Rechtsstellung der Flüchtlinge (Genfer Flüchtlingskonvention), 28. Juli 1951, UNTS Bd. 189 S. 150, BGBl. 1953 II S. 560.

11 Übereinkommen über die Rechtsstellung der Staatenlosen, 28. September 1954, UNTS Bd. 360 S.117, BGBl. BGBl. II 1976 S. 473.

12 Protokoll über die Rechtsstellung der Flüchtlinge, 31. Januar 1967, UNTS Bd. 606 S. 267, BGBl. II 1969 S. 1294.

sozialwissenschaftlichen Migrationsforschung miteinander ins Gespräch zu bringen, um aus historischer Perspektive nach Entwicklungslinien und Knotenpunkten des internationalen Flüchtlingsrechts und Flüchtlingsschutzes im 20. und 21. Jahrhundert zu fragen. Gegenstand der hier versammelten Beiträge sind unter anderem die Auswirkungen der Verrechtlichung des modernen Flüchtlingsschutzes sowie dessen (Ent-)Territorialisierung im Zeitalter von Kaltem Krieg und Dekolonisierung. Angesichts der Tatsache, dass es sich bei der Geschichte des modernen Flüchtlingsrechts um ein ebenso spezialisiertes wie disparates Wissensfeld handelt, das an der Schnittstelle zwischen Wissenschaft, Politikberatung und dem juristischen Aktivismus angesiedelt ist, sollen zudem disziplinäre und epistemische Selbstverständnisse der beteiligten Akteurinnen und Akteure näher in den Blick genommen werden.

In diesem einleitenden Beitrag werden die Reaktionen auf das europäische Flüchtlingsproblem nach Ende des Zweiten Weltkriegs beleuchtet sowie die rechtlichen Neuerungen und inhärenten Beschränkungen des Nachkriegssystems des Flüchtlingsschutzes beschrieben . Weitere Abschnitte widmen sich der weitgehend in Vergessenheit geratenen frühen Flüchtlings- und Migrationsforschung und skizzieren die noch blassen Konturen des internationalen Flüchtlingsrechts als Forschungsgegenstand der Gegenwart. Im letzten Abschnitt werden Aufbau und Inhalt dieses Bandes vorgestellt.

Relief, Repatriation, Resettlement: Reaktionen auf das europäische Flüchtlingsproblem Vorarbeiten aus der Völkerbundzeit

Wie die britische Historikerin Jessica Reinisch vor einiger Zeit unterstrich, ging das nach 1945 geschaffene erste ständige internationale Flüchtlingsschutzsystem auf theoretische Konzeptionen und empirische Vorarbeiten zurück, die zum Teil noch in der aktiven Zeit des Völkerbunds entstanden waren.[13] Die Infrastrukturen, die der Völkerbund und dessen Mitgliedstaaten seit Beginn der 1920er-Jahre nach und nach aufgebaut hatten, zeichneten sich durch eine Fülle verschiedener Einrichtungen aus, die jeweils *ad hoc* eingesetzt wurden, um auf das Aufkommen immer neuer Flüchtlingswellen zu reagieren. Vorbild für diese Form der improvisierten, auf einzelne Nationalitäten und Staatenlose bezogenen Hilfe (*relief*) war das 1921 ge-

[13] Jessica Reinisch: Old Wine in New Bottles? UNRRA and the Mid-Century World of Refugees. In: Frank/ Reinisch (Hrsg.): Refugees in Europe, S. 147–177; siehe auch Claudena Skran/Evan Easton-Calabria: Historical Development of International Refugee Law. In: Andreas Zimmermann/Terje Einarsen (Hrsg.): The 1951 Convention Relating to the Status of Refugees and its 1967 Protocol. Oxford 2024², S. 3–38.

gründete Nansen-Büro, das sich zunächst vor allem um russische und armenische Flüchtlinge sowie um Staatenlose kümmern sollte.[14] Unter dem Eindruck der Weltwirtschaftskrise und einer damit verbundenen, weithin sichtbaren Verelendung vieler Flüchtlinge in Europas Metropolen arbeitete eine *Intergovernmental Commission* seit Anfang der 1930er-Jahre an einer Kodifizierung des Flüchtlingsschutzes. Mit dem Abkommen über die internationale Rechtsstellung der Flüchtlinge von 1933[15] wurde erstmals ein verbindliches internationales Flüchtlingsrecht geschaffen. Während die internationale Staatengemeinschaft mit dem so genannten Fremdenrecht bis dahin hauptsächlich Handelsreisende und grenzüberschreitend tätige Wirtschaftsvertreter im Blick hatte, sind die Flüchtlinge nun unter ein menschenrechtliches Regime gestellt worden, das ihren besonderen Bedürfnissen und Vulnerabilitäten Rechnung trug, so unter anderem durch eine Vorform des Zurückweisungsverbots („non-refoulement").[16]

Nach dem spektakulären Rücktritt des Diplomaten James Grover McDonald vom Amt des *High Commissioner for Refugees (Jewish and Other) Coming from Germany* im Dezember 1935[17] scheiterte 1938 die auf Initiative des US-Präsidenten Franklin D. Roosevelt veranstaltete internationale Flüchtlingskonferenz in Évian.[18] In Évian berieten die Vertreter von 32 Staaten und 71 Hilfsorganisationen. Die teilnehmenden Staaten verband in erster Linie das gemeinsame fehlende Interesse an Einwanderung; auf eine Selbstverpflichtung zur Aufnahme verfolgter Juden und Jüdinnen konnten sie sich hingegen nicht einigen.[19] Danach verstärkte sich jedoch die Kritik am Aufbau und Mandat des Flüchtlingsschutzes unter dem Dach des Völkerbunds. Innerhalb wie außerhalb der Organisation wurde nun vermehrt an Me-

[14] Claudena Skran: Refugees in Interwar Europe. The Emergence of a Regime. New York 1995; Kathrin Kollmeier: Das Nansen-Zertifikat. Ein ambivalentes Schlüsseldokument des ersten internationalen Flüchtlingsregimes. In: Zeithistorische Forschungen/Studies in Contemporary History, Online-Ausgabe, 16 (2019), H. 2. Online zugänglich unter: (zuletzt aufgerufen am 11.07.2025); Miriam Rürup: Flucht und Einbürgerung. Staatenlosigkeit und das rechtliche Erbe zweier Weltkriege. In: Geschichte der Gegenwart vom 24. September 2017. Online zugänglich unter: (zuletzt aufgerufen am 05.08.2025).

[15] Convention relating to the International Status of Refugees, 28. Oktober 1933, LNTS Bd. CLIX No. 3663.

[16] James C. Hathaway: The Rights of Refugees under International Law. New York 2021, S. 23.

[17] Richard Breitman (Hrsg.): Advocate for the Doomed: The Diaries and Papers of James G. McDonald 1935–1945. Bloomington 2009.

[18] Martin Jost: Erwartungen an Évian. Jüdische Positionen zur Flüchtlingspolitik 1938. Göttingen 2024.

[19] Roland Bank: Die Bedeutung der Genfer Flüchtlingskonvention nach (fast) 70 Jahren – Gedanken des UNHCR Deutschland zum Flüchtlingsrecht im Jahr 2020. In: Uwe Berlit/Michael Hoppe/Winfried Kluth (Hrsg.), Jahrbuch des Migrationsrechts für die Bundesrepublik Deutschland 2020, 2021, S. 331–346, S. 335.

moranden, Berichten und Gutachten gearbeitet, die sich für eine grundlegende Reform aussprachen. Gemeinsamer Ausgangspunkt der damaligen Überlegungen war, das Völkerbundsystem, das als ineffektiv und hoffnungslos politisiert angesehen wurde, auf neue strukturelle, materielle und ideelle Grundlagen zu stellen. Das Abkommen über die Rechtsstellung der Flüchtlinge aus Deutschland von 1938[20] ähnelte zwar dem Abkommen von 1933 in Text, Inhalt und Stil. Es wurde aber nur von zwei Staaten ratifiziert, und seine Wirkung war weitaus geringer als die des Abkommens von 1933.[21]

Die Flüchtlingskrise des Zweiten Weltkriegs

Der Ausbruch des Krieges vergrößerte nochmals den Handlungsdruck für die Gegner der Achsenmächte Deutschland und Italien, der sich abzeichnenden größten Flüchtlingskrise in der Geschichte der Menschheit frühzeitig etwas entgegenzusetzen. Verschiedene Analysten, die seit Anfang der 1940er-Jahre im Auftrag der britischen und amerikanischen Regierungen in die Planungen für den Wiederaufbau Europas nach Kriegsende einbezogen waren, warnten in zum Teil schrillen Tönen vor apokalyptischen Zuständen und dem Chaos ungeregelter Flüchtlingsströme in den vom Nationalsozialismus befreiten Gebieten. Ein Bericht von 1943, der im Auftrag der britischen Fabian Society, ein sozialistischer Thinktank, entstand, stellte das zu erwartende Aufkommen von bis dahin nicht erreichten Flüchtlingszahlen auf dem europäischen Kontinent als die größte Herausforderung für die Zeit nach der deutschen Niederlage dar: „The scale of the refugee problem will be the biggest human problem with which we shall be faced in re-ordering the world after the war."[22] Die zu erwartenden, alles bisherige übertreffenden Dimensionen seien geeignet „to cause the heart sink and beside it the re-organization of the world's economic life may well seem a simple matter", befand Kenneth G. Brooks, einer der Autoren.[23] Gewarnt wurde auch vor den Auswirkungen unkontrollierter Massenmigration auf die Bevölkerungsgesundheit. So sei zu befürchten, dass es durch das Umherziehen unterernährter, verarmter und heimatloser Menschen an vielen Orten zu Verteilungskämpfen um knappe Lebensmittel, Hungersnöten und Seuchen kommen könne.

[20] Convention concerning the Status of Refugees Coming From Germany, 10. Februar 1938, LNTS Bd. CXCII No. 4461 S. 59.

[21] Skran/Easton-Calabria: Historical Development, Rn. 96 f. (wie Anm. 13).

[22] Zit nach Reinisch: Old Wine, S. 152 (wie Anm. 13).

[23] Ebd.

Die mit Abstand düstersten Prognosen entwarf der eingangs zitierte Eugene Kulischer. Dessen Studie „The Displacement of Populations in Europe", die er 1943 im Auftrag des *International Labor Office* (ILO) verfasste,[24] stellte die im Ganzen durchaus realistische Berechnung auf, die Alliierten würden es nach Kriegsende mit einer Gesamtzahl von etwa 40 Millionen Flüchtlingen und Vertriebenen zu tun haben. Dabei ging Kulischer von gut 30 Millionen DPs aus, darunter 6,5 Millionen im Deutschen Reich befindliche osteuropäische Zwangsarbeiter und gut zwei Millionen alliierte Kriegsgefangene auf deutschem Boden. Auch demobilisierte Soldaten, kriegsgefangene Militärangehörige der Achsenmächte sowie ausgebombte deutsche und italienische Zivilisten bezog er in seine damaligen Kalkulationen mit ein. Angesichts der erwarteten quantitativen Dimensionen der kommenden Flüchtlingskrise legte Kulischer den alliierten Mächten nahe, so rasch wie möglich eine internationale Behörde zu schaffen, die sich um deren materielle und gesundheitliche Versorgung, Rückführung und Neuansiedlung kümmern solle.

Im November 1943 wandte sich der amerikanische Präsident Franklin D. Roosevelt an die Vertreter der „Vereinten Nationen" der Anti-Hitler-Koalition und forderte diese dazu auf, den Opfern der „deutschen und japanischen Barbarei" ihre Unterstützung zukommen zu lassen.[25] Entsprechend Roosevelts Appell wurde anderthalb Jahre vor Kriegsende die UNRRA ins Leben gerufen. Obwohl das Mandat der Einrichtung über die engere Flüchtlingshilfe hinausreichte und zudem nur an eine befristete Lebensdauer von zwei bis drei Jahren gedacht war, stellte deren Gründung eine Zäsur und bedeutende Wegmarke in der Entwicklung des internationalen Flüchtlingsschutzes dar. Abgesehen davon, dass es sich um die bis dahin größte und am besten ausgestattete Organisation handelte, konnte sie auch auf die Unterstützung der künftigen „four policemen" USA, Großbritannien, Sowjetunion, China und vierzig weiterer Staaten zählen. Ganz dem internationalistischen Zeitgeist verpflichtet, wurden ökonomischer Wiederaufbau, die Wiederinbetriebnahme industrieller Produktionsstätten und Rekultivierung landschaftlicher Anbauflächen sowie die Rückführung der Flüchtlinge (*repatriation*) als große Gemeinschaftsaufgabe einer sich formierenden Weltorganisation aufgefasst, deren Dienste einzelne Staaten bei Bedarf anfordern konnten.[26]

Das grundsätzlich Neue am Ansatz der UNRRA bestand somit darin, dass die Lösung der Flüchtlingskrise als staatenübergreifende Herausforderung begriffen wurde, die zumindest für einen beschränkten Zeitraum eine verstärkte intergouvernementale Zusammenarbeit erforderlich machte. Die wirtschaftlichen Wiederaufbaupläne, die Wahrnehmung der Entwurzelten als dringend benötigte Arbeits-

[24] Eugene M. Kulischer: The Displacement of Populations in Europe. Montreal 1943.

[25] Zit. nach Peter Gatrell: The Making of the Modern Refugee. Oxford 2013, S. 95.

[26] Reinisch: Old Wine, S. 149 (wie Anm. 13).

kräfte sowie die Erwartung eines gigantischen Flüchtlingschaos im Zentrum Europas führten in der Gesamtheit dazu, dass die UNRRA bei der Gewährung von Flüchtlingshilfe zunächst ganz darauf setzte, die Hilfsberechtigten so rasch und effizient wie möglich in ihre früheren Heimatländer zurückzuführen.[27] Allein in den ersten zwei Monaten nach Kriegsende organisierte UNRRAs in Deutschland operierende DP-Abteilung den Rücktransport von 2,3 Millionen Menschen in ihre Herkunftsstaaten, das umfasste fast die Hälfte aller dort lebenden DPs.[28] Bis zum Sommer 1946 „repatriierten" die Westalliierten rund 450.000 Polen.[29] Binnen zwölf Monaten wurden außerdem an die 5 Millionen Sowjetbürger in die Sowjetunion zurückgeführt, darunter neben Russen auch Ukrainer und Weißrussen.[30] Allein in der französischen Zone erreichte die Zahl repatriierter französischer Staatsbürger während der Sommermonate 1945 Tagesquoten von bis zu 32.000 Personen.[31] Sonderregelungen galten anfangs allein für jüdische Holocaust-Überlebende aus Ost- und Ostmitteleuropa, die von allen Alliierten als „extraterritorial" und damit als nicht geeignet für die Repatriierung angesehen wurden.[32]

Ringen um den Flüchtlingsbegriff und „nicht-repatriierbare" Flüchtlinge

Auch wenn zum damaligen Zeitpunkt unter den Alliierten ein grundsätzlicher Konsens bestand, dass entwurzelte Staatsbürger von Verbündeten an ihre Herkunftsstaaten zurückzuführen waren, wurden mit dieser Vorgehensweise staatliche Interessen über die Menschenrechte des einzelnen Flüchtlings gestellt. Entsprechend der damals vorherrschen ‚internationalistischen' Sichtweise galt die Flüchtlingshilfe als eine rein „technische" Frage, die angeblich keine politischen Implikationen besaß.[33] Mit diesem Selbstverständnis ging in den ersten Nachkriegsjahren ein breiter, bewusst unspezifisch gehaltener DP- und Flüchtlingsbegriff einher. Grundsätzlich sollten all jene Personengruppen den Status von DPs erhalten, die, wie bereits die Konvention von 1933 festgelegt hatte, den ursprünglichen Schutz ihrer Her-

[27] Nach Berechnung G. Daniel Cohens fielen bei Kriegsende allein auf deutschem Territorium 8 Millionen Personen unter das UNRRA-Mandat; Cohen: In War's Wake, S. 5.

[28] Reinisch: Old Wine, S. 163 (wie Anm. 13).

[29] Gatrell: Making, S. 95 (wie Anm. 25).

[30] Gatrell: Unsettling, S. 37 (wie Anm. 2).

[31] Ebd.: S. 36.

[32] Andrew Paul Janco: ‚Unwilling': The One-World Revolution in Refugee Status, 1940–51. In: Contemporary European History 23 (August 2014), 3, S. 429–446, S. 432; zur Situation jüdischer Minderheiten im Nachkriegseuropa auch Dieter Gosewinkel: Schutz und Freiheit? Staatsbürgerschaft in Europa im 20. und 21. Jahrhundert. Berlin 2016, S. 402–413.

[33] Schönhagen: Internationale Flüchtlingspolitik, S. 55 (wie Anm. 3).

kunftsstaaten verloren hatten, weil sie entweder durch Kriegseinwirkungen ihre angestammten Heimatländer verlassen mussten oder innerhalb des eigenen Landes vertrieben worden waren.[34] Lediglich Angehörige der früheren Feindstaaten und Kollaborateure waren von dieser Regelung ausgenommen.[35]

Die sich verschärfenden Spannungen zwischen den ehemaligen Verbündeten und ein nicht enden wollender Strom von DPs aus Gebieten, die ursprünglich von der Roten Armee befreit worden waren, trugen schließlich dazu bei, dass sich der ursprüngliche flüchtlingspolitische Konsens immer mehr abschwächte und schließlich ganz zerbrach. Dabei entzündete sich der Streit an einer größeren Gruppe von Flüchtlingen, die in der Sprache der Zeit als „nicht-repatriierbar" galten, weil sie entweder keinen Schutzstaat hatten oder aus unterschiedlichen Gründen nicht in diesen zurückkehren wollten. Im Dezember 1946, als mit der *International Refugee Organisation* (IRO) als Nachfolgerin der UNRRA eine neue Sonderorganisation der Vereinten Nationen die Aufgaben der Registrierung und Versorgung europäischer DPs übernahm, befanden sich immerhin noch gut 660.000 Menschen auf den Gebieten der westlichen Besatzungsmächte, die es überwiegend ablehnten, sich in die Sowjetunion und die von ihr beanspruchten Gebiete zwangsrepatriieren zu lassen.[36] Neben etwa 140.000 jüdischen Überlebenden aus Ostmitteleuropa befanden sich laut UNRRA-Statistiken unter den so genannten Nicht-Repatriierbaren etwa 270.000 Polen, 93.000 Letten, 57.000 Litauer, 45.000 Russen und Ukrainer, 19.000 Jugoslawen, 28.000 Esten sowie knapp 1000 Tschechen und Slowaken.[37] Während die osteuropäischen Juden vielfach wegen eines in ihren Heimatländern weiterhin virulenten, vielfach gewalttätigen Antisemitismus in die westlichen Teile Deutschlands geflohen waren, stellten sich die Motivlagen der nicht-jüdischen Osteuropäer oftmals komplexer dar. Abgesehen davon, dass sich viele als Opfer einer stalinistischen Nationalitätenpolitik sahen, die mit ihren Bevölkerungsverschiebungen und Massendeportationen auf eine rücksichtslose „Russifizierung" des so-

[34] Die Begriffe Flüchtling und Displaced Person – letzterer wird im allgemeinen auf Kulischer zurückgeführt – waren 1943 in der alliierten Behördensprache etabliert. Sie umfassten verschiedene Formen der Zwangsmigration: Unter Flüchtlingen wurden Nansen-Flüchtlinge, Kriegsflüchtlinge, jüdische Flüchtlinge und staatenlose Personen verstanden – beide Gruppen im Sinne rassisch, religiös und politisch Verfolgter; als DPs galten indes vor allem Kriegsgefangene, Zwangsarbeiter, Zivilinternierte, evakuierte Personen, vertriebene Bevölkerungen, politische Häftlinge und „Residualflüchtlinge", für die eine neue Heimat gefunden werden musste; Reinisch: Old Wine, S. 153 (wie Anm. 13).

[35] In einem im Februar 1945 in Jalta getroffenen geheimen Zusatzabkommen hatten sich die Alliierten verpflichtet, sowjetische DPs ungeachtet ihrer individuellen Wünsche auf das Territorium der Sowjetunion zurückzuführen: Janco: ‚Unwilling', S. 433 (wie Anm. 32).

[36] Gatrell: Making, S. 23 (wie Anm.25).

[37] Ebd.

wjetischen Macht- und Einflussbereichs zielte, war auch die Angst groß, im Zuge geheimdienstlicher „Filtrierungsmaßnahmen" als Klassenfeind, Agent oder Kriegsverbrecher identifiziert und in eines der zahlreichen stalinistischen Zwangsarbeits- und Umerziehungslager eingewiesen zu werden.[38] Tatsächlich bedienten sich die Moskauer Führung und ihre Verbündeten in der Folgezeit neben dem Vorwurf, der Westen wolle die DPs als billige (Zwangs-)Arbeitskräfte in der kapitalistischen Marktwirtschaft nutzen, auch des Arguments, die Westmächte würden die in Jalta getroffenen Abmachungen zur Rückführung verletzen, weil sie Kollaborateure und Kriegsverbrecher schützen wollten.[39]

Die hohen Kosten, die Großbritannien bei der Umsetzung der Repatriierungspflichten entstanden, sowie tiefgreifende Meinungsverschiedenheiten im Umgang mit Nicht-Repatriierbaren innerhalb des Londoner Kabinetts führten schließlich dazu, dass die britische Delegation das Thema auf die Agenda der UN-Generalversammlung setzte.[40] Die erste Debatte fand im Februar 1946 statt. Wie Andrew Paul Janco anhand von UNO-Protokollen herausgearbeitet hat, kam es vor allem aufgrund amerikanischen Drucks zu einigen entscheidenden konzeptionellen und inhaltlichen Verschiebungen in der Definition des internationalen Flüchtlingsbegriffs, die wesentliche Elemente der späteren UN-Flüchtlingskonvention vorwegnahmen. Dabei spielte neben humanitären Erwägungen auch der Gesichtspunkt eine Rolle, dass sich insbesondere Washington im Laufe des Jahres 1945 mehr und mehr von zentralen Festlegungen des Jalta-Abkommens entfernte, da man die Repatriierung von Balten und Polen mittlerweile als implizite und damit nicht wünschenswerte Anerkennung der völkerrechtswidrigen stalinistischen Annexionen im Zuge des Hitler-Stalin-Pakts von 1939 einstufte.[41] Grundsätzlich spiegelte sich in der gewandelten amerikanischen Haltung somit die zeittypische Hinwendung zu einer westlichen Kalter-Kriegs-Ideologie des Anti-Totalitarismus wider, die tendenziell die Opfer des Nationalsozialismus und Kommunismus auf eine Stufe stellte.

Noch bevor es zwischen den früheren Verbündeten der Anti-Hitler-Koalition zum endgültigen Bruch kam, taten sich in der Flüchtlingsfrage unüberbrückbare Gegensätze zwischen Ost und West auf. So hielt die UN-Generalversammlung in ihrer Resolution „Questions of Refugees"[42] fest, dass Geflüchtete auch das individuelle Recht hätten, sich ihrer Repatriierung zu widerzusetzen, sofern sie dafür triftige Gründe vorbringen könnten.[43] Während der nächsten Monate traten die Delegier-

[38] Ebd.: S. 37.

[39] Schönhagen: Internationale Flüchtlingspolitik, S. 61 (wie Anm. 3).

[40] Janco: ‚Unwilling', S. 436 (wie Anm. 32).

[41] Ebd.: S. 431.

[42] UN Dok. A/RES/8(I), 12. Februar 1946.

[43] Ebd.: S. 437.

ten des *Special Committee on Refugees and Displaced Persons*[44] dann mehrere Male zu ausgedehnten Verhandlungen im Londoner *Church House* zusammen, um über eine Nachfolgeorganisation der UNRRA zu beraten. Gegen den Widerstand der Sowjetunion und ihrer Verbündeten wurde Anfang Mai ein Definitionsvorschlag angenommen, der den Flüchtlingsstatus zum einen an die „Verfolgung oder Angst vor Verfolgung wegen Rasse, Religion, Nationalität oder politischer Überzeugung" knüpfte. Zum anderen stimmte eine Mehrzahl der Mitglieder ausdrücklich einer Klausel zu, die dem Einzelnen das Recht zuerkannte, sich nicht gegen seinen Willen unter den Schutz seines Heimatstaats begeben zu müssen.[45] Nachdem die Sowjetunion daraufhin ihren Austritt aus dem 1938 gebildeten *Intergovernmental Committee on Refugees* (*Comité d'Évian*) bekannt gab,[46] einigten sich die Westalliierten einseitig und ohne Absprache mit den Sowjets auf einen festen Zeitrahmen für die Gewährung des DP-Status: Als letztes Eintrittsdatum für die amerikanische Zone galt nun der 1. Juli 1946, während die Briten den 1. Juni 1946 zum „cut-off-point" erklärten.[47]

Wie der ukrainische Historiker Roman Syrota anhand britischer Dokumente herausgearbeitet hat, führten Proteste ukrainischer Organisationen wie dem *Central Ukrainian Relief Bureau* (CURB) gegen die beabsichtigte Zwangsrepatriierung von Sowjetbürgern ukrainischer Herkunft zeitweise zu einigen Unstimmigkeiten zwischen den westlichen Besatzungsbehörden und den für Osteuropa zuständigen UNRRA-Missionen. Ein sich verstärkender Antikommunismus sowie das Gerücht, die Sowjets würden ihre Repatriierungsbüros für Spionageaktivitäten nutzen, trugen dazu bei, dass sich die britischen Behörden von ihrer rigiden Rückführungspraxis gegenüber Ukrainern und Balten verabschiedeten. Damit stimmten sie implizit einem erweiterten Flüchtlingsbegriff zu, der sich zumindest in Bezug auf Ost- und Ostmitteleuropa über nationale Zugehörigkeiten hinwegsetzte.[48] Bereits lange

44 Eingesetzt durch den Wirtschafts- und Sozialrat durch Resolution vom 16. Februar 1946, entsprechend der Empfehlung der Generalversammlung in der Resolution „Questions of Refugees", A/RES/8(I), 12. Februar 1946, (b).

45 Janco: ‚Unwilling', S. 442 (wie Anm. 32).

46 Die Sowjetunion gehörte auch nicht zu den nur 18 Mitgliedstaaten der International Refugee Organization (IRO), einer Sonderorganisation der Vereinten Nationen, die das Intergovernmental Committeon Refugee ersetzte, s. Göran Melander: Stichwort „International Refugee Organization (IRO)", in: Anne Peters/ Rüdiger Wolfrum (Hrsg.): Max Planck Encyclopedia of Public International Law, Oxford 2007, Rn. 2 f.

47 Reinisch: Old Wine, S. 163 (wie Anm. 13).

48 Ich danke Roman Syrota von der Ivan Franko National University, Lwiw, vielmals für die Überlassung seines Vortragsmanuskripts „Managing ‚Undefined' Displaced Populations in Post-War British Policy, 1945-1948"; das Paper wurde auf der Pariser Konferenz „1945-2025. War and Post-War(s). Contemporary Perspectives on the post WWII World" am 18. Juni 2025 verlesen.

vor Inkrafttreten der Genfer Flüchtlingskonvention von 1951 im Jahre 1954 räumten Briten und Amerikanern daher Personen, die sich gegen ihre Einstufung als Sowjetbürger und eine daraus folgende Überstellung an die Sowjetunion als „Schutzstaat" wehrten, die Möglichkeit ein, sich diesem Schutz aus persönlichen Gründen zu entziehen. Ungeachtet des prononcierten Einspruchs des deutschfreundlichen *World Council of Churches* (WCC) stuften die Westalliierten die aus ihren osteuropäischen Herkunftsregionen vertriebenen ethnischen Deutschen weder vor noch nach 1954 als Anspruchsberechtigte der internationalen Flüchtlingshilfe ein (*resettlement*).[49] Angesichts der Tatsache, dass spätestens mit Gründung der Bundesrepublik im Jahr 1949 ein Aufnahmestaat zur Verfügung stand, stellte man sich auf den Standpunkt, die etwa 12 Millionen deutschen „Vertriebenen" als Konnationale zu betrachten, für deren Versorgung und Integration die westdeutschen Länder und Kommunen zuständig seien.[50] Ebenso wie die deutschen Flüchtlinge aus Polen und der Tschechoslowakei blieben auch aus Bulgarien abgeschobene Türken, Italiener aus der umstrittenen Friaul-Julisch-Venetien-Region sowie jene 20.000 griechischen und makedonischen Kinder, die die griechischen Kommunisten im Zuge des Bürgerkriegs nach Osteuropa deportiert hatten, vom UNHCR-Mandat ausgeschlossen.[51]

Das Nachkriegssystem des Flüchtlingsschutzes: Rechtliche Neuerungen und inhärente Beschränkungen

Das Nachkriegssystem des Flüchtlingsschutzes brachte rechtlich entscheidende Neuerungen: Mit dem Amt des Hohen Kommissars der Vereinten Nationen für Flüchtlinge (*Office of the United Nations High Commissioner for Refugees*) schuf die Generalversammlung der Vereinten Nationen 1950 eine Flüchtlingsorganisation mit einem allgemeinen, also nicht situationsabhängigen Mandat für Flüchtlinge.[52] Diese humanitäre Einrichtung der Staatengemeinschaft ist formal ein Nebenorgan der UN-Generalversammlung. Die Vertragsstaaten der Genfer Flüchtlingskonvention von 1951[53] übertrugen dem Hochkommissariat die Beobachtung der Umsetzung

[49] Zur Rolle des WCC in der Amnestiekampagne für deutsche Verurteilte der alliierten Kriegsverbrecherprozesse Brandon Bloch: Reinventing Protestant Germany. Religious Nationalists and the Contest for Post-Nazi Democracy. Harvard 2025, S. 114–116. Die USA wurden 1968 Vertragspartei des New Yorker Protokolls von 1967 (siehe Anm. 12). Online zugänglich unter: (zuletzt aufgerufen am 12.07.2025).

[50] Gatrell: Unsettling, S. 53 (wie Anm. 2).

[51] Gatrell: Making, S. 90 (wie Anm. 25).

[52] Siehe Anm. 9.

[53] Siehe Anm. 10.

der Konvention.[54] Zudem wurde in Art. 33 der Konvention von 1951 ein allgemeines Refoulement-Verbot verankert, das eine Abweisung an der Grenze ohne Prüfung des Schutzbedarfs verbietet. Ein Abschiebeverbot war zwar war bereits in Art. 45 der IV. Genfer Konvention zum Schutze von Zivilpersonen in Kriegszeiten von 1949[55] aufgenommen worden, aber dieses war eben auf Kriegszeiten beschränkt. Die Genfer Flüchtlingskonvention stellt die erste umfassende Kodifikation des Non-Refoulement-Prinzips dar.[56] Zudem wurde in der Genfer Flüchtlingskonvention ein Mindestniveau als Rechtsstatus festgeschrieben.

Eine wichtige Besonderheit der Genfer Flüchtlingskonvention ist, dass sie eine altruistische Pflichtenstruktur aufweist, und zwar in zweifacher Hinsicht.[57] Die Konvention ist zum einen eines der ersten multilateralen Abkommen der Vereinten Nationen, das auch der Einzelperson Rechte zuspricht. Sie enthält weder bloße Staatenverpflichtungen noch spricht sie Menschen nur als Angehörige einer Gruppe Rechte zu, wie etwa die Völkermordkonvention von 1948.[58]

Der altruistische Ansatz der Genfer Flüchtlingskonvention zeigt sich zum anderen strukturell darin, dass ihre Vertragsparteien, anders als bei Menschenrechtsschutzverträgen wie etwa dem UN-Pakt über bürgerliche und politische Rechte,[59] gerade nicht dafür einstehen, selbst keine Verfolgungshandlungen im Sinne der Konvention vorzunehmen. Vielmehr verpflichten sie sich, Schutz vor Verfolgung seitens eines anderen Staates (oder nicht-staatlichen Akteurs) zu gewährleisten. Die Pflichtenstruktur der Genfer Flüchtlingskonvention ist somit strukturell anders als bei „normalen“ Menschenrechtschutzverträgen. Dort haftet die jeweilige Vertragspartei grundsätzlich nur für eigene Menschenrechtsverstöße, das aber *erga omnes* oder *erga omnes partes*, also auch im Verhältnis zu allen anderen Vertragsstaaten. Mangels eines originären Eigeninteresses am Schutz der Menschenrechte der von der Genfer Flüchtlingskonvention geschützten Personen bildet der Flüchtlingsschutz dann auch einen der ersten Bereiche, in denen die Einhaltung und gegebenenfalls Fortentwicklung der entsprechenden völkerrechtlichen Garantien in als schwierig wahrgenommenen Zeiten in Frage gestellt wird.[60]

[54] Art. 35 GFK.
[55] Genfer Abkommen zum Schutze von Zivilpersonen in Kriegszeiten, 12. August 1949, UNTS Bd. 75 S. 287, BGBl. 1954 II S. 917, ber. 1956 II S. 1586.
[56] Andreas Zimmermann/Franziska Herrmann: 70 Jahre Genfer Flüchtlingskonvention: Versuch einer Bilanz, Informationsbrief Ausländerrecht 43 (2021) 6, S. 221–227, S. 223.
[57] Ebd., S. 222.
[58] Konvention über die Verhütung und Bestrafung des Völkermordes, 9. Dezember 1948, UNTS Bd. 78 S. 277, BGBl. 1954 II S. 730.
[59] Internationaler Pakt über bürgerliche und politische Rechte, 19. Dezember 1966, UNTS Bd. 999 S. 171, BGBl. 1973 II S. 1534.
[60] Zimmermann/Herrmann, Flüchtlingskonvention, S. 222 (wie Anm. 56).

Mit dieser Pflichtenstruktur und dem Wesen der grenzüberschreitenden Flucht oder, anders formuliert mit dem Element der Definition des Ausdrucks „Flüchtling“, wonach sich die geschützte Person „außerhalb des Landes“ befinden muss, deren „Staatsangehörigkeit sie besitzt“, hängt zusammen, dass die Inhaber der Rechte aus der Genfer Flüchtlingskonvention, vom politischen Meinungsbildungsprozess des Aufnahmestaates, dessen Staatsangehörige sie ja definitionsgemäß nicht sein können, ausgeschlossen sind. Damit sind sie aber auch nicht in der Lage, auf politischem Wege die Einhaltung der durch die Ratifikation der Genfer Flüchtlingskonvention eingegangenen völkerrechtlichen Verpflichtungen sicherzustellen.[61]

Im Unterschied zu den Menschenrechtsverträgen der Vereinten Nationen mit ihren *Treaty Bodies* verfügt die Genfer Flüchtlingskonvention auch nicht über ein vertragliches Überwachungsorgan. Zwar ist das UN-Flüchtlingskommissariat, wie gesagt, mit der Überwachung der Durchführung der Konvention betraut. Dieses ist aber zugleich im Wesentlichen auf die finanzielle Unterstützung gerade der finanzstarken Aufnahmeländer angewiesen. Es handelt sich hier um kein unabhängiges Überwachungsorgan in Form eines *Treaty Body,* das in einem regelmäßigem Turnus die Einhaltung der Verpflichtungen durch die einzelnen Vertragsparteien überwachen würde oder gar für die Entgegennahme von Individualbeschwerden zuständig wäre.[62]

Abgesehen von diesem institutionellen Defizit zeigten sich bereits 1951 weitere der Genfer Flüchtlingskonvention inhärente Beschränkungen, insbesondere die Nichtberücksichtigung von Binnenvertriebenen und fehlende Vorgaben für Flüchtlingsanerkennungsverfahren. Hinzu kam die Beschränkung auf Flüchtlinge, die aufgrund von Ereignissen, die vor dem Jahr 1951 lagen, geflohen waren und zudem auf solche Flüchtende, die aufgrund von Ereignissen in Europa Schutz suchten. Letzteres zeigt die eurozentristische Perspektive der Konvention, die erst im Jahr 1967 nach dem Abschluss des historischen Prozesses der Dekolonialisierung durch das New Yorker Protokoll von 1967 aufgehoben wurde.[63] Mit dem New Yorker Protokoll wurden die geographischen und temporären Beschränkungen der Genfer Flüchtlingskonvention beseitigt und die Konventionsverpflichtungen aus dem Nachkriegskontext herausgelöst.[64]

[61] Ebd., S. 222.
[62] Ebd., S. 222.
[63] Siehe Anm. 12, siehe auch Zimmermann/Herrmann, Flüchtlingskonvention, S. 222 (wie Anm. 56).
[64] Bank:, S. 336.

Flucht- und Migrationsforschung *avant la lettre* und ihre Nachwirkungen

Das einleitend zitierte Buch Kulischers[65] erschien nicht zufällig 1948, einem Schlüsseljahr im Ost-West-Konflikt wie auch erster Höhepunkt der innereuropäischen Flüchtlingskrise.[66] Der Autor, ein heute weitgehend vergessener Migrations- und Bevölkerungswissenschaftler, begriff die europäische Geschichte des frühen zwanzigsten Jahrhunderts als einen Gesamtzusammenhang von demographischen Krisen und daraus folgenden kriegerischen Expansionsbestrebungen, grenzübergreifenden Fluchtbewegungen und ethnisch-religiösen Konflikten. Geboren 1881 in Kiew als Sohn des bekannten Historikers und Ethnologen Michail Kulischer, studierte der junge Kulischer, damals noch Jewgeni, zunächst Rechtswissenschaften im zaristischen Sankt Petersburg. Drei Jahre nach der Oktoberrevolution zog es ihn wie viele andere jüdisch-russische Intellektuelle in die deutsche Hauptstadt. Inspiriert vom innovativen und wissenschaftsfreundlichen Klima Preußens und der jungen Weimarer Republik begann er sich alsbald mit bevölkerungswissenschaftlichen Themen und der Geschichte globaler Wanderungsbewegungen zu beschäftigen. 1932 veröffentlichten Jewgeni, nun Eugene, und sein jüngerer, ebenfalls in Berlin lebender Bruder Alexander ihr erstes und letztes gemeinsames Buch unter dem Titel „Kriegs- und Wanderzüge. Weltgeschichte als Völkerbewegung" bei Walter de Gruyter.[67]

Kurz nach der nationalsozialistischen Machtergreifung setzten sich beide Gelehrte zunächst nach Dänemark, dann nach Frankreich ab. Während es Jewgeni 1941 gelang, das Land in Richtung Vereinigte Staaten zu verlassen, blieb Alexander im nichtbesetzten Teil zurück. Er wurde von französischen Polizeikräften verhaftet und verstarb einige Zeit später im Durchgangslager Drancy.[68] Nach der Ankunft in den USA stieg Eugene Kulischer rasch zu einem vielgefragten Experten für Migrations- und Bevölkerungsfragen auf. Aus Europa stammende Wissenschaftler wie Joseph Schechtmann, Oskar Janowsky, Louise Holborn, Paul Weis oder die in Litauen

65 Kulischer: Europe on Move (wie Anm. 1).

66 Diese und andere Veröffentlichungen entstanden im Rahmen von Kulischers Mitarbeit in verschiedenen amerikanischen Regierungsbehörden im Zweiten Weltkrieg und der unmittelbaren Nachkriegszeit; zu Kulischers Einfluss auf das M-Project Mark Mazower: No Enchanted Palace. The End of Empire and the ideological Origins of the United Nations. Princeton 2009, S. 113-116.

67 Alexander Kulischer/Eugen M. Kulischer: Kriegs- und Wanderzüge – Weltgeschichte als Völkerbewegung. Berlin/ Leipzig 1932.

68 Zum wissenschaftlichen Werk von Alexander Kulischer und seiner Theorie der Massenmigrationen, die von Lujo Brentano, Paul Mombert und Julius Wolf beeinflusst war, Mark Tolts: A forgotten forerunner of demographic transition theory: A commentary, in: Population and Development Review, Vol. 45, Issue 2 (June 2019), S. 421–424.

geborenen Jacob und Nehemiah Robinson hatten bereits während der 1920er- und 1930er-Jahre angefangen, das damals entstehende Minderheiten- und Flüchtlingsschutzsystem des Völkerbunds mit erster Grundlagenforschung zu unterstützen.[69] Eine unmittelbare Folge des Versagens der internationalen Gemeinschaft im Umgang mit Flüchtlingen aus Deutschland, Österreich und dem Sudetenland war jedoch, dass die meisten dieser frühen Pionierstudien kaum gelesen wurden und die Expertise der Autorinnen und Autoren bald in Vergessenheit geriet. Auch in den gegenwärtigen öffentlichen und wissenschaftlichen Debatten bleiben die Vorreiter der modernen Flüchtlings- und Migrationsforschung oft ausgeblendet, ohne dass diese Lücke bislang von der Geschichtswissenschaft eingehender reflektiert worden wäre.[70]

Der Osteuropa-Historiker Karl Schlögel hat für das weitgehende „Verschwinden" jener Flüchtlingsforschung *avant la lettre* sowohl wissenschaftsgeschichtliche als auch geopolitische Ursachen angeführt: Zum einen seien deren Lösungsansätze, die auch mehr oder weniger gewaltsame „Bevölkerungstransfers" nach dem Vorbild der Pariser Vorortverträge von Sèvres (1920) und Lausanne (1923) miteinschlossen, ab einem bestimmten Zeitpunkt schlichtweg nicht mehr „anschlussfähig" gewesen.[71] Zum anderen habe eine Rolle gespielt, dass das die anwendungsorientierte Wanderungs- und Migrationsforschung mit Beginn des Kalten Kriegs in eine längere Phase des Stillstands eingetreten sei, weil deren Wissensbestände von Regierungen und internationalen Organisationen ab diesem Zeitpunkt kaum noch nachgefragt wurden. Schließlich weist Schlögel zu Recht darauf hin, dass die Geschichte der Shoah in den meisten frühen Arbeiten zur europäischen Flüchtlingskrise eine gewisse Leerstelle geblieben sei, was sich insgesamt negativ auf deren Rezeption ausgewirkt habe.[72]

Jedoch kann aus der Beobachtung, dass ehemals einflussreiche Autoren wie Schechtmann, Kulischer und Weis heutzutage noch bestenfalls in Fußnoten auftau-

[69] Auf die Bedeutung dieser frühen Repräsentanten der Flüchtlingsforschung verweist Jakob Schönhagen: Geschichte der internationalen Flüchtlingspolitik, 1945-1975. Göttingen 2023, S. 27–29.

[70] In einem Kurzüberblick stellt Patrice Poutrus fest: „Den Pionieren einer so noch nicht benannten historischen Fluchtforschung ging es darum, Ursachen, Entwicklungen und Wirkungen von Fluchtbewegungen verständlich zu machen (Kulischer 1948) und auch aufgrund dieses Wissens in gesellschaftliche Debatten zu Flucht und Asyl aktiv zu intervenieren (Bade 1994); Patrice G. Poutrus: Geschichtswissenschaft, in: Tabea Scharrer/Birgit Glorius/J. Olaf Kleist/Marcel Berlinhoff (Hrsg.): Flucht- und Flüchtlingsforschung. Handbuch für Wissenschaft und Studium. Baden-Baden 2023, S. 61–68.

[71] Karl Schlögel: Verschiebebahnhof Europa. Joseph B. Schechtmans und Eugene M. Kulischers Pionierarbeiten. In: Zeithistorische Forschungen/Studies in Contemporary History, Online-Ausgabe, 2 (2005), H. 3,online verfügbar unter: (zuletzt aufgerufen am 12.07.2025).

[72] Ebd.

chen, nicht ohne weiteres geschlossen werden, dass damit auch deren Ideen und Konzepte verschwunden wären. Als beispielsweise Anfang der 1990er-Jahre ein Bürgerkrieg im Vielvölkerstaat Jugoslawien ausbrach und es innerhalb Europas zur ersten großen Flüchtlingswelle nach Ende des Kalten Kriegs kam, stellte sich rasch heraus, dass die technokratischen Instrumente und Methoden des *demographic engineering* keineswegs völlig vergessen oder durchgehend historisch diskreditiert waren.[73] Vielmehr wurden solche bevölkerungspolitischen Ansätze aus der ersten Hälfte des 20. Jahrhunderts seinerzeit durchaus lebhaft diskutiert, dies allerdings weniger in Fachkreisen der Rechts- und Politikwissenschaften, sondern vorzugsweise von Vertretern der *International Relations*.[74]

Anlässlich aufflammender ethnischer Konflikte auf dem Balkan, die Mitte der 1990er-Jahre in einem serbischen Genozid an etwa 8000 bosnischen Muslimen kulminierten, plädierte etwa der amerikanische IR-Experte Chaim Kaufmann dafür, über eine Rückkehr zum Instrument des Bevölkerungstransfers nachzudenken. Kaufmanns Argument war, nur durch eine interventionistische Politik des *unmixing of populations* und der permanenten demographischen Trennung ließen sich das gegenwärtige Flüchtlingselend in Europa eindämmen und künftige größere Krisen wirksam verhindern.[75] Unter dem programmatischen Titel „When all else fails" hielt er den Skeptikern solcher flüchtlingspolitischer Techniken entgegen:

„The question in the midst of severe ethnic conflict is not whether the groups will be separated but how – with protection, transport, subsistence, and resettlement organized by outside powers or institutions, or at the mercy of their ethnic enemies and of bandits? Refusal or failure to organize necessary transfers does not protect people against becoming refugees, but inflict disasters on them when they do."[76]

Betrachtet man die Debatten der 1990er- und 2000er-Jahre etwas näher, erscheint es daher nicht unmittelbar plausibel, von einem „Verschwinden" oder „Vergessen" der frühen Flüchtlings- und Migrationsforschung zu sprechen. Obwohl de-

[73] Paul Morland: Demographic Engineering: Population Strategies in Ethnic Conflict. Abingdon 2014.

[74] Chaim K. Kaufmann: When all else fails. Ethnic Population Transfers and Partitions in the Twentieth Century, in: International Security, Vol. 23, Issue 2 (1998), S. 120–156; Arie Dubnov/Laura Robson (Hrsg.): Partitions: A Transnational History of Twentieth-Century Territorial Separatism, Stanford University Press 2018.

[75] Die Formulierungen „population exchange" und „unmixing of peoples" werden dem britischen Diplomaten Lord Curzon zugeschrieben, der als Außenminister 1923 in Lausanne die Verhandlungen mit den Vertretern Griechenlands und des untergegangenen Vielvölkerstaats Osmanisches Reich leitete; Eric D. Weitz: A World Divided. The Global Struggle for Human Rights in the Age of Nation-States. Princeton 2019, S. 188.

[76] Kaufmann: When all else fails, S. 124 (wie Anm. 74).

ren Konzepte und Terminologien in der globalisierten Welt des späten 20. und frühen 21. Jahrhunderts nicht mehr auf ungeteilte Akzeptanz stießen, überdauerten der technokratische Glaube an die Planbarkeit eines wissenschaftlich gestützten Krisenmanagements und die Ausrichtung auf einen anwendungsorientierten („policy-oriented") Ansatz offenbar das Ende des Kalten Krieges. Dass noch zu Beginn des Milleniums die Kategorisierung, Aufteilung und Umsiedlung („resettlement") großer Bevölkerungsgruppen mit dem Argument des „Schutzes" und der „Kontrolle" von Flüchtlingen gerechtfertigt wurden, gibt daher Anlass, über die längerfristige und epochenübergreifende Bedeutung des Flüchtlingsproblems für liberale Ordnungsentwürfe nach 1918, 1945 und 1989 nachzudenken.

Internationales Flüchtlingsrecht: Ein blinder Fleck in der Flucht- und Migrationsforschung?

In der historischen Flucht- und Migrationsforschung wird seit einigen Jahren verstärkt darüber nachgedacht, wie das UN-Flüchtlingsregime in eine Gesamtgeschichte des institutionalisierten Flüchtlingsschutzes im 20. Jahrhundert eingeordnet werden kann. Handelt es sich bei den damals geschaffenen Institutionen und den zugrunde liegenden Normen eher um einen Bruch mit dem Flüchtlingsschutz des alten Völkerbundsystems oder knüpfte man damit zumindest teilweise an eine Form des flüchtlingspolitischen Krisenmanagements an, das seit Anfang der 1920er-Jahre in verschiedenen Kontexten in- und außerhalb Europas praktiziert und erprobt worden war? Lässt sich davon sprechen, dass es in der zweiten Hälfte der 1940er-Jahre zu einer Modernisierung im Umgang mit Geflüchteten kam, die sich beispielsweise in einer Verrechtlichung des Flüchtlingsproblems niederschlug? Und welche Rolle spielten in diesem Zusammenhang die vielfach postulierte „Menschenrechtsrevolution" der Nachkriegszeit und der damit angeblich verbundene Umbruch vom Humanitarismus zu den Menschenrechten bzw. von den Gruppenrechten zu den Individualrechten als gemeinsamer Fluchtpunkt?[77] Und falls es einen solchen Umbruch tatsächlich gegeben hat: Wie lässt sich dieser für die Geschichtswissenschaft konzeptionell und methodisch fassen?

In der rechtswissenschaftlichen Handbuch- und Kommentarliteratur haben ausführliche Darstellungen der frühen Jahre des internationalen Flüchtlings-

[77] Marco Duranti: The Conservative Human Rights Revolution. European Identity, Transnational Politics, and the Origins of the European Convention. Oxford 2017

rechts,[78] der historischen Entwicklung des internationalen Flüchtlingsrechts[79] und der Entstehungsgeschichte der Flüchtlingskonvention von 1951 und des New Yorker Protokolls[80] einen festen Platz. Nicht nur im Zuge des „Turn to History“[81] sind darüber hinaus Einzelaspekte Gegenstand der juristischen und rechtshistorischen Forschung.[82] Wie es scheint, hat die gegenwärtige Flucht- und Migrationsforschung die internationalen Rechtsentwicklungen im Flüchtlingsschutz des 20. Jahrhunderts bislang eher sporadisch und beiläufig behandelt. So kritisieren Rosemary Byrne und Thomas Gammeltoft-Hansen in einem kürzlich erschienenen Überblick zur historischen Entwicklung des internationalen Forschungsfeldes das Fehlen selbstreflexiver Traditionen innerhalb der sozial- und rechtswissenschaftlichen Flüchtlingsforschung. Anstatt epistemische Grundlagen zu hinterfragen oder das disziplintypische Spannungsverhältnis von Wissenschaft, Politik und (rechtspolitischem) Lobbyismus zu problematisieren, werde die Entwicklung der auf Flucht und Asyl bezogenen Rechtsforschung vielfach in positivistischer Weise mit der Geschichte des Flüchtlingsrechts gleichgesetzt, so ihr Befund. Obgleich in den *Refugee Studies*, anders als in den wissenschaftlichen Diskussionen zu den Menschenrechten und zum Völkerrecht, kein genereller Trend zum Revisionismus auszumachen sei, würde die sozial- und politikwissenschaftliche Flüchtlings- und Migrationsforschung kaum Bezüge zur Rechtswissenschaft herstellen.[83]

78 Guy S. Goodwin-Gill: International Refugee Law in the Early Years. In: Costello/ Foster/McAdam (Hrsg.): The Oxford Handbook of International Refugee Law. Oxford 2021, S. 23–42.

79 Skran/Easton-Calabria: Historical Development (wie Anm. 13).

80 Terje Einarsen: Drafting History of the 1951 Convention and the 1967 Protocol. In: Zimmermann/ Einarsen (Hrsg.): The 1951 Convention Relating to the Status of Refugees and its 1967 Protocol. Oxford 2024², S. 39–76.

81 Thomas Kleinlein/Jean d'Aspremont: The Turn to Historiography in International Law: Limitations and New Horizons, in: Journal of the History of International Law Vol. 27, Issue 1 (2025), S. 7–35.

82 Eine nicht repräsentative Auswahl: Rieko Karatani: How History Separated Refugee and Migrant Regimes: In Search of Their Institutional Origins. In: International Journal of Refugee Law Vol. 17 Issue 3 (2005), S. 517–541; Ulrike Brandl: Rethinking Asylum: History, Purpose and Limits. In: International Journal of Refugee Law Vol. 22 Issue 1 (2010), S. 145–149; Rotem Giladi: Jews, Sovereignty, and international law: ideology and ambivalence in early Israeli legal diplomacy. Oxford 2021; Robert F. Barsky: From the 1965 Bellagio Colloquium to the Adoption of the 1967 Protocol relating to the Status of Refugee, in: International Journal of Refugee Law, Vol. 32 Issue 2 (2020), S. 340–363; Amadou Dramé Kandji: L'appréhension internationale de l'asile. de Fridtjof Nansen jusqu'à la convention de Genève de 1951. Paris 2021; Frédéric Mégret: The Contingency of International Migration Law. In: Ingo Venzke/Kevin Jon Heller (Hrsg.): Contingency in International Law. On the Possibility of Different Legal Histories. Oxford 2021, S. 179–198; Luigi Nuzzo u.a. (Hrsg.): Legal Responses to Mass Migration. From the Nineteenth Century to World War II. London 2025.

83 Rosemary Byrne/ Thomas Gammeltoft-Hansen: International Refugee Law between Scholarship and Practice, in: Journal of International Refugee Law, Vol. 32, Issue 2 (2020), S. 181–199, S. 184.

Aber auch Geschichtswissenschaft und Historische Migrationsforschung sind gefordert, sich selbstkritisch zu befragen, ob sie der Bedeutung des Völkerrechts bei der Formierung und Implementierung verschiedener Flüchtlingsregimes genügend Rechnung getragen haben. So ist immer noch recht wenig über einzelne Netzwerke und Protagonisten bekannt, die sich teilweise über viele Jahrzehnte hinweg in systematischer Weise und im grenzübergreifenden Austausch an der Ausarbeitung rechtlicher Lösungen für die Flüchtlingsproblematik beteiligten. Bis heute fehlen beispielsweise historische Untersuchungen, die sich mit Franz Bienenfelds frühen Vorschlägen zur Kodifizierung des Asylrechts als internationales Menschenrecht befassen.[84] Auch der wegweisende Beitrag von Paul Weis bei der Entwicklung eines individualisierten Schutzsystems, der Weiterentwicklung des *Non-Refoulement*-Prinzips sowie dessen Rolle als Kommentator der Genfer Flüchtlingskonvention wurden noch nicht näher untersucht.[85] Ebenso wenig wissen wir über die aus Berlin stammende Louise Holborn, Schwester des bekannten Historikers Hajo Holborn.[86] Sie wurde Ende der 1930er Jahre mit einer Arbeit zu Fridtjofs Nansens Flüchtlingswerk promoviert [87]und beriet bis in die 1970er Jahre, als Politikwissenschaftlerin und Chronistin der UN-Flüchtlingsarbeit, die amerikanische Regierung und den UN-Hochkommissar in Flüchtlingsfragen. Erst seit Kurzem liegen mit den Arbeiten von Rotem Giladi, Nathan Kurz und Gilad Ben-Nun erste empirische Studien vor, die aus transnationaler Perspektive und mit Blick auf die Rolle jüdischer Organisationen und Individuen Verbindungslinien zwischen jüdischem juristischem Aktivismus, israelischer Staatsgründung und der zeitgleichen Entstehung des UN-Flüchtlingsregimes in der Auseinandersetzung mit den Flüchtlingsproblemen in Europa und Palästina aufzeigen.[88]

[84] Zu Bienenfeld als Proponent eines jüdisch-universalistischen Menschenrechtsdiskurses Anne Rethmann: Das Nichtidentische der Menschenrechte. Das Individuum und der Würdebegriff in den Menschenrechtsdebatten nach 1945, Dissertationsschrift FU Berlin 2025 (ich bedanke mich bei Anne Rethmann für die Überlassung des unveröffentlichten Manuskripts).

[85] Ein knapper Abriss zu Weis bei Mira L. Siegelberg: Statelessness. A Modern History. Harvard 2020, S. 165.

[86] Louise W. Holborn: Refugees, a problem of our time: the work of the United Nations High Commissioner for Refugees, 1951–1972. Metuchen 1975; Magdalena Kmak: From Law's Discourse on Refugees to Refugees' Discourse on Law, in: Redescriptions: Political Thought, Conceptual History, and Feminist Theory, Vol. 24, Issue 2 (2021), S. 110–128. Online zugänglich unter: https://journal-redescriptions.org/articles/10.33134/rds.346 (zuletzt aufgerufen am 05.08.2025).

[87] Louise W. Holborn, The League of Nations and the problem of refugees, a study of the development of international government and administration in post-war Europe, Thesis (Ph. D.), Radcliffe College, 1938.

[88] Nathan A. Kurz: Jewish Internationalism and Human Rights after the Holocaust Cambridge 2020; Rotem Giladi: Jews, Sovereignty, and international law: ideology and ambivalence in early

Wie Agnes Bresselau von Bressensdorf in dem 2019 von ihr herausgegebenen Sammelband „Über Grenzen" zu Recht meinte, sind Flucht und Migration heute ein insgesamt gut beackertes Forschungsfeld, das durch eine Vielfalt von Ansätzen, Methoden und Fragestellungen über Fächergrenzen hinweg gezeichnet ist.[89] Diese Entwicklung zur Pluralisierung und Diversifizierung schlägt sich unter anderem in einer stärkeren Berücksichtigung akteurszentrierter Perspektiven und der Fokussierung auf die Betroffenen von rechtlichen Klassifizierungs-, Kontroll- und Regulierungsmaßnahmen nieder. So haben Peter Gatrell, Lauren Banko, Katarzyna Nowak und Anindita Ghoshal, in Anlehnung an ein Konzept aus der Historischen Anthropologie, für eine integrierende Perspektive des „Refugeedom" plädiert, die neben staatlichen und nicht-staatlichen Institutionen auch die Subjektivitäten und *Agency* der Geflüchteten einzubeziehen versucht.[90]

Seit einiger Zeit beschäftigt sich die Forschung auch vermehrt mit jenen Diskursen und Praktiken, die gegen Ende der 1940er-Jahre in die „Erfindung des modernen Flüchtlings" mündeten. Die wachsende Bedeutung von Ansätzen der *Postcolonial* und *Ignorance Studies* für die historische Erforschung der internationalen Geschichte des 20. Jahrhunderts hat zudem zu Tage gefördert, dass spät- und neokoloniale Wissensbestände und Wissenspraktiken bei der Entstehung des UN-Flüchtlingsregimes eine nicht zu unterschätzende Rolle gespielt haben. So hat etwa Ulrike Krause in einem kürzlich erschienenen Beitrag zur Genfer Flüchtlingskonvention argumentiert, deren territoriale und zeitliche Beschränkungen sei das Ergebnis typischer kolonialer Machtasymmetrien und einer absichtsvollen „kolonialen Ignoranz" gegenüber dem Globalen Süden gewesen.[91]

Nicht wenige Studien, die sich aus einem kritischen Blickwinkel mit der Entstehungsgeschichte und Entwicklung des internationalen Flüchtlingsschutzes beschäftigen, beziehen ihre entscheidenden Impulse aus einer gegenwartsbezogenen Auseinandersetzung mit dem ordnungspolitischen und ideologischen Erbe des liberalen Internationalismus im 20. Jahrhundert. Sie sind erkennbar inspiriert von einer revisionistischen „neuen" Menschenrechtsgeschichtsschreibung und Deutungskontroversen über den hegemonialen Charakter einer von den USA dominierten internationalen Rechtsordnung nach Ende des Zweiten Weltkriegs. Die verstärkte

Israeli legal diplomacy. Oxford 2021; Gilad Ben-Nun, The Israeli Roots of article 3 and article 6 of the 1951 refugee convention, in: Journal of Refugee Studies, Vol. 27, Issue 1 (2014), S. 101–125.

89 Agnes Bresselau von Bressensdorf: Einleitung, in: Dies. (Hrsg.): Über Grenzen: Flucht und Migration in globaler Perspektive seit 1945. Göttingen 2016, S. 9–28, S. 15 f.

90 Peter Gatrell/Lauren Banko/Katarzyna Nowak/Anindita Ghoshal: Refugee Voices in Modern Global History. Reckoning with Refugeedom. Oxford 2025.

91 Ulrike Krause, Colonial Roots of the 1951 Refugee Convention and its effect on the global refugee regime. In: Journal of International Relations and Development, Vol. 24, Issue 5 (2021), S. 599–626, S. 620.

Kritik an den ideologisch-politischen Ursprüngen und dem eurozentrischen Charakter der UN-Flüchtlingskonvention ist daher oftmals mit dem – nicht falschen – Vorwurf verknüpft, die Hinwendung zu einem menschenrechtlich getönten internationalen Flüchtlingsrecht habe zu doppelten Standards beim Flüchtlingsschutz und der Schaffung eines hierarchisch gestuften Schutzsystems geführt. Ungeachtet einer im Kern durchaus berechtigten Kritik birgt diese Argumentation allerdings die Gefahr eines historisch verkürzten Blicks. Indem sie die Genfer Konvention in verengender Weise zu einem bloßen Kontroll- und Regulierungsinstrument des Westens herabstuft, werden tatsächlich erreichte Fortschritte im Bereich des individualrechtlichen Schutzes nachträglich negiert. In einer Zeit, in der aus der Politik ganz unverhohlene Forderungen kommen, das internationale Flüchtlingsrecht als vermeintlich historisch überholtes, nicht mehr zeitgemäßes Relikt abzuschaffen, sollte die Zeitgeschichtsforschung darüber aufklären, dass Flüchtlingsschutz nicht einfach vom Himmel fiel, sondern das Ergebnis eines langen und zähen Kampfes war.

Aufbau und Inhalt des Bandes

Die in diesem Band versammelten Beiträge wurden von Historikerinnen und Historiker und Juristinnen und Juristen verfasst. Entsprechend des gewählten sachsystematisch-chronologischen Ordnungsprinzips orientieren sie sich thematisch an drei zentralen Zeitachsen, in denen das internationale Flüchtlingsrecht der Nachkriegszeit verschiedene Entwicklungsschübe durchlief. Während man die ersten Jahre nach Kriegsende als die bis dahin größte Bewährungsprobe und als eine Art Experimentierphase ansehen kann, waren die Jahre seit dem UN-Weltflüchtlingsjahr von 1959 durch die zunehmende Ausweitung und Ausdifferenzierung eines globalen Schutzsystems geprägt. Die Zeit nach dem Ende des Ost-West-Konflikts zeichnete sich durch das Aufkommen großer Flüchtlingsströme in Europa, Afrika und im Nahen Osten aus, auf die die internationale Gemeinschaft mit der Entwicklung neuer Konzepte und Instrumente zu reagieren versuchte.

Anfänge des internationalen Flüchtlingsrechts unter der Ägide der Vereinten Nationen

Der erste Abschnitt dieses Bandes ist der Genese eines modernisierten Schutzsystems unter der Ägide der Vereinten Nationen gewidmet. Wie Jannis Panagiotidis in seinem Beitrag deutlich macht, waren die administrativ-rechtliche Umgangsweise mit der Problematik der deutschen Vertriebenen aus Ostmitteleuropa und die Entstehung eines internationalen Schutzsystems für Betroffene der gewaltsamen nationalsozialistischen Bevölkerungspolitik in enger Weise miteinander verknüpft. So schloss bereits die IRO-Verfassung Personen, die aufgrund ihrer Ethnizität und Staatsbürgerschaft als Deutsche definiert wurden, explizit von jeglicher Betreuung aus. Die Exklusion der mit Abstand größten innereuropäischen Flüchtlingsgruppe wurde auch nach dem Inkrafttreten der Genfer Konvention unter dem Stichwort des „konnationalen" Flüchtlings beibehalten. Verschiedene Versuche von deutscher Seite, über den Europarat eine „Internationalisierung des deutschen Flüchtlingsproblems" zu erreichen, blieben erfolglos. Vor dem Hintergrund zweier „paralleler Leben" des internationalen und deutschen Flüchtlingsrechts wirft Panagiotidis die Frage auf, inwieweit die von der Bundesrepublik verfolgte Politik europäischer Integration auch als Ersatz für diese gescheiterten Internationalisierungsbemühungen betrachtet werden kann.

Das Thema des bundesdeutschen Flüchtlingsrechts greift auch der folgende Beitrag von Sebastian Gehrig auf. Ausgehend von der Beobachtung, dass sowohl die von der Bundesrepublik unterzeichnete GFK als auch das 1953 verabschiedete Bundesvertriebenengesetz (BVG) Rechtsinstrumente waren, die ihren Blick in die Vergangenheit und auf die Bewältigung der Kriegsfolgen richteten, fragt Gehrig danach, wie sich das Spannungsverhältnis von internationalem und nationalem Flüchtlingsrecht in der Folgezeit auf den Umgang mit Geflüchteten aus dem kommunistischen Herrschaftsbereich auswirkte. Obgleich der westdeutsche Gesetzgeber mit dem BVG eine neue Kategorie des „Sowjetflüchtlings" geschaffen hatte, die vor allem die Aufnahmebereitschaft gegenüber verfolgten Deutschen aus der Sowjetischen Besatzungszone und der DDR unterstreichen sollte, trugen antikommunistische, fremdenfeindliche und rassistische Einstellungen sowie eine allgemeine Spionagefurcht dazu bei, dass auf Bund- und Länderebene zunehmend Sicherheitsbedenken gegen eine unbeschränkte Aufnahme von Ostflüchtlingen laut wurden.

Rotem Giladis Beitrag zur offiziellen Haltung des Staats Israel gegenüber der Genfer Konvention setzt sich mit den ideologischen und mentalitätsgeschichtlichen Tiefendimensionen der israelischen Flüchtlings- und Asylpolitik auseinander. Auf der Grundlage von Unterlagen aus dem israelischen Außenministerium und der ersten israelischen UN-Mission, deren flüchtlingspolitische Agenda von dem umtriebigen Rechtsberater Jacob Robinson bestimmt wurde, kann Giladi zeigen, dass die israelische Außenpolitik angesichts der beanspruchten Rolle Israels als einzige weltweite Heimstätte des jüdischen Volkes hinsichtlich der GFK vor einem Dilemma stand. Während anfangs alles so aussah, als ob die Ratifizierung der Konvention eine reine Routineangelegenheit war, zog sich der Prozess schließlich über drei lange Jahre hin. Grund für die Verzögerungen war, dass immer wieder die Frage nach deren Vereinbarkeit mit jüdischen Interessen und Selbstverständnissen aufgeworfen wurde. Trotz des gewichtigen Beitrags, den israelische Diplomaten und

Juristen für das Zustandekommen der GFK leisteten, zeichnete sich die Haltung des noch jungen Staatswesens durch Ambivalenzen und Skepsis aus, was sich laut Giladi vor allem mit erfahrungsgeschichtlichen Prägungen und konkurrierenden Identitätsvorstellungen erklären lässt.

Globalisierung des internationalen Flüchtlingsschutzes

Im Fokus des zweiten Abschnitts stehen jene geopolitischen, medialen und rechtlichen Veränderungen im Bereich des internationalen Flüchtlingsschutzes, die vor allem durch den fortlaufenden Prozess der Dekolonisierung und ein damit im Zusammenhang stehendes Bewusstsein globaler Interdependenz angestoßen wurden. So weist Patrick Merziger am Beispiel der bundesdeutschen Bildberichterstattung zu Flüchtlingskrisen in der so genannten Dritten Welt darauf hin, dass die Deutschen vor dem Hintergrund eines seit Kriegsende internalisierten Selbstviktimisierungsdiskurses nicht ohne weiteres dafür zu gewinnen waren, sich für die Leiden der „fernen Nächsten" zu interessieren. Während der Appell an die Hilfsbereitschaft anfangs durch eine Bildpolitik unterlegt war, die das Flüchtlingselend in entlegenen Weltregionen mit dem Schicksal der deutschen Vertriebenen verglich, trat mit der Katastrophenberichterstattung der illustrierten Presse und des Fernsehens ein neuer Aspekt hinzu. So lösten die Bilder aus dem Globalen Süden zeitweise einen enormen Mobilisierungsschub für Menschen aus, die sich aufgrund vermeintlich naturwüchsiger Ereignisse massenhaft auf die Flucht begeben hatten. Als Kehrseite dieser medial erzeugten Anteilnahme stellt Merziger heraus, dass sie auf eine spezifische Figur des Flüchtlings fixiert blieb. Als Betroffene humanitärer Katastrophen wurden die Geflüchteten in erster Linie als anonyme Objekte des Mitleids, nicht aber als Subjekte eigener Rechtsansprüche aufgefasst.

Auf den Zusammenhang zwischen einer massenmedial bedingten Sensibilisierung für koloniale Gewalt und den dadurch ausgelösten Bemühungen um einen erweiterten internationalen Flüchtlingsschutz macht der Beitrag Fabian Kloses zum Algerienkrieg aufmerksam. So zeichnet Klose nach, wie die Flucht von hunderttausenden Algerierinnen und Algeriern in die Nachbarländer Tunesien und Marokko zum Anknüpfungspunkt für zentrale humanitäre Akteure wie das IKRK und UNHCR wurde, erstmals außerhalb Europas tätig zu werden. Zum Verdruss der französischen Regierung, die eine Internationalisierung des Algerienkonflikts stets zu vermeiden gesucht hatte, reagierte man damit auf die Propagandastrategie der algerischen Unabhängigkeitsbewegung, das eigene Leid als *cause célèbre* eines globalen anti-imperialen Befreiungskampfes zu rahmen. Nachdem der UNHCR zunächst die *good offices*-Formel praktiziert hatte, um die geographischen und zeitlichen Beschränkungen seines Mandats zu erweitern, bot das algerische Flüchtlingsproblem die Gelegenheit, die eigenen Hilfsleistungen als unpolitische, rein humanitäre Maßnahmen herauszustellen.

Auch der Beitrag von Jakob Schönhagen beschäftigt sich mit den Einflüssen der Dekolonisation auf den Flüchtlingsschutz, indem er den Hintergründen und der Genese des 1967 verabschiedeten *New York Protocol* nachgeht. Im Zuge einer sich verändernden Zusammensetzung der Vereinten Nationen und unter dem Eindruck der algerischen Flüchtlingskrise setzte unter dem Schweizer Hochkommissar August Lindt zunächst eine Neuorientierung des UNHCR ein, die weltweit als Präzedenzfall galt. Nachdem die UN mit dem Weltflüchtlingsjahr eine Semantik etabliert hatten, die die Wahrnehmung als strukturelles globales Problem beförderte, kam ein Reformprozess in Gang, der in gleichen Teilen von den Vereinten Nationen, der Organisation Afrikanischer Einheit und der Organisation für Amerikanische Staaten getragen wurde. Schönhagen interpretiert das New Yorker Protokoll als das Ergebnis einer historisch kontingenten Konstellation. Während die sich verschiebenden Machtverhältnisse in den Vereinten Nationen dazu beitrugen, die lange überfällige Verstetigung und Universalisierung des Flüchtlingsschutzes durchzusetzen, sei das chronisch überforderte System seitdem in einem Krisenmodus stecken geblieben, der dessen Effektivität und Umsetzung grundlegend erschwert habe.

Flüchtlingsschutz nach Ende des Kalten Krieges

Der dritte Abschnitt des Bandes versammelt neuere Forschungen zum Flüchtlingsschutz nach dem Kalten Krieg. Den Einstieg macht ein Beitrag von Agnes Bresselau von Bressensdorf, der sich mit dem Phänomen des humanitären Interventionismus befasst. Das Beispiel des internationalen Krisenmanagements im Fall der geflüchteten irakischen Kurden schildert Bresselau von Bressensdorf als historischen Kipppunkt, an dem konzeptionelle Verschiebungen im Umgang mit Geflüchteten, die sich bereits in den 1980er-Jahren angebahnt hätten, in eine konkrete Praxis überführt wurden. So hatte nicht zuletzt die bundesdeutsche Diplomatie angesichts weltweit steigender Flüchtlingszahlen für die Einrichtung von Schutzzonen und ein Konzept von Fluchtursachenbekämpfung plädiert, das sowohl den Präventionsgedanken als auch die Staatenverantwortung in den Vordergrund rückte. Diese Rahmung grenzübergreifender Fluchtbewegungen als internationales Sicherheitsproblem und Bedrohung des Weltfriedens stellte wiederum eine wichtige Voraussetzung dafür dar, das sich in den seit den 1990er-Jahren eine Vielzahl von Staaten, darunter auch Regime mit verheerender Menschenrechtsbilanz, zeitweise hinter dem Konzept der *Responsibilty to Protect* versammeln konnte.

Auf die Bedeutung des vereinigten Deutschlands für die inneuropäische Asyl- und Flüchtlingspolitik geht der Beitrag von Emmanuel Comte ein. Schon vor dem

Mauerfall im November 1989 bewirkte die ungarische Grenzöffnung eine erste große Migrationswelle, die sich in den folgenden Jahren verstetigen sollte. Diese für Deutschland neue Erfahrung einer beispiellosen Zuwanderung löste in der Bevölkerung Ängste und Feindseligkeit gegenüber Ausländern aus, die durch die Medienberichterstattung zusätzlich angeheizt wurden. Neben der Revision des grundgesetzlichen Asylparagraphen strebte die Bundesregierung die Schaffung eines europaweiten Asylsystems an, das die Verteilung von Flüchtlingen nach dem „Königsteiner Schlüssel“ vorsah. Mit dem „Asylkompromiss“, der Verfassungsänderung von 1993, die das frühere, schrankenlose Asylrecht nach Art. 16 Abs. 2 S. 2 GG a.F. durch Art. 16a GG ersetzte, sowie den ebenfalls von Deutschland ausgehenden Dubliner Abkommen bzw. Verordnungen (Dublin I und II) sei eine Tendenz zur Erosion des Asylrechts eingeleitet worden, von der Deutschland als wichtigster Aufnahmestaat zumindest zeitweise profitiert habe. Da jedoch eine solche, vornehmlich auf Zwang und Abschottung beruhende Asyl- und Flüchtlingspolitik nicht dazu beigetragen habe, Spannungen in Bezug auf die Einwanderung zu verringern, sollte langfristig über einen Paradigmenwechsel hin zu einer, durch Arbeitsmarkt- und Sozialreformen unterlegten, freieren Bewegung nachgedacht werden.

Kritik an einer einseitigen Betrachtung westeuropäischen und deutschen Asyl- und Flüchtlingspolitik als reine Niederganggeschichte übt hingegen der letzte Beitrag von Alma Stankovic. Aus der Sicht einer Juristin und Menschenrechtsanwältin mit eigener Fluchtbiographie hebt sie die Unterschiede im Umgang mit den bosnischen Bürgerkriegsflüchtlingen in den 1990er-Jahren und die heutige Situation ukrainischer und syrischer Geflüchteter hervor. So bezeichnet sie den Umstand, dass insbesondere Personen, die Kriegs- und Bürgerkriegsgebieten nach Europa fliehen, heute einen deutlich größeren Schutz genießen würden als vor dreißig Jahren, als das Ergebnis einer paradoxen Entwicklung. Langfristige habe der restriktive Kurs, den die Staaten in den 1990er-Jahren gegenüber den Bosniern eingeschlagen habe, zur Ausbildung eines supranationalen Schutzsystems auf EU-Ebene beigetragen, das den alten individualrechtlichen Flüchtlingsbegriff der GFK durch ein vertieftes Bekenntnis zu den Menschenrechten und zum subsidiären Schutz ersetzt hat.

„Durable Solutions“? Europäische Flüchtlingskrise und die Anfänge des internationalen Flüchtlingsrechts

Jannis Panagiotidis

Strategien der „Internationalisierung" des deutschen Flüchtlingsproblems nach dem Zweiten Weltkrieg

Dieser Beitrag stellt einen Versuch dar, die Geschichte des „deutschen" und des „internationalen" Flüchtlingsproblems nach dem Zweiten Weltkrieg gemeinsam zu erzählen und die Verbindungen zwischen den „parallelen Leben" des westdeutschen Flüchtlingsstaats und des internationalen Flüchtlingsregimes zu beleuchten.[1] Diese Verbindungen lassen sich „top down" auf institutioneller Ebene wie auch „bottom up" auf der Ebene von konfessionellen und/oder landsmannschaftlichen Organisationen und Individuen nachzeichnen. Auf institutioneller Ebene lautet das Stichwort hierzu „Internationalisierung des deutschen Flüchtlingsproblems" – die wiederholten Versuche verschiedener Akteure, die „internationale Gemeinschaft" zur Bewältigung der mit Flucht und Vertreibung der Deutschen aus dem östlichen Europa verbundenen Schwierigkeiten in die Pflicht zu nehmen. Auf individueller bzw. konfessionell-landsmannschaftlicher Ebene handelt es sich um Versuche von Menschen, die nach der Logik dieses zweigeteilten Flüchtlingsregimes in die eine Kategorie – die der „deutschen" Flüchtlinge – gehörten, in der anderen, jener der „internationalen" Flüchtlinge, Aufnahme zu finden.

Am Anfang dieser Geschichte steht ein grundsätzlicher Ordnungsakt, nämlich die Sortierung der Millionen Flüchtlinge und Vertriebenen der Kriegs- und Nachkriegszeit in „Deutsche" und „Nicht-Deutsche". Vor der Internationalisierung kam also die „Nationalisierung" des umfassenden Flüchtlingsproblems der Zeit. Diese Nationalisierung hatte institutionelle Konsequenzen, nämlich die Herausbildung separater Flüchtlingsregime für deutsche und internationale Flüchtlinge. Das politische Motto bezüglich der deutschen Flüchtlinge in den Westzonen hieß „make the Germans do it"[2] – und notgedrungen baute der in der Nachkriegszeit nicht-souveräne und nur rudimentär existierende deutsche Staat Institutionen zur Unterstüt-

[1] Siehe hierzu Jannis Panagiotidis: Parallele Leben. Die Genfer Flüchtlingskonvention und das Bundesvertriebenengesetz. In: Völkerrechtsblog, 17.03.2021. Online zugänglich unter: doi: 10.17176/20210317-153729-0 (zuletzt aufgerufen am 14.03.2025).

[2] Sylvia Schraut: ‚Make the Germans do it': The Refugee Problem in the American Zone of Post-War Germany. In: Journal of Communist Studies and Transition Politics 16 (2000), S. 115–124.

https://doi.org/10.1515/9783111671109-002

zung der Millionen von Flüchtlingen aus den abgetrennten deutschen Ostgebieten und anderen Siedlungsgebieten im östlichen Europa auf. Um die nicht-deutschen Flüchtlinge kümmerten sich internationale Akteure, zunächst die *United Nations Relief and Rehabilitation Administration* (UNRRA), dann die *International Refugee Organization* (IRO).

Dieser Ordnungsakt spiegelt sich bis heute in der Forschungsliteratur. Die Verbindung der deutschen und internationalen Flüchtlingsprobleme der Nachkriegszeit wird in der aktuellen Forschungsliteratur vergleichsweise selten thematisiert – im Gegensatz übrigens zu einiger zeitgenössischer Literatur wie etwa Eugene Kulischers bekannter Studie „Europe on the Move".[3] Es gibt aus der jüngeren Zeit einerseits eine vor allem in den 1990er- und frühen 2000er-Jahren entstandene historische Literatur zu den deutschen Vertriebenen.[4] Auf der anderen Seite gibt es eine in den letzten Jahren und aktuell immer noch schnell wachsende Literatur zu den *Displaced Persons* (DPs) als Inbegriff des „internationalen" Flüchtlingsproblems.[5] Diese Forschungen existierten weitgehend getrennt voneinander und reproduzierten somit die institutionell getroffenen Unterscheidungen der Nachkriegszeit.[6]

Zeitgenössische Akteure versuchten wiederholt, diese kategorische Trennung zu überwinden und das deutsche Flüchtlingsproblem zu „internationalisieren". Damit stießen sie auch nicht nur auf taube Ohren in der internationalen Gemeinschaft, auch wenn es, so viel sei von vornherein gesagt, auf institutioneller Ebene bei der grundsätzlichen Trennung zwischen den beiden Kategorien blieb und sich die beiden Flüchtlingsregime parallel nebeneinander weiterentwickelten. Die praktische Internationalisierung glückte hingegen zum Teil auf individueller und kollektiver Ebene durch das Infragestellen der Zuordnung zu bestimmten Flüchtlingskategorien – vor allem durch die Emigration aus Deutschland.

[3] Eugene Kulischer: Europe on the Move. War and Population Changes, 1917–47. New York 1948.

[4] Z. B. Dierk Hoffmann/Marita Krauss/Michael Schwartz (Hg.): Vertriebene in Deutschland: Interdisziplinäre Ergebnisse und Forschungsperspektiven. München 2000. Philipp Ther: Deutsche und polnische Vertriebene. Gesellschaft und Vertriebenenpolitik in der SBZ/DDR und in Polen 1945–1956. Göttingen 1997.

[5] Z. B. Gerard D. Cohen: In War's Wake. Europe's Displaced Persons in the Postwar Order. Oxford 2012; Atina Grossman: Jews, Germans, and Allies. Close Encounters in Occupied Germany. Princeton 2007; Anna Holian: Between National Socialism and Soviet Communism. Displaced Persons in Postwar Germany. Ann Arbor 2011; zuletzt Katarzyna Nowak: Kingdom of Barracks. Polish Displaced Persons in Allied-Occupied Germany and Austria. Montreal 2023.

[6] Über Grenzfälle zwischen diesen Kategorien berichtet Cohen: In War's Wake, S. 44–46 (wie Anm. 5). Ein Beispiel für ein aktuelles Forschungsprojekt, das sowohl deutsche als auch nicht-deutsche Flüchtlinge in den Blick nimmt (allerdings in Österreich) ist von Philipp Strobl: „Exercising Agency in Postwar Austria: Negotiating Citizenship", ein Teilprojekt des FWF-DFG DACH-Projekts „Norms, Regulation and Refugee Agency: Negotiating the Migration Regimes" unter Leitung von Kerstin von Lingen (Universität Wien) und Christoph Rass (Universität Osnabrück).

Dieser Beitrag besteht aus vier Teilen. Im ersten Teil stehen die Herausbildung und Institutionalisierung der beiden „Flüchtlingsprobleme“ als prinzipiell voneinander getrennte Phänomene im Fokus. Im zweiten Teil geht es um die institutionellen Akteure der „Internationalisierung“ in der Bundesrepublik Deutschland und die Ansätze, die sie entwickelten. Im dritten Teil werden individuelle und kollektive „bottom-up“-Strategien der „Internationalisierung“ am Beispiel von Mennoniten und anderen „volksdeutschen“ Umsiedlern aus der Sowjetunion diskutiert. Der vierte Teil bietet dann noch einen Ausblick auf den Zeitraum nach der unmittelbaren Nachkriegszeit und die weitere, zum Teil bemerkenswert parallele Entwicklung der nationalen und internationalen Korpora von Flüchtlingsrecht – und die Implikationen, die dies für die Weiterentwicklung des gegenwärtigen internationalen Flüchtlingsregimes haben könnte.

Flüchtlingsprobleme und Flüchtlingsregime nach dem Zweiten Weltkrieg

Deutschland war nach dem Zweiten Weltkrieg Schauplatz multipler, miteinander verwobener Flüchtlingsfragen. Sie wurzelten in der gewaltsamen NS-Bevölkerungspolitik der Kriegszeit, einschließlich des Holocaust. In der neueren Literatur zu Gewaltmigration und ethnischen Säuberungen während des Krieges herrscht weitgehender Konsens darüber, dass die Umsiedlung von sogenannten „Volksdeutschen“ am Beginn des Krieges den ersten „Dominostein“ in einer Kette gewaltsamer Umsiedlungen darstellte, die mit der fast vollständigen Vertreibung der Deutschen aus dem östlichen Europa endete.[7] Diese deutschen Umsiedler waren von den NS-Behörden aus ihren angestammten Siedlungsgebieten etwa in Bessarabien, der Bukowina, oder Wolhynien ausgesiedelt und durch die sogenannte Einwandererzentralstelle (EWZ) im Deutschen Reich eingebürgert worden. In der Folge sollten sie im annektierten Teil Polens, dem sogenannten Warthegau, neu angesiedelt werden. Dort wiederum wurden Menschen anderer Zugehörigkeit, speziell jüdische und nicht-jüdische Polen, ausgesiedelt und abgeschoben, z. B. ins Generalgouvernement.[8] Götz Aly zufolge trug diese Sequenz von Abschiebungen zum Holocaust bei, da weitere räumliche Verschiebungen irgendwann nicht mehr möglich waren.[9] Selbst wenn man diese weitgehende These nicht akzeptiert, so ist doch

[7] Siehe dazu z. B. Philipp Ther: Die Dunkle Seite der Nationalstaaten: „Ethnische Säuberungen“ im modernen Europa. Göttingen 2011; Pertti Ahonen u. a.: People on the Move: Forced Population Movements in Europe in the Second World War and its Aftermath. Oxford 2008.

[8] Siehe dazu etwa Ther: Dunkle Seite, S. 113 f. (wie Anm. 7).

[9] Götz Aly: „Endlösung“: Völkerverschiebung und der Mord an den europäischen Juden. Frankfurt a. M. 1995.

klar, dass die „Verschiebung“ von deutschen und nicht-deutschen Menschen während des Krieges eng miteinander verbunden war. Am Ende des „Dominos“ stand dann die Vertreibung von mehr als zwölf Millionen Deutschen aus dem östlichen Europa, einschließlich der bis dahin zu Deutschland gehörenden Gebiete östlich von Oder und Neiße („Ostgebiete“) und aus der Tschechoslowakei ins besetzte Deutschland (und nach Österreich).[10]

Diese mehr als zwölf Millionen deutschen „Vertriebenen und Flüchtlinge“ (so die Sprachregelung, die sich mit der Zeit durchsetzte) waren trotz dieses vereinheitlichenden Labels heterogen in ihrer Zusammensetzung. Es handelte sich um deutsche Staatsbürger aus den im Potsdamer Abkommen unter polnische und sowjetische Verwaltung gestellten „Ostgebieten“ des Deutschen Reiches sowie um „Volksdeutsche“ aus der Tschechoslowakei und anderen Ländern Ost- und Südosteuropas, die am Ende des Krieges vor der heranrückenden Front nach Westen geflohen waren und nun nicht zurückkehren durften, oder die nach dem Ende des Krieges gewaltsam vertrieben oder mit alliierter Zustimmung gemäß des Potsdamer Abkommens umgesiedelt wurden. Auch die vorher erwähnten von den Nazis umgesiedelten „Volksdeutschen“ fielen in diese Kategorie. In den westlichen Besatzungszonen kamen sie in die Obhut der deutschen Flüchtlingsverwaltungen.[11]

Im besetzten Deutschland gab es andererseits eine weitere heterogene Großkategorie vertriebener und verschleppter Menschen, die als DPs bekannt wurden. Darunter befanden sich jüdische KZ-Überlebende genauso wie nicht-repatriierungswillige Zwangsarbeiter verschiedener Nationalität, Menschen, die vor den in Osteuropa errichteten kommunistischen Regimen nach Westen geflohen waren, aber auch NS-Kollaborateure aus Osteuropa. DPs waren also der Definition nach Opfer des Nationalsozialismus, die Kategorie umfasste aber zunehmend auch Opfer des Kommunismus. Sie kamen in die Obhut der damals neu entstehenden internationalen Flüchtlingsorganisationen, erst der UNRRA, dann der IRO – beides Vorläuferorganisationen des noch heute bestehenden Hohen Flüchtlingskommissars der Vereinten Nationen (UNHCR).

Diese kategorische Unterscheidung zwischen „deutschen“ und „nicht-deutschen“ Flüchtlingen ergab sich durch die Vorgaben des entstehenden internationa-

[10] Zusammenfassend sieh Mathias Beer: Flucht und Vertreibung der Deutschen: Voraussetzungen, Verlauf, Folgen. München 2011.

[11] Die Sowjetische Besatzungszone (SBZ) hatte ihre eigenen Institutionen für die Versorgung der dort sogenannten „Umsiedler“. Diese werden in dieser Untersuchung allerdings außen vor bleiben, da die hier parallel betrachteten internationalen Institutionen dort nicht tätig waren. Zur Umsiedlerthematik in der SBZ/DDR siehe Ther: Deutsche und polnische Vertriebene (wie Anm. 4), sowie Michael Schwartz: Vertriebene und „Umsiedlerpolitik“. Integrationskonflikte in den deutschen Nachkriegs-Gesellschaften und die Assimilationsstrategien in der SBZ/DDR 1945–1961. München 2004.

len Flüchtlingsrechts, das deutsche Flüchtlinge zunächst dezidiert qua ihrer Eigenschaft als (über Ethnizität oder Staatsbürgerschaft definierte) Deutsche aus der internationalen Betreuung ausschloss. Besonders anschaulich ist die IRO-Verfassung von 1948, in der als „not the concern of the organization" definiert wurden:

> „Persons of German ethnic origin, whether German nationals or members of German minorities in other countries, who a) have been or may be transferred to Germany from other countries; b) have been, during the second world war, evacuated from Germany to other countries; c) have fled from, or into, Germany, or from their places of residence into countries other than Germany in order to avoid falling into the hands of Allied armies."[12]

Später erfolgte die Exklusion aufgrund der Tatsache, dass sie als „konnationale" Flüchtlinge Teil der sie aufnehmenden deutschen Nation und daher nicht „heimatlos" waren. Anders als die IRO-Verfassung schloss die Genfer Flüchtlingskonvention von 1951 deutsche Flüchtlinge nicht explizit und per definitionem aus. Wegen ihrer Anforderung, dass ein Flüchtling eine Person sei, die sich „außerhalb des Landes befindet, dessen Staatsangehörigkeit sie besitzt, und den Schutz dieses Landes nicht in Anspruch nehmen kann oder wegen dieser Befürchtungen nicht in Anspruch nehmen will", waren die deutschen Flüchtlinge in Deutschland, wo sie „konnationales Asyl" genossen und Staatsbürger waren, aber auch von diesem Status ausgeschlossen.[13]

Die Flüchtlingsverwaltung in den westlichen Besatzungszonen spiegelte die ursprüngliche Exklusion auf Basis von nationaler Zugehörigkeit, indem sie Hilfsmaßnahmen dezidiert für deutsche Vertriebene bereitstellte, die, ganz parallel, entweder durch ihre Staatsangehörigkeit oder ihre deutsche Volkszugehörigkeit definiert waren. Diese Institutionen und dazugehörigen Gesetze bestanden zunächst auf Länderebene und wurden dann durch das Bundesvertriebenenministerium, gegründet 1949, und das Bundesvertriebenengesetz (BVFG) von 1953 zentralisiert. Das BVFG definierte erstmals einheitlich den Begriff „Vertriebener" als jemanden, der „als deutscher Staatsangehöriger oder deutscher Volkszugehöriger seinen Wohnsitz in den zur Zeit unter fremder Verwaltung stehenden deutschen Ostgebieten oder in den Gebieten außerhalb der Grenzen des Deutschen Reiches nach dem Gebietsstande vom 31. Dezember 1937 hatte und diesen im Zusammenhang mit den

12 Constitution of the International Refugee Organization, Annex I, Part II, No. 4, 16 February 1946. Online zugänglich unter: https://www.loc.gov/law/help/us-treaties/bevans/m-ust000004-0284.pdf (zuletzt aufgerufen am 14.03.2025).

13 Zur Idee des „konnationalen Asyls" siehe Heinrich Rogge: Eingliederung und Vertreibung im Spiegel des Rechts. In: Eugen Lemberg and Friedrich Edding (Hg.): Die Vertriebenen in Westdeutschland. Ihre Eingliederung und ihr Einfluß auf Gesellschaft, Wirtschaft, Politik und Geistesleben. Bd. 1, Kiel 1959, S. 174–245.

Ereignissen des Zweiten Weltkrieges infolge Vertreibung, insbesondere durch Ausweisung oder Flucht, verloren hat."[14] Ihnen wurden die „Umsiedler" – also die von den Nazis umgesiedelten „Volksdeutschen" – genauso gleichgestellt wie Menschen, die zukünftig aus den „Vertreibungsgebieten" emigrieren würden, die sogenannten „Aussiedler", die für die weitere Entwicklung des deutschen Flüchtlingsregimes eine wichtige Rolle spielen sollten. Anders als die IRO-Verfassung, die die Kategorie „German ethnic origin" nicht weiter definierte, enthielt das BVFG in § 6 weiterhin auch eine Definition eines „deutschen Volkszugehörigen" als jemandem, der sich „in seiner Heimat zum deutschen Volkstum bekannt hat, sofern dieses Bekenntnis durch bestimmte Merkmale wie Abstammung, Sprache, Erziehung, Kultur bestätigt wird".

Ansätze der institutionellen Internationalisierung

Grundsätzlich bestand also ein zweigliedriges System, in dem die Zuständigkeiten theoretisch geklärt waren und aus dem einerseits das spezifisch deutsche, andererseits das internationale Flüchtlingsrecht entstanden. Die „Internationalisierung" des deutsche Flüchtlingsproblems stand aber immer wieder auf der westdeutschen und internationalen Agenda: „Es ist von deutscher Seite, aber auch von einigen verständnisvollen Stimmen im Ausland, immer wieder betont worden, dass das deutschen Flüchtlingsproblem kein rein deutsches, sondern ein europäisches Problem ist," wie die Sozialwissenschaftlerin Gabriele Wülker im Jahr 1952 konstatierte.[15] Im Folgenden soll es um diese Versuche gehen, die kategorische Trennung zwischen deutschen und nicht-deutschen Flüchtlingen in Frage zu stellen und aus dem deutschen ein internationales Flüchtlingsproblem zu machen.

Während die Idee einer „Internationalisierung der Flüchtlingshilfe" grundsätzlich von der deutschen Seite ausging, gab es verschiedene internationale Akteure, die diesen Ruf aufgriffen, das deutsche Flüchtlingsproblem thematisierten und Lösungsvorschläge entwickelten.[16] International kann hierbei verschiedene Dinge bedeuten: zum einen „aus anderen Ländern stammend" (speziell aus den USA), oder auch „supranational" (speziell europäisch). Einige dieser Akteure und die von ih-

[14] § 1, Abs. 1 des Gesetzes über die Angelegenheiten der Vertriebenen und Flüchtlinge (Bundesvertriebenengesetz, BVFG) vom 22. Mai 1953, Bundesgesetzblatt, Teil I. Online zugänglich unter: http://www.bgbl.de/xaver/bgbl/start.xav?startbk=Bundesanzeiger_BGBl&jumpTo=bgbl153022.pdf (zuletzt aufgerufen am 14.03.2025).

[15] Gabriele Wülker: Europa und das deutsche Flüchtlingsproblem. In: Dies. u. a. (Hg.): Europa und die deutschen Flüchtlinge. Frankfurt a. M. 1952, S. 9–19, hier: S. 13.

[16] Werner von Schmieden: Die Flüchtlingspolitik der Vereinten Nationen und des Europarates. In: Europa-Archiv 6 (1951), S. 3695–3704, hier: S. 3704.

nen entwickelten Ansätze sollen hier betrachtet werden. Letztere lassen sich in zwei wesentliche (einander nicht ausschließende) Kategorien unterteilen: die Schaffung internationaler Organisationen zur Bearbeitung des deutschen Flüchtlingsproblems einerseits, und die Lösung des Flüchtlingsproblems durch Emigration andererseits.

Ein Beispiel einer von US-amerikanischen Akteuren ausgehenden Initiative war die Kommission unter Leitung des Kongressabgeordneten Francis E. Walter, die der Rechtsausschuss des US-Kongresses im Oktober 1949 entsandte. 1950 legte sie den sogenannten Walter-Bericht vor. Dieser schlug zum einen die Schaffung einer internationalen Organisation zur Eingliederung und Ansiedlung der deutschen Flüchtlinge vor.[17] Zum anderen propagierte er die Auswanderung von bis zu einer Million deutschen Vertriebenen.[18]

Ebenfalls von den USA ausgehend, aber als deutsch-amerikanisches Kooperationsprojekt angelegt, war der 1951 vorgelegte Sonne-Bericht als Ergebnis des vom amerikanischen Bankier H. Christian Sonne geleiteten Hilfskomitees aus amerikanischen und deutschen Wissenschaftlern der Economic Cooperation Administration (ECA), die die Wirtschaftshilfe des Marshall Plans leitete. Der Sonne-Bericht forderte wiederum keine massenhafte Auswanderung, sondern einen konzertierten Plan zur Eingliederung, der finanziell aus dem Ausland unterstützt werden müsste.[19]

Ein dezidiert transnationaler Akteur war der Europarat, speziell der Europarat-Sonderausschuss für Flüchtlingsfragen, der am 25. August 1950 einen Bericht vorlegte, der das europäische Flüchtlingsproblem in seiner Gesamtheit erfasste und in Richtung eines europäischen Flüchtlingsamts argumentierte.[20] Dessen Vorsitzender Werner von Schmieden propagierte in einem Aufsatz im Februar 1951 umfassende Kapitalinvestitionen in den Aufnahmeländern, wofür es auch die „Mitwirkung kapitalkräftiger Länder“ benötige:

> „Die Gesamtheit dieser Maßnahmen fällt unter den von deutscher Seite geprägten Begriff der ‚Internationalisierung der Flüchtlingshilfe‘. Hiermit wollte man sagen, dass die Flüchtlingshilfe angesichts der Unmöglichkeit einer Lösung des Flüchtlingsproblems im nationalen Rahmen und dem bisherigen Stande vielfach zusammenhangloser und zu einem großen Teile karitativer Einzelmaßnahmen herausgeführt werden sollte in das Gebiet methodischer internationaler Zusammenarbeit auf produktiv-wirtschaftlicher Grundlage, wie es der von den Vereinten Nationen angestrebten politischen, wirtschaftlichen und sozialen Weltordnung

17 Ebd., S. 3695.

18 Volker Ackermann, Der „echte“ Flüchtling. Deutsche Vertriebene und Flüchtlinge aus der DDR 1945–1961. Osnabrück 1995, S. 51.

19 Ebd.

20 von Schmieden: Flüchtlingspolitik, S. 3702–3703 (wie Anm. 16).

entspricht, sowie durch die Ursachen, die die einzelnen Flüchtlingsnotstände hervorriefen, gerechtfertigt ist. Solange solche Maßnahmen nicht universal von den Vereinten Nationen aus unternommen werden können, ist der Europarat die Organisation, welche sie, soweit Europa in Frage kommt, unternehmen sollte und unternehmen kann."[21]

Die Ansätze des Europarats waren auch insofern interessant, als dass er explizit die Dichotomie von nationalen und internationalen Flüchtlingen in Frage stellte. „Nicht das juristische Moment der Staatenlosigkeit oder der Schutzlosigkeit ist darin zum Kriterium erhoben [...] sondern der Gesichtspunkt der Heimat- und Arbeitslosigkeit," wie es Per Fischer, damals Mitarbeiter des Generalsekretariats des Europarats, formulierte.[22] Und weiter:

> „Als Flüchtling gilt jede Person, die als Folge politischer Ereignisse während der beiden Weltkriege sich ohne eigene Niederlassung befindet, nachdem sie ihren Wohnsitz unter Zwang oder physischer Gewalt verlassen hat, welche wegen ihrer politischen Ansichten, ihrer religiösen oder nationalen Angehörigkeit oder ihrer ethnischen Abstammung auf sie ausgeübt worden sind."[23]

Dies, so Fischer, schloss an die Praxis des Völkerbunds der Zwischenkriegszeit an, der auch nicht zwischen nationalen und internationalen Flüchtlingen unterschied und sich beispielsweise um griechische Flüchtlinge in Griechenland kümmerte.

Der Europarat interpretierte das Flüchtlingsproblem vor dem Hintergrund einer vermeintlichen „Überbevölkerung". Dahinter stand die Annahme, dass es in Westeuropa prinzipiell „überschüssige" Bevölkerungsteile gab, zu denen nicht ausschließlich, aber doch ganz zentral die Flüchtlinge gehörten. Da es sich hierbei um ein europäisches Problem handele, brauche es auch europäische – und gar globale – Lösungen.[24]

Grundsätzlich schwebten dem Europarat daher innereuropäische und außereuropäische Lösungen vor.[25] Innereuropäische Lösungen beinhalteten zum einen Investitionen in den Aufenthaltsländern der Flüchtlinge (oder anderen Ländern mit „Überbevölkerung"), um die Eingliederung zu gewährleisten. Zum anderen wurde über europäische Binnenwanderungen für die Personen nachgedacht, die nicht in ihren Aufnahmeländern eingegliedert werden konnten – etwa für vertriebene Landwirte in Deutschland und Österreich. Ziel war ein „Bevölkerungsaus-

[21] Ebd., S. 3704.
[22] Per Fischer: Europas Flüchtlings- und Bevölkerungsprobleme in der Sicht des Europarats. In: Europa-Archiv 9 (1954), S. 6569–6577, hier S. 6571.
[23] Ebd., S. 6571 f.
[24] Zu diesem Interpretationsrahmen als prägendes Leitmotiv der europäischen Flüchtlingspolitik insgesamt vgl. Cohen: In War's Wake (wie Anm. 5).
[25] Fischer: Europas Flüchtlings- und Bevölkerungsprobleme, S. 6572–6577 (wie Anm. 22).

gleich durch Wanderungsbewegungen zwischen über- und unterbevölkerten Ländern“, mit dem Ziel, „die Reichtümer Europas voll auszuschöpfen“, bevor man über Überseeauswanderung nachdachte.[26] Letztere blieb aber auch eine Option, was eine außereuropäische Lösung darstellte. Diese müsse aber gelenkt und finanziert sein – „die liberale, der eigenen Initiative überlassene Form der Auswanderung des 19. Jahrhunderts war nicht mehr anzuwenden“.[27] Europäische Koordination war hier vonnöten: „Tatsächlich ist eine gemeinsame europäische Politik der Auswanderung nach Übersee nur die logische Folge der Ausarbeitung einer gemeinsamen Flüchtlings- und Bevölkerungspolitik innerhalb Europas.“[28]

Ein solches koordiniertes Vorgehen kann man einerseits als Reaktion auf die Befürchtungen der deutschen Seite bezüglich Auswanderungslösungen sehen, dass man angesichts der selektiven Einwanderungspolitiken der möglichen Aufnahmeländer (speziell der USA) einen negativen demografischen Effekt haben würde und genau die Leute emigrieren würden, die man eigentlich für die Volkswirtschaft halten wollte.[29] Diese Pläne fügen sich aber auch andererseits nahtlos ein in damalige Bestrebungen um eine rationale Planung von Migration, die im Rahmen multilateraler Institutionen wie dem *Intergovernmental Committee for European Migration* (ICEM) stattfinden sollte. Der insbesondere vor dem Ersten Weltkrieg dominierende liberale Ansatz der internationalen Migration und die damit einhergehende Freizügigkeit galt als obsolet.

Die Pläne des Europarats wurden nie in die Praxis umgesetzt, wie im Prinzip alle diese Internationalisierungsansätze.[30] Ein zentraler Grund dafür war laut Historiker Volker Ackermann die „veränderte Sicht des Auslandes auf das deutsche Flüchtlingsproblem“ vor dem Hintergrund des deutschen Wirtschaftswunders.[31] Die Dringlichkeit ihrer Eingliederung wurde nicht mehr gesehen. Ein UNHCR-Bericht von 1954 mit dem Titel „The Assimilation of the Refugees in Germany“ sprach von ihrer „vollzogenen Eingliederung“.[32] Das Wirtschaftswunder wurde so gewissermaßen zum PR-Problem für weitere Rufe nach „Internationalisierung“.[33] „In der Sicht des außereuropäischen Auslands waren die deutschen Flüchtlinge und Vertriebenen ‚Konnationale‘, und das ‚Wirtschaftswunder‘ verhinderte, dass sie zu den ‚echten‘ Flüchtlingen gezählt wurden.“[34]

[26] Ebd., S. 6573–74

[27] Ebd., S. 6575.

[28] Ebd., S. 6575 f.

[29] Ackermann: Der „echte Flüchtling“, S. 52 (wie Anm. 18).

[30] Ebd., S. 54.

[31] Ebd., S. 55.

[32] Ebd., S. 55.

[33] Ebd., S. 56.

[34] Ebd., S. 58.

Ein letzter Moment der versuchten institutionellen Internationalisierung war das Weltflüchtlingsjahr 1958. Wie Volker Ackermann feststellt, fand dort eine symbolische Eingemeindung der deutschen Flüchtlinge in die Gemeinschaft aller weltweiten Flüchtlinge statt, nach nationalen Kategorien wurde dort nicht mehr unterschieden.[35] Er zitiert an dieser Stelle den Staatssekretär Peter Paul Nahm mit den Worten, die Deutschen „Heimatvertriebenen" seien in die Reihe der 40 Millionen Flüchtlinge hineingestellt worden, den Deutschen sei so das „Tor zur Welt aufgetan" worden. „De facto" seien sie in das Mandat des UNHCR einbezogen worden, weil ein Teil des Spendenaufkommens des Weltflüchtlingsjahres den deutschen Flüchtlingen überlassen wurde.[36]

In der Analyse der zuvor dargestellten Versuche der „Internationalisierung" des deutschen Flüchtlingsproblems kommen materielle und symbolische Aspekte zum Vorschein. Ursprünglich ging es ganz handfest um Geld. So teilte Bundesvertriebenenminister Hans Lukaschek 1951 bei einer Tagung des Internationalen Roten Kreuzes in Hannover in seiner Besprechung des Sonne-Berichts mit:

> „Wenn er [der Bericht] aber zu dem Ergebnis gelangt, dass mindestens 12 Milliarden DM erforderlich sein würden um durch Umsiedlung und ähnliche Maßnahme die Vertriebenen dort anzusetzen, wo Arbeits- und Existenzmöglichkeiten für sie vorhanden sind, dann geht daraus eindeutig hervor, dass angesichts der sonstigen außerordentlichen Belastungen, die der Bundesregierung in der nahen Zukunft bevorstehen, es unmöglich ist, diese Mittel aus deutschen Steuerquellen allein aufzubringen. Gerade darum ist der Sonne-Bericht in seiner Objektivität ein überzeugender Beweis für die Notwendigkeit ausländischer Finanzhilfe."[37]

Im Kontext des Weltflüchtlingsjahr schien es aber schon um etwas anderes zu gehen: um symbolische Anerkennung, um die Akzeptanz, so zitiert Volker Ackermann eine Vertreterin des Arbeits- und Sozialministeriums von NRW, als „echte Flüchtlinge".[38] In letzter Konsequenz bestand hier also auch eine symbol- und identitätspolitische Agenda, in der das Leid der deutschen Flüchtlinge und Vertriebenen jenem anderer Flüchtlinge gleichgestellt werden sollte. Mit der bloßen materiellen Eingliederung aus eigener Wirtschaftskraft, die ja auch einen gewissen identitätsstiftenden Wert hätte haben können, war es an dieser Stelle nicht getan. Die internationale Anerkennung des „Vertreibungsunrechts" schwang hier mindestens im Hintergrund mit.

35 Ebd., S. 58.

36 Ebd., S. 64.

37 Hans Lukaschek: Die internationale Bedeutung des Vertriebenen- und Flüchtlingsproblems. In: Das Vertriebenen-Problem. Vorträge gehalten gelegentlich der Tagung des Internationalen Roten Kreuzes vom 9. bis 14. April 1951 in Hannover, S. 15–23, hier: S. 22.

38 Ackermann: Der „echte Flüchtling", S. 64 (wie Anm. 18).

Interessant sind darüber hinaus aber auch die explizit europäischen Dimensionen der Internationalisierungsinitiativen. Die zitierten Akteure aus den Reihen des Europarats waren Deutsche, und bei der Analyse zeichnet sich der Eindruck ab, dass sich ihre Handschrift in den Plänen des Europarats durchaus wiederfindet, etwa in dem Fokus auf die wirtschaftliche Existenzbeschaffung statt auf Rechtsstatus – der bei den konnationalen Flüchtlingen ja gegeben war. Gleichzeitig schrieben sich all diese Pläne in einen größeren Kontext von europäischer Bevölkerungs- und Arbeitskräftepolitik ein und tangieren mithin die Frühphase der europäischen Integration. Eine weiterführende Frage stellt sich daher nach dem systematischen Zusammenhang von deutschem Flüchtlingsproblem und europäischer Integration und Freizügigkeit, und zwar in beide Richtungen: Inwieweit begünstigte das Flüchtlingsproblem die europäische Integration? Und inwieweit war diese Integration dann wiederum auch ein Ersatz für die geforderte Internationalisierung, die somit nicht direkt gescheitert wäre, sondern sich nur in anderer Form entwickelt hat?

Bottom-up Internationalisierung

Jenseits dieses offiziellen Internationalisierungsdiskurses, aber in ihren Auswirkungen für konkrete Flüchtlinge sogar relevanter, befanden sich kollektive und individuelle „bottom-up“-Strategien der Internationalisierung. Diese lassen sich in zwei miteinander verbundene Strategien unterscheiden, die strukturell den oben skizzierten internationalen Ansätzen entsprachen: den Versuch von Gruppen und Individuen, die offizielle und a priori gesetzte Unterscheidung von „deutschen“ und „nicht-deutschen“ Flüchtlingen zu durchbrechen und Teil der Kategorie der „nicht-deutschen“, das heißt internationalen Flüchtlinge zu werden. Und, zumindest theoretisch darauf aufbauend, der Versuch, Deutschland zu verlassen und sich in Übersee anzusiedeln. Diese Strategien sollen hier anhand eines Samples von „volksdeutschen“ Umsiedlern aus der Sowjetunion nachgezeichnet werden.[39]

Die kollektive „bottom-up“-Internationalisierung funktionierte am besten im Fall der mennonitischen Umsiedler aus der Sowjetunion. Sie waren während des Krieges von den NS-Behörden als „Volksdeutsche“ behandelt worden, schafften aber in der Nachkriegszeit gewissermaßen eine kollektive nationale Konversion.

[39] Vgl. hierzu Jannis Panagiotidis: „Not the Concern of the Organization?“ The IRO and the Overseas Resettlement of Ethnic Germans from Eastern Europe after World War II. In: Historical Social Research 45, 4 (2020), S. 173–202. Das Sample umfasste insgesamt 63 im Archiv des Internationalen Suchdienstes dokumentierte Fälle von Antragstellern auf internationalen Flüchtlingsstatus aus den schwarzmeerdeutschen Beresan und Kutschurgan Kolonien, sowie 37 Fälle aus der mennonitischen Kolonie Chortitza, allesamt in der Ukraine gelegen.

Diese war das Ergebnis von systematischem Lobbying durch das *Mennonite Central Committee* (MCC). Das MCC war nach dem Ersten Weltkrieg als Hilfsorganisation für mennonitische Flüchtlinge gegründet worden, die vor der russischen Revolution flohen. Damals gelang es ihr, viele von ihnen in Kanada und Paraguay anzusiedeln.[40] Nach dem Zweiten Weltkrieg waren sie im besetzten Deutschland tätig und leisteten humanitäre Hilfe für die breite Bevölkerung der DPs, aber insbesondere für Mennoniten. Durch die Lobbyarbeit des MCC beschloss die IRO, dass „es nicht der Wunsch der Organisation ist, die Mennoniten als ethnische Deutsche zu betrachten".[41] Stattdessen akzeptierte die IRO die Existenz einer separaten mennonitischen Nationalität, ähnlich wie sie es im Fall der jüdischen DPs getan hatte.[42] In der Praxis bedeutete dies, dass die IRO-Beamten die Ansprüche der mennonitischen Antragsteller nicht als ethnisch deutsch, sondern als ethnisch niederländisch akzeptierten – ein Anspruch, der auf der friesischen Herkunft von Menno Simons, dem Begründer des Mennonitentums, und seinen ursprünglichen Anhängern beruhte.[43] Dank dieser argumentativen Figur war das MCC in der Lage, internationale Unterstützung für die Umsiedlung der Mehrheit der von ihm betreuten Menschen nach Übersee zu gewinnen. Dies gelang, bevor die systematische Prüfung der EWZ Umsiedler-Akten durch die IRO die Verstrickung vieler Mennoniten mit Nazi-Deutschland zeigte. Diese beinhaltete meist auch die Annahme der deutschen Staatsbürgerschaft, wodurch gemäß der IRO-Statuten jeder Anspruch auf vermeintliche niederländische Ethnizität hinfällig wurde.[44]

Individuelle Versuche von einstigen „Volksdeutschen", den internationalen Flüchtlingsstatus zu erhalten, waren hingegen nur selten von Erfolg gekrönt. In dem hier untersuchten Sample gelang dies nur einem gewissen Martin Bartle aus Odessa, der in seinem Antrag auf IRO-Unterstützung als Sowjetbürger katholischen Glaubens und „deutscher oder russischer" Nationalität geführt wurde.[45] Er war seit 1944 in Deutschland gewesen. Zwei IRO-Entscheider taten sich schwer, seine Angaben einzuordnen und bezeichneten ihn als „zweifelhaft". Erst ein dritter Kollege

[40] John D. Unruh: In the Name of Christ: A History of the Mennonite Central Committee and its Service, 1920–1951. Scottdale, PA, 1952.

[41] Benjamin W. Goossen: Chosen Nation: Mennonites and Germany in a Global Era. Princeton 2017, S. 179.

[42] Ebd.

[43] Tatsächlich existierte die Vorstellung, dass die Mennoniten in Wirklichkeit Holländer und keine Deutschen seien, schon lange zuvor. Zur „Erfindung" der Mennoniten als Deutsche siehe Goossen: Chosen Nation (wie Anm. 41).

[44] Ebd., S. 180.

[45] Diese und weitere Angaben zu seinem Fall sind in seinem Unterstützungsantrag an die IRO enthalten: Application for IRO Assistance, Martin Bartle, 17.8.1949, 3.2.1.1 / 78910508 / ITS Digital Archive, Bad Arolsen.

kam zu dem Ergebnis, dass er trotz seines Namens kein „Volksdeutscher" sei, so dass er schließlich als „within the IRO mandate" eingestuft wurde. Bei dieser Entscheidung spielte offenbar seine Frau Tatjana eine entscheidende Rolle. Ihre nichtdeutsche Herkunft und mangelnden Deutschkenntnisse hatten schon dazu geführt, dass die EWZ die ganze Familie als Nicht-Deutsche behandelte und in ein sogenanntes „Ausländerlager" brachte. Die IRO übernahm diese Klassifikation nun und erkannte die Familie trotz der möglicherweise deutschen Herkunft des Familienoberhaupts als internationale Flüchtlinge an – anders als übrigens dessen Geschwister Matilde und Pius, die trotz ähnlicher Eigenschaften wie ihr Bruder Martin als „volksdeutsch" eingestuft wurden und keine IRO-Unterstützung erhielten.[46] Martins nicht-deutsche Frau war hier also entscheidend für die Klassifikation der Familie als nicht-deutsch – anders als in anderen Fällen, in denen gemischte Familien keine IRO-Anerkennung erhielten.[47]

Erfolglos blieben auch die Anträge junger Menschen, die als Minderjährige umgesiedelt und von der EWZ eingebürgert worden waren. Der 1927 in der schwarzmeerdeutsche Kolonie Kandel nahe Odessa geborene Johann Bischoff beispielsweise bezeichnete sich in seinem Antrag auf internationale Unterstützung vom August 1949 als ethnischen Ukrainer griechisch-orthodoxen Glaubens. Er sei von den Deutschen im Januar 1944 nach Gollnow nahe Stettin zwangsdeportiert worden und spreche nur wenig Deutsch, dafür fließend Russisch. Sein Antrag wurde nicht direkt abgelehnt und weitere Nachforschungen wurden durchgeführt. Die IRO-Beamten fanden schließlich im *Berlin Document Center* (BDC) seine EWZ-Einbürgerungsakten, die ihn klar in der „volksdeutschen" Kategorie positionierten. Seine mutmaßlich sogar wahrheitsgemäßen Angaben zu seinen Sprachkenntnissen und möglicherweise auch zu seinem ethnischen Selbstverständnis spielten bei der Übernahme der Kategorisierung keine Rolle.[48]

Eine junge Frau aus der Ukraine namens Veronika Traj/Treu, 1929 geboren, bekam ihren Antrag anfänglich sogar positiv beschieden. Sie bezeichnete sich darin als „Russin" und gab Sprachkenntnisse in Russisch, Deutsch, Englisch und ein wenig Ukrainisch an. Sie berichtete, im Dezember 1943 aus dem Donbass nach Schkopau nahe Halle deportiert worden zu sein, von wo sie im Juni 1945 in die amerikanische Besatzungszone kam. Auf Grundlage einer positiven Einschätzung dieser

46 Application for Assistance PCIRO, Matilda Bartle, 28.3.1949, 3.2.1.1 / 78910520 / ITS Digital Archive, Bad Arolsen; Application for Assistance PCIRO, Pius Bartle, 28.3.1949, 3.2.1.1 / 78910521 / ITS Digital Archive, Bad Arolsen.

47 Z. B. Application for IRO Assistance, Johann Stark, 28.3.1950, 3.2.1.1 / 79805969 / ITS Digital Archive, Bad Arolsen.

48 Application for IRO Assistance, Johan Bischoff, 12.8.1949, 3.2.1.1/ 78940318 / ITS Digital Archive, Bad Arolsen.

Geschichte durch den verantwortlichen IRO-Beamten wurde sie zunächst als „innerhalb des IRO-Mandats“ beurteilt. Selbst, als ihre Einbürgerung durch die EWZ bekannt wurde, wollte der verantwortliche Beamte sie weiterhin als Russin behandeln, da die Einbürgerung der damals 13-jährigen Veronika über ihre Mutter erfolgt war. Trotzdem wurde ihr der internationale Flüchtlingsstatus letztlich wieder entzogen.[49]

Das hauptsächliche Ziel bei der Beantragung eines internationalen Flüchtlingsstatus war die IRO-Unterstützung beim Resettlement, also bei der Auswanderung nach Übersee. In dem Maße, in dem die USA und Kanada ab 1950 ihre Restriktionen für die Zuwanderung von „Volksdeutschen“ lockerten, verlor dieser Faktor allerdings an Bedeutung.[50] Relevant waren nun vor allem persönliche Netzwerke und die Unterstützung durch landsmannschaftliche und/oder konfessionelle Institutionen. Im Falle der Mennoniten erfolgte die Auswanderung meist organisiert durch das MCC, das die Umsiedler direkt in mennonitische Kolonien und Siedlungsprojekte in Nord- und Südamerika (v. a. Kanada und Paraguay, aber auch Uruguay und die USA) brachte. Mehr als 15.000 Mennoniten emigrierten so in der Nachkriegszeit aus Europa, darunter fast alle 12.000 Mennoniten aus der Ukraine, die nicht von den Sowjetbehörden zwangsrepatriiert worden waren.[51] Nicht-mennonitische Umsiedler aus der Sowjetunion waren hingegen stärker auf persönliche Netzwerke angewiesen, die es aufgrund der globalen Migrationen deutscher Siedler aus dem Russischen Reich bzw. der Sowjetunion in vielen Fällen auch gab.[52] Die institutionelle Unterstützung erfolgte dann durch verschiedene konfessionelle und ökumenische kirchliche Organisationen wie das *National Catholic Welfare Council* (NCWC), die *Lutheran World Federation* (LWF), der *Church World Service* (CWS), der *World Council of Churches* (WCC) und die *Baptist World Alliance* (BWA). In Deutschland selbst war zudem das Zentralbüro des Hilfswerks der Evangelischen Kirche in Deutschland tätig. Auf diese Weise emigrierten 15–18.000 der insgesamt ca. 58.000 nicht-mennonitischen Deutschen aus der Sowjetunion, die der Zwangsrepatriierung entgangen waren. Der Anteil der Emigranten war hier also nicht so hoch wie bei den Mennoniten, aber doch beträchtlich.[53] Die „Internationalisierung“

49 Application for IRO Assistance, Veronika Treu, 15.12.1949, 3.2.1.1 / 79854927 / ITS Digital Archive, Bad Arolsen.

50 Alexander Freund: Aufbrüche nach dem Zusammenbruch. Die deutsche Nordamerika-Auswanderung nach dem Zweiten Weltkrieg. Göttingen 2004; Pascal Maeder: Forging a New Heimat. Expellees in Post-War West Germany and Canada. Göttingen 2011.

51 Goossen: Chosen Nation, S. 181 und Endnote 32, S. 251 (wie Anm. 41).

52 Anna Flack u. a. (Hg.): Russian Germans on Four Continents. Histories of a Global Diaspora. Lanham 2023.

53 Panagiotidis: Not the Concern, S. 194–196 (wie Anm. 39).

dieses speziellen deutschen Flüchtlingsproblems erfolgte hier nicht auf einer politischen oder symbolischen Ebene, sondern in der Migrationspraxis.

Vitae parallelae

Trotz aller institutionellen, kollektiven und individuellen Bemühungen um die Internationalisierung des deutschen Flüchtlingsproblems blieben das deutsche und das internationale Flüchtlingsregime und -recht vom Grundsatz her konsequent getrennt. Gleichwohl gab es in der Folge bemerkenswerte parallele Entwicklungen zwischen dem auf dem BVFG basierenden deutschen Flüchtlingsregime und dem auf der Genfer Flüchtlingskonvention basierenden internationalen Flüchtlingsregime.[54]

Die 1951 erlassene Genfer Flüchtlingskonvention (GFK) war ursprünglich ein Instrument der Bewältigung des durch den Zweiten Weltkrieg geschaffenen europäischen Flüchtlingsproblems. Sie bezog sich auf Personen, „die infolge von Ereignissen, die vor dem 1. Januar 1951 eingetreten sind“ auf der Flucht waren und orientierte sich somit an der Vergangenheit. Eine zeitliche (und räumliche, über Europa hinausgehende) Entgrenzung erfolgte erst mit dem New Yorker „Protokoll über die Rechtsstellung der Flüchtlinge vom 31. Januar 1967“.[55]

Das Bundesvertriebenengesetz schaute ebenso grundsätzlich in die Vergangenheit, indem es den Heimatverlust infolge des Zweiten Weltkriegs zum maßgeblichen Kriterium seiner Flüchtlingsdefinition machte. Es hatte eine zeitliche Öffnung in die Zukunft aber schon von vornherein eingebaut durch das Konstrukt des „Aussiedlers“ als „Vertriebenem“, der nach dem Ende der „allgemeinen Vertreibungsmaßnahmen“ in den Staaten Osteuropas in die Bundesrepublik kommen würde. Dabei ging es um Deutsche, die weiterhin in den kommunistischen Staaten Osteuropas lebten, von dort nicht emigrieren konnten und mutmaßlich aufgrund ihrer deutschen Volkszugehörigkeit Diskriminierung erlitten.[56]

Ursprünglich ging es bei dieser Regelung nur um direkte „Nachzügler“ der Vertreibung, also zum Beispiel Angehörige von bereits in Deutschland lebenden Vertriebenen. Doch der Charakter der Aussiedlermigration wandelte sich bereits ab Mitte der 1950er-Jahre. Aus Polen kamen nun auch Angehörige der sogenannten „autochthonen“ Bevölkerung aus Schlesien und Masuren, die sich nach dem Krieg

54 Vgl. hierzu auch Panagiotidis: Parallele Leben (wie Anm. 1).

55 Für eine Betrachtung in langfristiger Perspektive siehe Peter Gatrell: The Making of the Modern Refugee. Oxford 2015.

56 Siehe zu diesem und folgendem Jannis Panagiotidis: The Unchosen Ones: Diaspora, Nation, and Migration in Israel and Germany. Bloomington 2019, S. 39–40.

zur polnischen Nation bekannt hatten, sich nun aber auf ihre deutsche Herkunft besannen und emigrierten. Auch in Jugoslawien verbliebene Donauschwaben, die in vielen Fällen in „Mischehen" lebten und oft kaum noch Deutsch sprachen, strebten die Aussiedlung in die Bundesrepublik an.[57]

Aufgrund des andauernden Phänomens der Aussiedlermigration stand die bundesdeutsche Politik Mitte der 1960er-Jahre vor der Entscheidung, ob die Aufnahme dieser Menschen in der bestehenden Form fortgesetzt werden solle. Besonders strittig war die Frage, ob die Regeln des BVFG zur „deutschen Volkszugehörigkeit", die sich auf die Zeit vor 1945 bezogen, auch auf nach dem Krieg geborene Generationen angewendet werden könnten. Auch war nicht klar, ob diese Menschen noch sinnvollerweise als „Vertriebene" bezeichnet werden könnten.[58]

Eine erste Regelung zur Einbeziehung der Nachgeborenen erfolgte mit der Reform des Übernahmeverfahrens für Deutsche aus Osteuropa im Jahr 1968, also kurz nach dem Zusatzprotokoll zur GFK.[59] Mehrere Urteile des Bundesverwaltungsgerichts und weitere administrative Richtlinien verfestigten diese Regeln in der Folge, ohne am Gesetzestext des BVFG etwas zu verändern. Grundlegend war dabei die Annahme, dass auch auf den Nachgeborenen „Vertreibungsdruck" laste, da sie nach wie vor als Deutsche diskriminiert würden. Dieser Vertreibungsdruck musste von den Antragstellern auf Aussiedlerstatus nicht individuell nachgewiesen werden. Ihre (nachzuweisende) Eigenschaft als Deutsche genügte dem Gesetzgeber, um den Vertreibungsdruck und damit die Vertriebeneneigenschaft zu unterstellen.[60] Der Nachweis wurde im Laufe der Zeit zwar komplizierter, das BVFG bestand aber bis Anfang der 1990er-Jahre praktisch unverändert fort.

Bedingt durch die in Zusammenhang mit der sowjetischen Politik von Glasnost und Perestroika erfolgende Liberalisierung in Osteuropa und schließlich das Ende des Staatssozialismus ab 1989 geriet das Konstrukt des BVFG unter Druck. Schon in den 1980er-Jahren wollte die Flüchtlingsverwaltung die Annahme eines allgemein herrschenden „Vertreibungsdrucks" einschränken, da sich die Verhältnisse im Ostblock weitgehend normalisiert hätten. Damals scheiterten diese Versuche am Widerstand der Vertriebenenverbände.[61] Spätestens mit der Öffnung der Grenzen in Osteuropa, dem Zustrom von Hunderttausenden Aussiedlern aus Polen, der Sowjet-

[57] Jannis Panagiotidis: Sifting Germans from Yugoslavs. Co-Ethnic Selection, Danube Swabian Migrants, and the Contestation of Aussiedler Immigration in West Germany in the 1950s and 1960s. In: Jason Coy u. a. (Hg.): Migrations in the German Lands, 1500–2000. New York 2016, S. 209–226.
[58] Panagiotidis: The Unchosen Ones, S. 197 f. (wie Anm. 56).
[59] Ebd., S. 200.
[60] Ebd., S. 201–203.
[61] Ebd., S. 256–264.

union und Rumänien in die Bundesrepublik und dem Ende der kommunistischen Regime in der gesamten Region war dieser Wandel aber nicht mehr bestreitbar.

Die Reform des BVFG durch das Kriegsfolgenbereinigungsgesetz (KfbG) Ende 1992 trug diesen neuen geopolitischen Realitäten Rechnung. Vertreibungsdruck wurde jetzt nur noch bei Deutschen aus der ehemaligen Sowjetunion pauschal unterstellt, alle anderen mussten diesen individuell nachweisen. Auch konnten nach dem Jahr 1992 geborene Personen nicht mehr als Spätaussiedler – so die offizielle Bezeichnung nach der Gesetzesreform – Aufnahme finden.[62] Das BVFG bestand zwar fort, seinen wesentlichen Zweck hatte es aber erfüllt. Die historische Periode der Nachkriegszeit war abgeschlossen.

Deutsches und internationales Flüchtlingsrecht hatten also bis zu einem Punkt durchaus „parallele Leben“ in den Nachkriegsjahrzehnten. Beide waren ursprünglich exklusiv auf die Ereignisse des Zweiten Weltkriegs bezogen, durchliefen dann aber Prozesse der zeitlichen Entgrenzung, die ihre Funktion signifikant veränderten. Im Falle des BVFG war der Vergangenheitsbezug aber letztlich doch so stark, dass es nach dem Ende des Kalten Krieges großenteils abgewickelt wurde. Seine Kategorien und Definitionen wurden weitgehend obsolet und passten nicht mehr in die neue Zeit, zumal die massenhafte Auswanderung der im östlichen Europa verbliebenen deutschen Minderheiten nach 1989 das vom BVFG bearbeitete „Problem“ großenteils löste.

Über das globale Flüchtlingsproblem lässt sich nichts Derartiges sagen. Dennoch kann man im Anschluss an die historische Entwicklung und Veränderung des BVFG auch über die Angemessenheit der überlieferten Definition eines Flüchtlings in der GFK nachdenken. Diese stellt auf Verfolgung einer Person „wegen ihrer Rasse, Religion, Nationalität, Zugehörigkeit zu einer bestimmten sozialen Gruppe oder wegen ihrer politischen Überzeugung“ ab. Im Zeitkontext war dieser spezifische Zuschnitt angemessen. Für die Herausforderungen der Gegenwart mit ihren multiplen Fluchtursachen, nicht zuletzt in Folge von Kriegen, Klimakatastrophe und mangelnden Lebenschancen in „failed states“, ist er aber zu eng. In einer letzten Parallele zum deutschen Flüchtlingsrecht wäre er als Teil einer Historisierung der GFK als zeitgebundenes Dokument zu überdenken, ohne dass man dabei die Konvention oder das Konstrukt eines internationalen Flüchtlingsrechts als solches in Frage stellen müsste.

[62] Ebd., S. 267–270.

Abstract

This contribution deals with different strategies of „internationalizing“ the German „refugee problem“ after the Second World War. Against the backdrop of a postwar refugee regime that distinguished clearly between „German“ and „non-German“ refugees, it distinguishes between institutional „top-down“ and individual or collective „bottom-up“ approaches to internationalization. The former included attempts by different actors to get the „international community“ involved in the care for German refugees. The latter saw ethnic Germans try to pass for non-German refugees to obtain international care. The article also traces the „parallel lives“ of the German and international refugee regimes beyond the immediate postwar period and into the present. Such a comparative perspective can contribute to our thinking about reforming international refugee law, which evolved from a specific historical context.

Sebastian Gehrig

Flüchtlinge als Sicherheitsrisiko im frühen Kalten Krieg

Der Zweite Weltkrieg machte Millionen Menschen zu Flüchtlingen. Das Kriegsende stoppte diese Flüchtlingsbewegungen nicht sofort. Im geteilten Deutschland wie auch anderswo in Europa und Asien entlang der neuen Frontlinien des Kalten Kriegs flüchteten Menschen auch aus ideologischen Gründen. Mit der Gründung der beiden deutschen Staaten im Jahr 1949 wurden Menschen, die entweder in die Bundesrepublik oder DDR geflohen waren, zunehmend von staatlichen Stellen genau deshalb auch als Sicherheitsrisiko wahrgenommen.[1] Das Beispiel der frühen Bundesrepublik zeigt, dass vor allem deutsche Vertriebene von staatlichen Behörden nicht nur als Flüchtlinge vor dem Kommunismus wahrgenommen wurden. In der aufgeheizten politischen Atmosphäre des frühen Kalten Kriegs und der Angst vor kommunistischer Unterwanderung kam alsbald der Verdacht auf, dass sich kommunistische Spione unter die Flüchtlinge gemischt haben könnten.

Freizügigkeitsrechte für Flüchtlinge und deren Rechte außerhalb ihrer Heimatstaaten waren ein Hauptaugenmerk internationaler und nationaler Politik nach 1945. Das Kriegsende und die schiere Anzahl von Kriegsflüchtlingen weltweit führten zu internationalen und nationalen Initiativen, die den Status des Flüchtlings neu definieren sollten. Die Verabschiedung des Abkommens über die Rechtsstellung der Flüchtlinge am 28. Juli 1951 durch die Vereinten Nationen, landläufig als Genfer Flüchtlingskonvention (GFK) bekannt, wird oft als Ausgangspunkt für einen besseren Schutz von Flüchtlingen zitiert.[2] Da die Konvention sich jedoch nur rückwirkend auf die Zeit vor ihrem Abschluss im Jahre 1951 bezog, blieben Beschränkungen internationaler Freizügigkeitsrechte staatliche Mittel, um die Einreise von Flüchtlingen faktisch zu beschränken oder gar zu verhindern.

[1] Für die Migrationsbewegungen über die deutsch-deutsche Grenze siehe z. B.: Bernd Stöver: Zuflucht DDR. Spione und andere Übersiedler. München 2009; Hartmut Koschyk und Vincent Regente: Vertriebene in SBZ und DDR. Berlin 2021); Matthias Beer: Flucht und Vertreibung der Deutschen. Voraussetzungen, Verlauf, Folgen. München 2011.

[2] Für eine kommentierte Version der Genfer Flüchtlingskonvention siehe: Andreas Zimmermann/ Felix Machts/Jonas Dörschner: The 1951 Convention Relating to the Status of Refugees and Its 1967 Protocol. A Commentary. Oxford 2011.

https://doi.org/10.1515/9783111671109-003

Dies hatte sowohl ideologische als auch ökonomische Gründe. Im Jahr 1963 stellte die *UN Sub-commission on Prevention of Discrimination and Protection of Minorities* der internationalen Staatengemeinschaft daher ein vernichtendes Urteil aus. Mehr Menschen als jemals zuvor seien innerhalb ihrer eigenen nationalen Grenzen gefangen, so führte der Bericht des philippinischen Richters und UNO-Delegierten José Inglés aus. Im Umkehrschluss bedeutete dieser Bericht, dass die Ausreise oder Flucht aus dem eigenen Land seit 1945 trotz der Verabschiedung der Flüchtlingskonvention global schwieriger geworden waren. Wie Sara Dehm kürzlich gezeigt hat, errichteten industrialisierte Staaten nach 1945 neue Hürden, um es Flüchtlingen aus entkolonialisierten Gebieten der Welt zu erschweren, nach Europa oder Nordamerika zu gelangen, während westliche Staaten gleichzeitig Ostblockstaaten für die Erschwerung der Ausreise ihrer Staatsangehörigen kritisierten.[3]

Von der Verabschiedung der Flüchtlingskonvention im Jahr 1951 bis zu deren Erweiterung 1967 kam es auch in der Bundesrepublik zu neuen Konkurrenzen in der öffentlichen Wahrnehmung und Behandlung von Flüchtlingen.[4] Die offensive Staatsangehörigkeitspolitik der Bundesregierung als Teil der Nichtanerkennungspolitik gegenüber der DDR machte aus Flüchtlingen mit deutscher Staatsangehörigkeit oder deutscher Volkszugehörigkeit in den Augen der westdeutschen Öffentlichkeit Vertriebene.[5] Hauptaugenmerk bundesdeutscher Politk waren in dieser Zeit Flucht- und Migrationsbewegungen von Deutschen am Ende des Zweiten Weltkriegs innerhalb Europas. Von der Berlinblockade 1948 zur zweiten Berlin-Krise im Jahr 1958, die im Bau der Berliner Mauer im Sommer 1961 kulminierte, wurde das deutsche Flüchtlingsproblem innerhalb der Bundesrepublik als Teil der ideologischen Auseinandersetzung mit dem Kommunismus behandelt. Dabei ging es um die Ausübung individueller und kollektiver Selbstbestimmungsrechte und Flucht vor neuen sozialistischen Regierungen in Osteuropa und der DDR.[6]

Damit kam es in Westdeutschland nach 1945 immer darauf an, welcher Status einer Person zugesprochen wurde, ob Flüchtling, Vertriebener, Staatenloser oder wirtschaftlicher Migrant (ab 1955 wurde Arbeitsmigration vor allem im Gastarbeiterprogramm organisiert). Noch vor Abschluss der GFK hatte die Bundesregierung

3 Sara Dehm: Contesting the Right to Leave in International Law: The Berlin Wall, the Third World Brain Drain and the Politics of Emigration in the 1960s. In: Matthew Craven, Sundhya Pahuja, Gerry Simpson (Hg.): International Law and the Cold War. Cambridge 2020, S. 159–188.

4 Ebd., S. 159.

5 Zum Staatsangehörigkeitsrecht als Teil westdeutscher Kalter Kriegspolitik, siehe: Sebastian Gehrig: Legal Entanglements. Law, Rights, and the Battle for Legitimacy in Divided Germany, 1945–1989. New York/Oxford 2021, S. 70–87. Siehe auch: Maren Röger: Vertreibung als integrativer und konfrontativer Terminus im Kalten Krieg. In: Exilforschung 40 (2022), S. 217–230.

6 Siehe: Beer: Flucht und Vertreibung der Deutschen (wie Anm. 1).

im Gesetz über die Rechtsstellung heimatloser Ausländer im Bundesgebiet vom 25. April 1951 vielen nicht-deutschen Flüchtlingen und Displaced Persons (DPs) einen neuen Rechtsstatus zugewiesen. Der Status von ausländischen Flüchtlingen war damit noch vor dem Abschluss des internationalen Abkommens über die Rechtsstellung der Flüchtlinge innerhalb der Bundesrepublik teilweise definiert.[7] Die GFK erstreckte sich nominell bald darauf auch auf geflüchtete Menschen außerhalb ihres Herkunftslandes, die sich dort ohne dessen diplomatischen Schutz aufhielten oder sich von ihrer Heimatregierung aufgrund ihrer „Rasse, Religion, Nationalität, Zugehörigkeit zu einer bestimmten sozialen Gruppe oder wegen ihrer politischen Überzeugung“ bedroht fühlten.[8]

Für deutsche Flüchtlinge in der frühen Bundesrepublik galten der offiziellen Kalten Kriegsrhetorik der Regierung folgend gesonderte Regelungen. Aufgrund der speziellen Behandlung von deutschen Flüchtlingen als vom Kommunismus Vertriebenen, und damit deutschen Staatsangehörigen, hat sich die historische Forschung vor allem auf die soziale Integration der Vertriebenen und den politischen Einfluss ihrer Interessensverbände konzentriert.[9] Sicherheitsbedenken gegenüber deutschen Flüchtlingen innerhalb der Sicherheitsorgane der Bundesrepublik nach 1949 sind hierbei bisher wenig behandelt worden.[10] Ähnlich wie russische Flüchtlinge nach der Oktoberrevolution oft als potentielle kommunistische Spione oder politische Aufrührer erachtet wurden, schlugen aber auch deutschen Flüchtlingen nach 1945 ideologisches Misstrauen und sicherheitspolitische Bedenken entgegen.

Dieses Kapitel spürt dieser Entwicklung skizzenhaft nach. Zunächst wird die Formulierung eines gesetzlichen Flüchtlings- und Vertriebenenbegriffs innerhalb der Bundesrepublik zwischen 1951 und 1953 vor dem Hintergrund der Erfahrungen der Zwischenkriegszeit und des Zweiten Weltkriegs kurz dargestellt. Bundesdeutsche Debatten gipfelten in der Verabschiedung des Bundesvertriebenengesetzes 1953, das direkten Zugang zu Staatsangehörigkeitsrechten für Menschen ermöglichte, die ihre deutsche Staatsangehörigkeit oder Volkszugehörigkeit nach ihrer An-

7 Gesetz über die Rechtsstellung heimatloser Ausländer im Bundesgebiet, 25. April 1951.

8 Siehe: Artikel 2, Abkommen über die Rechtsstellung der Flüchtlinge vom 28. Juli 1951. Online zugänglich unter: https://www.uno-fluechtlingshilfe.de/uploads/media/GFK_Pocket_2015.pdf (zuletzt aufgerufen am 10. April 2025).

9 Siehe z. B.: Marita Krauss: Integrationen. Vertriebene in den deutschen Ländern nach 1945. Göttingen 2008; Andreas Kossert: Kalte Heimat. Die Geschichte der deutschen Vertriebenen nach 1945. Berlin 2008; Manfred Kittel: Vertreibung der Vertriebenen? Der historische deutsche Osten in der Erinnerungskultur der Bundesrepublik (1961–1982). Berlin 2011; Christian Lotz: Die Deutung des Verlusts. Erinnerungspolitische Kontroversen im geteilten Deutschland um Flucht, Vertreibung und die Ostgebiete (1948–1972). Köln 2007.

10 Eine der wenigen Studien zur Suche nach Spionen unter den Ostflüchtlingen ist: Keith Allen: Interrogation Nation. Refugees and Spies in Cold War Germany. Lanham/MD 2017.

kunft in der Bundesrepublik geltend machen konnten. Die Logiken der weitgehenden gesetzlichen Gleichsetzung von Flüchtlings- und Vertriebenenrechten für deutsche Flüchtlinge war dabei noch lange über das Jahr 1953 stark von den rassistischen Kategorien des Nationalsozialismus in der administrativen Praxis geprägt.[11]

Dass der direkte und unmittelbare Zugang zu vollen Bürgerrechten jedoch auch als Gefahr einer Unterwanderung der westdeutschen Gesellschaft im Geiste des Antikommunismus und Staatsschutzes gesehen wurden, zeigen einige Fallbeispiele im zweiten Teil des Kapitels.[12] Das Beispiel der frühen Bundesrepublik verdeutlicht somit Spannungsverhältnisse in der Entwicklung nationalen und internationalen Flüchtlingsrechts nach 1945, der Differenzierung zwischen „eigenen" deutschen Flüchtlingen sowie ausländischen Flüchtlingen und Asylsuchenden nach Verabschiedung der internationalen Flüchtlingskonvention im Jahr 1951 und des Bundesvertriebenengesetzes 1953. Dabei standen sich im Falle der frühen Bundesrepublik eine Willkommensrhetorik für deutsche Vertriebene und Flüchtlinge und interne Regierungsbedenken einer ideologischen Unterwanderung deutscher Flüchtlinge durch Spione für den Osten gegenüber.

Der Flüchtlings- und Vertriebenenbegriff in der Gesetzgebung der Bundesrepublik

Das internationale Flüchtlingsabkommen von 1951 generierte erstmals eine allgemeinere Definition des Flüchtlings und stand explizit in der Tradition des Flüchtlingskomitees des Völkerbunds.[13] Es wurde zunächst als eine temporär gebundene Konvention verstanden und konzipierte den Status des Flüchtlings nur rückwirkend für die Zeit vor 1951 im expliziten Kontext des Zweiten Weltkriegs und frühen Kalten Kriegs. Damit war die Konvention ein spezifisches Rechtsinstrument zur Lösung des akuten internationalen Flüchtlingsproblems, dass der Krieg und die Teilung der Welt in Ost und West verursacht hatte. Nach den Erfahrungen der Zwischenkriegszeit wurden nach 1945 zunächst vor allem erneut Versuche unternommen, Flüchtlinge vor der Gefahr der Staatenlosigkeit zu schützen.[14] Der Bundesregierung war daher sehr daran gelegen, schnell neue Richtlinien für

11 Gehrig: Legal Entanglements, S. 70–87 (wie Anm. 5).

12 Zur westdeutschen Debatte um Staatsschutzmaßnahmen in den 1950er Jahren siehe: Dominik Rigoll: Staatsschutz in Westdeutschland. Von der Entnazifizierung zur Extremistenabwehr. Göttingen 2013, S. 75–140.

13 Siehe: Artikel 1, Abkommen über die Rechtsstellung der Flüchtlinge vom 28. Juli 1951. Online zugänglich unter: https://www.uno-fluechtlingshilfe.de/uploads/media/GFK_Pocket_2015.pdf (zuletzt aufgerufen am 10. April 2025).

14 Siehe: Mira Siegelberg: Statelessness. A Modern History. Cambridge/MA 2020.

Flüchtlinge und Asylsuchende zu schaffen. Vor allem der unmittelbare Beitritt zur GFK war geeignet, einen Willen zur Einhaltung neuer internationaler Rechtsnormen zu demonstrieren und bürokratische Unabhängigkeit von alliierter Kontrolle im Bereich der Flüchtlingseinwanderung zu erreichen.[15] Damit versuchte die Adenauerregierung, wieder die alleinige Kontrolle über die Administrierung des deutschen Staatsvolks innerhalb der Bundesrepublik von den Alliierten zu erlangen. Gleichzeitig wurde jedoch auch an einer weiten juristischen Auslegung dieses Anspruchs gearbeitet, den westdeutsche Regierungsstellen weltweit und in Nichtanerkennung der DDR zu vertreten gedachten.[16]

Zeitgleiche westdeutsche Debatten um die Novellierung eines Gesetzes zur Rechtsstellung deutscher Flüchtlinge orientierten sich dabei an der GFK, gingen aber noch um einiges weiter. Nachdem zunächst die Landesverfassungen den Status von deutschen Geflüchteten unterschiedlich geregelt hatten, in Nordrhein-Westfalen zum Beispiel wurde hierbei zunächst nur der Rechtsbegriff des Flüchtlings gebraucht während in Schleswig-Holstein ein separater Status für sogenannte Evakuierte geschaffen wurde, hatte sich ab 1947 der Kernbegriff des Vertriebenen eingebürgert, um deutsche Flüchtlinge rechtlich zu beschreiben.[17] Bis in die frühen 1950er-Jahre unterschied der westdeutsche Gesetzgeber dann zwischen drei Kategorien im Versuch einer bundesweiten Vereinheitlichung von bereits existierendem Landesrecht: Vertriebene, Heimatvertriebene und Sowjetzonenflüchtlinge. Menschen, die aus der entstehenden DDR geflohen waren, waren bis zu diesem Zeitpunkt nur in der britischen Besatzungszone als Flüchtlinge anerkannt gewesen. In der amerikanischen und französischen Zone hatten ihnen die Verantwortlichen keine gesonderten Rechte zugesprochen. Nun wurden ihnen der Rechtsbegriff des Sowjetflüchtlings und damit ein eigener Rechtsbegriff nach Gründung der beiden deutschen Staaten zugewiesen.[18]

Diese bundesdeutschen Debatten spielten sich vor dem Hintergrund von Entwicklungen seit Ende des Ersten Weltkriegs ab, als Teil derer neue internationale Instrumente entstanden waren, um Flüchtlingsproblemen Herr zu werden. Dabei ging es von Beginn an um die Verhandlung von Rufen nach einer gesicherten Rechtsstellung von Flüchtlingen, die auch deren internationale Freizügigkeit ein-

15 Patrice G. Poutrus: Umkämpftes Asyl. Vom Nachkriegsdeutschland in die Gegenwart. Bonn 2020, S. 38.

16 Gehrig: Legal Entanglements, S. 33–52 (wie Anm. 5).

17 Für eine Zusammenfassung dieser Entwicklung siehe: Douglas B. Klusmeyer/Demitrios G. Papademetriou: Immigration Policy in the Federal Republic of Germany. Negotiating Membership and Remaking the Nation. New York/Oxford 2009, S. 76–83.

18 Siehe: Entwurf eines Gesetzes über die Angelegenheiten der Vertriebenen und Flüchtlinge (Bundesvertriebenengesetz), Drucksache Nr. 2872, 26. November 1951. Online zuänglich unter: https://dserver.bundestag.de/btd/01/028/0102872.pdf (zuletzt aufgerufen am 10. April 2025).

schloss, und nationalstaatlichen Interessen einer Kontrolle über die Bewegung von Menschen über Grenzen hinweg. Das Flüchtlingskomitee des Völkerbunds hatte schon am Ende des Ersten Weltkriegs internationale Rechtsinstrumente etabliert, die als Teil der Lösung spezifischer politischer und militärischer Konflikte und deren Auswirkungen auf Menschen wirken sollten. Dieser spezifische Krisenlösungsansatz sollte die Diskussion um den Status von Flüchtlingen bis in die Nachkriegszeit nachhaltig prägen. Der Völkerbund hatte in der Zwischenkriegszeit versucht, die Rückführung von Kriegsgefangenen nach Ende des Ersten Weltkriegs zu organisieren und später durch das Nansen-Komitee zur Lösung der Flüchtlingskrise nach Ende des russischen Bürgerkriegs beigetragen. Damit war ein erster internationaler Versuch unternommen worden, Flüchtlingen einen rechtlichen Status und Ausweisdokumente zu garantieren.

In der Zwischenkriegszeit hatte die Einführung des Nansenpasses zum Nachweis von Staatenlosigkeit es Staatenlosen erlaubt, international aufgrund dieses Rechtsstatus zu reisen. Damit war ein gewisses Maß an Freizügigkeit für Flüchtlinge geschaffen. Zugang zum Nansenpass war jedoch begrenzt und erstreckte sich zum Beispiel nicht auf Flüchtlinge vor dem spanischen Bürgerkrieg und lange auch nicht aus dem Dritten Reich nach 1933.[19] Zwar bekannten sich die Mitgliedstaaten des Völkerbunds 1924 im Abkommen über gewisse Fragen beim Konflikt von Staatsangehörigkeitsgesetzen zur Bekämpfung der Staatenlosigkeit, man konnte sich 1930 auf der Haager Konferenz jedoch nur auf die Bekräftigung nationaler Souveränitätsrechte zur Regelung von Staatsangehörigkeitsfragen innerhalb nationaler Grenzen einigen.[20] Damit blieb die Lage von Flüchtlingen prekär, sobald ihnen ihr Heimatstaat ihre Rechtsstellung als Staatsangehörige aberkannte. Diese Notlage der Staatenlosigkeit hinderte vor allem deutsche Juden vor Ausbruch des Zweiten Weltkriegs in Europa 1939 nach Aberkennung ihrer deutschen Staatsangehörigkeit durch die Nationalsozialisten an der Erlangung von Visa und Einreisegenehmigungen in andere Länder.

Bis zum Ende des Zweiten Weltkriegs blieb Staaten im internationalen Recht somit die Autorität vorbehalten, auch einseitig die Aberkennung von Staatsangehörigkeitsrechten herbeizuführen. Faschistische Regierungen machten hiervon in den 1930er- und 1940er-Jahren Gebrauch, um verfolgte Menschen einseitig die Staatsangehörigkeit abzuerkennen und sie zu staatenlosen Flüchtlingen zu machen. Erst die Allgemeine Menschenrechtserklärung der Vereinten Nationen von 1948 schrieb eine internationale Norm in Artikel 15 fest, die jedem Menschen das

[19] John Torpey: The Invention of the Passport. Surveillance, Citizenship and the State. Cambridge 2018, S. 153–162.

[20] Siehe: Abkommen über gewisse Fragen beim Konflikt von Staatsangehörigkeitsgesetzen, Völkerbund. Den Haag, 1930.

Recht auf eine Staatsangehörigkeit garantieren und den willkürlichen Entzug von Staatsbürgerschaftsrechten verhindern sollte.[21] Diese Entwicklung, die vor dem Hintergrund von Kriegsverbrechen und der Shoah stattfand, setzte einen entscheidenden Teil des normativen Kontexts für Debatten zu Flüchtlingsrechten nach 1945, da Nationalitätsrechte in der internationalen Kategorisierung von Menschen als Flüchtlinge oder Asylsuchende, aber auch in der national spezifischen Administrierung von Menschen von überragender Bedeutung waren. Die uneingeschränkte Garantie eines Rechts auf politisches Asyl im Grundgesetz war daher eine der wichtigsten Lehren aus den Verbrechen des Nationalsozialismus. Jedoch zeigt die Asylpraxis der Bundesrepublik auch, dass Asylansprüche und Rechte von Asylsuchenden aufgrund von Sicherheitsbedenken oder ideologischen sowie rassistischen Vorbehalten nach 1949 weiter basierend auf der Ausländerpolizeiverordnung von 1938 eingeschränkt werden konnten.[22]

Während die GFK bis 1951 den Flüchtlingsstatus neu definiert hatte, blieben diese Rechte also durch Einschränkungen der persönlichen Freizügigkeit und neue nationale Sicherheitsarchitekturen beschränkt.[23] Diese Beschränkungen waren immer mit der Garantie nationaler Sicherheit von Staaten begründet. So besagte Artikel 9 der Konvention, dass es vertragsschließenden Staaten explizit erlaubt blieb, „gegen eine bestimmte Person vorläufig die Maßnahmen zu ergreifen, die dieser Staat für seine Sicherheit für erforderlich hält, bis dieser vertragschließende Staat eine Entscheidung darüber getroffen hat, ob diese Person tatsächlich ein Flüchtling ist und die Aufrechterhaltung dieser Maßnahmen im vorliegenden Falle im Interesse der Sicherheit des Staates notwendig ist."[24]

Neben dem Beitritt der Bundesrepublik zur Genfer Flüchtlingskonvention, der international Flüchtlingsrechte für deutsche Flüchtlinge sichern sollte, bemühte sich die Bundesregierung ab 1949 um die alleinige internationale diplomatische Vertretung aller deutschen Vertriebenen und Flüchtlinge. Die neuen Rechtskategorien, die 1953 im Bundesvertriebenengesetz für deutsche Flüchtlinge niedergelegt wurden, sollten zum einen westdeutsche Frontlinien im Kalten Krieg gegenüber der DDR und Sowjetunion zum Ausdruck bringen, sich zum anderen aber auch in die neue westliche Bündnisrhetorik des Kalten Kriegs einfügen. Die Bundesregierung entschied sich daher für den Rechtsbegriff des Vertriebenen für alle Menschen, die „von hoher Hand veranlasst" ihren Wohnsitz aufgeben mussten. Damit

21 Artikel 15, Allgemeine Erklärung der Menschenrechte, Vereinte Nationen, 1948.

22 Poutrus: Umkämpftes Asyl, S. 38 (wie Anm 14).

23 Dehm: Contesting the Right to Leave in International Law (wie Anm. 3).

24 Siehe: Abkommen über die Rechtsstellung der Flüchtlinge vom 28. Juli 1951. Online zugänglich unter: https://www.uno-fluechtlingshilfe.de/uploads/media/GFK_Pocket_2015.pdf (zuletzt aufgerufen am 10. April 2025).

meinte die Regierung Menschen, die „als deutscher Staatsangehöriger oder deutscher Volkszugehöriger seinen Wohnsitz in den deutschen Gebieten östlich der Oder-Neiße-Linie oder in den Gebieten außerhalb der Grenzen des Deutschen Reiches nach dem Stande vom 31. Dezember 1937 hatte und diesen im Zusammenhang mit den Ereignissen des Zweiten Weltkrieges infolge Vertreibung (Flucht, Ausweisung oder Aussiedlung) verloren hat."[25] Daneben umfasste der Vertriebenenbegriff auch Menschen, die „nach dem 30. Januar 1933 wegen ihm drohender oder gegen ihn verübter nationalsozialistischer Gewaltmaßnahmen auf Grund der politischen Überzeugung, der Rasse, des Glaubens oder der Weltanschauung die in Absatz 1 genannten Gebiete verlassen und seinen Wohnsitz außerhalb des Deutschen Reiches genommen hat."[26]

Der Begriff des Heimatvertriebenen wurde nun auf Menschen beschränkt, die „bereits vor dem 1. Januar 1938" ihren Wohnsitz in den Vertriebenengebieten hatten.[27] „Wer dagegen, veranlaßt z. B. durch die besonderen Verhältnisse in der sowjetischen Besatzungszone, dieser den Rücken kehrt, weil ihm im Falle des Verbleibens besondere Gefahren drohen, ist ‚Flüchtling' im Sprachsinn dieses Wortes."[28] Damit wurden nun rechtlich definierte Sowjetflüchtlinge im deutsch-deutschen Kontext gesondert von Vertriebenen und Heimatvertriebenen behandelt. Symbolpolitisch wie juristisch wurde damit auch zwischen den Folgen des Potsdamer Abkommens für das besiegte Deutschland 1945 und der Teilung Deutschlands durch die Gründung der beiden deutschen Staaten 1949 unterschieden.

Flüchtlinge als Sicherheitsrisiko im frühen Kalten Krieg

Das Bundesvertriebenengesetz spiegelte die weitreichenden Forderungen für soziale und ökonomische Rechte für deutsche Flüchtlinge wider, die zeitgleich auch in der GFK international für Flüchtlinge niedergelegt wurden, und ging an vielen Stellen vor allem in Wiedergutmachungsfragen noch einige Schritte weiter. Am 25. April 1954 wurde die Genfer Konvention dann auch in der Bundesrepublik rechtskräftig, nachdem sechs Staaten das Abkommen voll ratifiziert hatten.[29] Zu

[25] Deutscher Bundestag, 1. Wahlperiode 1949, Drucksache Nr. 4080, Schriftlicher Bericht des Ausschusses für Heimatvertriebene (22. Ausschuß) über den Entwurf eines Gesetzes über die Angelegenheiten der Vertriebenen und Flüchtlinge (Bundesvertriebenengesetz), S. 25. Online zugänglich unter: https://dserver.bundestag.de/btd/01/040/0104080.pdf (zuletzt aufgerufen am 10. April 2025).
[26] Ebd.
[27] Entwurf eines Gesetzes über die Angelegenheiten der Vertriebenen und Flüchtlinge (Bundesvertriebenengesetz), S. 6 (wie Anm. 24).
[28] Ebd., S. 22.
[29] BGBl II, Nr. 9, 10. Juni 1954, S. 619.

diesem Zeitpunkt war die Behandlung von deutschen Flüchtlingen als Vertriebene und deutsche Staatsangehörige durch das Bundesvertriebenengesetz und expansive Regeln in der Anerkennung deutscher Staatsangehörigkeit in der Tradition des Nationalsozialismus jedoch bereits fixiert, so dass die Konvention nun nur noch auf die Rechte ausländischer Flüchtlinge für die Zeit vor 1951 in der Bundesrepublik angewendet wurde. Sollte das Bundesvertriebenengesetz aus dem Jahr 1953 die Aufnahmebereitschaft der Bundesregierung von deutschen Flüchtlingen demonstrieren, entwickelten sich neben der öffentlichen Prominenz der Vertriebenenverbände jedoch auch schnell interne Sicherheitsbedenken gegenüber deutschen Flüchtlingen als sicherheitspolitisches Problem im frühen Kalten Krieg. Wie Keith Allen gezeigt hat, wurden neuangekommene deutsche Flüchtlinge in westdeutschen Auffanglagern bald auch Sicherheitsüberprüfungen unterzogen, da man ostdeutsche Spione unter ihnen vermutete.[30]

Die antikommunistische Mobilisierung der 1950er-Jahre rückte Staatsschutzbedenken gegenüber deutschen Flüchtlingen in den Fokus ministerialer Debatten.[31] Dies geschah in der explosiven politischen Stimmung, die die Berlinblockade 1948 bis 1949 und die Staatsgründungen der Bundesrepublik und DDR 1949 begleitete. Manche Beamte des Bundesinnenministeriums sahen sogar die Vorbereitung eines Bürgerkriegs aus Ost-Berlin gesteuert im Gange (ebenso wie ihre Gegenüber im DDR Ministerium des Inneren).[32] Nach 1949 wurden damit nicht nur viele Asylsuchende, sondern auch deutsche Flüchtlinge und Menschen, die einen Rechtsstatus als deutsche Volkszugehörige in Anspruch nahmen, von den Sicherheitsbehörden der Bundesrepublik als potentielle ideologische Verräter und Gefahr für die nationale Sicherheit wahrgenommen. Während Vertriebenen als deutschen Flüchtlingen automatische Rechte auf deutsche Staatsangehörigkeit zustanden, gewährte ab 1949 das verfassungsrechtlich garantierte Asylrecht für politische Flüchtlinge Menschen neue Rechte in der Bundesrepublik. Sowohl der Zugang zu Asylrechten im bürokratischen Alltag als auch der normativ festgelegte automatische Zugang zu Staatsangehörigkeit für deutsche Vertriebene und Flüchtlinge basierend auf ihrem Flüchtlingsstatus sollte sich in der bürokratischen Praxis jedoch aufgrund hartnä-

30 Siehe: Allen: Interrogation Nation.

31 Die Bundesregierung schränkte in dieser Zeit auch Freizügigkeitsrechte für Deutsche ein, wenn es um Reisen ins Ausland ging, die als Teil östlicher Propaganda eingestuft wurden. Siehe: Sebastian Gehrig: The Difficulty to Leave. Freedom of Movement and the National Security State in Cold War West Germany. In: Journal of Modern European History, Vol. 21, Issue 1 (2023), S. 133–152.

32 Franziska Kuschel/Dominik Rigoll: Broschürenkrieg statt Bürgerkrieg. BMI und MdI im deutsch-deutschen Systemkonflikt. In: Frank Bösch/Andreas Wirsching (Hg.): Hüter der Ordnung. Die Innenministerien in Bonn und Ost-Berlin nach dem Nationalsozialismus. Göttingen 2018, S. 355–380, 378. Dieser Verdacht schlug sich auch im Parteiverbotsverfahren gegen die KPD nieder, siehe: Josef Foschepoth: Verfassungswidrig! Das KPD-Verbot im Kalten Bürgerkrieg. Göttingen 2017.

ckiger fremdenfeindlicher und rassistischer Einstellungen aus der Zeit des Nationalsozialismus lange als bedeutend vielschichtiger und komplizierter darstellen.[33] Während die Bundesregierung im Umgang mit ausländischen Flüchtlingen basierend auf den Bestimmungen der Genfer Flüchtlingskonvention Sicherheitsbedenken zur Einschränkung des Flüchtlingsstatus geltend machen konnte, war dies für deutsche Vertriebene und Flüchtlinge aus der DDR aufgrund deren Grundrechtschutzes nicht direkt möglich.

Sicherheitspolitische Bedenken kamen vor allem in internen ministerialen Diskussionen zwischen Bundes- und Landesministerien seit Beginn der 1950er-Jahre zur Sprache. Ironischerweise war die Ausweitung deutscher Staatsangehörigkeit durch Erlasse während des Kriegs teilweise der Auslöser für gesteigerte Sicherheitsbedenken gegenüber deutschen Flüchtlingen aus dem Osten. Daneben beunruhigten die Bundesbehörden Einbürgerungen durch DDR-Behörden von Personen, die danach in die Bundesrepublik weiterflohen oder ausreisten. Bis Mitte der 1950er-Jahre gaben westdeutsche Sicherheitsbehörden in Informationsaustauchen innerhalb der NATO an, dass mehr als 2.500 Personen jedes Jahr in Verhören oder durch Kontaktaufnahme mit der Polizei angaben, von osteuropäischen Geheimdiensten angesprochen worden zu sein.[34]

Schon im Jahr 1951, also im Jahr der Verabschiedung der internationalen Flüchtlingskonvention und erster Entwürfe für ein einheitliches Bundesvertriebenengesetz, zeigten kontroverse Debatten zwischen dem hessischen Innenministerium und Bonner Stellen diese sicherheitspolitischen Bedenken. In Hessen hatte man entschieden, Einbürgerungen durch DDR-Behörden anzuerkennen. Dies erregte die Aufmerksamkeit von Ernst-August Kleberg, zu dieser Zeit Unterstaatssekretär im Bundesinnenministerium und mit Staatsangehörigkeits- und Flüchtlingsfragen betraut. Nach behördlichen Absprachen zwischen der Bundes- und Landesebene setzte Kleberg in den folgenden Jahren durch, dass vor allem alle DDR-Einbürgerungen einer juristischen Prüfung unterzogen wurden mussten.[35] Dies sollte während der 1950er-Jahre zu einer größeren Anzahl von – oft geheimen – Einzelfallprüfungen führen, da vor allem viele Flüchtlinge aus den neuen Gebieten Polens nach Absprachen zwischen der DDR und Polen zunächst in die DDR ausreisten und dort neue Papiere erhielten.

In den kommenden Jahren würden sich Klebergs Bedenken vor allem gegen diese Personengruppe verhärten. In Konsultation mit dem Königsberger Kreis und

[33] Jannis Panagiotidis: Der Oberkreisdirektor Decides Who Is German: Jewish Immigration, German Bureaucracy, and the Negotiation of National Belonging. In: Geschichte und Gesellschaft 38 (2013), S. 503–533; Poutrus: Umkämpftes Asyl (wie Anm. 14).

[34] NATO Archives, C-M (62) 1, 6. Januar 1962.

[35] Bundesarchiv (BArch), B106/73195, Memorandum, Arbeitsgruppe der Innenministerien.

dem Untersuchungsausschuss freiheitlicher Juristen (UfJ) kam er zu der Überzeugung, dass alle DDR-Einbürgerungen als unzulässig behandelt werden müssten.[36] Dies hatte zum Einen mit der Nichtanerkennungspolitik der Bundesrepublik zu tun, fußte zunehmend jedoch auch auf Berichten des Verfassungsschutzes und der Organisation Gehlen, dass polnische, tschechoslowakische, sowjetische und ostdeutsche Geheimdienste Spione unter den Flüchtlingen eingeschleust hatten, die nach Einwanderung als deutsche Staatsangehörige oder deutsche Volkszugehörige Industrie und Politik im Alltag ausspionieren und unterwandern sollten. Diese Sicherheitsbedenken gingen weit über die oft zitierte Befürchtung der Einschleusung kommunistischer Kader zur Unterstützung der KPD hinaus.

Kleberg und sein Ministerium führten daher eine unauffällig auf lokaler und Landesebene durchzuführende Sicherheitsüberprüfung aller Flüchtlinge aus dem Osten ein, wobei man sich zunächst auf Menschen mit DDR-Papieren konzentrierte. Beispiele zur Legitimierung einer solchen Verwaltungspolitik waren frühe Fälle wie zum Beispiel der eines vormaligen polnischen Soldaten aus dem Jahr 1951, der zunächst im Krieg staatenlos geworden war, dann durch Mitgliedschaft in der kommunistischen Partei zunächst einen ostdeutschen Pass und dann nach Einreise in die Bundesrepublik westdeutsche Papiere erhalten hatte, und schließlich der Spionage verdächtigt und verhaftet worden war. Wenig später würde er ausgewiesen werden.[37] Daneben wurden zunehmend auch Personen in dieses System miteingeschlossen, die aufgrund ihrer politischen Überzeugung und Ablehnung des Kommunismus in der Bundesrepublik Schutz suchten. Auch hier nahmen sicherheitspolitische Überlegungen überhand, die in diesem Personenkreis östliche Spione vermuteten.

Zeitgleich führte die Vorbereitung des Vertriebenengesetzes von 1953 und die Reform des Staatsangehörigkeitsrechts in den Jahren 1954 und 1955 dazu, dass das Bundesinnenministerium auch begann, im Krieg eingebürgerte Menschen als Sicherheitsrisiko anzusehen. Die Unterzeichnung des Flüchtlingsabkommens von 1951 durch die Bundesrepublik und dessen Inkrafttreten am 25. April 1954 in Westdeutschland erlaubte ausdrücklich Einschränkungen des Flüchtlingsstatuts und der in der Konvention festgelegten Flüchtlingsrechte, sollten nationale Sicherheitsinteressen berührt sein. Gesetzgebungspläne sahen zu dieser Zeit vor, dass in die Gruppe der Heimatvertriebenen auch Menschen einbegriffen sein sollten, die etwa 1941 als Teil der Einbürgerung von sogenannten Volksdeutschen oder auf Erlass Heinrich Himmlers 1944 als deutschstämmig angesehen wurden, um zum Wehrdienst herangezogen werden zu können.[38] Diese Gruppen wurden nun zunehmend

36 Gehrig: Legal Entanglements, S. 71–73 (wie Anm. 5).

37 BArch, B106/73195, Briefwechsel Königsteiner Kreis.

38 Gehrig: Legal Entanglements, S. 74–76 (wie Anm. 5).

als Sicherheitsrisiko wahrgenommen, da man sie als anfällig für die Rekrutierung durch östliche Geheimdienste erachtete. Während der Status der Vertreibung auf der einen Seite nationale Rechte für als deutsch angesehene Menschen generierte, zeigt die Behandlung dieser unterschiedlichen Flüchtlingsgruppen, dass aufgrund von Sicherheitsbedenken im frühen Kalten Krieg gravierende Unterschiede zwischen verschiedenen Personengruppen gemacht wurden, was oft auch zur Versagung von Staatsangehörigkeits- oder Flüchtlingsrechten führte.

Am beunruhigendsten erschienen jedoch Fälle von deutschen Ehepaaren, die nach Kriegsende zunächst in der sowjetischen Besatzungszone verblieben waren. Durch ihre deutsche Herkunft und den öffentlichen Diskurs um kommunistische Vertreibung Deutscher nach Westen war es solchen Menschen möglich, sich schnell in die westdeutsche Gesellschaft zu integrieren. Die Bundesanwaltschaft vermutete, dass östliche Geheimdienste Netzwerke unter Vertriebenen und Flüchtlingen aufbauten, um geheime westdeutsche und NATO-Informationen in die DDR und andere osteuropäische Länder zu schmuggeln. So zum Beispiel in gravierenden Fällen, die das Bundesverteidigungsministerium und die Weitergabe geheimer NATO-Papiere und deren Transport in die DDR durch DDR-Flüchtlingsnetzwerke betrafen.[39]

Wie die Akten der Generalbundesanwaltschaft zeigen, kam es bis Ende der 1950er-Jahre zu einer gehobenen Anzahl von Hoch- und Landesverratsverfahren. Im Zusammenspiel mit dem berüchtigten Dritten Strafsenat des Bundesgerichtshofs, der auch für die Einschränkung politischer Aktivitäten der Kommunistischen Partei Deutschlands (KPD) verantwortlich zeichnete, untersuchte die Generalbundesanwaltschaft in diesen Strafsachen oft Menschen, die selbst einen Flüchtlings- oder Vertriebenenhintergrund hatten oder in einem weiteren Familienzusammenhang über die deutsch-deutsche Grenze standen. Untersuchungen von Gefahren für die nationale Sicherheit erstreckten sich dabei auch auf Wirtschaftsspionage. Neben der Aufdeckung von östlichen Versuchen der Unterwanderung westlicher Militärstrukturen wurden auch Spionagefälle bekannt, die westdeutsche Kernindustrien wie die Stahlindustrie und die Europäische Gemeinschaft für Kohle und Stahl betrafen. Einige dieser Fälle zeigten auf, dass sich diese Verdachtsfälle immer auch im weiteren Kontext des Kalten Kriegs entwickelten. So zeigten die Ermittlungsarbeiten auf, dass diese Fälle nicht auf ost- und westdeutsche Geheimdienste beschränkt blieben, sondern sich oft mit geheimdienstlichen Aktivitäten alliierter Dienste verbanden. In der aufgeheizten Stimmung der frühen 1950er-Jahre beunruhigte westdeutsche Stellen außerdem zunehmend, dass Sowjetzonenflüchtlinge, die von westdeutschen Stellen rekrutiert worden waren, sich als Doppelagenten

[39] BArch, B362/3506, Strafsache wegen Landesverrats.

entpuppten. In einzelnen Fällen waren solche Menschen sogar an der Planung von Entführungen von westlichen Sicherheitsbeamten in die DDR beteiligt.[40] Der berühmteste Fall in diesem Zusammenhang war die angebliche Entführung des Verfassungsschutzpräsidenten Otto John, die die Bundesrepublik im Sommer 1954 in Atem hielt.[41]

Das Dilemma deutsch-deutscher Familienbeziehungen zwischen Flüchtlingen und Familienmitgliedern, die in der DDR wohnhaft waren, wurde somit aus sicherheitspolitischen Überlegungen zu einem Problem. Bis zum Bau der Berliner Mauer und der Schließung der deutsch-deutschen Grenze stellten Familienbesuche und Reisen von der Bundesrepublik in die DDR und in die andere Richtung Gelegenheiten dar, geheime Informationen aus Westdeutschland in den Osten zu schmuggeln. Obwohl die Bundesregierung an der Pflege von deutschen Familienbeziehungen über die Grenzen des Kalten Kriegs hinweg interessiert war, war die Sorge groß, dass solche gegenseitigen Besuche auch zu Kurierdiensten missbraucht werden konnten.[42]

Schlussbemerkungen

Während sowohl in Überlegungen zur Entwicklung des Flüchtlingsstatus im internationalen Recht als auch im nationalen Recht, – das Bundesvertriebenengesetz von 1953 ist hier ein gutes Beispiel, – der Akt der politischen Verfolgung und Vertreibung Rechte generieren sollte, sah die historische Realität der Implementierung solcher neuer Rechtsnormen – ob international oder national – oft sehr viel komplizierter aus und war von vielschichtigen lokalen politischen Interessen geprägt. In der Atmosphäre der radikalen antikommunistischen Mobilisierung westlicher Gesellschaften nach 1945 bis in die 1960er-Jahre waren es vor allem ideologisch geprägte Sicherheitsbedenken, die eine Vergabe von Flüchtlings- oder Staatsangehörigkeitsrechten nach Flucht bremsten.[43] Diese sicherheitspolitischen Bedenken gegenüber Flüchtlingen gingen in der Möglichkeit der legitimen Versagung von Flüchtlingsrechten aufgrund nationaler Sicherheitsinteressen auch explizit in die Genfer Konvention von 1951 ein und erlaubten es unterzeichnenden Staaten, Menschen aufgrund von Sicherheitsbedenken Flüchtlingsrechte zu versagen.

40 BArch, B362/2837, Ermittlungsverfahrensakten.

41 Für die zahlreichen geheimdienstlichen Entführungsversuche im frühen Kalten Krieg siehe: Arthur L. Smith: Kidnap City. Cold War Berlin. Westport/CT 2002.

42 BArch, B362/1595, Strafsache.

43 Andrea Friedman hat diese Logiken zum Beispiel auch für das Beispiel der USA gezeigt. Siehe: Andrea Friedman: Citizenship in Cold War America: The National Security State and the Possibilities of Dissent. Amherst/MA 2014.

Somit mag es produktiv sein, die Entwicklung internationaler Rechtsnormen wie der des Flüchtlingsrechts, neben dem Studium der Debatten und Konflikte innerhalb internationaler Organisationen und dem Einfluss wichtiger individueller Akteure und Netzwerke, auch im Kontext nationaler Rechts- und Politikgeschichte zu lesen, da diese Kontexte oft weiterführende Erklärungen zum Verhalten nationaler Delegationen in internationalen Verhandlungen und internationalen Koalitionsbildungen in der Ausformulierung neuer internationaler Rechtnormen und Konventionen liefern kann. Nationale und regionale sicherheitspolitische und später wirtschaftliche Vorbehalte gegen die schnelle oder direkte Anerkennung des Flüchtlingsstatus, was im Falle der Bundesrepublik ab den 1970er-Jahren mit dem Anstieg von Anträgen auf politisches Asyl auch zur Aufweichung der Verfassungsnorm zum Asylstatus und der gesetzlichen Ausformung des „kleinen" und „großen" Asyls führte, entwickelten sich oft im Zusammenhang mit den Debatten um persönliche Freizügigkeit über nationale Grenzen hinweg und der Bekämpfung der Staatenlosigkeit.

Während sich mehr und mehr Staaten nach 1945 und 1967 in der Erweiterung der internationalen Flüchtlingskonvention verpflichteten, Flüchtlingen international formulierte und national garantierte Rechte zu gewähren, nutzten Regierungen immer wieder, wie der eingangs erwähnte Inglés schon 1963 kritisierte, Beschränkungen der persönlichen Freizügigkeit im Versuch, die Vergabe solcher Rechte de facto einzuschränken oder Flucht zu verhindern. In der Behandlung des Einzelnen standen somit diese Rechtsnormen nach 1945 in einem Spannungsverhältnis und konnten von nationalen Regierungen strategisch in der Vergabe oder Zurückweisung eines Rechtsstatus an Individuen gebraucht werden. Hierbei wurden Bedenken der nationalen Sicherheit in Zeiten des frühen Kalten Kriegs wiederholt zur Begründung herangezogen, um die Anerkennung des Flüchtlings- oder Asylstatus in Einzelfällen einzuschränken oder nicht anzuerkennen. Während neben der Ausweitung internationaler Flüchtlingsnormen nach 1945 auch ein Recht auf Staatsangehörigkeit und persönliche Freizügigkeit schon 1948 in der Allgemeinen Menschenrechtserklärung der Vereinten Nationen niedergelegt wurde, zeigt die Rechtsentwicklung auf nationaler wie regionaler Ebene, zum Beispiel im Zusammenhang mit der europäischen Menschenrechtskonvention und deren Protokollen, wie solche internationale Normen durch nationale und regionale Gesetzgebung gleichzeitig immer eingeschränkt blieben. Die frühe Bundesrepublik und ihre zum Teil von antikommunistischen Sicherheitsbedenken getriebenen Flüchtlingspolitik ist hier nur ein spezifisches Beispiel der Spannungsverhältnisse zwischen internationalem und nationalem Recht und der juristischen Klassifizierung von Flüchtlingen nach 1945.

Abstract

Refugees came to be seen as security risks after the Second World War. In the case of the early Federal Republic of Germany (FRG), this interestingly also applied to Germans and people of German origin (*Volkszugehörigkeit*) who had fled from former German Eastern territories or the Soviet Occupation Zone, soon to become the German Democratic Republic (GDR). This chapter traces the evolution of West German refugee law in context of the drafting of the Geneva refugee convention of 1951. Facing national division and a constant influx of German refugees, the Bonn government unified state level legislation in the federal refugee law (*Bundesvertriebenengesetz*) in 1953. At this time, the escalating ideological stand off on German soil prompted government bureaucrats, the office of the Public Prosecutor General, and the security services to view German refugees not just as fellow countrymen in need of refuge. A growing number of espionage cases in the 1950s seemed to confirm that German refugees also constituted a security risk to the young republic. This chapter thus shows that new national refugee legislation as well as international law was shaped by such concerns and would therefore allow the restriction or refusal of rights to refugees based on national security concerns. As the West German case highlights, this became particularly problematic when a country's "own" refugees came to be suspected of political subversion.

Rotem Giladi

Eine „historische Verpflichtung“?

Identität und Ideologie in Israels Haltung zur Flüchtlingskonvention 1951–1954

Wie sieht der Staat Israel seinen Platz in der Welt?[1] Gibt es einen universellen Aspekt in seiner Außenpolitik oder überwiegen eher die partikularen Elemente? Ist die israelische Haltung gegenüber internationalen Normen und Regimes Ausdruck universeller Werte? Oder ist sie lediglich die Folge einer bestimmten regionalen und globalen Position und der sich ständig ändernden Konstanten des israelisch-arabischen Konflikts – kurz gesagt, seiner Interessen? Und wenn universelle Werte Israels Haltung gegenüber dem internationalen System bestimmen, wie verhalten sie sich dann zur besonderen jüdischen Identität und zionistischen Gründungsideologie des Staats? Kollidieren universelle Werte mit Israels Partikularismus – der selbst eine Interpretation der jüngsten und weit zurückliegenden jüdischen Vergangenheit darstellt – oder leiten sie sich aus diesem Partikularismus ab und finden in ihm Resonanz?

Diese Fragen sollen anhand einer Einzelfallstudie im folgenden Beitrag untersucht werden. Im Zentrum der Analyse steht eine Behauptung, die im aktuellen israelischen Diskurs weit verbreitet ist und hier widerlegt werden soll. Danach sei die israelische Haltung gegenüber dem internationalen Flüchtlingsregime der Nachkriegszeit nicht nur durch die besondere Situation der Juden während und nach dem Holocaust begründet gewesen, sondern habe zudem ein tiefes Bekenntnis zu den universellen Werten dieses Regimes eingeschlossen. Diese Behauptung weist Israel eine bedeutende Rolle bei Entstehung der Flüchtlingskonvention von 1951 zu. Nach dem Holocaust, so suggeriert sie, habe sich der neu gegründete jüdische Staat auf universelle Werte berufen, um Schutz für jüdische Flüchtlinge zu

[1] Der vorliegende Beitrag ist die deutsche Übersetzung des 2015 erschienenen Aufsatzes von Rotem Giladi in „The International Review“. Rotem Giladi: A „Historical Commitment“? Identity and Ideology in Israel’s Attitude to the Refugee Convention 1951-4. In: The International History Review 37 (2015), S. 745–767.

https://doi.org/10.1515/9783111671109-004

fordern. In aktuellen Debatten über Israels Umgang mit Asylbewerbern kommt dieser historischen Feststellung dementsprechend ein starkes politisches Gewicht zu.

Um das Argument zu überprüfen, werden zunächst der Diskurs und die ihm zugrunde liegenden historischen Interpretationen kurz beschrieben (Teil 1). Es werden einige Zweifel an deren Historizität geäußert und die wichtigsten Ansätze zur Frage der jüdischen und universellen Aspekte in der israelischen Außenpolitik untersucht (Teil 2). Anschließend stehen Israels Ratifizierung der Flüchtlingskonvention von 1951 und deren Folgen im Fokus. Hier widerlegt das Quellenmaterial die Behauptung, dass das frühe Israel der Konvention aus einem Gefühl besonderer Verpflichtung heraus beigetreten ist (Teil 3). Vielmehr wird in Teil 4 gezeigt, dass weder Partikularinteressen noch universelle Werte eine zufriedenstellende Erklärung für Israels Haltung zur Flüchtlingskonvention bieten. Dem vorliegenden Beitrag liegt stattdessen die Annahme zugrunde, dass Israels Beitritt auf konkurrierenden Visionen israelischer Identität und entsprechender ideologischer Interpretationen des jüdischen Nationalismus beruhte. Diese Sichtweise verdeutlicht Israels ambivalente Haltung gegenüber der Konvention: Ideologisch gesehen bekräftigte sie die besondere jüdische Identität des Staates Israel und seine ideologische *raison d'être* im Weltsystem, untergrub sie aber zugleich auch. Diese Ambivalenz ermöglichte es den israelischen Entscheidungsträgern, eine Ausnahmelogik zu konstruieren, nach der Israels bloße Existenz als Asylstaat des jüdischen Volkes zusammen mit seiner Einwanderungspolitik die Erfüllung seiner Verpflichtungen im Rahmen der Konvention darstellte.

Der Diskurs um die „historische Verpflichtung"

In den letzten Jahren war die Behandlung von Asylsuchenden durch Israel Gegenstand heftiger öffentlicher Debatten. Vieles dreht sich dabei um das Recht: um die Frage, ob Israel die UN-Flüchtlingskonvention einhält.[2] Neben juristischen Forderungen wendet sich der öffentliche Diskurs oft moralischen und historischen Argumenten zu. Im Mittelpunkt steht dabei die Behauptung, dass Israel gegenüber Asylsuchenden – und gegenüber dem Vertrag, der deren Status und Ansprüche regelt – eine besondere Verpflichtung eingegangen ist: „The state of Israel has a moral and historical commitment to open its doors to all refugees and prosecuted [persons]."[3]

[2] Yonatan Berman: Until Our Hearts Are Completely Hardened: Asylum Procedures in Israel. Tel-Aviv 2012. Aus dem Hebräischen übersetzt von Sehvy Korzen.

[3] Black Labour: „Your Principled Position and Knesset and Government Activity on Darfur Refugees". Brief der Mitglieder und Minister der Knesset vom 10.7.2007 (im Original hebräisch). Online zugänglich unter: http://www.blacklabor.org/?p=810 (zuletzt aufgerufen am 26.08.2014). Alle hebräischen Zitate wurden vom Autor übersetzt.

Diese Aussage einer „historischen Verpflichtung" ist allgegenwärtig: Sie wird von zivilgesellschaftlichen Gremien und Zeitungsredaktionen, Politikern und Aktivisten, Akademikern,[4] Anwälten und Richtern[5] aufgegriffen. Jene rekurrieren dabei auf Israels vermeintlich historische Pflicht, um die Behandlung von Asylsuchenden durch die Regierung zu kritisieren. So beruft man sich auf die Vergangenheit, um Einwände gegen die Behandlung von Asylsuchenden in der Gegenwart zu erheben. Die Annahme einer solchen historischen Verpflichtung wird von keiner Seite grundsätzlich in Frage gestellt. Es handelt sich um eine konventionelle Weisheit, die erstaunlicherweise sogar von Regierungssprechern geteilt wird.[6]

In diesem Diskurs geht Israels Verpflichtung auf zwei Quellen zurück: Erstens auf den spezifischen Kontext des Holocausts und seiner Folgen sowie allgemein auf die jüdische Vergangenheit von Verfolgung, Flucht und Staatenlosigkeit. Die Verpflichtung des jüdischen Staates gegenüber der Konvention wird dementsprechend als Teil jüdischer Identität und als eine der „lessons of our Jewish past" angesehen.[7] Zum zweiten wird die besondere Verpflichtung aus Israels Rolle bei der Entstehung der Konvention abgeleitet. Im heutigen öffentlichen Diskurs wird Israel eine zentrale Rolle bei der Initiierung der Konvention, der aktiven Teilnahme an ihrer Ausarbeitung und der Förderung ihrer Akzeptanz zugewiesen. Israel, so heißt es, sei einer der ersten Staaten gewesen, die das Übereinkommen unterzeichnet und ratifiziert hätten.[8]

In diesem Diskurs treffen jedoch zwei unvereinbare historische Interpretationen aufeinander. Die Betonung der Rolle Israels bei der Entstehung der Konvention impliziert ein „goldenes Zeitalter" in seiner Haltung zur Konvention. So habe sich Israel in seinen Anfängen auf universelle Werte berufen, um Schutz für jüdische Flüchtlinge zu fordern. Dadurch habe es jene Werte als Bausteine einer neuen in-

[4] T. Kritzman/Adriana Kemp: The Establishment of the Refugee Regime in Israel: Between State and Civil Society. In: Guy Mundlak/Mimi Ajzenstadt (Hg.): Empowerment on Trial. Tel Aviv, 2008, S. 55–90 (im Original Hebräisch).

[5] HCJ 7146/12, Adam u. a.: The Knesset, Israel's Supreme Court, 16.09.2013. Inoffizielle Übersetzung online zugänglich unter: http://Vv'WW.refworld.org/cgi-bin/texis/vtx/rwmain/opendocpdf.pdf?reldoc=y&docid=5277555e4 (zuletzt aufgerufen am: 26.08.2014).

[6] Divrei HaKnesset (Parlamentsprotokoll), 17.10.2007 (PM Olmert); ebd., 30.12.2009 (MK Herrin, Deputy Foreign Minister Ayalon).

[7] Yehuda Bauer: What Do We Have in Common With Thern Anyway? In: Ha'aretz, 13.6.2008. Online zugänglich unter: http://www.haaretz.com/print-edition/opinion/what-do-we-have-in-common-with-them-anyway-1.247743 (zuletzt aufgerufen am 26.08.2014).

[8] Kritzman/Kemp: Refugee Regime, S. 56, 87 (wie Anm. 4); Berman: Completely Hardened, S. 8 (wie Anm. 2); Adam u. a.: The Knesset, per Amit J. („Israel was one of the first countries to sign and ratify the convention, and with good cause"); Divrei HaKnesset, 10.7.2013 (MK Mizrahi).

ternationalen Ordnung propagiert.[9] Kritiker der Regierungspolitik fordern auf nostalgische Weise eine Rückkehr zu diesem goldenen Zeitalter sowie eine Erneuerung der ursprünglichen Loyalitäten Israels. Ihnen zufolge erlegen die jüdischen Wurzeln der Konvention Israel eine besondere moralische Bürde auf: die strikte Einhaltung der Konvention, wenn nicht sogar einen höherer Standard, der über das hinausgeht, was die Konvention verlangt.[10] Dieser Interpretation folgend repräsentiert Israels Rolle bei der Entstehung der Konvention die universelle Lehre aus dem Holocaust, die die frühe israelische Außenpolitik verinnerlicht habe und zu deren Umsetzung sie die internationale Gemeinschaft aufgefordert habe.[11]

Die Betonung der jüngsten und weiter zurückliegenden jüdischen Vergangenheit als Grundlage für Israels Engagement impliziert jedoch, dass Israels heutiger Umgang mit Asylsuchenden auf Instrumentalismus beruht. Nach dieser Interpretation wurde Israels frühe Haltung zur Konvention von besonderen jüdischen Interessen und nicht von universellen Werten bestimmt. Sie legt nahe, dass Israel die Konvention so lange gefördert hat, wie dies einer jüdischen Notwendigkeit diente. Es habe nie ein „goldenes Zeitalter“ gegeben – nur Interessen und Rhetorik. Dies sei die besondere Lehre aus dem Holocaust gewesen. Die gegenwärtige Haltung Israels zur Flüchtlingskonvention führe deshalb diesen Instrumentalismus fort. Dies würde bedeuten, dass Israel im Laufe der Zeit einen doppelten moralischen Standard in Bezug auf die Konvention entwickelt habe[12] – ein Vorwurf, den israelische Regierungen immer wieder erheben, ohne selbst darauf einzugehen.

Die Unglaubwürdigkeit des historischen Engagements Israels

Verschiedene Gründe sprechen gegen die Annahme einer besonderen historischen Verpflichtung Israels gegenüber der Flüchtlingskonvention. Zweifel ergeben sich erstens daraus, dass diese These sowohl von Gegnern als auch Befürwortern der Regierungspolitik akzeptiert wird. Sie bildet damit ein eigentümliches Feld des Konsenses in einer ansonsten heftig umkämpften innenpolitischen Debatte über Is-

9 Combat Genocide Association, A Matter of Life and Death: Position Paper 2013², 4 (im Original Hebräisch). Online zugänglich unter: http://www.drorisrael.org.il/wp-content/uploads/2012/01/Nefashot. (zuletzt aufgerufen am 26.08.2014). Kritzman/Kemp: Refugee Regime, S. 56 (wie Anm. 4); Amnesty-Israel: Refugees and Asylum-Seekers. (Im Original Hebräisch). Online zugänglich unter: http://www.amnesty.org.il/?CategoryID=170 (zuletzt aufgerufen am 26.08.2014).

10 Combat Genocide: Life and Death, S. 4 (wie Anm. 9); Divrei HaKnesset, 17.10.2007 (MK Cohen).

11 A Duty of Refugees. Editorial in: Ha'aretz, 31.12.2006 (im Original Hebräisch); Bauer,: In Common, (wie Anm. 7).

12 Berman: Completely Hardened (wie Anm. 2); Combat Genocide: Life and Death, S. 4, 8 (wie Anm. 9).

raels Behandlung von Flüchtlingen. Angesichts der Tatsache, dass sie auf zwei unvereinbaren Interpretationen beruht, scheint es sich eher um einen Mythos zu handeln, der als solcher kritisch bewertet werden muss. Zweitens wird ein eindeutiges Beweisstück übersehen. Wenn es tatsächlich zutreffen würde, dass Israel in den frühen 1950er-Jahren ein besonderes Engagement für die Konvention gezeigt habe, warum hat es dann deren Bestimmungen nicht in sein innerstaatliches Recht implementiert? Israelisches Recht regelt erst seit 2001 die Bearbeitung von Asylanträgen. Mehrere aufeinanderfolgende Regierungen haben sich gegen private Gesetzesentwürfe zur Aufnahme der Konvention in das israelische Recht gewehrt. 2010 vertrat die Regierung immer noch die Auffassung, dass „there is no reason at this time [for] primary legislation on the question of refugees“.[13]

Drittens sind die immensen Herausforderungen zu berücksichtigen, denen sich Israel in den Gründungsjahren der Flüchtlingskonvention stellen musste. Sollte Israel tatsächlich 1951 ein besonderes Engagement für die Konvention gezeigt und seine angespannten diplomatischen Ressourcen zu diesem Zweck eingesetzt haben, so hätte es dies ungeachtet einer innen- und außenpolitischen Situation getan, die durch wirtschaftliche Anspannung, Masseneinwanderung, Bedrohungen der Staatsgrenzen und der strategischen Sicherheit, Dilemmata der internationalen Orientierung, Aufgaben des Staatsaufbaus – und des andauernden diplomatischen Kampfes um die Zukunft Palästinas geprägt war. Viertens ist es ebenso unplausibel anzunehmen, dass Israel ein Regime förderte, das den Umfang des Flüchtlingsstatus und der Flüchtlingsrechte zu einem Zeitpunkt ausweitete, als man gegenüber den Vereinten Nationen und anderen Stellen seine Verantwortung für die Entstehung oder Lösung des palästinensischen Flüchtlingsproblem negierte.

Vor allem aber, und das ist der fünfte Punkt, kollidierte die Konvention mit dem Gründungsethos Israels und mit einem seiner wichtigsten politischen Anliegen: Sie erweiterte die Einwanderungsmöglichkeiten für Holocaust-Überlebende und bekräftigte deren Ansprüche gegenüber potenziellen Asylstaaten. Dies stand im Widerspruch zur „Sammlung der Exilanten“, dem Kernstück der frühen Einwanderungspolitik Israels und einem zentralen Grundsatz seiner Identität als Zufluchtsstaat des jüdischen Volkes. Wenn die These vom goldenen Zeitalter impliziert, dass Israel universelle Werte auf Kosten seiner außen- und innenpolitischen Interessen und Kernwerte förderte, so impliziert die These vom doppelten Standard im Gegensatz dazu, dass es solche Interessen und Werte jüdischen Erwägungen unterordnete.[14] Beides ist nicht plausibel.

13 Annex to Government Decision, 19.7.2010 (im Original Hebräisch); Kritzman/Kemp: Refugee Regime, S. 56 (wie Anm. 4).

14 Zur theoretischen Perspektive: J. L. Dunoff/M. A. Pollack (Hg.): Interdisciplinary Perspectives on International Law and International Relations: The State of the Art. Cambridge, 2012; A. M. Slaugh-

Kommentatoren haben traditionellerweise eine bedeutende jüdische Komponente in Israels Außenpolitik identifiziert. Michael Brecher und andere weisen darauf hin, dass das jüdische Motiv für das Verständnis der israelischen Außen- und Innenpolitik wesentlich ist: Es konstituiert die politische Kultur der israelischen Führung und Gesellschaft. Folglich stützt sich die israelische Außenpolitik auf ein starkes jüdisches Geschichtsbewusstsein.[15] Diesem Ansatz zufolge beeinflussen jüdische Themen die israelische Politik. Dieser Ansatz geht davon aus, dass jüdische Fragen die israelische Außenpolitik auf vielfältige Weise prägen, von der Anerkennung des Rechts der Juden auf Einwanderung nach Israel bis hin zur Sorge um das Schicksal jüdischer Einzelpersonen und Gemeinschaften.

Dieser Ansatz, den Generationen von israelischen Führungspersönlichkeiten vertreten haben, besagt, dass jüdische Belange oft mit der Politik, den Interessen und der Staatsraison Israels kollidieren und manchmal sogar überwiegen. Israels Engagement für das jüdische Volk in der Diaspora, so wird argumentiert, ist mit diplomatischen und strategischen Kosten verbunden.[16] Ein weiterer jüdischer Aspekt der israelischen Außenpolitik ist die Vorstellung eines „Lichts unter den Völkern", wonach Israel aufgrund der jüdischen Geschichte als spirituelles, kulturelles oder moralisches universelles Vorbild dienen soll.[17] Andere stellen jedoch das Gewicht des jüdischen Faktors in der israelischen Außenpolitik in Frage. Sie unterscheiden zwischen Deklarationen und Praxis[18] und argumentieren, dass Israel vorwiegend auf der Grundlage von Staatsraison und staatlichen Interessen agiert, oft auf Kosten jüdischer Belange. Einige bemerken die abnehmende Verbundenheit mit der jüdischen Kultur und Geschichte unter jüdischen israelischen Führern.

Beide Lager beurteilen insbesondere den Einfluss der Diasporagemeinden auf die israelische Außenpolitik oder untersuchen Israels Beziehungen zu bestimmten

ter/A. S. Tulumello/S. Wood: International Law and International Relations Theory: A New Generation of Interdisciplinary Scholarship. In: American Journal of International Law, xcii (1998), S. 367–97.

15 Michael Brecher: The Foreign Policy System of Israel: Setting, Images, Process. New Haven, 1972, S. 230–231; Aaron Klieman: Israel and the World After 40 Years. Washington, 1990, S. 52; M. Zack: Jewish Motifs in Israel's Foreign Policy. Gesher, xxx (1984), S. 32–43 (im Original Hebräisch); Shmuel Sandler: Is There a Jewish Foreign Policy? In: Jewish Journal of Sociology, ixxx (1987), S. 115–121; Shabtai Rosenne: Basic Elements of Israel's Foreign Policy. In: India Quarterly, xvii (1961), S. 328–358.

16 Brecher: Foreign Policy, S. 229–244 (wie Anm. 15); Shlomo Avineri: Ideology and Israel's Foreign Policy. In: Jerusalem Quarterly, xxxvii (1986), S. 3–13.

17 Brecher: Foreign Policy, S. 242–244 (wie Anm. 15); Charles Liebman: The Idea of Or Lagoyim in the Israeli Reality. In: Gesher, xx (1974), S. 88–93 (im Original Hebräisch).

18 Efraim Inbar: Jews, Jewishness and Israel's Foreign Policy. In: Jewish Political Studies Review, ii (1990), S. 165–183; Raymond Cohen: Israel's Starry-Eyed Foreign Policy. In: Middle East Quarterly, i (1994), S. 28–41.

Staaten im Lichte der Bedingungen oder Einwanderungsaussichten ihrer jüdischen Gemeinden.[19] Keines der beiden Lager schenkt dem jüdischen Aspekt der multilateralen Diplomatie Israels besondere Aufmerksamkeit. Auch seine Haltung zu Rechtsregimen, die die Position des Weltjudentums individuell oder kollektiv betreffen, werden kaum berücksichtigt. Die Auseinandersetzung mit der These von Israels „historischem Engagement" für die Flüchtlingskonvention ist daher geeignet, die Bedeutung jüdischer Belange in Israels früher Außenpolitik in neuem Licht zu betrachten.

Israels Ratifizierung der Flüchtlingskonvention von 1951

Der öffentliche Diskurs weist Israel eine bedeutende Rolle bei der Entstehung der Flüchtlingskonvention von 1951 zu.[20] Im Folgenden steht jedoch nur der nachfolgende Prozess im Fokus der Analyse, in dem Israel die Verpflichtungen der Flüchtlingskonvention formell erfüllte. Die Staaten können liberale Regime fördern, ohne dabei die Absicht zu verfolgen, sich rechtlich an ihre Normen zu binden oder sich an ihren Institutionen zu beteiligen.[21] Im Vergleich zur Ratifizierung ist die Rhetorik des Verhandlungsprozesses daher ein schlechter Indikator für das zugrundeliegende Engagement.[22]

Unterschrift

Israel unterzeichnete die Flüchtlingskonvention am 1. August 1951, zum Abschluss der UN-Bevollmächtigtenkonferenz. Weder die Regierung noch die *Knesset* bekundeten ein Interesse an dieser Veranstaltung, obwohl beide Institutionen gewöhnlich über außenpolitische Fragen, einschließlich der Verträge, diskutierten.[23] An dem betreffenden Tag meldete Außenminister Mosche Sharett der Regierung je-

19 Yossi Shain/Aharon Barth: Diasporas and International Relations. In: International Organization, lvii (2003), S. 449–479.

20 Wie auch Historiker: Gilad Ben-Nun: The Israeli Roots of Article 3 and Article 6 of the 1951 Refugee Convention. In: Journal of Rejitgee Studies, xxvii (2014), S. 101–25.

21 Oona A. Hathaway: Why Do Countries Commit to Human Rights Treaties? In: Journal of Conflict Resolution, li (2007), S. 588–621; Geoffrey Best: Law and War Since 1945. Oxford, 1997.

22 Hathaway: The Cost of Commitment. In: Stanford Law Review, lv (2003), S. 1821–1862; Yoram Haftel: Ratification Counts: U. S. Investment Treaties and FDI Flows into Developing Countries. In: Review of International Political Economy, xvii (2010), S. 348–377.

23 Protokoll der Zweiten Regierung, Sitzungen 31.5.–26.9.1951; Protokoll des Ausschusses für auswärtige Angelegenheiten und Sicherheit der Knesset, Sitzungen 27.7., 3.8.1951, A-7562/5, ISA. Divrei HaKnesset, 20.8.1951.

doch „nothing special to announce".[24] Die Konvention wurde auch nicht erwähnt, als einzelne Minister auf die Aufnahme jüdischer Flüchtlinge anspielten.[25] Die Unterzeichnung der Konvention war ein routinemäßiger Akt der Außenpolitik:[26] Israels Vertreter auf der Konferenz hatte die Befugnis, die Konvention zu unterzeichnen, machte davon Gebrauch – und informierte das Außenministerium (MFA).[27]

Israels Generalbevollmächtigter

Die Person, die den jüdischen Staat auf der Konferenz vertrat, war Jacob Robinson (1889–1977), der bereits 1947 an die Mission der *Jewish Agency* bei der UNO „ausgeliehen" worden war. Nach der Gründung Israels diente er bis 1957 als Rechtsberater der UN-Mission in New York. Der in Litauen geborene Jurist war bereits auf dem Höhepunkt seiner Karriere Völkerrechtsexperte und -aktivist, der sich für die Rechte von Juden und Minderheiten einsetzte. [28] Sein Fachwissen und seine Erfahrung, die von Zeitgenossen und in den Memoiren der frühen israelischen Diplomaten erwähnt werden, versetzten ihn in eine einzigartige Position, um die sich entwickelnde israelische Diplomatie zu leiten.[29]

Die Ernennung Robinsons war kein Zufall. Er hatte sich in der Vergangenheit intensiv mit jüdischen Angelegenheiten, einschließlich Einwanderungs- und Flüchtlingsfragen, befasst. Im April 1939 schlug er dem Amerikanisch-Jüdischen Kongress die Einrichtung eines Forschungsinstituts vor, das sich mit der Lage des jüdischen Volkes befassen sollte. Im Februar 1941, nachdem er aus Europa geflohen war, gründete er zusammen mit seinem Bruder Nehemia das *Institute of Jewish Affairs* (IJA).[30] Unter seiner Leitung hatte das IJA das Ziel, „lines on which Jewish rights may be claimed in a post-war settlement"[31] vorzuschlagen. Das IJA befasste sich zunächst mit den Themen „Flüchtlinge", „Bevölkerungsaustausch" und „Migra-

[24] Protokoll der Zweiten Regierung, Sitzungen 1.8.1951, 3, ISA.

[25] Protokoll der Zweiten Regierung, Sitzungen 15.8.1951, S. 3–4; 26.9.1951, S. 3, S. 10–12, ISA.

[26] Shimon Shetreet: The Role of the Knesset in Treaty-Making. In: HaPraklit, xxxvi (1985), S. 349–389 (im Original Hebräisch); Tomer Broude/Gilad Noam:Parliamentary Involvement in Treaty-Making Processes: Understanding the Knesset's Past Record and Its Future Potential. In: Law and Business, ix (2008), S. 175–245 (im Original Hebräisch).

[27] Robinson an den Generaldirektor, 1.8.1951, FM-1847/2 (Robinson, Final Report).

[28] Shabtai Rosenne: Jacob Robinson-In Memoriam. In: Israel Law Review, xiii (1978), S. 287–297; Jacob Robinson u. a.: Were the Minorities Treaties a Failure? New York, 1943.

[29] Mosche Sharett: B'Shaar HaUmot: 1946–1949. Tel Aviv, 1958 (im Original Hebräisch); Rosenne: Robinson (wie Anm. 28); Robinson an Eytan, 29.6.1948, FM-74/3, ISA.

[30] World Jewish Congress: Unity in Dispersion: A History of the World Jewish Congress. New York, 1948, S. 134.

[31] Institute of Jewish Affairs Program. New York, 1941, S. 9.

tion“.[32] Nach den Enthüllungen über die Vernichtung der Juden durch die Nazis wandte sich das IJA Fragen der Entschädigung für die Opfer, der Bestrafung von Kriegsverbrechen, den Menschenrechten und der in San Francisco entworfenen neuen Weltordnung zu. Nach dem Krieg unterstützte Robinson die Anklagevertretung in Nürnberg.[33] Später kehrte er aus dem Ruhestand zurück, um an der Anklage gegen Adolf Eichmann mitzuwirken.[34] Seine Abwesenheit im heutigen öffentlichen Diskurs ist auffällig – und voller Ironie.

Aus den Archiven geht hervor, dass er ein engagierter, akribischer und vielseitiger Experte war. Diese Qualitäten brachten ihm den Respekt seiner Kollegen beim MFA und bei den Vereinten Nationen ein.[35] Die Art und Weise, in der er Materialien sammelte, ordnete und indexierte, verrieten allerdings eine gewisse Besessenheit.[36] Stets mit den kleinsten Details juristischer Formulierungen beschäftigt, gab er endlose Korrigenda heraus. Gewöhnlich überhäufte er seine Korrespondenzpartner mit Nachrichten und Veröffentlichungen, begleitet von langen Analysen und detaillierten Empfehlungen. Seine Reden waren lang und wortreich, und er nahm wenig Rücksicht auf organisatorische Hierarchien. All dies vermittelte das Bild eines etwas langweiligen Anwalts, dem es zuweilen nicht gelang, die Spreu vom Weizen zu trennen. Neben Lob gab es daher auch subtile Kritik: Stolz schickte er Shabtai Rosenne (1917–2010), dem ersten Rechtsberater des MFA (1948–1967), eine Kopie eines Artikels, der seine Rolle bei der Ausarbeitung der Flüchtlingskonvention beschrieb: „There was Dr. Robinson, of Israel, so learned in the law that, to

32 IJA Program, S. 13; Robinsons Vorwort zu Ariel Tartakower/Kurt Richard Grossmann: The Jewish Refugee: A Sociological Survey. New York, 1944, vii; Robinson: Uprooted Jews in the Immediate Postwar World. In: International Conciliation, xxi (1942–1943), S. 291–310.

33 Boaz Cohen: Dr. Jacob Robinson, the Institute of Jewish Affairs and the Elusive Jewish Voice in Nuremberg. In: David Bankier/Dan Michman (Hg.): Holocaust and Justice: Representation & Historiography of the Holocaust in Post-War Trials. Jerusalem, 2011, S. 81–100; Michael R. Marrus: A Jewish Lobby at Nuremberg: Jacob Robinson and the Institute of Jewish Affairs, 1945–1946. In: Cardozo Law Review, xxvii (2006), S. 1651–1665; Robinson: The International Military Tribunal and the Holocaust. In: Israel Law Review, vii (1972), S. 1–13.

34 Gideon Hausner: Justice in Jerusalem. New York, 1966; Robinson: And the Crooked Shall be Made Straight: The Eichmann Trial, the Jewish Catastrophe, and Hannah Arendt's Narrative. New York, 1965; vgl. Hannah Arendt: The Formidable Dr. Robinson: A Reply. In: NY Review of Books, 20.1.1966.

35 Sharett, B'Shaar HaUmot (wie Anm. 29).

36 Robinson an Rosenne, 8.7.1948, FM-74/3; Robinson an Humphrey [Human Rights Division], Genf, 14.8.1951, FM-1847/2, ISA (Protokoll der vorbereitenden Arbeiten der Konvention).

the bewilderment of the lay chairman, he seemed sometimes to use English only as connecting phrases for legal principles expressed in Latin.“[37]

Ein dänischer Diplomat – „a symbol of honesty and integrity“ mit „great sympathy to the Jewish people and the State of Israel“ – der Robinson aus dem Rechtsausschuss der UN-Generalversammlung kannte, sagte einem israelischen Amtskollegen, er sei „greatly impressed with the intensity of Dr. Robinson's knowledge, though he tied his appreciation with a hint of critique stemming out of a sense of friendship: in his opinion, Dr. Robinson asks for permission to speak all too often. Although Dr. Robinson's words were on each occasion to the point (...) there is no need for each representative to express his opinions on every single question. In the same vein of amicable criticism, he expressed the view that Dr. Robinson's frequent and lengthy speeches are extremely detrimental to his popularity among members of the Sixth Committee, even if all admit his deep knowledge of substance. “[38]

Rosenne, der 28 Jahre jünger war als er, suchte regelmäßig seine Hilfe und seinen Rat.[39] Doch die Ratifizierung der Flüchtlingskonvention durch Israel zeigt auch die Spannungen in ihrer Beziehung.

Der Ratifizierungsprozess

Von der Entscheidung zur Routine

Zunächst ging Robinson davon aus, dass Israel die Konvention ratifizieren würde. In seinem Abschlussbericht über die Konferenz schrieb er: „What next? The Convention was signed by me on Wednesday, 1 August 1951, at 2 p. m. I neither made a declaration in accordance with Art. 1 Section d, nor indicated any possible reservations. All this can wait till we ratify, having previous adjusted our legislation, if necessary.“ Dennoch legte er Wert darauf, seinen Standpunkt deutlich zu machen: „For reasons too obvious to elaborate on them, I recommend warmly the ratification of this Convention at an early stage; only through this act will we acquire a

[37] Robinson an Rosenne, 6.3.1950, FM-1830/8, ISA (mit: L. Chance, Chairman of the Ad Hoc Committee on Statelessness and Related Problems, New Convention, Protocol Drafted, UN Bulletin, 1.3.1950, S. 231, 232–233).

[38] Kedar an UN Departement, 27.1.1955, FM-1819/6, ISA.

[39] Rosenne an Robinson, 30.12.1949, FM-1819/5, ISA; Dankesrede von Professor Shabtai Rosenne zur Verleihung des ersten Den Haager Preises für Internationales Recht 2004. In: David Vriesendorp u. a. (Hg.): The Hague Legal Capital? Liber in Honorem W. J. Deetman. Den Haag, 2008, S. 105–116.

legal title to help those Jewish refugees in Europe who have not yet made their final decision."[40]

Zunächst sah es so aus, als ob das Ministerium diese Empfehlung beherzigen würde. Walter Eytan, der Generaldirektor des Außenministeriums, wies die Rechtsabteilung an, „die Ratifizierung dieses Übereinkommens durch die Regierung so bald wie möglich zu erwirken".[41] Bis zur Ratifizierung der Konvention sollten jedoch noch drei volle Jahre vergehen: Das Gefühl der Dringlichkeit verflüchtigte sich bald, und die Frage der Ratifizierung wurde zur Routineangelegenheit.

Ende September 1951 fragte Rosenne den Generalstaatsanwalt, „whether the government could now ratify the Convention as is or by expressing reservations pursuant to Article 42, or if there is a need at first to adjust the internal law to the terms of the Convention".[42] Eytans Anweisung erwähnte er hingegen nicht. Im Oktober antwortete der Generalstaatsanwalt, dass das Übereinkommen in einigen Punkten „incompatible with our law" sei. Eines der Hauptanliegen von Chaim Cohn war das „problem of the [Arab] infiltrators":

> „I do not know if you have already contemplated our position on Article l(b)(l) of the Convention. One cannot rule out the possibility that ordinary infiltrators – who receive sophisticated legal instruction, will argue that they are refugees within the meaning of the Convention; and in light of the attitude in some of the Arab states to Eretz Israel refugees, such a claim may we will be admitted, especially as we do not know whether such attitudes will deteriorate in the future. For such considerations, it would have been possible to limit our adherence to the Convention to Europe's refugees alone. On the other hand, I can understand that, given the role played by our delegation in the conclusion of this Convention and, considering the impression vis-a-vis the nations of the world, such a radical limitation will not be desirable. Perhaps it is possible to enter a reservation so that the Convention will not apply to refugees from Arab states as long as no peace treaties are signed between us and them?"[43]

Der Generalstaatsanwalt schlug Vorbehalte zu zwei weiteren Artikeln vor. Er schlug jedoch kein Programm vor, um bei der Ratifizierung weiter voranzukommen. Die Angelegenheit wurde Rosenne überlassen, der keinen weiteren Handlungsbedarf sah, auch nicht, als sein Stellvertreter Yosef Tekoah dem Generalstaatsanwalt bald widersprach (u. a. in der Frage, ob die Konvention auf arabische „Infiltratoren" angewandt werden könne).[44] Tekoah sprach sich nicht für eine Ratifizierung aus und machte auch keine Vorschläge für das weitere Vorgehen.

[40] Robinson, Final Report, S. 9.
[41] Eytan an Tekoah, [undatiert], FM-1847/2, ISA.
[42] Rosenne an Cohn, 27.9.1951, FM-1847/2, ISA.
[43] Cohn an Rosenne, 16.10.1951, G-5754/17, ISA.
[44] Tekoah an Rosenne, 28.10.1951, FM-1847/2, ISA.

Ende 1951 wurde aus der Routine Untätigkeit. Außerdem schlug das Pendel nun mehr gegen die Ratifizierung aus: Robinson sprach die Angelegenheit zweimal bei Rosenne an und unterbreitete konkrete Vorschläge, wie die Ratifizierung vorangetrieben werden könnte. Letzterer beriet sich daraufhin mit dem Generalstaatsanwalt. Ende Dezember schrieb er an Robinson: „Unfortunately I have to disagree with your opinion. Although I know that theoretically you are correct, I think that the reality herein Israel requires action more in the spirit of the A-G's proposals than in yours."[45] Seine Skepsis war offensichtlich: „should we ratify" und „special circumstances for which we may ratify the Convention at all."[46]

Doch auch Rosenne entschied sich nicht ganz gegen eine Ratifizierung. Er skizzierte zwei Wege: den einen, „to ratify the Convention in the near future with reservations and declarations to the extent that the Convention requires change in the internal law", und den anderen, eine Änderung des israelischen Rechts herbeizuführen „and later to ratify the Convention". Er warnte Robinson jedoch vor Verzögerungen: „The legislative process in Israel is complex [...] the Knesset has not yet found the way to handle routine legislation efficiently [...] [and] is loaded with work and I am very hesitant to burden it with additional work if this can only be avoided." „If we take this path", fügte er hinzu, „I think we will require a whole year before we can ratify the Convention. Having reconsidered [...] I came to the conclusion [...] that the first path ought to be preferred". Er fügte einen vorläufigen Vorschlag mit Vorbehalten hinzu und bat Robinson um eine Stellungnahme.[47]

In der Praxis drehte sich die Frage der Ratifizierung nun nicht mehr um das „Wie", sondern um das „Ob". Für die juristisch-diplomatische Bürokratie war noch lange nicht klar, dass Israel das Übereinkommen überhaupt ratifizieren würde. In den nächsten zwei Jahren passierte nur wenig, um die Ratifizierung herbeizuführen; die Rolle des Außenministeriums beschränkte sich im Wesentlichen auf die Weiterverfolgung und Übermittlung von Korrespondenzen zum Übereinkommen.

Von der Routine zur Aufschiebung

Ein Jahr nach der Unterzeichnung geriet die Ratifizierung dann ins Stocken. Dies war mehr als nur ein Verlust von Momentum: Es war das Ergebnis einer Entscheidung des Außenministeriums. Im September 1952 berichtete Israels Vertreter in Genf dem MFA, dass er auf der Sitzung des Beirats des UN-Hochkommissars für Flüchtlinge die Hoffnung geäußert habe, „that Israel ratify the Refugee Convention

[45] Rosenne an Robinson, 27.12.1951, G-5754/17, ISA. Robinsons Vorschlag war nicht auffindbar.
[46] Ebd.
[47] Ebd.

before the end of this year“.[48] Kahany fügte hinzu: „I hope you do not blame me for this statement which I did make without being sure at all whether it was well founded“. Doch Tekoah machte klar, dass er sich in beiden Hoffnungen getäuscht hatte:

> „I regret to say that there is no certainty at all that our ratification would indeed be forthcoming before the end of this year. We have examined the question with care some time ago and have come to the conclusion that any ratification of the Convention would have to be accompanied by a rather impressive list of reservations resulting from our internal legislation. Desiring as we do to see the Convention on the Status of Refugees a success, we do not consider it wise that the first ratification of the Convention should be made subject to numerous reservations. We shall await therefore the ratification of the Convention by others before we take action in that direction ourselves.“[49]

Kahany protestierte gegen diese Ermahnung. Er hatte sich einer qualifizierten Formulierung bedient, die die Regierung nicht binden konnte, und fragte, warum „did you not take care to make known [...] to all those concerned, including myself a decision taken some time ago“?[50]

Dieser bürokratische Schlamassel zeigte die Skepsis gegenüber der Ratifizierung. In einem Memorandum von Tekoah vom Mai 1952 hieß es: „In light of the provision of existing law we will need to ratify the Convention with a number of reservations. We decided that we should not open the list of ratifying states with a ratification that will have to be accompanied with many reservations [...] we shall wait therefore until 4–5 ratification instruments are received from other countries.“[51]

Nach Artikel 43 Absatz 1 sollte das Übereinkommen (für die ratifizierenden Staaten) neunzig Tage nach Hinterlegung der Ratifikationsurkunden durch sechs Länder in Kraft treten. Rechtlich gesehen spielte die Identität der ersten sechs Staaten, die das Übereinkommen ratifizierten, kaum eine Rolle. In symbolischer Hinsicht hätte eine frühe Ratifizierung allerdings eine besondere Verpflichtung signalisieren können. Tekoah spielte auf den israelischen Wunsch an, in diesen kleinen Club aufgenommen zu werden – und das Übereinkommen nicht durch eine schwache erste Ratifizierung zu schwächen. Sein Memorandum zeugt jedoch auch vom Minimalismus der vorgeschlagenen israelischen Ratifizierung, die mit vielen Vorbehalten verknüpft war. In der Entscheidung vom Mai wurde nicht präzisiert, was nach der Ratifizierung durch „4–5“ andere Länder geschehen sollte. Zu diesem Zeitpunkt gab es noch keinen positiven Beschluss zur Ratifizierung des Übereinkom-

48 Kahany an International Organizations Department., 23.9.1952, FM-1988/5, ISA. (Hervorhebung im Original).

49 Tekoah an Kahany, 16.10.1952, FM-1988/6, ISA.

50 Kahany an Tekoah, 27.10.1952, FM-1988/6, ISA.

51 Tekoah an UN Departement, 4.5.1952, FM-1988/5, ISA.

mens, sondern nur einen Aufschub der Entscheidung. Es vergingen zwei Jahre, bis Rosenne die Ratifizierung unterstützte und selbst dann war diese Unterstützung lediglich lauwarm.

Von der Mai-Entscheidung wurde Kahany in Genf nicht in Kenntnis gesetzt, was Tekoah mit der Bemerkung „Regrettable“ quittierte.[52] Es gibt jedoch auch keinen Hinweis darauf, dass sie an Robinson in New York weitergeleitet worden wäre.

Robinsons Einsatz

Robinsons Bemühungen, Israel zur Ratifizierung der Konvention zu bewegen, beschränkten sich nicht auf seine ursprüngliche Empfehlung oder auf seine Kontakte mit Rosenne im Jahr 1951, sondern waren unablässig.[53] Er war nicht der einzige, der sich für die Ratifizierung durch Israel einsetzte, und er hatte keine Skrupel, Druck von außen auszuüben. Im Sommer 1953 drängte der Hohe Kommissar, der besorgt darüber war, dass bis dahin nur zwei Staaten die Konvention ratifiziert hatten, sowohl Kahany als auch Robinson, Israel unter die ersten sechs Staaten zu bringen, die die Konvention ratifizieren würden. Kahany äußerte nun keine Hoffnung mehr. Stattdessen leitete er den Brief an das MFA weiter: „Please inform me what answer I shall give the High Commissioner for Refugees.“[54] In seinem Schreiben an Robinson bezeichnete der Kommissar ihn als „einen der Hauptverfasser“ der Konvention und verwies auf „the great weight which undoubtedly your Council [sic] carries with the competent Authorities in Israel“.[55] Robinson, der sich der ablehnenden Haltung gegenüber der Ratifizierung inzwischhen bewusst war, drängte nun ebenfalls: „Morality demands that we be among the first six to ratify [...] I know of the legislative difficulties. Perhaps consider one more time“.[56]

Rosenne erklärte sich auf Robinsons Bitte hin zu einer erneuten Prüfung bereit;[57] er hütete sich jedoch davor, etwas zu unternehmen, das über eine erneute Prüfung hinausging. Damit wurde ein – wenn auch langsamer und zögerlicher – Prozess der Überprüfung durch das MFA und andere Ressorts in Gang gesetzt. Die Teilnehmer gingen jedoch zu keinem Zeitpunkt davon aus, dass Israel das Übereinkommen ratifizieren würde: Dieses Ergebnis war nicht die treibende Kraft ihrer

[52] Tekoah an Kahany, 9.11.1952, FM-1988/6, ISA.
[53] Robinson: Abschlussbericht; Rosenne an Robinson, 27.12.1951, G-5754/17.
[54] UNHCR an Kahany, 27.5.1953; Kahany an UN Departement, 4.6.1953, FM-1847/2. Das war nicht die erste Beschwerde von Kahany, siehe auch: FM-1847/2; FM-1847/2 and FM-1988/ 6, ISA (Kahanys Versuche, eine Antwort zu erhalten).
[55] UNHCR an Robinson, 28.5.1953, FM-1847/2, ISA.
[56] Robinson an Rosenne, 12.6.1953, FM-1847/2, ISA.
[57] Rosenne an Robinson, 29.6.1953; Rosenne an Nehemia Robinson, 9.7.1953, FM- 1847/2, ISA.

Arbeit. Ben-Meir aus dem Büro von Rosenne bestätigte, dass „it is not clear to us whether or not Israel will ratify the Convention“. Silverstone, der Amtskollege von Rosenne im Innenministerium, schrieb: „I assume that this international treaty will have no real significance in Israel. “ Rosenne korrigierte ihn in dieser Auffassung nicht.[58]

Im Oktober 1953 schickte Ben-Meir Rosenne ein Memorandum über die Unvereinbarkeit des Übereinkommens mit dem israelischen Recht. Er stimmte einigen von Cohns und Tekoahs älteren Interpretationen zu, andere lehnte er ab. Er wies auf Schwierigkeiten hin und skizzierte Möglichkeiten, diese zu überwinden. Dennoch lautete seine Schlussfolgerung: „The question is if nonetheless there is benefit in ratifying the Convention given the difficulties and the minuteness of its practical value to us. I think not. “[59]

Ben-Meir bat daraufhin um eine Stellungnahme von Robinson. Dies verknüpfte er mit der Ankündigung, wenn diese eingehe, „we will raise matters the Attorney-General if this will be necessary.“[60]

Auch Paul Weis, der jüdische Rechtsberater des UNHCR, warf sein Gewicht in die Wagschale. So berichtete Rosenne über ein Treffen mit ihm: „Weis pressured me again to be among the first six countries to ratify the Convention and if we absolutely cannot be among these – not to see ourselves exempt from the moral duty of ratifying the Convention only because it will have entered into force with the sixth ratification.“ Rosenne sah jedoch keine solche moralische Pflicht: „I explained the difficulties and the obstacles obstructing our path and hinted that we are not very interested in ratifying his Convention as we have no need for it.“[61]

Im November 1953 bat Ben-Meir den Generalstaatsanwalt, die Ratifizierung zu erörtern. Silverstones Beitrag unterstrich die gemischten Auffassungen.[62] Es gab wenig Dringlichkeit: Als Westdeutschland der fünfte Staat wurde, der das Übereinkommen ratifizierte (September 1953), wurde die Ankündigung routinemäßig zur

58 Ben-Meir an UN Departement, 21.9.1953, FM-1988/6; UN Departement an Rosenne, 29.7.1953; Silverstone an Rosenne, 17.8.1953, FM-1847/2, ISA.

59 Ben-Meir an Rosenne, 4.10.1953, FM-1847/2, ISA.

60 Ben-Meir an Robinson, 8.10.1953, FM-1847/2, ISA. Seltsamerweise spielte Ben-Meir auch auf ein früheres Versprechen an, dass „wenn unsere Stimme notwendig sein sollte, um die ersten sechs Ratifizierungen zu sammeln, damit das Übereinkommen in Kraft treten kann, unsere Ratifizierung erfolgen wird“; er sah jedoch keine Möglichkeit, dieses Versprechen einzuhalten. Das Quellenmaterial enthält keine weiteren Anspielungen auf ein solches Versprechen. Falls es jemals gegeben wurde, bestand 1953 nicht die Absicht, es einzuhalten.

61 Rosenne an Ben-Meir, 27.10.1953, FM-1847/2, ISA.

62 Ben-Meir an Cohn, 12.11.1953; Silverstone an Rosenne, 22.12.1953, FM-1847/2, ISA.

Kenntnis genommen – und zu den Akten gelegt.[63] In Jerusalem wurde kein Tempowechsel verzeichnet. Australien kam als nächstes (Januar 1954) und ermöglichte damit die magische Zahl, gefolgt von Großbritannien im März. Im April verkündete der Kommissar das Inkrafttreten des Übereinkommens. In einer kurzen Notiz fragte Rosenne Ben-Meir: „What's with ours?“ und „What is the situation?“[64] Ein israelisches Versprechen oder eine israelische Absicht zu den ersten sechs zu gehörenn, hatte sich zum damaligen Zeitpunkt bereits aufgelöst, wenn es denn ein solches überhaupt je gegeben hatte.

„Dr. Robinson setzt uns zu Recht unter Druck“

Die erneute Prüfung durch Rosenne verzögerte sich, aber Robinson fand einen zwingenden neuen Grund für die Ratifizierung. Anfang Juni 1954 schrieb er an Rosenne:

> „As you know, one part of the task charged at the time on the special committee on matters of stateless persons, that is an agreement on the legal position of this category who are not ‚refugees‘ within the meaning of the Convention of August 1950 [sic!] was left unimplemented. In its last session, the Economic and Social Council decided to convene such a conference (...) Please discuss and decide whether we intend to participate in this conference. The fact that we have not yet decided to join the Refugee Convention (even if with reservations) diminishes our moral value. If you were to heed my advice, I'd be in favor of our participation (since there are still many Jews in the world requiring this protection, and if we will not assist them, who will?) but some time before the Conference we must ratify the Convention so that we can appear with clean hands. “[65]

Daraufhin wurde sofort gehandelt. Rosenne beauftragte Ben-Meir: „The matter has now become urgent. Our position is to be decided during **this week**.“[66] In seiner Antwort versprach er, „make every effort to draw final conclusions about the 1950 [sic!] within a week, and I will then let you know“.[67]

[63] Deutschland wandte die Konvention auf seinem Territorium an, bevor sie in Kraft trat, und verabschiedete Gesetze, die die Definition der Konvention erweiterten: Beratender Ausschuss des Hohen Kommissars für Flüchtlinge, Conference Room Document, Dokument Nr. 12, Februar 1954, FM-1847/2, ISA.

[64] UN Departement an Rechtsabteilung [undatiert]; UN Department of Information, Press and Publications Bureau: Press Release REF/58 L/353, 11.3.1954; und Press Release REF/61 L/353, 21.4.1954, FM-1847/2, ISA.

[65] Robinson an Rosenne, 2.6.1954, FM-1847/2, ISA.

[66] Doppelte handschriftliche Hervorhebung im Original von Rosenne.

[67] Rosenne an Robinson, 10.6.1954, FM-1830/10, ISA.

Die Woche verging und wurde bald zu Monaten. Ende Juni schrieb Rosenne an Generalstaatsanwalt Cohn: „After further consideration and a consultation with Dr. Robinson we reached the conclusion that there is room to ratify the Convention [...] despite its little practical value for us."[68] Es war das erste Mal, dass Rosenne eine, wenn auch lauwarme, Position zugunsten der Ratifizierung einnahm. Es war auch das erste Mal, dass er konkrete Schritte vorschlug: im Wesentlichen, indem er festlegte, dass in jedem Fall, in dem Zweifel an der korrekten Auslegung der Konvention, ihrer Vereinbarkeit mit dem israelischen Recht oder der Notwendigkeit von Gesetzgebung bestünden, ein Vorbehalt erhoben werden sollte. Rosenne erwähnte weder die bevorstehende Konferenz noch irgendwelche zeitlichen Beschränkungen.

Robinson blieb hartnäckig. Am 1. Juli protestierte er: „You promised to give me an answer within a week [...] the answer has not been received yet." Erneut ging er auf den Zusammenhang zwischen der Flüchtlingskonvention und der bevorstehenden Konferenz ein: Die Ratifizierung, so schrieb er, „is a prior condition to effective participation in the conference soon about to convene". Er verband dies mit einem kaum verhüllten Ultimatum: „I would like to emphasize that I do not know whether in the case of disregarding ratification I will be able to undertake representing Israel. At any rate, a substitute ought to be considered whether or not I participate."[69]

Nur drei Wochen später schrieb Rosenne erneut an Cohn: „Dr. Robinson justly pressures us to take a decision." Diesmal erwähnte er die baldige Einberufung der Konferenz: „We are interested in participating [...] but Dr. Robinson argues that the delay in ratification [...] will put him in a difficult position." Er bat Cohn, „to inform us of your decision soon". Selbst jetzt blieb die Nicht-Ratifizierung eine Option: Es war zu früh, um über Israels Position für die bevorstehende Konferenz zu entscheiden, „since we do not know – in case we ratify the Convention – to which of its articles we will enter reservations".[70]

Robinsons „letzter Aufruf"

In Unkenntnis des neuen Schreibens von Rosenne an Cohn – oder der Verzögerungen überdrüssig – versuchte Robinson nun, die Angelegenheit selbst zum Abschluss zu bringen. Am 3. August telegrafierte er direkt und unverblümt an Eytan:

68 Rosenne an Cohn, 25.6.1954, FM-1847/2, ISA.

69 Robinson an Rosenne, 1.7.1954, FM-1847/2, ISA; dies war keine Rücktrittsdrohung: vgl. Ben-Nun, Roots, S. 6 (wie Anm. 19).

70 Rosenne an Cohn, 21.7.1954, FM-1847/2, ISA.

> „Opening date for UN conference statelessness finally set September 13. Our absence there from [sic!] inexcusable view thousands Jewish stateless various countries whose condition may be improved by suggested protocol. Effective participation conference conditioned our previous ratification refugee convention preferably without but if impossible with reservations. Referring my 3 year old correspondence with Rosenne and latters [sic!] with attorney general making my last appeal for ratific ation. "[71]

Dieser unorthodoxe Schritt schien Wirkung zu zeigen. Eytan telegrafierte zurück, dass „the Attorney-General agreed to the Convention's ratification with reservations you know. After Government decision, the instrument of ratification will be relayed to you. Legal is writing in Dip[lomatic] mail".[72] Ben-Meir, nicht Rosenne, berichtete über die Einzelheiten. Cohn sei „already been prepared to write and announce his agreement to ratification, only that he was extremely preoccupied [...] of late"; dennoch versprach der Generalstaatsanwalt, „to submit the Convention to government ratification soon". Die Ratifizierungsurkunde, so versicherte Ben-Meir, werde Robinson unmittelbar nach der Entscheidung der Regierung zugesandt.[73] Tatsächlich legte Cohn der Regierung die Angelegenheit noch am selben „with urgency" vor.[74]

Robinson bemühte sich nun in persönlichen Briefen an Cohn und Ben-Meir um Beschwichtigung. Er zog die Drohung, nicht an der Konferenz teilzunehmen, zurück, bemühte sich aber gleichzeitig darum, dass das Ratifizierungsinstrument „arrives to New York so as to enable us action in favor of thousands of Jews in the diaspora. Time is short as the Conference on Stateless Persons will open on September 13."[75] Er überließ nichts dem Zufall, sondern forderte Ben-Meir auf, den Regierungssekretär zur Eile zu drängen, ihm die Ratifizierungsurkunde unverzüglich zukommen zu lassen und ihn mit einem entsprechenden Beglaubigungsschreiben auszustatten.[76]

Aus Genf berichtete Rosenne am 20. August: „Weis pressed again for Robinson's participation [...] whether or not Israel ratifies [...] due to his expertise [...] I promised nothing."[77] Er erkundigte sich nicht nach den Gründen für die Verzögerung. Stattdessen war es Eytan, der Ben-Meir um einen Bericht bat. Am 22. August

[71] Robinson an Eytan, 3.8.1954, FM-1847/2, ISA.
[72] Eytan an Robinson, 6.8.1954, FM-1847/2, ISA.
[73] Ben-Meir an Robinson, 8.8.1954, FM-1847/2, ISA.
[74] Generalstaatsanwalt an Staatssekretär, 8.8.1954, FM-1847/2, ISA.
[75] Robinson an Cohn, 18 Aug. 1954, G-5754/17, ISA.
[76] Robinson an Ben-Meir, 18.8.1954, FM-1847/2; Full Powers, 18.8.1954; und Full Powers, 30.8.1954, FM-1830/10, FM-1988/6, ISA.
[77] Rosenne an Rechtsabteilung, 20.8.1954, FM-1847/2, ISA.

antwortete Ben-Meir, dass die Regierung die Konvention heute ratifizieren werde.[78] Sie tat es, drei Jahre nach Eytans Anweisung.

Dr. Robinsons Schwierigkeiten

Mit der Ratifizierung durch die Regierung schienen Robinsons Bemühungen erfolgreich gewesen zu sein. Am 24. August übermittelte Ben-Meir Robinson Weis’ Ersuchen um seine Teilnahme an der Konferenz „due to your expertise“. Er teilte Robinson auch mit, dass er „in a week“ die Beglaubigungsschreiben und dann die Ratifizierungsurkunde erhalten werde.[79] Dazu kam es nicht.

Das Beglaubigungsschreiben wurde am 30. August an Robinson gesandt. Am 8. September, als er keine Nachricht von der Ratifizierungsurkunde erhielt, telegrafierte er: „Rosenne. Where is ratification Refugee Convention.“[80] Die Antwort aus Rosennes Büro versetzte Robinson in Wut: „Convention ratified. Checking with [Attorney-General] the terms of the reservation.“ Er notierte, dass „Ben-Meir gave me this answer [...] on August 24th“ und erhöhte den Druck. Sein vorheriges Ultimatum, nicht an der Konferenz teilzunehmen, war impliziter und persönlicher Art gewesen. Nun dagegen schrieb er: „We will not be able to show up at the conference opening Monday unless you cable me and the [UN] Secretary-General that the Convention was ratified and that ratification is on its way and on condition that the cable is received here before the opening.“[81] Das Telegramm wurde jedoch am Donnerstag abgeschickt und ging am Freitag ein. Die Antwort kam erst am Montag, dem 13. September – dem Eröffnungstag der Konferenz. Drei Wochen nach der Ratifizierung der Flüchtlingskonvention durch die Regierung telegrafierte Rosenne an den Generalsekretär.[82]

Schließlich war Israel das zehnte Land, das seine Ratifizierungsurkunde hinterlegte. Robinson tat dies am 1. Oktober, sechs Monate nach Inkrafttreten der Flüchtlingskonvention. Nach Abschluss der Konferenz teilte er Rosenne dann halb informierend, halb ermahnend „just for the record“ mit: „I used all opportunities during the Conference on Stateless Persons to make it known ... that the ratification took place on August 20, 1954.“ Der zivile Ton sollte den Briefwechsel noch einige Zeit bestimmen.[83]

78 Ben-Meir an Generaldirektor, 22.8.1954, FM-1847/2, ISA.
79 Ben-Meir an Robinson, 24.8.1954, FM-1847/2, ISA.
80 Robinson an Lador, 7.9.1954, FM-1847/2; Robinson an [MFA], 8.9.1954, ISA.
81 Rechtsabteilung an Robinson, 9.9.1954, FM-1847/2; Robinson an [MFA], 9.9.1954, ISA.
82 Rosenne an Staatssekretär, 13.8.[sic!]1954; Lador an Robinson, 14.9.1954, FM-1847/2, ISA (mit einem Vermerk an den Generalsekretär, in dem die Vorbehalte Israels aufgeführt sind).
83 Robinson an Rosenne, 2.10.1954; Rosenne an Robinson, 20.10.1954, FM-1847/2, ISA.

Die Beteiligung der politischen Ebene

Die Ratifizierung hatte weder mit bürokratischen Präferenzen noch mit der Politik der Regierung zu tun, sondern war das Ergebnis von Robinsons Bemühungen: Die Regierung war bis zum 22. August 1954 in keiner Weise daran beteiligt.[84] Dann wurde sie am Ende einer mehr als achtstündigen Sitzung aufgefordert, drei Verträge zu ratifizieren. Es gab keine Erklärung, keine Diskussion und keine Anspielung auf die Bedeutung der Konvention. Kurzerhand beschloss die Regierung, „to ratify the Convention on the Status of Refugees [...] and authorize the [MFA] to implement this decision with reservations".[85] Wenn es eine besondere Verpflichtung gegenüber der Konvention gab, wurde dies den Ministern nicht mitgeteilt. Ebenso wenig der *Knesset*, die an dem Ratifizierungsbeschluss nicht beteiligt und nicht interessiert war. Zum Teil war dies darauf zurückzuführen, dass man es vorzog, keine Gesetzesänderungen anzustreben.[86] Jedoch protestierte die *Knesset* nicht dagegen, übergangen worden zu sein.[87]

Eine minimale formale Verpflichtung

Rechtlich gesehen band sich Israel durch Hinterlegung der Ratifizierungsurkunde an die Flüchtlingskonvention einschließlich der angemeldeten Vorbehalte. Gerade diese Vorbehalte zeigen, wie oberflächlich und dürftig die formale Verpflichtung Israels gegenüber der Konvention ist.

Der Ansatz der israelischen Bürokratie bei der Ratifizierung ab 1951 war ein minimalistischer. Sie tat so wenig wie eben möglich, um Israel in die Lage zu versetzen, die Konvention zu ratifizieren, ohne dass ein gesetzgeberisches Vorgehen erforderlich war. Wann immer eine Spannung zwischen dem Übereinkommen und dem israelischen Recht auftrat, bestand die Lösung darin, einen Vorbehalt zu der betreffenden Klausel einzulegen. Mit der Ratifizierung sollte das Übereinkommen an das israelische Recht angepasst werden – nicht umgekehrt.[88] Ironischerweise befürwortete Rosenne diese Technik zunächst, um eine Verwicklung in die

[84] Vgl. Ben-Nun, Roots, S. 106 (wie Anm. 19); Er nimmt an, dass die Spannungen zwischen Premierminister Ben-Gurion und Ministerpräsident Sharett die Ratifizierung verzögerten.

[85] Protokoll der fünften Regierung, Sitzungen 22.8.1954; Stellvertretender Staatssekretär an [verschiedene] Minister, 23.8.1954, FM-1847/2, ISA.

[86] Rosenne an Robinson, 27.12.1951, G-5754/17, ISA.

[87] Vergleich mit der Völkermord-Konventions, in: Broude/Noam, Parliamentary Involvement, S. 203–207 (wie Anm. 25).

[88] Cohn an Rosenne, 16.10.1951, G-5754/17; Rosenne an Robinson, 29.6.1953, FM-1847/2; Tekoah an UN Departement., 4.5.1952, FM-1988/5, ISA.

Gesetzgebung zu vermeiden, die aus seiner Sicht „a whole year" dauern könnte.[89] Neben Verzögerung, Gleichgültigkeit und Desinteresse kennzeichnete dies seine Haltung während des gesamten Ratifizierungsprozesses. Letztendlich kam die Ratifizierung durch Israel nicht nur zu spät, sondern sie blieb auch sehr beschränkt. Die „legislative difficulties" waren das Werk der Bürokratie. Mit der Zeit wurden sie zu einem Feigenblatt, hinter dem sich Abneigung, Untätigkeit und Verzögerung verbargen. Das minimale formale Engagement korrespondierte mit dem Fehlen eines inhaltlichen Engagements.[90] Israel ratifizierte das Übereinkommen erst, nachdem es sich der minimalen Kosten vergewissert hatte: Es kann daher nicht überraschen, dass es keinerlei Durchführungsvorschriften verabschiedete – weder 1954 noch jemals danach.[91]

Die Haltung Israels zur Flüchtlingskonvention

Universelle Werte oder Partikularinteressen?

Welche Faktoren führten dazu, dass Israel die Konvention schließlich ratifizierte, und welche Erwägungen haben diesen Prozess vorangetrieben oder aufgehalten? Welche Motive liegen seiner Haltung gegenüber der Konvention zugrunde?

Die Fürsprache Robinsons war eindeutig die treibende Kraft. Äußerer Druck mag seine Fürsprache verstärkt haben, aber er allein reichte nicht aus, um die Zurückhaltung der Bürokratie zu überwinden. Diese wurde erst nach drei langen Jahren überwunden, und auch nur, als Robinson drohte, nicht an der Konferenz von 1954 teilzunehmen. Die „historische Verpflichtung" war die von Robinson, nicht die von Israel.

Die juristisch-diplomatische Bürokratie tendierte eindeutig zur Nicht-Ratifizierung. Es wurden häufig Empfehlungen gegen die Ratifizierung ausgesprochen, auch wenn nie eine negative Entscheidung getroffen wurde. Rosenne setzte sich nicht aktiv für die Ratifizierung ein und versuchte auch dann nicht, Hindernisse zu überwinden, als seine Untergebenen dazu einen möglichen Weg aufzeigten.[92] Die

89 Rosenne an Robinson, 27.12.1951, G-5754/17, ISA.

90 Rosenne war das norwegische Beispiel bekannt: Eine frühe Ratifizierung mit zahlreichen Einschränkungen, die nach der Verabschiedung in Form von Gesetzesänderungen zurückgenommen wurden.

91 Kritzman/Kemp: Refugee Regime (wie Anm. 4). Als sich der Generalsekretär nach Gesetzen erkundigte, die „die Anwendung dieses Übereinkommens gewährleisten", lautete die Antwort: „In Anbetracht der von Israel abgegebenen Erklärungen" bestehe keine Notwendigkeit für solche Gesetze. Cohn an Rosenne, 22.12.1954, G-5754/17, ISA.

92 Ben-Meir an Rosenne, 4.10.1953, FM-1847/2, ISA.

Gleichgültigkeit gegenüber dem Übereinkommen war weit verbreitet; die Bürokratie machte aus ihrem Desinteresse keinen Hehl: „We are not very interested in ratifying his Convention as we have no need for it […] [it] will have no real significance in Israel […] the minuteness of its practical value to us".[93] Selbst die endgültige Kehrtwende von Rosenne war halbherzig: Er sprach sich nicht mehr gegen die Ratifizierung aus, „despite it's little practical value for us".[94]

Es gab nie ein goldenes Zeitalter in Israels Haltung zur Flüchtlingskonvention: Verzögerung, Abneigung, Desinteresse, Minimalismus und Nichtumsetzung zeugen alle davon. Dies spiegelt sich auch in der Tatsache wider, dass während der gesamten Ratifizierungsangelegenheit keinerlei Bezugnahmen auf humanistisch-universelle Werte zu finden waren – nicht einmal als Lippenbekenntnis. Rosenne lehnte Weis' Vorschlag einer „moral duty" rundheraus ab.[95] Dennoch spielten Interessen bei der Bestimmung der israelischen Haltung nur eine geringe Rolle. Einige sprachen gegen die Ratifizierung, wie z. B. Cohns (fehlinformierte) Befürchtungen hinsichtlich der Anwendung der Konvention auf arabische Flüchtlinge.[96] Auch institutionelle Erwägungen trugen zu der Verzögerung bei, obwohl schwer zu sagen ist, ob Rosenne mit seiner Abneigung gegen Gesetzesänderungen die Arbeitsbelastung der Knesset verringern oder sie aus dem Verfassungsprozess heraushalten wollte. Dennoch schloss kein wesentliches Interesse die Ratifizierung aus.

Um die Ratifizierung zu erreichen, nahm Robinson Bezug auf Interessen, für die die Bürokratie empfänglich war. Die Nichtteilnahme an der Konferenz von 1954 drohte Israels Präsenz in internationalen Gremien zu untergraben. Uninteressiert an der Konvention selbst, interessierte sich Israel in erster Linie für die Auswirkungen der Ratifizierung. Die „Diplomatie de presence" war, wie Robinson sehr wohl wusste, ein Grundpfeiler der frühen israelischen Außenpolitik.[97] Präsenz, insbesondere in Flüchtlings- und Einwanderungsfragen, hatte Israel bedeutende, wenn

93 Rosenne an Ben-Meir, 27.10.1953; Silverstone an Rosenne, 17.8.1953; Ben-Meir an Rosenne, 4.10.1953, FM-1847/2, ISA.

94 Rosenne an Cohn, 25.6.1954; Nach der Ratifizierung befürwortete Rosenne weiterhin eine passive Rolle Israels, z. B. in der Frage der Rechtmäßigkeit des österreichischen Vorbehalts. Lador an Rosenne, 30.11.1954, und Rosenne an Robinson [undatiert], FM-1847/2, ISA.

95 Rosenne an Ben-Meir, 27.10.1953, FM-1847/2, ISA.

96 Rosenne an Robinson, 27.12.1951, G-5754/17; Cohn an Rosenne, 16.10.1951, G-5754/17; Tekoah an Rosenne, 28.10.1951; Ben-Meir an Robinson, 8.8.1954, FM-1847/2, ISA. Die Anwälte der MFH brauchten drei Jahre, um die richtige (und einfache) Antwort auf Cohns Bedenken zu finden: Die Definition der Konvention schließt palästinensische Flüchtlinge aus. Alex Takkenberg: The Status of Palestinian Refugees in International Law. Oxford, 1998.

97 Robinson an Außenministerium, 15.6.1948, FM-74/3; Robinson: Marginal Problems in the Third Session of the General Assembly: Observations, 4.9.1948, FM-131/22; Rosenne: Robinson, S. 292 (wie Anm. 28). Israel wurde noch vor der Ratifizierung in den Beirat des Hohen Kommissars gewählt. FM-19/10, 19/11, **ISA**.

auch indirekte, finanzielle Vorteile gebracht.[98] Robinsons Ultimatum war gut kalkuliert; es führte, wenn auch nur knapp, zu dem gewünschten Ergebnis. Aus dieser Perspektive war Israels Haltung gegenüber dem Übereinkommen allenfalls instrumentell: Die Ratifizierung wurde erreicht, weil die Bürokratie es als Plattform für außenpolitische Routinegeschäfte betrachten konnte. Gleichzeitig lassen solche profanen Interessen kaum auf eine „Doppelmoral“ in Israels Haltung gegenüber dem Übereinkommen schließen: Es herrschte offizielles Desinteresse.

Letztendlich ratifizierte Israel die Konvention mit großen Vorbehalten – ungeachtet ihres „little practical value“. Weder universelle Werte noch Partikularinteressen erklären diese Ambivalenz. Die Wurzeln liegen woanders.

Identität und Ideologie

Für die Meinungsverschiedenheiten zwischen Robinson und seinen Gesprächspartnern waren nicht in erster Linie Spannungen zwischen universellen Werten und partikularen Interessen verantwortlich. Es gab zwar Spannungen, aber Robinson wurde nicht weniger von Interessen geleitet als seine Kollegen. Diese wiederum agierten ebenfalls auf der Grundlage einer wertebasierten Weltanschauung. Es handelte sich um einen Streit über Israels Identität, seinen Platz im internationalen System, sein Verhältnis zum Weltjudentum – und zu den jüdischen Flüchtlingen. Es ging um konkurrierende ideologische Konstruktionen der Bedeutung Israels – und folglich auch um die Frage, wie es sich gegenüber der Flüchtlingskonvention verhalten sollte.

Robinson hatte sein Interesse an der Ratifizierung von Anfang an klar zum Ausdruck gebracht. Nur durch die Ratifizierung, so hatte er am Tag der Unterzeichnung der Konvention argumentiert, „will we acquire a legal title to help those Jewish refugees in Europe who have not yet made their final decision“.[99] Die jüdische Frage lag weiterhin im Zentrum seiner Ratifizierungskampagne, selbst als er zu opportuneren Argumenten überging.[100] Israels Abwesenheit von der Konferenz 1954, so telegrafierte er Eytan, sei „inexcusable“ angesichts des potenziellen Nutzens für „thousands Jewish stateless“ persons.[101] In seinem verspäteten Bericht über die Konferenz von 1954 erläuterte er auf mehreren Seiten „Our Participation in the Conference and the Reasons Thereto“ – und die Gründe, warum er für die Ratifizie-

98 Siehe unten. Rosenne verzichtete auf „symbolische Erwägungen“ beim Beitritt zur IRO. Bericht, 17.6.1949, FM-1976/9, ISA.

99 Robinson, Abschlussbericht, S. 9.

100 Robinson an Rosenne, 2.6.1954, FM-1847/2, ISA.

101 Robinson an Eytan, 3.8.1954, FM-1847/2; Robinson an Cohn, 18.8.1954, G-5754/17, ISA.

rung der Flüchtlingskonvention warb. Es gab eine „Diplomatie de présence". Als neuer Staat habe Israel „a duty to instill on the minds of those not yet accustomed to our existence the idea that we are here to stay and that we may [...] contribute something to problems of a general nature". Neben dem Allgemeinen stehen „two particular considerations". Die eine sei „the memories of the past. Israel is a Jewish State and [...] must take inspiration not only from the visions of the future, but also from the reminiscence of the past". Die jüdische „accumulated experience" in der Staatenlosigkeit bedeute eine Verpflichtung „to the world community to contribute our experience to the solution of a problem of international dimensions." Der Kernpunkt der jüdischen Identität Israels war jedoch die bestehende jüdische Staatenlosigkeit: Das Übereinkommen über Staatenlosigkeit von 1954 berechtigte die „signatories to show their interest" an der Umsetzung des Übereinkommens zu zeigen. Insbesondere berechtigte es Israel, „to use its contractual rights to intervene in favour of Jewish stateless persons". Robinson bestätigte, dass dies die Gründe waren, warum er „last summer insistently" auf die „the ratification of the Convention on Refugees" drängte.[102]

Für Robinson stellte die Flüchtlingskonvention eine formale Anerkennung der jüdischen Identität Israels dar, oder mit anderen Worten, eine internationale rechtliche Anerkennung, dass Israel der Asylstaat[103] des jüdischen Volkes ist – aber auch sein Schutzstaat, der rechtlich berechtigt ist, in seinem Namen zu intervenieren.[104] Israels Rolle in der Welt war diejenige, an der Ausweitung des Schutzes für jüdische Flüchtlinge zu arbeiten, auch für solche, „who have not yet made their final decision", d. h. unabhängig von ihrem bevorzugten Asyl- oder Einwanderungsziel.

Dies war seine Meinung zur israelischen Außenpolitik vor, während und nach der Konferenz von 1951.[105]

Robinsons Streben nach internationaler Anerkennung war nicht neu. Es war der Inbegriff seines Verständnisses von jüdischer Rechtsdiplomatie: beim Minderheitenschutz in der Zwischenkriegszeit, in Nürnberg und während des Holocausts.[106] Und in der Frage der jüdischen Flüchtlinge setzte er sich lange Zeit parallel für die Einwanderung nach Palästina und für den Schutz derjenigen ein, die

[102] Robinson: UN Conference of Plenipotentiaries on the Status of Stateless Persons, 23.3.1955, FM-1830/10. Robinson: Abschlussbericht; Robinson an Generaldirektor, 8.7.1951, FM-19/10, ISA.

[103] [Robinson: Statement]: Conference of Plenipotentiaries on the Status of Refugees and Stateless Persons: Summary Record of the Twenty-Second Meeting, A/CONF.2/SR.22.

[104] Robinson an Rosenne, 6.2.1951, FM-1830/8, ISA.

[105] Robinson an Abteilung für internationale Organisationen, 23.1.1950, FM-18/4; Robinson an Eytan, 29.6.1948, FM-74/3, ISA (Indem er die Organisation der MFA erörtert und ihre Rolle bei der „dringenden Notwendigkeit des Weltjudentums, seiner Not und seinem Leiden international Ausdruck zu verleihen [...] Wir können die Diaspora nicht vernachlässigen".)

[106] Cohen: Nuremberg; Marrus: Lobby; Rosenne: Robinson; Robinson: Minorities Treaties.

dies nicht wollten.[107] Seine Haltung zur Flüchtlingskonvention war dementsprechend eine Erweiterung der schon lange vertretenen zionistischen Auffassung, die dem jüdischen Nationalismus auch außerhalb der national-jüdischen Gemeinschaft einen Sinn geben wollte.[108]

Seine in Israel ansässigen Kollegen folgten ebenfalls den Mustern der Zeit vor der Unabhängigkeit. Ihr Zionismus beruhte jedoch auf einer anderen Grundauffassung. Zwar erschien der jüdische Faktor in den von ihnen hinterlassenen Dokumenten praktisch unsichtbar.[109] Jedoch haben auch sie die Konvention aus einer jüdischen Perspektive betrachtet. Dies führte sie zu der Schlussfolgerung, dafür keinen Bedarf zu haben.[110]

Rosenne und seine Mitstreiter hatten jedoch kein Interesse an Streitigkeiten mit Robinson und dessen Argumenten. Doch die Bruchlinien zwischen ihnen sind deutlich erkennbar. Für Robinson standen „us“, „we“ und „our“ für verschiedene Kollektivitäten: einmal bezeichnete es den Staat Israel, ein anderes Mal das jüdische Volk. Manchmal auch beides zusammen. Für Rosenne und andere bedeutete „we“ hingegen immer Israel. Während Robinson den Staat als ein Instrument zur Förderung der allgemeinen jüdischen Sache betrachtete, sahen seine Amtskollegen jüdische Fragen als Instrument zur Förderung der Sache Israels – denn für sie war der Staat die einzige Lösung für das allgemeine jüdische Problem. Die Bürokratie stellte den Staat, nicht das jüdische Volk, in den Mittelpunkt der israelischen Außenpolitik. Dies war eine Fortsetzung vom „Palästinozentrismus“ der Jischuw-Eliten (jüdische Gemeinschaft in Palästina vor der Unabhängigkeit) in Fragen der Einwanderung, der Diaspora und der Außenbeziehungen.[111] Israels Bürokratie betrachtete die Lage der jüdischen Flüchtlinge durch die Brille ihrer Einwanderungs- und „Aufnahme“-Politik, nicht als Selbstzweck oder als eigenständigen Aspekt ihrer Außenpolitik.

In der Ratifizierungsdebatte ging es im Kern um Identität und Ideologie sowie um die Konstruktion von Interessen, Werten und Außenpolitik. Robinson sah den jüdischen Staat als ein Schutzinstrument für jüdische Flüchtlinge, unabhängig da-

107 JJA Program, 10.

108 Gegenwartsarbeit – die Arbeit der Gegenwart in den Diaspora-Gemeinden im Gegensatz zur „Arbeit der Zukunft“, die nach dem Scheitern der frühen zionistischen Kriegsdiplomatie auf das nationale jüdische Heim ausgerichtet ist. Michael Mintz: Work for the Land of Israel, und Work in the Present: A Concept of Unity, A Reality of Contradiction. In: Jehuda Reinharz/Anita Shapira (Hg.): Essential Papers on Zionism (New York, 1996), S. 161–170.

109 Ihr Fehlen wird in den Briefing-Notizen des Büros von Rosenne nach der Ratifizierung deutlich. Lador an Elitzur, 23.8.1954; Lador an Presseabteilung, 25.8.1954, 1847/2, ISA.

110 Rosenne an Ben-Meir, 27.10.1953, FM-1847/2, ISA.

111 Inbar: Foreign Policy, S. 167 (wie Anm. 18); Shabtai Beit-Zvi: Post-Ugandan Zionism on Trial. Tel-Aviv, 1991; Tom Segev: The Seventh Million: Israelis and the Holocaust. New York, 2000.

von, ob sie nach Israel einwandern wollten oder nicht.[112] Seine Kollegen wollten hingegen die *Aliyah* (Einwanderung nach Israel) als einzige Lösung für das jüdische Flüchtlingsproblem zulassen.[113] Dies war eine Erweiterung der Nachkriegsforderung des Jischuw, alle Überlebenden des Holocaust nach Eretz-Israel zu bringen.[114]

Die Vorstellung, dass die Überlebenden des Holocaust in ihren Herkunftsländern rehabilitiert werden könnten, „was conceived not only as a possibility that must be rejected outright, vehemently and blatantly, but also as a real nightmare"; ebenso verabscheuungswürdig war die Möglichkeit, dass sie anderswo einwandern konnten: „The main goal of the Zionist strategy toward [Holocaust survivors] was to cause that [they] come to Eretz-lsrael alone." Die „efforts to protect Jewish rights in the Diaspora" wurden somit als Widerspruch zum zionistischen Projekt gesehen.[115] Nach der Unabhängigkeit wurden diese Auffassungen Teil der israelischen Außenpolitik: Der jüdische Staat betrachtete sich selbst als die einzige angemessene Lösung für das Problem der jüdischen Flüchtlinge, der einzige legitime Ort für ihr Asyl.[116]

Solche Vorstellungen untermauern die Gleichgültigkeit – mitunter sogar Feindseligkeit – der Bürokratie gegenüber der Flüchtlingskonvention. Einerseits war sie überflüssig. Sie bekräftigte den Charakter Israels als Zufluchtsstaat des jüdischen Volkes. Im Grunde bestand jedoch keine Notwendigkeit für eine solche Bekräftigung. Dies ging mit der Erneuerung der jüdischen Souveränität einher und wurde im Rückkehrgesetz von 1950 proklamiert. Aus diesem Grund konnte Rosenne beschließen, „we have no need for [the]" Konvention. „Our radical solution", schrieb er, „negates the need for our accession" zu den Flüchtlingskonventionen der Liga.[117] Für Silverstone war es dasselbe: „Israel offers that Jew a better remedy in

112 Einige andere teilten seinen Standpunkt. Ein Vertreter der Jewish Agency schrieb ihm: „Vom jüdischen Standpunkt aus [ist] es meine Überzeugung, dass die Schaffung des Staates Israel keine vollständige Lösung des jüdischen Flüchtlingsproblems bedeutet [...] Diese jüdischen Flüchtlinge werden Hilfe und Unterstützung brauchen, bis sie in der Lage sein werden, Deutschland oder Österreich zu verlassen [...] und nach Israel oder in ein anderes Land umzusiedeln". Adler-Rudel an Robinson, 15.8.1951, FM-1988/5, ISA.

113 Inbar: Foreign Policy, S. 169 (wie Anm. 18).

114 Dalia Ofer: Immigration and Aliyah: New Aspects of Jewish Policy. In: Cathedra, lxxv (1995), S. 142–173 (im Original Hebräisch).

115 Yechiam Weitz: The D. P. Question in Zionist Policy. In: Cathedra, lv (1990), 162–74, 168, 171 (im Original Hebräisch).

116 „Jewish and Arab Refugees" [undatiert], FM-2015/7; „Reasons for Israel's Possible Inclusion as member of the Advisory Board of the High Commissioner", 7.8.1951, FM- 1988/5, ISA; Walter Eytan: The First Ten Years: Diplomatic History of Israel. New York, 1958, S. 132.

117 Rosenne n Justizminister, 17.12.1952; Cohn an Rosenne, 28.12.1952, FM-1830/9; Rosenne an Eytan, 7.12.1951, FM-1988/5, ISA (Das Interesse der Israelis an der Flüchtlingsproblematik hält sich in Gren-

the form of Return".[118] Zwar lag in der Konvention eine universelle Anerkennung des Rückkehrprinzips, wodurch sie implizit den jüdischen Charakter Israels stützte. Ideologisch betrachtet bedurfte es jedoch keiner Notwendigkeit für eine universelle Legitimation: Die Legitimität „our radical solution" war national und autonom.

Auf der anderen Seite untergrub die Konvention auch das Prinzip der Rückkehr und den jüdischen Charakter Israels. In ideologischer Hinsicht stellte ihnen Israels besonderen Charakter als Asylstaat des jüdischen Volkes in Frage und untergrub damit seine *raison d'etre*: Wie können Juden Flüchtlinge sein, wenn sie mit dem Staat in Israel für immer ein dauerhaftes Asyl zur Verfügung steht? Und wie lässt sich dieses Asyl rechtfertigen, wenn sie sich dafür entscheiden, in andere Länder auszuwandern? Und wenn sie im Asylstaat des jüdischen Volkes Zuflucht suchen, wie können sie dann überhaupt noch als Flüchtlinge betrachtet werden? Nach 1948 waren die Juden nicht mehr „staatenlos" – und sie konnten auch nicht mehr ohne weiteres als „Flüchtlinge" angesehen werden. Für die Bürokratie war die Möglichkeit, dass Juden im jüdischen Staat als Flüchtlinge betrachtet könnten, ein (ideo)logischer Trugschluss – auch wenn laut Konvention der Erwerb einer neuen Staatsangehörigkeit den Flüchtlingsstatus beendete.[119] Obwohl er kein rechtliches Problem erkannte, protestierte Silverstone: „this possibility, that a Jewish person who immigrated here will be considered a refugee in the state of Israel contradicts the whole idea of Return. In my [...] opinion, the State of Israel must not recognize this possibility, from a principled viewpoint, when joining the Convention".[120]

Von der Ambivalenz zu einer Logik der Freistellung

Die Flüchtlingskonvention besaß die Eigenschaft, dass sie die besondere Identität Israels als Zufluchtsstaat für das jüdische Volk sowohl bekräftigte als auch unterminierte. Insofern war es kein Wunder, dass die Haltung der Bürokratie gegenüber der Ratifizierung und der Konvention selbst von Gleichgültigkeit und Desinteresse

zen, da die besonderen jüdischen Aspekte der Flüchtlingsproblematik in den letzten Jahren fast verschwunden sind.)

118 Rosenne an Cohn, 25.6.1954, FM-1847/2, ISA.

119 Dementsprechend betrachtete das UNHCR jüdische Flüchtlinge in Israel als nicht mehr in seinem Zuständigkeitsbereich. Louise W. Holborn: Refugees, A Problem of Our Time: The Work of the United Nations High Commissionerfor Refugees 1951–1972. New Jersey, 1975, S. 807; Gordon an Robinson, 19.9.1949, FM-1830/8, ISA.

120 Silverstone an Rosenne, 22.12.1953, 1847/2. Im Vergleich dazu erschien die Möglichkeit, dass nichtjüdische Flüchtlinge in Israel Asyl beantragen würden, wenn sie in Erwägung gezogen wurde, als reine Kuriosität: FM-1847/2, 1830/8, 1989/1 und G-5754/14, ISA.

bis hin zu Misstrauen und Feindseligkeit reichte und dass die Ratifizierung, trotz vermeintlich geringer Kosten verspätet und halbherzig ausfiel. Israels Haltung gegenüber der Konvention war, kurz gesagt, ambivalent.

Diese Ambivalenz konnte aber auch konstruktiv sein. Sie ermöglichte es den Akteuren der frühen israelischen Diplomatie, ihr fiktives Bekenntnis zu diesem universellen Schutzregime zu bekräftigen, indem sie Israel als besondere Ausnahme konstruierten. Danach stellte die Existenz des jüdischen Staates eine Voraussetzung dafür dar, dass sich Israel als Mitglied der Weltgemeinschaft an der Lösung des globalen Flüchtlingsproblems beteiligen konnte. In dieser Lesart ergaben sich aus der bloßen Existenz Israels und seines Rückkehrprinzips, dass Israel seine Verpflichtungen aus der Flüchtlingskonvention vollständig erfüllt hatte. Indem er sich dazu bekannt hatte, für jüdische Flüchtlinge der Vergangenheit, Gegenwart und Zukunft die „gates of the homeland“[121] weit zu öffnen, war der Staat Israel seiner völkerrechtlichen Pflicht voll und ganz nachgekommen. Damit zeigte man zwar keine Treue gegenüber dem Wortlaut des Gesetzes, wohl aber gegenüber seinem höheren Geist. In der Praxis diente diese Konstruktion – rhetorisch, praktisch und politisch – als Rechtfertigungslogik für die Ausnahme.

Diese Spitzfindigkeit hatte viele Vorteile: Sie ermöglichte es israelischen Diplomaten zu demonstrieren, dass Israel die Lasten des UN-Hochkommissars erleichtern würde: „In our country, there are no refugees still under the mandate of the High Commissioner [...] a Jewish refugee reaching the soil of Israel ceases to be a refugee, because my Government has no reason to extend, be it even for a moment, his status as a refugee.“[122] Kahany berichtete, dass seine Wahl zum Vorsitzenden des UNHCR-Beirats gleichzusetzen sei mit der Bestätigung von Israels „contribution to the solution of the refugees problem [...] even if we have no refugees falling under the High Commissioner's authority and despite the fact that we make no financial contribution“.[123] Insgesamt trug dies dazu bei, dass Israel aufgrund von Wahrnehmung, Präsenz und Fähigkeit in die Lage versetzt wurde, die Debatte über Fragen der arabischen Flüchtlinge zu gestalten. Tatsächlich gelang es israelischen UN-Vertretern die verbalen Hetzreden arabischer Diplomaten zurückzuschlagen, indem sie Israels fortschrittliche (jüdische) Flüchtlingspolitik mit der Behandlung (palästinensischer) Flüchtlinge durch seine Nachbarn verglichen.

121 „Declaration of the Establishment of the State of Israel“, 14.5.1948.

122 „Statement by Dr. Menahem Kahany of Israel before the [UNGA] Third Committee“, 19.10.1953, G-1234/3, ISA (Israel ist es gelungen, „die jüdischen Flüchtlinge ohne jegliche Hilfe des Hohen Kommissars der Vereinten Nationen für Flüchtlinge aufzunehmen [...] Israel hat – obwohl es das Recht dazu hat – den Hohen Kommissar nie um irgendeine Art von Hilfe gebeten.“)

123 Kahany an Direktor des UN Departements, 8.12.1954, FM-2406/11, ISA.

Das Argument, dass die Besonderheit der israelischen Identität und der Einwanderungspolitik des Staats Israel die Aufgabe des UNHCR erleichtern würde, beinhaltete zudem einen wichtigen finanziellen Aspekt. Ein israelischer Vertreter behauptete, dass die Unterstützung der IRO bei der Beförderung jüdischer Flüchtlinge nach Israel „helped, more than it burdened, the funds of [IRO]“. [124] Später wurde daraus eine Verteidigung gegen Forderungen nach einem finanziellen Beitrag Israels zum internationalen Flüchtlingsregime.[125] Israels Identität und seine Einwanderungspolitik wurden angeführt, um es als Unterzeichner der Konvention von einem Beitrag zum Notfallfonds des UNHCR zu befreien.[126] Rosenne skizzierte handschriftlich die Elemente dessen, was alsbald zu einer Standardantwort werden sollte, um sich „a lot of trouble in the future“ zu ersparen.[127] Dem Hohen Kommissar wurde mitgeteilt, dass „the task of absorbing hundreds of thousands of Jewish refugees in Israel requires the concentration of all the available resources of the country for that purpose, and it is regretted that there is no possibility, therefore, for a contribution to be made at present by the Government of Israel to the funds of Your Excellency’s Office“.[128] Die erwähnte gegenwärtige Knappheit dauerte also an; nur Erwägungen der diplomatischen Präsenz (und beschädigten Reputation) veranlassten das Ministerium schließlich dazu, einzulenken und nach Mitteln für einen symbolischen Beitrag zu suchen.[129]

Andere Anträge des UNHCR auf Hilfe für bestimmte Flüchtlingsgruppen wurden mit der gleichen Begründung abgelehnt. Auch hier erwies sich die Aufnahme von jüdischen Flüchtlingen als nützlicher Schutzschild. Ein Antrag betraf eine kleine Anzahl von 14 verbleibenden „institutionellen“ Fällen, die seit langem in Shanghai festsaßen. Israel entgegnete, es habe bereits Tausende von Flüchtlingen aus Schanghai aufgenommen, die 1949–1950 von der IRO evakuiert worden seien und von denen viele „of course a permanent charge for welfare institution“ darstellten.

124 „Jewish and Arab Refugees“ [undatiert], FM-2015/7, ISA

125 „Statement by Dr. Kahany“, 19.10.1953, G-1234/3, ISA (Dies ist der Grund, warum Israel nicht unter den Ländern auftaucht, denen internationale Flüchtlingshilfe zuteil wird, und dies erklärt und rechtfertigt auch die Tatsache, dass Israel nicht auf der Liste der Länder steht, die zum Nothilfefonds des Hohen Kommissars beitragen.)

126 UNHCR an Außenminister, 18.2.1952, FM-1832/14; UNHCR an Außenminister, 6.6.1952, FM-1988/5, ISA.

127 Rosenne, handschriftliche Notiz [10.3.1952], 1832/14; Kidron an Kahany, 13.3.1952, FM-19/13; Tekoah an Kahany, 21.3.1952, FM-19/14; Kahany an Tekoah, 17.4.1952, FM-19/14; Kahany an UN Departement, 7.7.1952, FM-19/15; Sharett to the UNCHR, 4 May 1954, FM-1988/6, ISA.

128 Kidron an das UNCHR, 5.7.1952, FM-19/16, ISA.

129 Director des UN Departements an Kahany, 1.4.1955, FM-1988/9; Kidron an UN Departement, 10.3.1955, FM-1988/9, ISA.

Das Problem war jedoch, dass die derzeitige Aufnahme von (jüdischen) Flüchtlingen in Israel die Aufnahme anderer ausschloss.[130]

Diese Logik der Ausnahme lag auch denjenigen israelischen Ansprüchen zugrunde, mit denen sich das Land erfolgreich um die Erstattung und Entschädigung für Ausgaben bei der Aufnahme verschiedener Kategorien jüdischer Flüchtlinge bemüht hatte. Eytan schätzte, dass die *Jewish Agency* einige Millionen Dollar von der IRO, dem Vorgänger des UNHCR, erhalten hatte.[131] Israels Vereinbarungen mit der IRO basierten ausdrücklich auf dieser Begründung: Die IRO erklärte sich bereit, Israel für den Transport und die Kosten von 6.000 dieser Personen zu entschädigen, „[i]n recognition of the substantial contribution thus made by the Government of Israel to the solution of the international problem of refugees and displaced persons under the mandate of the IRO".[132] Und was auf multilateraler Ebene funktionierte, hatte auch in den bilateralen Beziehungen seine Berechtigung. Israels Identität als Asylstaat für jüdische Flüchtlinge vor der nationalsozialistischen Verfolgung war eine Grundlage für seine Reparationsforderungen an die BRD.[133] 1952 erklärte sich Deutschland bereit, Israel für die Übernahme „the heavy burden of resettling so great a number of uprooted and destitute Jewish refugees" zu entschädigen.[134]

Schlussfolgerung

Die Ratifizierungsaffäre zeigt, dass Israels Haltung gegenüber der Flüchtlingskonvention nicht auf universellen Werten oder partikularen Interessen beruhte. Vielmehr entsprang die überwiegend gleichgültige, zuweilen feindselige Haltung einer Ambivalenz, die aus konkurrierenden ideologischen Interpretationen der jüdischen Identität des Staats Israel und seiner Weltanschauung erwuchs. Robinson war eine Ein-Mann-Minderheit: Seine Suche nach einem „legal title", um jüdischen Flüchtlingen auf der ganzen Welt zu helfen, selbst wenn diese nicht die Absicht hatten, nach Israel einzuwandern, stach als Überbleibsel der „old", diasporischen jüdischen Diplomatie hervor.[135] Im Israel der Nach-Unabhängigkeits-Phase roch dies nach traditioneller jüdischer Fürsorge, die an jüdische Schwäche, Abhängigkeit

130 UNHCR an Außenminister, 31.5.1955; Cider an UNHCR, 26.6.1955, FM-1988/9; Doron an UN Departement., 11.3.1952 and 28.2.1952, FM-1976/7; also FM-1976/9, ISA.

131 Eytan an Locker, 21.3.1955, FM-1988/9, ISA.

132 [Israel-IRQ Agreement], 28.10.1949, FM-1976/9; Eytan an Kingsley, 30.5.1950, FM-1988/4, ISA.

133 Nana Sagi: German Reparations: A History of the Negotiations. New York, 1986.

134 „Reparations Agreement", 10.9.1952, 3 Kitvey Amana 75.

135 Eliezer Schweid: Rejection of the Diaspora in Zionist Thought: Two Approaches. In: Reinharz/ Shapira (Hg.): Essential Papers on Zionism, S. 133–160.

und Unterordnung erinnerte.[136] Der Vorschlag, dass Juden erneut *internationalen* Schutz benötigen könnten, galt als geradezu ketzerisch: Die Wiederherstellung jüdischer Souveränität bedeute, so schrieb Ben-Gurion 1952, dass Juden nicht länger den Schutz eines „Nansen-Passes" benötigten. Der jüdische Staat bedeutete ein Ende der jüdischen Staatenlosigkeit und des jüdischen Flüchtlingsdaseins; „In our own State we are become citizens of the world of full and equal status" und „under one authority, our own".[137]

Robinsons israelische Amtskollegen vertraten dieses hegemoniale, staatstragende Credo. Auf dieser Grundlage hielten sie die Konvention sowohl für überflüssig als auch für verdächtig: überflüssig, weil der jüdische Staat per ideologischer Definition der Zufluchtsstaat für jüdische Flüchtlinge war; verdächtig, weil sie eben diese *raison d'etre* ideologisch in Frage stellte. Sie waren nicht daran interessiert, jüdischen Flüchtlingen einen alternativen internationalen Rechtsschutz zusätzlich zu dem des jüdischen Staates anzubieten.[138] Ebenso wenig waren sie am Universellen interessiert, solange sie eine partikulare Logik der Ausnahme konstruieren konnten. Es gab daher weder eine Doppelmoral noch gab es eine besondere historische Verpflichtung. Diejenigen, die sich heute auf das „historische Engagement" Israels für die Flüchtlingskonvention berufen, um gegen die Behandlung von Asylbewerbern zu protestieren, tun dies zu Unrecht. Sie machen sich Robinsons Bemühungen und Errungenschaften zu eigen, die im Wesentlichen eine Erweiterung der jüdischen, zionistischen Diplomatie darstellten, die aber nicht der diplomatischen Linie des Staats Israel entsprach. An dieser Stelle soll es dem Leser überlassen bleiben, die Frage zu beantworten, ob sich Israel heutzutage aufgrund seines idiosynkratischen Charakters als Zufluchtsstaat des jüdischen Volkes weiterhin von der Verpflichtung zur Aufnahme von Flüchtlingen aus aller Welt entziehen kann.

Die Befunde dieses Beitrags stellen das traditionelle Paradigma zur Bedeutung des jüdischen Faktors in der israelischen Außenpolitik auf mehreren Ebenen in Frage. Sie unterstützen Inbars skeptischen Ansatz, deuten aber darauf hin, dass das Gewicht des jüdischen Faktors (in der Diaspora), zumindest in der multilateralen Arena, von Anfang an gering war.[139] Diese Ergebnisse legen auch die Notwendigkeit zu weiterer Forschung nahe.

136 Carole Fink: Defending the Rights of Others: The Great Powers, the Jews, and International Minority Protection 1878–1938. Cambridge, 2004.

137 Ben-Gurion: Israel Among the Nations. In: Israel Government Yearbook (1952), S. 1–47, hier: S. 44.

138 Dies veranlasste Israel später, sich gegen die Gewährung von Asyl für Juden aus der UdSSR durch die USA auszusprechen. Inbar: Foreign Policy, S. 169 (wie Anm. 18).

139 Ebd., S. 171.

Zunächst ist es erstens möglich, dass die israelische Haltung gegenüber dem Übereinkommen während des langen Vorbereitungsprozesses anfangs von Engagement geprägt war. In dieser Phase mag Israel ein großes Interesse an der Förderung der Konvention gehabt haben. Möglicherweise vertrat es zu dieser Zeit auch noch universelle Werte. Spätere Ereignisse könnten somit eine Änderung seiner Haltung bewirkt haben. Der ideologische Charakter der Ratifizierungsdebatte lässt all dies jedoch höchst unwahrscheinlich erscheinen. An dieser Stelle soll nicht bestritten werden, dass Robinsons Beteiligung an der Ausarbeitung der Konvention umfangreich oder bedeutend war. Allerdings stimmt es den vorangegangenen Ausführungen zufolge nicht, dass sein Anteil der israelischen Politik zugeschrieben werden kann.[140]

Zweitens bleibt die Geschichte der israelischen Haltung zur Konvention unvollständig, da eine Untersuchung der israelischen Haltung zum Protokoll über die Rechtsstellung der Flüchtlinge von 1967 weiterhin aussteht. In dieser Hinsicht wäre es faszinierend zu sehen, wie Israels Haltung zur Konvention von einer neuen Generation von Anwälten und Diplomaten gestaltet wurde, die weniger mit der jüdischen Diplomatie verbunden waren und weniger in diese investiert hatten.

Drittens kann die Rekonstruktion des israelischen Ratifizierungsprozesses zu unserem theoretischen Verständnis des normativen Verhaltens von Staaten und der Rolle von Identität und Ideologie bei der Gestaltung von Außenpolitik beitragen. Meine Erkenntnisse über die israelische Fallstudie stimmen mit Modellen überein, die beschreiben, wie Staaten ihre Interessen und Wertesysteme kulturell konstruieren. Über 60 Jahre nach der Ratifizierung des Übereinkommens hat Israel noch immer keine Sozialisierung, Akkulturation und Internalisierung seiner Normen vollzogen.[141] Insbesondere die von israelischen Juristen-Diplomaten konstruierte Logik der Ausnahmeregelung deutet auf eine dunkle Seite der Norm-Lokalisierung hin – und verdient weitere Überlegungen.[142]

Viertens stellt sich die Frage, ob die Erklärungskraft von Identität und Ideologie im Falle Israels auf die Flüchtlingsfrage beschränkt ist oder ob sie sich auch auf andere Schutzregimes erstreckt. Asyl betrifft naturgemäß die Definition und Grenzen des kollektiven Selbst; der Flüchtlingsstatus wirft notwendigerweise die Frage nach Israels Besonderheit als Asylstaat auf. Ist der Fall der Flüchtlingskonvention idiosynkratisch? Oder legt er die Wurzeln von Israels allgemeiner Einstellung zu den internationalen Menschenrechten offen? Die Verfolgung der Beteiligung Isra-

140 Vgl. Ben-Nun, Roots (wie Anm. 20).

141 Ryan Goodman/Derek Jinks: Socializing States: Promoting Human Rights through International Law. Oxford, 2013.

142 Vgl. Amitav Acharya: How Ideas Spread: Whose Norms Matter? Norm Localization and Institutional Change in Asian Regionalism. In: International Organization, lviii (2004), S. 239–275.

els an anderen Schutzregimes, die nach dem Holocaust entstanden sind, dürfte einige Antworten liefern. Diese werden jedoch sich auch mit den Besonderheiten des jüdischen Nationalismus auseinandersetzen müssen.

Schließlich stellen sich die bekannten Fragen nach der Rolle und den Grenzen außenpolitischer Akteure – aber auch nach den strukturellen, funktionalen und ideologischen Verbindungen zwischen jüdischer, zionistischer, Jischuw- und israelischer Diplomatie. Die Beleuchtung dieser Zusammenhänge und das erneute Interesse an der jüdischen Diplomatie versprechen faszinierende Perspektiven auf die Grundlagen der israelischen Außenpolitik und auf den Prozess, der dazu führte, dass Israel die Rolle des alleinigen Vertreters des jüdischen Volkes in Anspruch nahm. Robinsons Rolle bei der Ratifizierung der Flüchtlingskonvention zeigt sowohl die Bedeutung des Erbes der jüdischen Diplomatie als auch den begrenzten Gebrauch, den die israelische Diplomatie davon gemacht hat.

Abstract

The paper examines and debunks the conventional wisdom that Israeli foreign policy incorporates a „historical commitment“ to the 1951 UN Refugee Convention. Particular Jewish interests and universal values, it is argued, led the newfound Jewish state to initiate the Convention, participate in its formulation, and promote its acceptance; Israel was, additionally, among the first states to sign and ratify the Convention. Against the backdrop of present-day discourse and competing perspectives on the Jewish motif in Israel's foreign policy, the paper traces the process of Israel's ratification of the Refugee Convention. Israel's attitude to the Convention, it finds, was characterised by delay, disinterest, indifference, even hostility. Moreover, neither particular interests nor universal values satisfactorily explain Israel's attitude. Rather, this attitude was the outcome of competing visions of Israel's identity and ideological interpretations of Jewish nationalism. Ideologically, the Convention validated yet at the same time also undermined Israel's particular identity as the state of refuge of the Jewish people and its ideological *raison d'etre* in the world system. This ambivalence allowed Israeli diplomats to construct a logic of exemption under which the particularity of Israel's very existence as the state of refuge of the Jewish people represented complete performance of its universal obligations under the Convention.

Beyond Eurocentrism? Globalisierung des internationalen Flüchtlingsschutzes

Patrick Merziger

Die Katastrophisierung der Welt. Bildberichterstattung über Flüchtende von den 1950er- bis in die 1980er-Jahre

Einleitung: Das Leiden anderer betrachten

Die Bilder, die uns von Flüchtenden berichten, sind immer Bilder des Leidens und der Katastrophe. Wir erfahren nichts darüber, woher die Menschen kommen, wohin sie gehen, was vorher war oder nachher folgte, schon gar nichts darüber, was die Handlungsoptionen, Meinungen und Hoffnungen der Abgebildeten sein könnten. Zu solchen Bildern des Leidens und der Katastrophe gibt es eine intensive Auseinandersetzung in den Medien- und Kulturwissenschaften, deren Vertreterinnen und Vertreter darüber diskutierten, was solche Bilder mit den Betrachterinnen und Betrachtern machen. Dabei dominiert die kulturpessimistische Diagnose, dass die Rezipientinnen und Rezipienten im 20. Jahrhundert zwangsläufig ein „kaltes Herz" entwickelten.[1] Die Multiplikation der Kanäle, die Geschwindigkeit der Übertragung, die Vermittlung aus der Distanz verbunden mit Sensationslogik und Überbietungswettbewerb der Medien führten, so heißt es, auf Dauer zu einer lähmenden „compassion fatigue".[2]

Die prominente Autorin und Menschenrechtsaktivistin Susan Sontag urteilte, dass speziell mit Bildern eine Annäherung an das Leiden anderer nicht möglich sei. In den 1970er-Jahren warnte sie vor der allgemeinen Abstumpfung durch die Flut der Bilder,[3] 2002 sprach sie der Fotografie komplizierter, aber umso grundsätzlicher die Fähigkeit ab, wirkliche Erfahrungen von Leiden und Tod zu vermitteln, weil sie eben ein Medium bleibe.[4] Diesem Pessimismus stehen zwar auch immer wieder euphorische Beschwörungen der Bildpotentiale gegenüber. Für Georges Didi-Hubermann etwa können Fotografien die „Dimension maßloser, erschüttern-

1 Peter Winterhoff-Spurk: Kalte Herzen. Wie das Fernsehen unseren Charakter formt. Stuttgart 2005².

2 Susan D. Moeller: Compassion Fatigue. How the Media Sell Disease, Famine, War, and Death. New York 1999, S. 53.

3 Susan Sontag: On photography, Reprint. Harmondsworth 1987 [1978].

4 Dies.: Regarding the pain of others. New York 2003.

https://doi.org/10.1515/9783111671109-005

der Realität" eröffnen.[5] Diese Öffnung grenzte er aber auf seltene Fälle ein, die sich dazu nur einer sensiblen Betrachterin und einem sensiblen Betrachter erschlössen. Letztlich liegt also auch dieser These die Annahme zu Grunde, dass massenmedial vermittelte Bilder durch eben diese Vermittlung ihre Magie verlören.[6]

Solche Klagen halten jedoch schon einer kursorischen Musterung der Geschichte alltäglicher Bildkommunikation nicht stand. Denn wir stoßen immer wieder auf „warme", wenn nicht gar „heiße Herzen". Gerade die Bilder des Leidens und der Katastrophe haben überall und immer wieder mächtige Bewegungen des Mitleids ausgelöst. Oft reicht ein Bild, und schon fließen Spenden, Hilfsorganisationen setzen sich in Bewegung und eine Willkommenskultur blüht auf. Man erinnere sich: Ansätze, die diese Einsicht aufnehmen, sind selten, aber zumindest der Kulturwissenschaftler Tobias Scholz hat 2012 in einer Studie zu Katastrophenbildern auf den eigentümlichen Widerspruch dieser Mobilisierung zur pessimistischen Grundhaltung der Medienwissenschaft hingewiesen.[7] Scholz schloss daraus, dass die Kritik, die nur den Mangel an Authentizität beklagt oder die wenigen Ausnahmen hervorhebt, mediale Bildkommunikation ganz grundsätzlich missverstehe. Denn in den Katastrophenbildern gehe es eben nicht darum, „echte" Erfahrungen zu vermitteln, sondern darum, mit einer „theatralen Dimension" „Intensität" zu erreichen. Die Bilder der Katastrophen und des Leidens „affizierten" die Betrachterinnen und Betrachter und forderten ihre „performative Imagination" heraus, sie zögen sie „in eine Erzählung der Krise/Katastrophe" herein, „um in der Distanz, aber mit ihr zusammen, deren mögliche Bewältigung mitzuvollziehen." So kommt Scholz zu dem rundum positiven Fazit, dass Katastrophenbilder als ein „vector of communion", also ein Überträger von Gemeinschaft, wirken. Sie motivierten ein „Publikum oder eine Öffentlichkeit zur Teilhabe und Solidarität".[8]

Auffällig an dieser Debatte ist, dass alle beteiligten Medien- und Kulturwissenschafterinnen und -wissenschaftler ihre Bilder isoliert von ihren Kontexten betrachten, egal ob sie die Bilder nun als blasses Surrogat echter Erfahrung oder als Anstoß zur performativen Imagination betrachten. Sie machen sich zwar durchaus allgemeine Gedanken über Medienlogiken und -wirkungen (und vor allem über die Wirkung auf die Autorinnen und Autoren selbst). Es geht ihnen aber niemals um die konkreten Produktionsbedingungen oder Erscheinungsorte der Bilder und schon gar nicht um zeitgenössische Reaktionen. Damit wird die Setzung der Medi-

5 Georges Didi-Huberman: Bilder trotz allem. München 2007.

6 Vgl. zu diesem verbreiteten Konzept auch Wolfgang Sofsky: Todesarten. Über Bilder der Gewalt. Berlin 2011; Thomas Macho: Vorbilder. München 2011.

7 Tobias Scholz: Distanziertes Mitleid. Mediale Bilder, Emotionen und Solidarität angesichts von Katastrophen. Frankfurt am Main 2012.

8 Ebd., S. 309–315 (wie Anm. 7).

en unhinterfragt übernommen, dass die Bilder der Katastrophe die einzige authentische Darstellung der Welt jenseits unserer Grenzen sind. Die Medienwissenschaftlerinnen und Medienwissenschaftler können mit ihrem Forschungsansatz nicht einmal auf die Idee kommen zu fragen, warum gerade diese Bilder so dominant sind oder ob es nicht auch alternative Darstellungsmöglichkeiten hätte geben können. Letztlich führt diese Medien- und Kulturwissenschaft die spezifische mediale Interpretation negativer Ereignisse und speziell der Flüchtenden fort. Sie trägt damit zur Katastrophisierung der Welt bei, statt sie zu hinterfragen.

Der Begriff „Katastrophisierung" ist aus den Politikwissenschaften der 2010er-Jahre entlehnt. Er bezeichnet eine spezifische Wahrnehmung von Krisen und Problemen in der Politik. Negative Ereignisse werden demnach nur noch als überwältigende, unvermeidbare Katastrophen aus heiterem Himmel und nicht länger als komplexe, vom Menschen gemachte Problemlagen mit eigener Geschichte verstanden. Den Politikerinnen und Politikern eröffnen sich durch den Ausnahmezustand der Katastrophe neue Handlungsmöglichkeiten. Er entlastet sie gleichzeitig von der Verantwortung für die Zustände und der Suche nach nachhaltigen Lösungen.[9]

Es wird hier zu zeigen sein, dass auch bei der Bildberichterstattung zu den Flüchtenden nach 1945 eine ähnliche Verschiebung stattfand. Flüchtende wurden bald nicht mehr als Vertriebene oder Flüchtlinge dargestellt, sondern als Opfer einer humanitären Katastrophe. In dieser Reduktion auf das Leiden verschwindet der Flüchtende als politisches, soziales, rechtliches Subjekt. Gerade die Wahrnehmung als Subjekt wäre aber die Voraussetzung für Solidarität gedacht als eine Verbindung unter Gleichgestellten. So erklärt sich, dass die Bilder zwar immer wieder mächtige Bewegungen des Mitleidens auslösten, die Flüchtenden uns aber trotzdem nicht als Menschen näher kommen – im Gegenteil.

Der Artikel nähert sich der These der Katastrophisierung der Welt am Beispiel der deutschen Berichterstattung über drei Fluchtbewegungen zwischen 1950 und 1990. Dabei stehen Berichte über die Flucht im fernen Ausland im Mittelpunkt, nicht aber die Flucht der „Volksdeutschen" nach Deutschland, die als solche eine

9 Vgl. z. B. Adi Ophir: The Politics of Catastrophization. Emergency and Exeption. In: Didier Fassin/Mariella Pandolfi (Hg.): Contemporary States of Emergency. The Politics of Military and Humanitarian Interventions. Brooklyn 2010, S. 59–88; Jeroen Warner: The Politics of „Catastrophization". In: Dorothea Hilhorst (Hg.): Disaster, Conflict and Society in Crises. Everyday Politics of Crisis Response. Hoboken 2013, S. 76–94; Allen Meek: Biopolitical Media. Catastrophe, Immunity and Bare Life (Routledge Research in Cultural and Media Studies 80). New York 2016; speziell als mediengetriebene Entwicklung bei Craig Calhoun: The Idea of Emergency. Humanitarian Action and Global (Dis)Order. In: Didier Fassin/Mariella Pandolfi (Hg.): Contemporary States of Emergency. The Politics of Military and Humanitarian Interventions. Brooklyn, NY 2010, S. 29–58.

eigene, einfühlsamere Darstellung durch die Medien erlebten.[10] Reportagen aus der Ferne zeigen sich demgegenüber offen für die Ausrichtung auf die Bedürfnisse des deutschen Publikums, auch weil sie weit jenseits des eigenen Erfahrungsraumes spielten. Diese Beispiele sollen Aufschluss über die Veränderung der Darstellung in den Medien und deren mögliche Auswirkungen geben. Das erfordert allerdings, die Bilder zu kontextualisieren und nicht losgelöst von ihren Entstehungsbedingungen zu betrachten. Das bedeutet, nicht länger isolierte Bilder in ermüdenden Interpretationen spekulativ auszudeuten, sondern sie in ihrem medialen Zusammenhang zu stellen. Sie müssen diachron in die Bildtraditionen und -entwicklungen eingeordnet und synchron mit den zeitgenössischen Bilderwelten abgeglichen werden. Es ist aber vor allem nach der Bildproduktion, -medialität, -rezeption und -verarbeitung zu fragen.

Alle hier behandelten Fluchtbewegungen lösten auch ein internationales Echo in den Medien aus. Ich beschränke mich hier auf die Bildmedien der Bundesrepublik Deutschland und halte das auch für methodisch notwendig. Historikerinnen und Historiker neigen dazu, ihre an wenigen Bildern erarbeiteten Einblicke umstandslos zu einem globalen Medienereignis zu erklären.[11] Eine Kommunikationsgeschichte, die die Bilder im Kontext betrachtet, muss demgegenüber mit der Einsicht arbeiten, dass die nachrichtlichen Bildmedien im 20. Jahrhundert noch sehr viel stärker national organisiert waren, als man gerne annehmen will. Der Anlass mag zwar derselbe gewesen sein, aber schon die Zeitpunkte der Entdeckung und die Art der Thematisierung unterscheiden sich national stark voneinander. Selbst wenn dann irgendwann, irgendwo das gleiche Bild aufgetaucht sein sollte, bedeutete es noch lange nicht dasselbe. Es muss vielmehr vor dem Hintergrund der unterschiedlichen medialen Entwicklungspfade im Land und der weit voneinander abweichenden Reaktionen verstanden werden.

Die mediale Bildberichterstattung über Flüchtlinge im fernen Ausland setzte in der Bundesrepublik mit der Flüchtlingsnot in Hongkong in der zweiten Hälfte der 1950er-Jahre ein. Es ging erst einmal darum, die Deutschen überhaupt für das Leiden jenseits der eigenen Grenzen zu sensibilisieren. Diese Rolle übernahmen noch nicht die Massenmedien, sondern die Wohlfahrtsverbände in ihren Publikationen. Sie setzten auf Bilder, die Verbindungen zur Welt jenseits der Grenzen Deutsch-

[10] Elisabeth Fendl (Hg.): Zur Ästhetik des Verlusts. Bilder von Heimat, Flucht und Vertreibung (Schriftenreihe des Johannes-Künzig-Instituts 12). Münster 2010.

[11] Vgl. z. B. Lasse Heerten: The Biafran War and Postcolonial Humanitarianism. Spectacles of Suffering (Human Rights in History). Cambridge, New York. 2018, S. 9, passim; Andrew Jones: The Unknown Famine. Television and the Politics of British Humanitarianism. In: Michael Lawrende/Rachel Tavernor (Hg.): Global Humanitarianism and Media Culture. Manchester 2019, S, 122–142.

lands stark machten und sich damit von den nachfolgenden Katastrophenberichten der Massenmedien abhoben. Die illustrierte Publikumspresse wandte sich dem Leiden in der Welt durchschlagend erst mit dem Sezessionskrieg von Biafra mit Nigeria zu, der 1968 zu einem schrecklichen Höhepunkt strebte. Hier verwandelten sich dann die Flüchtenden in der deutschen Wahrnehmung zu Opfern einer humanitären Katastrophe. In den 1970er-Jahren setzte der Einstieg des Fernsehens in eine dynamischere Auslandsberichterstattung den Trend der Katastrophisierung fort. 1979 löste das deutsche Fernsehen erstmals selbst eine Hilfsaktion für eine Katastrophe aus, als es über die Flüchtenden vor der Küste Vietnams berichtete. Neben das Mitleid, das das Fernsehen mit seinen Bildern in Deutschland hervorrief, trat hier aber sofort die entschiedene Abwehr, als die fernen Opfer plötzlich drohten als Flüchtlinge ins Land zu kommen.

Der „ferne Nächste“ tritt ins Bild

Nach dem Zweiten Weltkrieg mussten die Deutschen den „fernen Nächsten“ erst einmal entdecken.[12] Bei der unpolitischen, nicht-religiösen Hilfe im Ausland handelte es sich in Deutschland um eine grundlegend neue Idee. Für die kirchlichen Organisationen war die Hilfe für das Ausland bis dahin immer nur im Zuge der Missionstätigkeit denkbar.[13] Die Reichsregierung meinte sogar, ihre einzige größere Aktion bei der Hungersnot in der Sowjetunion 1921 vor der Bevölkerung geheim halten zu müssen.[14] Auch in den 1950er-Jahren trieben der Missionsgedanke und die Politik des „Kalten Krieges“ noch viele der Hilfsaktionen an. Aber das Bemühen ist bereits erkennbar, zu einer Form der Hilfe zu gelangen, deren Gewährung nicht mehr entlang von religiösen, politischen, kulturellen und ethnischen Kriterien entschieden wurde.

Eine entscheidende Rolle für diese neuartige Zuwendung zur Welt spielten in der Nachkriegszeit die christlichen Wohlfahrtsverbände, also der katholische Deutsche Caritasverband und die evangelische Diakonie (von 1945 bis 1957 als Hilfswerk der Evangelischen Kirche). Die beiden Verbände warben intensiv dafür, sich dem Elend in der Welt zuzuwenden, und sie kanalisierten die bemerkenswerte Bereitschaft zur Hilfe in der deutschen Bevölkerung, die alle überraschte. Dabei versuchte besonders das evangelische Hilfswerk, ein säkularisiertes und universales Ver-

12 Konstanze Evangelia Kemnitzer: Der ferne Nächste. Zum Selbstverständnis der Aktion „Brot für die Welt“ (Diakonie. Bildung – Gestaltung – Organisation). Stuttgart 2008, S. 33–52.

13 Johannes Witte: Die evangelische Wettmission. Ihre Ziele, Wege und Erfolge. Gießen 1928, S. 39–40.

14 Wolfgang Uwe Eckart: Medizin und Krieg. Deutschland 1914–1924, Paderborn 2014, S. 409–425.

ständnis von Hilfe durchzusetzen. Die zentrale Triebfeder für die Zuwendung zum Ausland waren organisationale Gründe. Denn mit dem Wirtschaftswunder drohte das Hilfswerk der Evangelischen Kirche, seinen Zweck zu verlieren, der Not in Deutschland zu begegnen.[15] Die Hilfe im Ausland erwies sich als Erfolgsmodell, mit der das Hilfswerk bewies, dass seine Arbeit auch in Zukunft unverzichtbar bleiben würde.[16]

Nach außen hin präsentierten die Mitarbeiterinnen und Mitarbeiter jedoch einen anderen Grund als ausschlaggebend. Es hieß durchweg, dass es nun darum gehen müsse, der Welt etwas zurückzugeben. Deutschland hatte nach dem Zweiten Weltkrieg eine enorme Solidarität erfahren. Viele Deutsche zeigten sich bewegt davon, dass gerade die USA als ehemaliger Kriegsgegner und in Kenntnis der deutschen Verbrechen nicht zögerten, den Deutschen humanitäre Hilfe zu leisten. Diese Hilfe müsse nun ein Vorbild sein. Es ergebe sich die Verpflichtung, überall dort, wo Not in der Welt herrsche, zur Hilfe zu eilen.[17] So formulierte etwa der Leiter des Hilfswerks Herbert Krimm 1955: „Wer sich einmal in seiner Not hat helfen lassen aus den Spenden von Menschen, die ihn nicht kennen, deren Land er nie gesehen hat, der hat sich damit bereit erklärt, sobald er nur kann, an anderen Menschen, die er auch nicht kennt, deren Land er auch nie betreten hat, so zu handeln, wie an ihm gehandelt worden ist."[18]

Die Diakonie war sich aber zu Beginn nicht sicher, ob die Deutschen diese neue Aufgabe unterstützen würden, zumal Deutschland selbst noch mit Flüchtlingsnot, Armut und Elend zu kämpfen hatte. Der Leiter des Hilfswerks, Herbert Krimm, erlebte, dass es „eine erhebliche Zahl von Menschen gibt, die diese Umleitung [der Spendengelder in die Auslandsarbeit, PM] instinktiv bedauern oder gar mißbilligen". Den Grund sah er auch im tiefsitzenden Rassismus der Deutschen, die nur gelernt hätten, ihn zu verstecken. „Jedenfalls fühle ich hier Geister herumspuken, die sich zwar kaum wohl zu Wort melden, die aber sicherlich vorhanden sind."[19]

[15] Johannes Michael Wischnath: Kirche in Aktion. Das Evangelische Hilfswerk 1945–1957 und sein Verhältnis zu Kirche und Innerer Mission (Arbeiten zur kirchlichen Zeitgeschichte. Reihe B, Darstellungen 14). Göttingen 1986, S. 98–119 und S. 260–311.

[16] Vgl. dazu z. B. die Ausführungen zur Auslandsarbeit bei Herbert Krimm: Sehet in das Feld! In: Das Diakonische Werk, Oktober 1955, Nr. 10, S. 1–2.

[17] N. N.: Täglich verhungern 100.000 Menschen. Eine kirchliche Weihnachtssammlung für Entwicklungsländer, Frankfurter Allgemeine Zeitung, Nr. 273, 25.11.1959, S. 12.

[18] Zitiert nach Diakonisches Werk der Evangelischen Kirche in Deutschland (Hg.): Humanitäre Hilfe weltweit. Diakonie Katastrophenhilfe. 50 Jahre. Stuttgart 2004, S. 5.

[19] Herbert Krimm: Korea und wir. Eine ökumenische Antwort. In: Das Hilfswerk, November 1953, Nr. 80, S. 5–6.

Die Mitarbeiterinnen und Mitarbeiter des Hilfswerks setzten deshalb in ihren Publikationen, die sich an den Kreis der Gläubigen richteten, darauf, mit dem populären Mittel des Bildes die Brücke in das Ausland zu schlagen. In den ersten Bildberichten ging es erst einmal gar nicht darum, Spenden einzuwerben, sondern darum, die eigene Arbeit im Ausland zu rechtfertigen. Nachrichtenwerte wie die mediengerechte Dauer, die Überraschung und die Imposanz des Ereignisses[20], die später die massenmediale Katastrophenberichterstattung bestimmen sollten, spielten hier noch keine Rolle.

Die Publikationen der Wohlfahrtsverbände nahmen das Thema sehr viel früher auf als die populäre illustrierte Presse. Bis dahin hatten sich in Deutschland die großen Illustrierten in der Berichterstattung über Katastrophen merklich zurückgehalten. Negative Bildberichte blieben bis 1945 in der sehr auf Respektabilität bedachten Bildpresse eine Ausnahme, auch wenn es um andere Themen ging.[21] Das galt umso mehr für das Ausland, und die Berichte blieben noch spärlicher, wenn die südliche Hälfte des Globus Thema war.[22] Insofern spielten auch Flüchtende in den 1950er-Jahren praktisch keine Rolle, obwohl in Palästina, nach Pakistan, in Korea und aus China Millionen von Menschen flohen.

Selbst die 1949 gegründete große Illustrierte „Stern" befasste sich kaum mit Flucht und Fluchtbewegung, obwohl es sich die Zeitschrift zur Aufgabe gemacht hatte, die Welt nach Deutschland zu bringen. Die einzige Ausnahme war die Berichterstattung nach dem Volksaufstand in Ungarn 1956. Denn hier nahmen die Journalisten die Ungarn in ihrer Empörung gegen den Kommunismus als Brudervolk wahr. Dazu strömten die Flüchtenden in so großer Zahl auch über die deutsche Grenze, dass das Thema unausweichlich war. Der „Stern" widmete dem Schicksal der ungarischen Flüchtlinge eine Serie von Bildberichten. Die Redaktion setzte unter Überschriften wie „Die ganze Welt hilft Ungarn" ganzseitige Fotografien von erbarmungswürdigen Kindern, die zu Mitleid und direkter Hilfe motivieren sollten. Im Vergleich zu späteren Bildern von Flüchtenden ist auffällig, dass

20 In der pompösen Begrifflichkeit der Nachrichtenwert-„Theorie" wären das die Werte „Schwellenfaktor", „Überraschung" und „Frequenz" oder auch „Schaden", „Dauer" und „Überraschung", vgl. Johan Galtung/Mari Holmboe Ruge: The Structure of Foreign News. The Presentation of the Congo, Cuba and Cyprus Crisis in Four Norwegian Newspapers. In: Journal of Peace Research 2 (1965), S. 64–91; Winfried Schulz: Die Konstruktion von Realität in den Nachrichtenmedien. Freiburg 1976.

21 Konrad Dussel: Bilder als Botschaft. Bildstrukturen deutscher Illustrierter 1905–1945 im Spannungsfeld von Politik, Wirtschaft und Publikum. Köln 2019; Maren Tribukait: Gefährliche Sensationen: Die Visualisierung von Verbrechen in deutschen und amerikanischen Pressefotografien 1920–1970. Göttingen 2016.

22 Horst Holzer: Illustrierte und Gesellschaft. Zum politischen Gehalt von Quick, Revue und Stern. Freiburg im Breisgau 1967, S. 126–184.

den Kindern Insignien (Korb, Koffer, Bahngleise, Flagge) beigegeben sind, die sie als Flüchtende markieren und in den Bildern noch den Grund ihres Elends sichtbar machen.[23]

In den wenigen Fällen, in denen sich der „Stern" in den 1950er-Jahren thematisch weiter weg bewegte, zeigten die Journalisten der Illustrierten kein Mitleid. So war zum Beispiel das Flüchtlingselend in Fernost, das für die Öffentlichkeitsarbeit der Diakonie eine zentrale Rolle spielte, kein Thema, obwohl die Redaktion des „Sterns" auch hier genügend Anschlusspunkte für eine Identifikation hätte finden können. Schließlich handelte es sich bei den Flüchtlingen zum Großteil um Chinesen, die von 1946 bis 1949 vor dem Bürgerkrieg und seit 1949 aus dem kommunistischen China vornehmlich nach Hongkong flohen. Nachdem die britischen Kolonialherren hier lange kein Problem hatten sehen wollen, machten Organisationen aus den USA und Taiwan die Migrationsbewegung seit Mitte der 1950er-Jahre zum vielbeachteten Notfall, indem sie zu hohe Zahlen an Flüchtlingen angaben und alle Neuankömmlinge pauschal zu politisch Verfolgten erklärten.[24]

Die Redaktion des „Stern" griff das Schicksal der Menschen trotz dieser politischen Aufladung nicht auf. Sie veröffentlichte nur eine einzige Fotografie, die die „bitterste Hungersnot" „unter den Flüchtlingmassen" in Fernost zum Thema hatte. Aber laut der Bildüberschrift wollte die Redaktion hierin nicht mehr als „das alte Lied" erkennen.[25] Ansonsten reihten sich die Bilder zu Hongkong in die übliche Berichterstattung über die südliche Hälfte des Globus ein. Solche Länder schafften es nur als Berichte aus einem „Dschungel" ins Heft, in dem Europäer großen Gefahren ausgesetzt waren oder erotischen Verlockungen erlagen.[26] Dementsprechend stellte der einzige Bildbericht zu Hongkong die britische Kolonie in großen Lettern als „Hölle" vor. Die Fotoserie zeigte, wie das Auto des Schweizer Konsuls Fritz Ernst in Flammen aufging. Er entkam knapp dem Tod, seine Frau erlag ihren Verletzungen, und der „Stern" druckte Fotos, die als besonderen Nervenkitzel den verbrennenden Brandstifter zeigten.[27] Die Flüchtlinge tauchten hier wie in den Tageszeitungen

[23] N. N.: Das Licht der Freiheit erlosch. In: Stern, 17.11.1956, Nr. 46, S. 6–10, hier: S. 6; N. N.: Die ganze Welt hilft Ungarn. In: Stern, 15.12.1956, Nr. 50, S. 76–77.

[24] Laura Madokoro: Surveying Hong Kong in the 1950s. Western Humanitarians and the „Problem" of Chinese Refugees. In: Modern Asian Studies, 49 (2015) 2, S. 493–524.

[25] N. N.: Flucht aus Schanghai. In: Stern, 13.3.1949, Nr. 11, o. S.

[26] Vgl. z. B. N. N.: Paradies mit Schönheitsfehler. In: Stern, 19.6.1955, Nr. 25, S. 6–7; N. N.: Die Hölle siegte. Im Dschungel von Ekuador erfüllte sich das Schicksal von 5 Missionaren. In: Stern, 3.3.1956, Nr. 9, S. 12–18.

[27] N. N.: Aus der Hölle von Hongkong entkam der Konsul Fritz Ernst. In: Stern, 27.10.1956, Nr. 43, S. 6–7.

nur als wütender „Mob" auf.[28] „Der Kampf jeder gegen jeden hatte begonnen. Kommunisten gegen Nationalisten und beide Parteien [...] gegen die Europäer." [29]

Vor diesem Hintergrund sticht die ganz anders gelagerte Bildberichterstattung in den Publikationen der Wohlfahrtsverbände und speziell der Diakonie heraus. Die Bilder und Berichte in den Publikationen der Diakonie stammten dann auch nicht von Journalisten, sondern von Pressereferentinnen und Pressereferenten oder von Semiprofessionellen, die oft in einer Doppelrolle als Berichterstatterinnen und Berichterstatter und Helferinnen und Helfer unterwegs waren. Beispielhaft ist etwa Hildegard Gordon, die in Hongkong für die Diakonie tätig war. Gordon arbeitete als Redakteurin eines Missionsblattes, verfasste erbauliche Texte und war Vorstandsmitglied der Hildesheimer Blindenmission. Sie begleitete 1958 ihren Vorsitzenden Rudolf Detering, der in Hongkong versuchte, das missbräuchliche Verhalten der Leiterin einer Blindenschule zu bremsen und zumindest den Anschein eines Schulbetriebs zu erwecken.[30] Gordon half in der Flüchtlingshilfe aus, streifte durch die Stadt, entschied sich aber erst nach ihrer Rückkehr, aus ihren Notizen und Fotografien das Buch „In Hongkong erlebt" zu machen.[31] Die „Frankfurter Allgemeine Zeitung" hielt fest, dass sie gerade wegen ihrer doppelten Funktion als Journalistin und mütterliche Helferin die Freuden der Zuwendung zum „fernen Nächsten" den Leserinnen und Lesern näher bringen konnte: „Man merkt an jeder Zeile [...] das frauliche Engagement, Hilflosen in einem erbarmungslosen Kontinent [...] zu helfen".[32]

Die Redakteure der diakonischen Zeitschriften hatten einen ähnlichen Hintergrund und kamen aus der Seelsorge oder der Diakonie. Sie versuchten erkennbar, den Brückenschlag zu leisten, auch wenn es keine triviale Aufgabe war, die Figur des „fernen Nächsten" ins Bild zu setzen. Die Redakteure griffen zu diesem Zweck immer wieder zur Anordnung der Bilder in Serien, die die Not und die Hilfe in allen Regionen der Welt zeigten. In den 1950er-Jahren mischten sie unter diese Bilder auch immer wieder Fotografien aus Deutschland. So setzten diese Serien bildlich das viel beklagte Schicksal der Flüchtlinge in Deutschland, also der „Vertriebenen" und der DDR-„Abwanderer", mit der Not der Geflohenen in aller Welt gleich. Mit

28 N. N.: Schwere Unruhen im überfüllten Hongkong. Vierzig Tote. Chinesische Flüchtlinge gegen Europäer. In: Frankfurter Allgemeine Zeitung, 12.10.1956, Nr. 239, S. 3.

29 N. N.: Aus der Hölle von Hongkong entkam der Konsul Fritz Ernst. In: Stern, S. 6–7 (wie Anm. 27).

30 Bernhard Ortmann: Die Hildesheimer Blindenmission in Hongkong. Blinde und sehbehinderte Kinder in Werk und Wahrnehmung einer Frauenmission, ca. 1890–1997 (Missionsgeschichtliches Archiv 27). Stuttgart 2017, S. 194–195.

31 Hildegard Gordon: In Hongkong erlebt. Stuttgart 1959.

32 Hinweise. Hildegard Gordon: „In Hongkong erlebt", in: Frankfurter Allgemeine Zeitung, 27.2.1960, Nr. 49, Literaturblatt.

dieser Anordnung machten die Fotoredakteure deutlich, dass es für sie keinen Unterschied zwischen den Flüchtenden gab. Sie traten hier als Menschen auf, die nicht nur ihre Not kennzeichnete. Die Betrachterinnen und Betrachter waren eingeladen, in ihnen Flüchtlinge zu erkennen, die nicht vor einer unerklärlichen Katastrophe, sondern vor ihrer Regierung und aus klar erkennbaren, politischen Gründen fliehen mussten.

Im Jahrbuch der Diakonie im Jahr 1955 stand beispielsweise ein menschenleeres, fast abstraktes Bild aus Jordanien stellvertretend für alle Flüchtlinge in aller Welt. Zu sehen war eine Scheune, in der mit Decken kleine Gelasse für die einzelnen Familien abgegrenzt waren. Es biete sich, hieß es, „überall das gleiche Bild, vor wenigen Jahren noch in Westdeutschland, dann wieder in Berlin, und jetzt in Palästina, Korea, Hongkong". Darauf folgte eine Bilderserie aus einem Berliner Flüchtlingslager und von den „dürftigen Hütten und Mauernischen" in Hongkong.[33] Im selben Jahr publizierte die Monatsschrift „Das Diakonische Werk" eine Bildstrecke mit Fotos aus dem Libanon, Hongkong, Korea und Südindien unter dem Leitwort von Herbert Krimm „Eine koreanische Mutter leidet genauso unter dem Hunger ihres Kindes wie eine deutsche."[34] Ein Jahr später überschrieb die Redaktion einen weiteren Bildbericht dringlicher mit „Der Lazarus vor unserer Tür". Christliche Leserinnen und Leser wussten, dass das Gleichnis dem Reichen nach dem Tod „Pein in dieser Flamme" versprach, weil er den armen Lazarus vor seiner Tür übersehen hatte (Lk 16, 19–31 Elb). Darunter druckte die Redaktion unter dem Titel „So hausen Menschen" Fotografien von den ärmlichen Unterkünften in Berlin, in Griechenland, in Palästina und in Hongkong.[35] Im selben Jahr brachte das Jahrbuch wiederum eine Bildstrecke, die unkommentiert Bilder von Kindern aus den Flüchtlingslagern Berlins und Hongkongs nebeneinanderstellte, die alle in ähnlich bedrängten Umständen aufwuchsen.[36] Die Zeitschrift „Diakonisches Werk" schlug schließlich mit einer symbolischen Spendenaktion eine direkte Brücke. Die Flüchtlinge in einem Lager in Berlin kratzten ihre letzten Groschen zusammen und überwiesen am Ende 341,59 Westmark und 22,08 Ostmark für die Hilfe in Hongkong.[37]

Die Betrachterinnen und Betrachter schienen die bildlichen Gleichsetzungen verinnerlicht zu haben. Dies legten Befragungen zur Spenden- oder Hilfsbereit-

[33] O. T., in: Hilfswerk 1955. Jahresbericht des Hilfswerks der evangelischen Kirche in Deutschland, 1956, o. S.

[34] N. N.: Hilfe der Ökumene in aller Welt. In: Das Diakonische Werk, August 1955, Nr. 8, o. S.

[35] N. N.: Hier müssen wir mithelfen. Der Lazarus vor unserer Tür. In: Das Diakonische Werk, Juni 1956, Nr. 6, o. S.

[36] O. T. In: Jahrbuch 1957/58 der Inneren Mission und des Hilfswerks der Evangelischen Kirche in Deutschland, 1958, o. S.

[37] N. N.: Hongkongopfer aus dem Berliner Flüchtlingslager. In: Das Diakonische Werk, Dezember 1956, Nr. 12, S. 6.

schaft der Deutschen nahe. Denn wenn in den nächsten Jahrzehnten gefragt wurde, warum Deutschland den Flüchtenden der Welt beispringen sollte, verwiesen die Befragten wieder und wieder auf das eigene deutsche Elend und die Hilfe, die man selbst in der Nachkriegszeit erfahren habe.[38] Dieses Narrativ reicht bis ins Hier und Heute, wie es im Dokumentationszentrum Flucht, Vertreibung, Versöhnung (seit Juni 2021) zu besichtigen ist. Dort kann das Ausstellungskonzept, das die weltweite Flüchtlingsnot und deutsche Vertriebene unverbunden nebeneinandersetzt,[39] nur vor diesem Hintergrund sinnvoll gedeutet werden. Im Jahr der Eröffnung des Zentrums spielte auch der Film „Eine Handvoll Wasser" das Narrativ noch einmal in bewegten Bildern durch: Der 85-Jährige, „knorrige Konrad" (Jürgen Prochnow), der selbst als Kind vertrieben wurde, wird ganz weich, als er seine Erfahrungen mit einem „Flüchtlingsmädchen" aus dem Jemen gleichsam wiederholen darf.[40]

In solchen Beispielen offenbarte sich dann das zweite Motiv für die Gleichsetzung, das sich schon in den 1950er-Jahren abzeichnete, aber mit der wachsenden zeitlichen und biographischen Entfernung von der konkreten Vertriebenennot zu dominieren begann. In den Reihungen des Flüchtlingselends konnten die Deutschen auch ihr eigenes Leiden betrauern, also die Vertreibungen und Gebietsverluste nach dem Zweiten Weltkrieg, ohne dass unangenehme Fragen nach Verantwortlichkeit und Verursachung aufgekommen wären. Man stellte sich in eine weltweite Gemeinschaft von Opfern, die das Leiden verband. Diese Gleichstellung sollte das deutsche Leiden in den Blick rücken, beglaubigen und es gleichzeitig seinem historischen Kontext in den Verbrechen des nationalsozialistischen Deutschlands entheben. Rupert Neudeck, zu seiner Zeit sicherlich der bekannteste deutsche Helfer, hat diesen Zweischritt in seinen Schriften immer wieder vollzogen:

> „Bilder, die ich nie vergessen werde, sind in meinem Innersten gespeichert. Diese Bilder kommen manchmal hoch, wenn ich in einem Flüchtlingslager aufwache oder in einem Elendsquartier der Dritten Welt. Als ich 1999 eines Morgens im albanischen Kukes den kakophonischen Hustenchor der Kinder und Frauen hörte, die aus dem Kosovo geflüchtet waren, war ich plötzlich wieder im Jahr 1945, Ende Februar: […] Ein langer Zug mit Frauen und Kindern von der Halbinsel Hel nähert sich. […] Da fällt ein fast vereister kleiner Junge vom Schlitten,

38 N. N.: 40 Millionen verhungern im Jahr. Wir müssen helfen. In: Bild, Nr. 70, 23.3.1961, S. 2. N. N.: Hilfe beim Abbau von Hunger und Unterernährung. Bundesminister Kiechle spricht im Kaisersaal zum Welternährungstag. In: Frankfurter Allgemeine Zeitung, Nr. 241, 17.10.1987, S. 46–47.

39 Stephan Jaeger: Ausstellungsrezension zu „Das Jahrhundert der Flucht". In: H-Soz-Kult, 9.3.2024. Online zugänglich unter: www.hsozkult.de/exhibitionreview/id/reex-140816 (zuletzt aufgerufen am 25.3.2024).

40 Jakob Zapf [Regie]: Eine Handvoll Wasser. Deutschland/Frankreich 2019/2020 [Premiere 11.11.2021].

bleibt im Schnee liegen, die Mutter stapft gleichmäßigen Schrittes weiter, ist zu keinem Zurückschauen mehr in der Lage."[41]

Die Opfer einer humanitären Katastrophe

Caritas und Diakonie leiteten selbst das Ende dieser Art der Bildkommunikation ein, als sie 1959 mit ihren Spendenaktionen Misereor und Brot für die Welt begannen, dezidiert auf Geldeinwerbung abzuzielen. Nun begannen die Hilfsorganisationen, die Katastrophe „Hunger" bei der Darstellung des Flüchtenden in den Fokus zu rücken. Die deutschen Wohlfahrtsverbände übernahmen diese Art, krisenhafte Situationen in der Welt zu beschreiben, von ihren amerikanischen Vorbildern. Dort hatte die Regierung 1945 begonnen, den Überschuss der industrialisierten US-Landwirtschaft an die „Dritte Welt" zu verteilen, um die Preise zu stabilisieren. Sie verwandte einen Teil, um direkt politischen Einfluss zu nehmen.[42] Ein Teil ging aber auch an die Hilfsorganisationen, so dass sich das Thema „Hunger" wie von selbst in den Vordergrund drängte, da hier Mittel bereitstanden, die ein Problem brauchten.[43]

Der Hunger hatte dazu den Vorteil, dass sich in den Bildern von ausgemergelten Körpern die Katastrophe sichtbar und eindrücklich ausdrückte. Die zeitgenössische Sozialwissenschaft arbeitete zwar bald heraus, dass der „Kampf gegen den Hunger" vollkommen fehlging, weil er bei einem bloßen Symptom ansetzte, das sich noch dazu erst dann im Bild zeigte, wenn jede Intervention zu spät kommen musste.[44] Trotzdem aber wird der Hunger bis heute als der zentrale Ansatzpunkt präsentiert, wenn es um die Hilfe für die Welt geht. Er hat offenbar als grundlegende Erfahrung eine solche unmittelbare Überzeugungskraft, dass wir kaum in der

[41] Rupert Neudeck: Abenteuer Menschlichkeit. Mein Leben für eine gerechtere Welt. München 2009, S. 23.

[42] Douglas Hedley/David Peacock: Food for Peace, Pl: 480 and American Agriculture (Agricultural Economics Report 156). East Lansing 1970, S. 8; Kristin L. Ahlberg: Transplanting the great society: Lyndon Johnson and Food for Peace. Columbia 2008, S. 11–41.

[43] N. N.: Nächstenliebe – durch CROP um die Welt gesandt. In: Das Hilfswerk, Oktober 1954, Nr. 91, S. 12–13; N. N.: „Unseren Überschuss allen Völkern". Ein Appell der amerikanischen Kirchen. In: Das Diakonische Werk, Juli 1957, Nr. 7, S. 7.

[44] Vgl. z. B. D. S. Miller/J. F. J. Holt: The Ethiopian Famine. In: Proceedings of the Nutrition Society, 34 (1975) 3, S. 167–172, hier: S. 170; J. P. Rivers/J. F. Holt/J. A. Seaman/M. R. Bowden: Lessons for Epidemiology from the Ethiopian Famines. In: Annales De La Societe Belge De Medecine Tropicale, 56 (1976), S. 4–5, 116–173, hier: S. 171–172.

Lage sind, darin eine sehr spezifische Darstellung von sozialen und ökonomischen Herausforderungen zu erkennen.[45]

Hildegard Gordon diente unter den neuen Bedingungen mit ihrem Bericht von den Flüchtlingen aus Hongkong auch als Augenzeugin für diese Art Thematisierung. „Ich sah den Hunger!“, zitierte sie 1959 das Werbeheft für Brot für die Welt.[46] Die Diakonie schuf zum Auftakt der Spendenaktion mit den Plakaten der „Hungerhand“ gleich eine Ikone der drastischen Spendenwerbung. Ein ausgemergelter schwarzer Arm reckte sich verzweifelt greifend von unten nach oben, vom Süden in den Norden.[47] In den 1960er-Jahren verbreiteten Plakate und Spendentüten das Bild vom Hunger als „Menschheitsproblem“ weit über den engeren Kreis der Gläubigen hinaus. Die Öffentlichkeitsarbeit der Diakonie setzte dabei weiter auf primäre Reize: Elende, ausgemergelte Kleinkinder schauten den Betrachterinnen und Betrachtern flehentlich entgegen. [48] Ein Höhepunkt war sicher das Werbeplakat der Kampagne 1962/1963 mit der direkten Aufforderung in auffälligen roten Lettern „Rette dieses Kind“. Zu sehen ist ein winziger, abgemagerter Säugling, der aus einer sezierenden Aufsicht aufgenommen wurde. Er liegt offenbar in einem Krankenhausbett und zwei große Pflaster bedecken die Wunden der Magensonden. Die Betrachterinnen und Betrachter müssen annehmen, dass das Kind mit dem Tode rang.[49]

Mit der „Hungerkatastrophe“ konnte dann die deutsche Bildpresse in die Berichterstattung über die Flüchtlingsbewegungen in der Welt einsteigen. Diese Art der Thematisierung von negativen Ereignissen im Ausland kam den Bedürfnissen der illustrierten Medien entgegen, die auf den ersten Blick verständliche Bilder brauchten. Sie erlebte ihren Durchbruch mit den schrecklichen Bildern aus dem Bürgerkrieg in Nigeria. Dort kämpfte der Südosten des Landes als Biafra seit 1967 um seine Eigenständigkeit. Der Konflikt entwickelte sich auch entlang von ethnischen Differenzen, so dass Millionen Igbo in den Landesteil flohen. 1968 blockierte die Zentralregierung die Transportwege, so dass bis zu eine Million Menschen verhungerten. Nachdem die deutsche Presse den Bürgerkrieg bis zum Sommer 1968 in klassisch kolonialer Manier als „Buschkrieg“ dargestellt hatte, bei dem „Stämme“

45 Tatjana Tönsmeyer/Heike Wieters: Welt – Hunger – Hilfe. Zur Zeitgeschichte eines Menschheitsproblems. In: Zeithistorische Forschungen, 18 (2022) 2, S. 231–251, hier: S. 231.

46 Hildegard Gordon: „Ich sah den Hunger!“ In: Das Diakonische Werk, November 1959, Nr. 11, S. 4.

47 N. N.: Brot für die Welt. In: Das Diakonische Werk, November 1959, Nr. 11, Titelbild.

48 Konstanze Evangelia Kemnitzer: Der ferne Nächste, S. 56–57 und S. 59–61 (wie Anm. 12). Vgl. auch: Gabriele Lingelbach: Das Bild des Bedürftigen und die Darstellung von Wohltätigkeit in den Werbemaßnahmen bundesrepublikanischer Wohltätigkeitsorganisationen. In: Archiv für Kulturgeschichte, 89 (2007) 2, S. 345–366.

49 N. N.: Ein neues Werbeplakat. In: Das Diakonische Werk, November 1962, Nr. 11, S. 3.

aufeinander losgingen,[50] wandelte sich die Darstellung des Krieges im Sommer 1968 in den Medien vom „Buschkrieg" zur Hungerkatastrophe.

Die geschichtswissenschaftliche Forschung zum Thema des Medienereignisses „Biafra" übersieht nicht nur, dass die Wohlfahrtsverbände in den 1960er-Jahren das entsprechende Bildprogramm aufgebaut hatten, sondern dass sie dieses Medienereignis auch ganz direkt anstießen. Diakonie und Caritas wollten ursprünglich Aufmerksamkeit für diesen Konflikt schaffen, indem sie diesen als Beispiel für eine „Christenverfolgung" darstellten, die angeblich um sich greife, weil sich die gottgewollte koloniale Ordnung auflöse. Ihre Kampagne erregte aber erst Aufmerksamkeit, als sie den Bürgerkrieg mit seinen Flüchtlingsbewegungen als „Hungerkatastrophe" in die Medien brachten. Am 27. Juni 1968 präsentierten sie auf einer Pressekonferenz in Frankfurt am Main erste Hungerbilder und setzten damit einen neuen Reiz.[51] Die Tageszeitungen zogen in den Wochen danach mit und druckten Bilder ausgemergelter Kinder, die über die internationalen Presseagenturen nach Deutschland gelangten oder von Fotografen der Kirchen stammten.[52]

Aber erst die illustrierte Presse machte das Ereignis zum Medienereignis. Hier waren die ersten Berichte auf großes Interesse gestoßen, da spektakuläre Bilder mehr denn je gefragt waren. Denn die Verleger spürten zum Ende der 1960er-Jahre die Konkurrenz des Fernsehens und fürchteten sogar ihre „Vernichtung".[53] Das neue Medium befriedigte das Bedürfnis nach unterhaltsamen Nachrichten aus aller Welt, bequem von zuhause aus und in bewegten, vertonten Bildern. Wie schon das Kino mit seiner „Sexwelle", so setzten auch die Illustrierten zunächst auf Pornografie, also den journalistisch nur dünn begründeten Abdruck von Nacktfotos im Heft und auf dem Titel. Daneben etablierte sich mit der Katastrophenberichterstattung ein zweites Thema, das mindestens ebenso spektakuläre Bilder liefern konnte. Die Quick startete beispielsweise parallel zu ihrer Serie „Geschichte[n] ohne Feigenblatt", die „frech – amüsant – offen" historische „Sittenlosigkeit" in Szene setzte, eine Reihe zu den „grossen Katastrophen" der Welt, die ein Szenario des Schreckens entwarf.[54]

So entsandten alle großen Illustrierten und die „Bild"-Zeitung eigene Reporterteams nach Biafra. Das fiel umso leichter, weil die deutschen Reporter hier erprob-

50 N. N.: Blutrausch am Niger. In: Stern, 8.10.1967, Nr. 41, o. S.

51 N. N.: Ein Kind liegt im Sterben. In: Frankfurter Allgemeine Zeitung, 29.6.1968, Nr. 148, S. 82.

52 Vgl. z. B. N. N.: Endlich Brot für die Hungernden von Biafra! In: Bild Zeitung (Berlin-Ausgabe), 5.7.1968, Nr. 154, o. S.; N. N.: Die hungrigen Kinder von Biafra. In: Honnefer Volkszeitung, 16.7.1968, Nr. 162, S. 1; N. N.: So hungern Kinder in Biafra. In: Die Zeit, 26.7.1968, Nr. 30, S. 31.

53 Knut Hickethier/Peter Hoff: Geschichte des deutschen Fernsehens. Stuttgart 2016, S. 211.

54 N. N.: Der frechste Bericht: Geschichte(n) ohne Feigenblatt. In: Quick, 24.9.1968, Nr. 39, S. 58; Die großen Katastrophen. Das Tal des Todes: Longarone. In: Quick, 24.9.1968, Nr. 39, S. 40–42, S. 46–47.

ten Reisewegen folgen konnten. Die sezessionistische Regierung in Biafra hatte erkannt, wie wichtig die internationale Berichterstattung für ihre Sache war, so dass sie schon früh ausländische Berichterstatter logistisch und journalistisch unterstützte. Der Landesteil hatte sich so zum Anlaufpunkt für einen neuen Typus von Reportern etabliert. Die sogenannten *scoop* oder *parachute journalists* suchten spektakuläre und vor allem schnelle Geschichten, denen sie auch unter Einsatz ihres Lebens hinterhereilten, ohne sich groß um das „Wo" und „Warum" zu kümmern. *Action* war hier wichtiger als Kontext, und die war in Biafra garantiert.[55]

Die deutschen Reporter hinkten allerdings noch erkennbar hinterher. Henri Nannen, Gründer und Chefredakteur des „Stern", hatte eigens zwei seiner „Starreporter" geschickt: Randolph „Randy" Baumann, einen Hallodri mit Hang zum Alkohol, und Gerd Heidemann, der 15 Jahre später die falschen Hitler-Tagebücher finden sollte und sich nicht nur für Nazis, sondern auch für die „weißen Riesen", also die europäischen Söldner in Afrika, begeisterte.[56] Sie traten noch ganz als Kriegsberichterstatter alter Schule auf und verstanden ihre Entsendung als Safari, von der sie als stolze Trophäe die (entwürdigenden) Fotos von Soldatenleichen mit nach Hause brachten.[57] Offenbar wollte so etwas jetzt auch in Deutschland niemand mehr sehen. Nannen griff jedenfalls ausschließlich auf die Bilder der internationalen Konkurrenz zurück, um Ende Juli 1968 seinen spektakulären Aufruf zur Hilfe zu bebildern, der das Medienereignis eigentlich erst auslöste.[58]

Aber auch die deutschen Journalisten lernten dazu. Ein Beispiel für die neue Art der Berichterstattung erschien einen Monat später, am 1. September 1968, im „Spiegel".[59] Das Thema „Biafra" war zu diesem Zeitpunkt medial eigentlich schon abgehandelt, aber die grauenerregenden Fotos zogen noch einmal die Aufmerksamkeit der Bildredaktion des „Spiegels" auf sich. Der „Spiegel" bezog die Bilder von der Tageszeitung „Düsseldorfer Nachrichten", die einige Tage zuvor exklusiv eine Serie zum Sezessionskrieg in Nigeria gebracht hatte.[60] Diese Übernahme der Fotografien von einer Lokalzeitung durch ein bundesweit verbreitetes Nachrich-

55 Tom Wolfe: The Birth of „The New Journalism"; Eyewitness Report. In: New York Magazine, 14.2.1972, Nr. 7, S. 1, S. 30–45; Mort Rosenblum: Coups and Earthquakes. Reporting the World for America. New York 1979, S. 10–12 und speziell zu Biafra S. 62–63.

56 Peter Chemnitz: Ach los, scheiß der Hund drauf! Das Leben des stern-Kriegsreporters Randy Baumann, Mels 2013, S. 90–112, S. 122–138, S. 274–264.

57 Vgl. dazu die Fotografien von Gerd Heidemann in: *stern*-Fotoarchiv, NIGERIA A-1475/006-008.

58 N. N.: Bilder klagen an. Die verhungernden Kinder von Biafra. In: Stern, 28. Juli 1968, Nr. 30, Titelbild.

59 N. N.: Ein Volk stirbt. In: Der Spiegel, 1.9.1968, Nr. 36, S. 94–95.

60 N. N.: Zurück vom großen Abenteuer. In: Düsseldorfer Nachrichten, 23.8.1968, Nr. 196, S. 1; Alex Kempkens/Jochen M. Raffelberg: Überall diese Bilder des Grauen. In: Düsseldorfer Nachrichten, 23.8.1968, Nr. 196, o.S.; Alex Kempkens/Jochen M. Raffelberg: Dies ist das größte Leichenhaus der

tenmagazin stellt einen ungewöhnlichen Vorgang dar, der unterstreicht, wie begehrt spektakuläre Bildserien zum Ende der 1960er-Jahre waren.

Die Fotos stammten von Alex Kempkens, der zusammen mit Jochen M. Raffelberg als Autor nach Biafra geflogen war, um in der Manier der Scoop-Journalisten an der Sensation teilzuhaben. Sie planten ihre Reise als „großes Abenteuer“ und fragten sich bange, aber auch voller Hoffnung: „Werden wir Kinder sehen, die massenweise sterben?“[61] Beide Männer waren in jeder Hinsicht Anfänger. Sie hatten erst einige Monate vorher ein Volontariat bei den Düsseldorfer Nachrichten begonnen. Raffelberg, 21 Jahre alt, kam direkt von der Schule, Kempkens, 26 Jahre alt, hatte zuvor als Elektriker gearbeitet. Sie wussten nichts über internationale Politik, über den Konflikt oder die Situation in Nigeria. Sie hatten auch keine Beziehung zu den Sezessionisten oder zu deren Anliegen.

Die Reise war von vorneherein nur für wenige Tage geplant und sie ging dazu in ein Kriegsgebiet. Die beiden Journalisten erfreuten sich zwar der Unterstützung der Regierung Biafras und trafen sogar den militärischen und politischen Anführer der Sezession, Odumegwu Ojukwu, aber für Recherche blieb dann kaum Zeit. Es kann nach ihrer Schilderung des abenteuerlichen Trips davon ausgegangen werden, dass sie maximal an drei Tagen Interviews führen und Fotografien machen konnten. Sie flogen am 14. August 1968 frühmorgens ein und konnten sich am 15. August und am 16. August umsehen. Danach mussten sie sich in einen Bunker flüchten und zweimal wurde ihr Hotel evakuiert. Sie hatten Schwierigkeiten zum Flughafen zu gelangen und warteten dort mindestens zwei Tage, bis es einem Flugzeug gelang, trotz des Beschusses zu landen. Am 20. August flogen sie bereits wieder aus.

Der Besuch des Städtchens Ikot Ekpene, den die Regierung Biafras für sie organisiert hatte, hinterließ bei ihnen den stärksten Eindruck. Vom Weg dorthin und von dort stammten die Fotos, die dann auch der Spiegel veröffentlichte. Die biafranische Armee hatte den Ort gerade erobert und ermunterte die beiden Neulinge, ihn als Beispiel für die Gräueltaten der nigerianischen Armee zu besichtigen. Ihre Begleiter führten sie zu einem Gebäude, das ihnen als Gefängnis vorgestellt wurde. Dort sahen die beiden dann das massenweise Sterben, das sie sich erhofft hatten. Es ließ sie zutiefst schockiert zurück. Raffelberg berichtete einem Kollegen unmittelbar nach dem Besuch: „Die Toten lagen überall zu Hunderten. Sie wurden in Gemeinschaftsgräbern aufgehäuft. Der Gestank war entsetzlich. Ich konnte nicht glauben, was ich sah.“ Die Bevölkerung erleide in den Gebieten, die die nigeriani-

Welt. In: Düsseldorfer Nachrichten, 24.8.1968, Nr. 197, o. S.; Alex Kempkens/Jochen M. Raffelberg: Der Bluthund vom Niger. In Düsseldorfer Nachrichten, 28.8.1968, Nr. 200, o. S.

[61] Alex Kempkens/Jochen M. Raffelberg: Überall diese Bilder des Grauen (wie Anm. 60)

sche Zentralregierung kontrollierte, ein Schicksal „so furchtbar wie das der Opfer in den Konzentrationslagern der Nazis“.[62]

Diese Interpretation des Gesehenen durch die beiden Journalisten ist bestenfalls einseitig. Sie mussten sich ganz auf den Anschein verlassen, der für sich zu sprechen schien. Sie wussten nicht, dass es sich bei Ikot Ekpene um eine Frontstadt handelte, die in den letzten Monaten mehrfach die Seiten gewechselt hatte. Die Bevölkerung hatte immer wieder aufs Neue in das umgebende karge Buschland fliehen müssen, wo eine Versorgung unmöglich war. Die Stadt selbst war als aktive Kampfzone über Monate von Nahrungsmittellieferungen abgeschnitten. Beide Seiten waren für die Zustände mindestens in gleicher Weise verantwortlich. Zur Massierung des Leidens im Gefängnis von Ikot Ekpene kam es nicht etwa, weil die nigerianische Armee hier Menschen in ein Konzentrationslager gesperrt hätte. Bei dem ehemaligen Gefängnis handelte es sich um das einzige halbwegs intakte Gebäude, in dem die Menschen Zuflucht suchten und an dem die ersten Hilfslieferungen ankamen.[63]

Solche Differenzierungen hatten aber in der deutschen Presse keinen Platz. Die „Düsseldorfer Nachrichten“ druckten ihre Serie als bebilderte Klage über das grundlose Sterben. Als der „Spiegel“ die Fotos brachte, durchbrach er sein übliches Layout, um über zwei Seiten nur die Fotos von Kempkens zu zeigen. Während sich die beiden Journalisten der „Düsseldorfer Nachrichten“ zumindest in Ansätzen um eine Einordnung der Bilder bemüht hatten, beschränkten sich die Kollegen beim Spiegel auf einen kurzen Begleittext und setzten sonst ganz auf die Attraktion der grausamen Bilder. Von dort aus entwickelte der Bildbericht ein Eigenleben als Beleg des Genozids: Tillman Zülch, der 1968 die Aktion Biafra Hilfe gegründet hatte, nutzte Kempkens Foto einer Kinderleiche als Evidenz für seine Fantasien von nigerianischen Konzentrationslagern.[64]

Der Krieg um Biafra kann damit als spektakulärer Auftakt für eine neue Art der Berichterstattung und der Darstellung von Flüchtenden gelten. Flüchtlingsbewegungen, die eine klare politische Komponente in sich trugen, kamen in Deutschland nun als humanitäre Katastrophe an. Die Objekte der Berichterstattung verloren in den Bildern des Leidens alle politischen, sozialen und kulturellen Kontexte.

62 Francois Mazure: Massacre of 2.000 Ibos Claimed. In: The Times, 20.8.1968, Nr. 57334, S. 1. [Übersetzung der Zitate durch den Autor].

63 Die detaillierte, über Monate laufende Berichterstattung der Times gibt Einblicke in die komplexe Situation am Ort, vgl. z. B. N. N.: Nigerian Town a „Hell of Torment“. In: The Times, 9.7.1968, Nr. 57298, S. 8.

64 N. N.: Im KZ Ikot Ekpene starben 8000 Ibibios. In: Tilman Zülch/Klaus Guerke (Hg.), Soll Biafra überleben? Dokumente – Berichte – Analysen – Kommentare, Berlin 1969[2], [zwischen S. 128 und S. 129].

Die Rede von Konzentrationslagern in Nigeria, vom „Belsen in Biafra“[65] und den „Juden Nigerias“[66] scheint rückblickend bestenfalls absurd. Diese Interpretation und Darstellung machten aber die Bilder, die die Porträtierten ganz auf ihr Leiden reduzierten, erst möglich. Die Berichterstattuer zeigten die nigerianischen Sezessionisten als totale Opfer – und so konnten sie „den Juden“ gleich werden, wie sie in der Vorstellung der Deutschen herumgeisterten.

Dabei ist nicht zu übersehen, dass mit dieser Reduzierung auf das Opfer der ferne Konflikt näher rückte. Der belächelte „Buschkrieg“ unter „Eingeborenen“ gewann nun in seiner Darstellung als humanitäre Katastrophe an Zugänglichkeit und Dringlichkeit. Die Bilder wandelten sich von rassistischen Darstellungen, die zähnebleckende und waffenschwingende Schwarze zeigten, zu eindringlichen Porträts individuellen Leidens. Die Bilder von Not und Tod schufen Aufmerksamkeit, und sie zeigten Wirkung. Die aufgeschwollenen Bäuche der Kinder, die stark unterernährt an Eiweißmangel litten, hinterließen tiefe Spuren im Gedächtnis – gerade in Deutschland, wo bis dahin solche Bilder massenmedial nicht vorkamen. Sinnfällig drückt sich die Wirkung darin aus, dass in den folgenden Jahrzehnten hungernde schwarze Kinder, aber auch verhungerte deutsche Kinder auf diese Weise wahrgenommen wurden. „Jeder kennt ‚Biafra-Kinder‘: als den Inbegriff von Hunger und Elend“, heißt es bis heute.[67]

Die Aufregung blieb eine Episode, und das ist typisch für diese medial gemachten humanitären Katastrophen. Biafra zog trotz des maximalen Aufsehens keinerlei Engagement für die Sache nach sich. Die deutsche historische Forschung hat sich zwar in den letzten Jahren viel Mühe gegeben, mit Biafra eine breite gesellschaftliche Mobilisierung zu behaupten, um ein konservatives 1968 herbeizuschreiben.[68] In Wirklichkeit aber handelte es sich bei der Biafra-Hilfe um keine Graswurzelbewegung, sondern um eine Aktion, die Kirchenfunktionäre von oben nach unten durchsetzten. Sie agierten in der Tradition der Hilfe durch die Wohlfahrtsverbände seit den 1950er-Jahren. Ihr Engagement war gerade in Nigeria noch tief von Mustern aus der Kolonialzeit geprägt. Ihre Appelle fanden bei den Engagierten, die sich 1968 bis in die Kirchen hinein die internationale Solidarität auf die Fahnen schrieben, keinen Nachhall.

65 Marion Gräfin Dönhoff: Belsen in Biafra? In: Die Zeit, 12.7.1968, Nr. 28, S. 1.

66 Tilman Zülch: Ibos in Lagos – ‚Juden‘ Nigerias? In: Tilman Zülch/Klaus Guerke (Hg.): Soll Biafra überleben?, S. 204–207 (wie Anm. 64).

67 Tobias Döring: So starb Biafra. In: Frankfurter Allgemeine Zeitung, 14.12.2007, Nr. 291, S. 34; vgl. auch Andreas Eckert: Biafra-Konflikt: Als die Hoffnung starb. In: Die Zeit, 14.4.2016, Nr. 17, S. 21.

68 Florian Hannig: Am Anfang war Biafra. Humanitäre Hilfe in den USA und der Bundesrepublik Deutschland. Frankfurt 2021; Lasse Heerten: The Biafran War and Postcolonial Humanitarianism. Spectacles of Suffering (Human Rights in History). Cambridge 2018.

In den populäreren, illustrierten Medien verschwand das Thema ohnehin nach zwei Wochen schon wieder, obwohl Krieg und Blockade noch bis in den Januar 1970 fortdauerten. Die Berichterstattung folgte hier einem Muster, das immer wieder zu beobachten war. In der Logik der Massenmedien braucht eine Geschichte innerhalb einer überschaubaren Zeitspanne ein Ende. Berichte müssen im Großen wie im Kleinen „abgebunden" werden, wie es unter Journalisten heißt. Im Fall der humanitären Katastrophen folgte auf die Appelle an das Mitleid innerhalb kürzester Zeit die Skandalisierung der Hilfe. Das fiel dann umso leichter, wenn die Anlässe zuvor als reine Katastrophe dargestellt worden waren. Die Journalisten deckten entweder auf, dass die Katastrophe gar nicht so katastrophal war, wie es die Bilder zu Anfang suggeriert hatten, oder dass sich hinter der Hilfsaktion doch tatsächlich politische Interessen „verbargen".

Im Falle Biafras nahm sich der Korrespondent des „Bayerischen Rundfunks" für die „ARD" in Nigeria, Klaus Stephan, der Sache an. Am 7. August 1968 brachte das „Erste Deutsche Fernsehen" seinen ersten Fernsehbericht aus Nigeria zur besten Sendezeit als Sondersendung.[69] Es folgten eine ganze Reihe von publizistischen Interventionen, und Stephans Kernaussage blieb immer dieselbe: Die Situation stellte sich ihm sehr viel weniger dramatisch dar. Er ließ in seinen Beiträgen nigerianische Regierungsvertreter zu Wort kommen, die beteuerten, dass sie die Sorge um das Schicksal ihrer Landsleute umtrieb und sie zumindest in den von ihr kontrollierten Gebieten die Versorgung sicherstellten. Vor allem aber warb Stephan dafür, anzuerkennen, dass Nigeria seine Souveränität verteidigte, und er wandte sich entschieden gegen die Darstellung, hier sei ein Genozid im Gang. Nach dem Zeugnis der Zeitgenossen trug schon sein erster Fernsehbeitrag „wesentlich dazu bei", das gerade aufgeflammte „Engagement für Biafra zu lähmen".[70]

Bilder von den Opfern in der Ferne

Das neu geprägte Muster, negative Ereignisse in der Welt den Lesern und Leserinnen als humanitäre Katastrophe nahezubringen, blieb in den nächsten Jahrzehnten ein Erfolgsrezept. Die Illustrierten in Deutschland setzten von nun an regelmäßig auf die Katastrophenberichterstattung. Ein großes Thema war die Flutkatastrophe in Bangladesch 1970/71, deren Zuspitzung zur Katastrophe ihren Grund in der

69 Bayerischer Rundfunk (Klaus Stephan, Kamera: Dieter L'Arronge)/Westdeutscher Rundfunk (Hans Germani, Günter Münch, Kamera: Mueljo Hendrodjanoe): Auf beiden Seiten der Front. Berichte vom Krieg zwischen Nigeria und Biafra. Eine Sondersendung. Erstes Programm, 7.8.1968, 20.15 Uhr.

70 Heinz Klein: Erwiderung an den Fernsehreporter Stephan, in: Tilman Zülch/Klaus Guerke (Hg.), Biafra. Todesurteil für ein Volk?, Berlin 1968, S. 139–142, hier: S. 139.

Instabilität durch den ostpakistanischen Bürger- bzw. Unabhängigkeitskrieges hatte. Es folgte die große Hungersnot in der pauschal als „Sahelzone" bezeichneten Region am Rande der Sahara 1972/74, die zum Beispiel im Sudan auf den Friedensschluss mit den Rebellen im Süden zurückging, in dessen Folge die Flüchtlinge aus den Nachbarländern wieder in ihre Heimat zurückkehrten. Dem „Stern" gelang es, mit seiner Berichterstattung zum Hunger in Äthiopien im November und Dezember 1973 eine eigene Katastrophe in Deutschland auszurufen, zu einem Zeitpunkt, zu dem die eigentliche Hungersnot am Ort bereits überwunden war.

In Großbritannien war die Katastrophe in Äthiopien zwar auch zu spät angekommen, aber immerhin schon im Oktober 1973. Hier spielte das Medium „Fernsehen", angetrieben durch die Konkurrenz zwischen privaten und öffentlichen Sendern, bereits eine entscheidende Rolle.[71] Das deutsche Fernsehen stieg langsamer in das Thema ein. Sichtbaren Ausdruck fand die neue Öffnung nach außen mit der Gründung von Auslandsmagazinen in den öffentlich-rechtlichen Programmen. 1973 führte das „ZDF" das „Auslandsjournal" ein und die „ARD" kurzzeitig eine weitere Magazinsendung „Kompaß. ARD Auslandsberichte", um nach der Einstellung 1975 die Sendezeit des „Weltspiegels" zu erweitern.[72] Dazu kamen engagierte Journalisten in die Redaktionen, die den kolonialen Blick überwinden wollten. Sie stellten die Welt da draußen nicht mehr als Hölle dar, sondern suchten Berichtsanlässe, die Zuwendung befördern sollten. Sie musste aber bald einsehen, dass ihre Mittel hier begrenzt blieben: „Aktualität geht vor, Konflikte stehen im Rampenlicht, ihre zugespitzte Darstellung ist publikumswirksamer als die der Arbeit im Schatten."[73]

Mindestens ebenso bedeutsam waren in den 1970er-Jahren die technischen Innovationen, die es erst erlaubten, die Welt ins Fernsehen zu bringen. Bis in die 1970er-Jahre dominierten bei den Kameras die schweren, stativgebundenen Auricon Pro 600 bzw. Pro-600 Special (16 kg und 11 kg). Sie eigneten sich kaum für den Außeneinsatz und schon gar nicht für dynamische Situationen. Selbst die „portable" Version war „so schwer und seltsam zu halten, dass tatsächlich ‚Kraft' eine zentrale Qualifikation eines Reporters" darstellte. Seit der Mitte der 1960er Jahre kamen leisere auf den Markt, die durch die Verlagerung der Filmrollen nach hinten auf der Schulter getragen werden konnten. Eine wirkliche Innovation brachte aber

[71] Für die Hungerkatastrophe 1984 in Äthiopien hat die Bedeutung der Medienkonkurrenz detailliert aufgearbeitet: Suzanne Franks: Reporting Disasters. Famine, Aid, Politics and the Media, London 2013.

[72] Sylvia Breckl: Auslandsberichterstattung im Deutschen Fernsehen über die Dritte Welt am Beispiel von Weltspiegel und Auslandsjournal. Berlin 2006, S. 89–94.

[73] Peter Krebs: Wider die Sahib-Haltung. In: Rupert Neudeck (Hg.): Den Dschungel ins Wohnzimmer. Auslandsberichterstattung im bundesdeutschen Fernsehen, (medium Dokumentation 7). Frankfurt a. M. 1977, S. 106–115, hier: S. 115.

erst die CP-16 seit 1971, die nur noch 5 bis 6 Kilo wog und mit einem ruhigen, nicht mehr bloß gedämmten Motor gebaut war.[74] Diese Kameras führten zu mehr Beweglichkeit und erlaubten die synchrone Aufnahme von Ton und Bild. „Du fühltest plötzlich eine große Freiheit", erinnerte sich Brian Tufano von der BBC.[75]

Diese neuen, bewegten Bilder erreichten eine ganz eigene Durchschlagkraft. Die Not der Welt schien viel näher und persönlicher. Das erste wichtige Beispiel für die Wirkung des Fernsehens als Bilderproduzent in Deutschland war die Berichterstattung über die Flüchtenden aus Vietnam. Sie flohen bereits seit 1975 nach dem Rückzug der Amerikaner aus dem kommunistisch regierten Land über das Meer. Sie machten sich aus politischen, aus ethnischen, religiösen und auch aus ökonomischen Gründen auf den Weg, teilweise wurden sie von der Regierung gezielt vertrieben. In der Presse erschienen schon vor 1979 Berichte über die waghalsige Flucht. Publizität erhielt auch die Aktion des CDU-Ministerpräsidenten Gerd Albrecht. Er ließ im Dezember 1978 163 vietnamesische Flüchtlinge vom Schiff „Hai Hong" ins weihnachtlich gestimmte Niedersachsen einfliegen, nachdem die südostasiatischen Nachbarländer die Aufnahme verweigert hatten.

Dabei handelt es sich aber noch nicht um das „mediale Großereignis", wie es die Historikerin Julia Kleinschmidt darstellt.[76] Zum Medienereignis und damit zur humanitären Katastrophe wurde die Flucht erst, als das Fernsehen im Sommer 1979 in die Berichterstattung einstieg. Ausschlaggebend war hier die Fernsehsendung „Report" vom 24. Juli 1979. Der Moderator Franz Alt widmete der Berichterstattung eine ganze Sendung. Im Mittelpunkt standen einerseits das Leid der fliehenden Vietnamesen und andererseits die Rettungsversuche, die eine französische Initiative um Bertrand Kouchner, den Mitgründer von Ärzte ohne Grenzen, angestoßen hatte. Alt und seine Reporter griffen zu starken Vereinfachungen und emotionalen Bildern: „Für mich geht es darum, Kindern, die dabei sind zu ertrinken oder zu sterben, die Hand zu reichen", wird der Sänger und Schauspieler Yves Montand zitiert. „Als Rettung bietet sich das französische Schiff Ile de Lumiere an", sprach der Fernsehreporter und -moderator Ulrich Wickert über die bewegenden Bilder von den überfüllten Booten.[77]

74 Vernon A. Stone/Bruce Hinson: Television Newsfilm Techniques. New York 1974, S. 168–169 und S. 70–74 [Übersetzung des Zitats durch den Autor].

75 ADAPT: How Television Used to be Made. Researching the History of Television Production Technology, Filming 16mm Footage for Television, [2018]. Online zugänglich unter: https://www.adapttvhistory.org.uk/16mm/filming/ (zuletzt aufgerufen am1.2.2024) [Übersetzung des Zitats durch den Autor].

76 Julia Kleinschmidt: Die Aufnahme der ersten „boat people" in die Bundesrepublik, Online-Portal „Deutschland Archiv". Online zugänglich unter: http://www.bpb.de/170611, 26. November 2013 (zuletzt aufgerufen am 17.4.2024).

77 Sendung „report" vom 24.7.1979. In: Unternehmensarchiv SWR, BAD 221044.

Die Fernsehberichterstattung erregte Aufsehen und stieß eine ganze Reihe von Berichten in Presse und Rundfunk an. Die „Zeit" initiierte sogar eine eigene humanitäre Aktion, die es 275 Vietnamesinnen und Vietnamesen ermöglichte, aus den Flüchtlingslagern nach Deutschland zu kommen.[78] In dieser Folgeberichterstattung stand ganz das Leiden der Flüchtenden im Vordergrund, während die Fluchtgründe oder die politische Verortung in den Hintergrund traten. Ähnlich wie im Fall Biafras konnte so bald der Bogen zu „den Juden" geschlagen werden, die in der Vorstellungswelt vieler Deutscher als die Opfer schlechthin galten. Der „Spiegel" stellte die vietnamesischen Flüchtlinge als die „Juden des Ostens – ohne ein Israel" vor.[79] Die „Zeit" sprach von den „Juden Asiens", „die wegen ihrer Rasse verfolgt wurden".[80] Hans Jürgen Schilling, der Generalsekretär des Deutschen Roten Kreuzes, meinte, in „Südostasien haben wir es mit einer Endlösung ohne Zyklon B zu tun."[81]

Die vietnamesischen Flüchtlinge gingen wie die „Biafra-Kinder" mit einem eigenen Begriff in die Geschichte ein, der die Dekontextualisierung in sich trug. Sie firmierten als „boat people", als seien sie plötzlich auf dem Meer aufgetaucht. Gerade Menschen, denen der „ferne Nächste" nicht so sehr ans Herz gewachsen war, schien die Flüchtlingssituation am Ende der 1970er-Jahre bereits als „Springflut menschlicher Not".[82] In der „Zeit" schlug Dönhoff zuerst noch den Bogen von den Vertriebenen zu den „boat people", erklärte sie dann aber umstandslos zur Katastrophe: „Boat people klingt harmloser als Flüchtlinge oder Vertriebene, aber ihr Schicksal ist vielleicht noch grausamer und verzweifelter als das vieler Millionen ihrer Vorgänger, die unaufhaltsam wie Urströme in dieses Zeitalter raffinierten Fortschritts und perfekter Zivilisation eingebrochen sind."[83]

Mit dieser Konzentration auf die Ertrinkenden, denen für jeden verständlich und kaum bestreitbar sofort Hilfe zukommen musste, gelang es, die Brücke in diese ferne Weltgegend zu bauen. Viele Menschen in Deutschland fühlten sich von der Berichterstattung zu Spenden aufgerufen. Eine Welle des Mitleids ging durch das Land und es verbreitete sich der Eindruck, es müsse etwas geschehen. Auch für diesen Drang, unmittelbar etwas unternehmen zu wollen, bot die „report"-Sendung einen Ausweg an. Die Sendung erregte nicht nur Aufsehen, sondern gab den ent-

78 Marion Gräfin Dönhoff: Völkerwanderung des zwanzigsten Jahrhunderts. Das Flüchtlingsdrama in Indochina: Wir müssen helfen. In: Die Zeit, 27.7.1979, Nr. 31, S. 1; vgl. Frank Bösch: Zeitenwende 1979. Als die Welt von heute begann. München 2019, S. 196–199.

79 N. N.: „Die Juden des Ostens – ohne ein Israel". In: Der Spiegel, 24.6.1979, Nr. 26, S. 116–124.

80 N. N.: Das Ende der „Cap Anamur": Kein Ruhmesblatt. In: Die Zeit, 30.7.1982, Nr. 31, S. 6.

81 N. N.: Worte der Woche. In: Die Zeit, 7.12.1979, Nr. 50, S. 2.

82 Hans-Jürgen Schilling: Flüchtlinge in aller Welt: Springflut menschlicher Not. In: Die Zeit, 2.11.1979, Nr. 45, S. 72.

83 Marion Gräfin Dönhoff: Völkerwanderung des zwanzigsten Jahrhunderts, S. 1 (wie Anm. 78).

scheidenden Anstoß zur Gründung einer Hilfsorganisation neuen Typs, die von da an in Konkurrenz zu den etablierten Wohlfahrtsverbänden trat. Sie kann als die eigentliche Geburtsstunde von Cap Anamur gelten, die in den kommenden Jahren mit ihrer zugespitzten Ausrichtung auf die Logik der Medien als Vorbild für andere Nichtregierungsorganisationen wirken sollte.

Franz Alt hatte sich im Vorfeld der Sendung mit dem Gründer von Cap Anamur, Rupert Neudeck, darüber ausgetauscht, dass man etwas unternehmen müsse und eine Sendung ein wichtiger Schritt sein könnte. Neudeck war selbst Journalist. Er arbeitete als Redakteur für Politik und Kultur beim Deutschlandfunk, hatte sich als Fernsehkritiker einen Namen gemacht und sich mit den Mechanismen des Auslandsjournalismus auseinandergesetzt. Im Frühjahr 1979 war er nach Paris gereist, eigentlich um Jean-Paul Sartre zu interviewen, traf dort aber auch André Glucksmann. Glucksmann berichtete ihm von der Initiative um Bernard Kouchner, die ein eigenes Boot, die Île de Lumière, in das Südchinesische Meer gesandt hatte. Mit Unterstützung Glucksmanns gründete Rupert Neudeck das Komitee „Ein Schiff für Vietnam“, das zuerst allein dazu gedacht war, die französische Initiative zu finanzieren.[84]

Erst die „report“-Sendung bracht Schwung in die Sache. Rupert Neudeck war als Interviewgast zugeschaltet, während im Studio der Präsident des Deutschen Roten Kreuzes, Walter Bargatzky, saß. Neudeck hatte wiederholt die verkrusteten Wohlfahrtsverbände kritisiert. Nun aber kündigte Bargatzky an, dass Hilfe auf dem Weg sei, jedoch in eigentümlich nebulöser Manier, obwohl die Planungen für ein DRK-Schiff schon weit fortgeschritten waren. Franz Alt wandte sich an Neudeck und fragte ganz direkt: „Was haben Sie bis jetzt erreichen können?“. Solchermaßen herausgefordert kam Neudeck hier die Idee, ein eigenes Schiff zu entsenden. Als Medienprofi präsentierte er seinen Einfall, als liege ein ausgearbeiteter Plan europäischer Dimension vor. Er kündigte an, als Teil einer konzertierten Aktion nach den Franzosen und Norwegern ein drittes Schiff zu schicken.[85] In Wirklichkeit gab es keinerlei Abstimmung mit den anderen Initiativen. Im Gegenteil: „Es ist traurig. Wir sind Konkurrenten geworden“,[86] vermerkte Kouchner.

Der Zuspruch zu Neudecks deutscher Initiative war groß. Es kamen innerhalb kurzer Zeit über eine Million DM Spenden zusammen. Die Kopfgeburt, die der Interviewsituation geschuldet war, musste nun umgesetzt werden. Neudeck brachte das Schiff auf den Weg – ohne organisatorischen Unterbau, ohne irgendeine Erfahrung und ohne jedes Wissen um die Situation am Ort. Am 9. August 1979 stach die

84 Rupert Neudeck (Hg.): Wie helfen wir Asien? oder „Ein Schiff für Vietnam“ (rororo aktuell 4633), Reinbek bei Hamburg 1980, S. 70–79.

85 Sendung „report“ vom 24.7.1979, Unternehmensarchiv SWR, BAD 221044.

86 Bernard Kouchner: l’île de lumière. Paris 1980, S. 338 [Übersetzung des Zitats durch den Autor].

Cap Anamur im japanischen Kobe in See. Die enge Verbindung zu den Medien war Cap Anamur damit von Beginn an eingeschrieben, und diese Orientierung an der Logik der Medien blieb bestimmender Faktor, auch für viele Neugründungen von Hilfsorganisationen der nächsten Jahre.

Die Organisatoren von Cap Anamur verzichteten einerseits ganz bewusst auf eine eigene Öffentlichkeitsarbeit, da das den Aufbau von Strukturen bedeutet hätte, die Geld verschlungen hätten, das damit nicht direkt dem Empfänger zugeflossen wäre. Da Cap Anamur auf diese Weise keine eigenen Themen setzen konnte, lieferten sich die Helferinnen und Helfer mit dieser Entscheidung dem unerbittlichen Rhythmus der Massenmedien aus. In der konkreten Arbeit setzte Cap Anamur auf eine „radikale Humanität" statt auf politische Solidarität.[87] Sie arbeiteten deshalb nur mit Freiwilligen, konzentrierten sich ausschließlich auf die unmittelbare Not und wollten direkt von Mensch zu Mensch wirken. Die Arbeitsweise entsprach aber wie zufällig dem Bedürfnis massenmedialer Organe, bei denen Personalisierung, Sicht- und Abbildbarkeit der Aktivität und einfach erklärbare Lösungen in einer überschaubaren Zeitspanne zentrale Nachrichtenwerte darstellten.[88]

Die Bindung an die Medien stellte ganz direkt Nachhaltigkeit und Konsistenz der Mobilisierung in Frage, wie Neudeck schon nach wenigen Tagen am eigenen Leib erfuhr. Als Medienexperte nahm er auf der ersten Fahrt des Schiffs gleich zwei Fernsehteams mit an Bord. Die Helferinnen und Helfer hatten sich selbst von den spektakulären Berichten und den eigenen übertriebenen Zahlen mitreißen lassen. Sie erwarteten ein Meer voller Flüchtlingsboote.[89] Dabei unterschätzten sie die Größe des Gebietes und übersahen, dass die Fluchtbewegungen wie auch in den Jahren zuvor jahreszeitlichen Konjunkturen folgten. Sie fanden kein Schiff, und die Journalisten waren nicht amüsiert. Sie berichteten erbost vom Fehlschlag einer Rettungsfahrt, und Neudeck lernte, dass man Journalisten nichts Schlimmeres antun konnte, als sie warten zu lassen.[90]

Was sich hier im Kleinen zeigte, behielt seine Gültigkeit auch im größeren Rahmen. Die Darstellung der Flüchtlinge als Opfer einer humanitären Katastrophe erregte zwar Aufmerksamkeit und löste Mitleid aus. Gerade diese Darstellung schuf

[87] Rupert Neudeck (Hg.): Radikale Humanität. Notärzte für die Dritte Welt, Reinbek bei Hamburg 1986.

[88] Patrick Merziger: The ‚Radical Humanism' of ‚Cap Anamur'/‚German Emergency Doctors' in the 1980s. A Turning Point for the Idea, Practice and Policy of Humanitarian Aid. In: European Review of History, 23 (2016) 1/2, S. 171–192.

[89] Andreas Stephainski: Die deutsche Hilfsaktion „Ein Schiff für Vietnam". Handeln, wenn Menschen in Not sind: In: Nordwest Zeitung, 22.9.1979, Nr. 220, Sonderbericht.

[90] Fernschreiben Rupert Neudeck an den NDR-Chefredakteur Winfried Scharlau, Berichterstattung des NDR-Korrespondenten Volker Zielke über die Cap Anamur, 28.8.1979, DOMiD E 1409, 2021 a.

dann aber schnell Frustrationen, da sie kaum übermittelte, welch große Aufgabe eine Rettung bedeutete. Viele Deutsche machten sich angesichts der vereinfachenden Darstellung der Flüchtenden als Ertrinkende, die es zu retten galt, offensichtlich nicht klar, dass humanitäre Hilfe gerade hier zwangsweise eine Weiterführung verlangte. Mit dem eigentlichen Beginn der Rettungsaktion stellte sich nämlich sofort die einfache Frage: Wohin mit den Geretteten?

Als sich herausstellte, dass diese Geretteten als Flüchtlinge nach Deutschland kommen würden, kippte die Stimmung sofort und durchschlagend. Viele steigerten sich in eine regelrechte Hysterie hinein. Aus ihrer Sicht bedeuteten bereits wenige Tausend Vietnamesinnen und Vietnamesen nicht weniger als den Untergang des Abendlandes. Sie reichten aus, um die Diskussion um „Asylmissbrauch", „Wirtschaftsflüchtlinge" und „Sozialtourismus" 1980 mitauszulösen. Dabei handelte es sich nicht um „rechtspopulistische Ressentiments", die auf eine großzügige Aufnahme „folgten",[91] oder das „Aufflackern ausländerfeindlicher Stimmungen", das „einherging",[92] sondern um eine bewusste Kampagne aus der Mitte der Gesellschaft. Sie kam aus den Reihen derjenigen, die kurz zuvor noch bitterlich über das Schicksal der fernen „Juden des Ostens" geklagt hatten, und sie setzte umgehend ein. Eine Demonstration besorgter Bürger gegen die Aufnahme von Flüchtlingen in Heiligenstadt, die das „Asylproblem" mit den „Boat People" vermischte, sorgte bereits im November 1978 bundesweit für Aufsehen.[93]

Hans-Jürgen Schilling, der Generalsekretär des Deutschen Roten Kreuzes (1978–1984, 2001–2002), ging in der Kampagne mit Lügen und Unterstellungen voran. Schilling denunzierte die Flüchtenden als Opportunisten, die sich aus purer Berechnung ertränkten, und behauptete, die Cap Anamur würde aus unlauteren Motiven Fremde nach Deutschland schleusen.[94] Es ging ihm mit solchen Vorwürfen natürlich nicht darum, sich über die „Strategie der bestmöglichen Hilfe" auszutauschen, wie der Historiker Michael Vössing wissen will.[95] Er versuchte vielmehr, ei-

91 Frank Bösch: Engagement für Flüchtlinge. Die Aufnahme vietnamesischer „Boat People" in der Bundesrepublik. In: Zeithistorische Forschungen, 14 (2017) 1, S. 13–40, hier: S. 40.

92 Frank Bösch: Zeitenwende 1979, S. 228 (wie Anm. 76).

93 Siegfried Woldert: Heiligenstadt will keine Flüchtlinge. In: Süddeutsche Zeitung, 29.11.1978, Nr. 275, S. 21; Peter Saar: Heiligenstadt uns seine aufgehalsten Flüchtlinge [Leserbrief]. In: Süddeutsche Zeitung, 9./10.12.1978, Nr. 284, S. 115.

94 Kurzprotokoll über die 34. Sitzung des Unterschusses für humanitäre Hilfe des Auswärtigen Ausschusses des Deutschen Bundestages, 27.2.1980, PA-DBT 3104; Vietnamesen sind Auswanderer wie die Schlesier im 19. Jahrhundert. Dr. [Hans-]Jürgen Schilling und Heribert Schwan am 23.6. [1981], Privatarchiv Rupert und Christel Neudeck, Ordner „Komitee bis 24.11.1981, Cap Anamur 1979–1981".

95 Michael Vössing: Competition over Aid? The German Red Cross, the Committee Cap Anamur and the Rescue of Boat People in South East Asia. In: Johannes Paulmann (Hg.): Dilemmas of huma-

nen Ansatz von Hilfe zu diskreditieren, der gegen die Prinzipien des Deutschen Roten Kreuzes stand, das seit jeher die Menschen in Not vor allem fernhalten wollte. Schilling breitete seine Motive 1979 und 1980 in zwei ganzseitigen Kommentaren (ausgerechnet in der „Zeit") ganz offen aus. Er fantasierte von „Großraumflugzeugen" die „Ladung um Ladung Hilfesuchender vor die Tore der westlichen Länder" brachten, und prangerte „gefährliche Tendenzen einer Verschmelzung extrem fremder Minderheiten" an. Es drohe jetzt nach „der politischen die ethnische Spaltung Deutschlands."[96] Er schlug als Lösung vor, sich in Entwicklungsländern Territorien anzueignen. Dort sollten dann die Flüchtlinge ethnisch sortiert siedeln, damit sich „heimatlose Menschen nicht wie Staub gleichmäßig über die Welt" verteilten.[97]

Die Medien, die Cap Anamur zuerst für den hemdsärmeligen Ansatz gefeiert hatten, nahmen die Vorlage gerne auf, allen voran Nikolaus Bora vom „WDR" und Winfried Scharlau vom „NDR".[98] Auch sie stellten jetzt die Fluchtmotive der Vietnamesinnen und Vietnamesen in Frage und behaupten, das Schiff bilde einen zentralen „Pull-Faktor", der Flüchtlinge anziehen würde, obwohl schon damals alle Untersuchungen zeigten, dass es sich dabei um böswillige Propaganda handelte.[99] Wenn der „Stern" im Herbst 1980 neben spektakulären Fotos titelte „Rettet dieses Schiff", dann waren damit nicht mehr die Flüchtlingsboote gemeint, sondern die Cap Anamur selbst.[100] Wenigstens Franz Alt hielt weiter zu der Aktion. Es gelang ihm, mit zwei Fernsehberichten den Spendenstrom jeweils wieder anzukurbeln,[101] bevor auch er das Thema auf Anweisung des „SWF"-Intendanten Willibald Hilf fallen lassen musste.[102]

nitarian aid in the twentieth century (Studies of the German Historical Institute, London). Oxford 2016, S. 345–370, hier: S. 368.

96 Hans-Jürgen Schilling: Sind wir fremdenfeindliche, provinziell, vermufft oder gar rassistisch? In: Die Zeit, 21.11.1980, Nr. 48, S. 64.

97 Hans-Jürgen Schilling: Flüchtlinge in aller Welt: Springflut menschlicher Not. In: Die Zeit, 2.11.1979, Nr. 45, S. 72.

98 Vgl. z. B. Rupert Neudeck an die Chefredaktion des NDR-Hörfunks, Aussagen von ARD-Korrespondent Nikolaus Bora, 11.12.1980, DOMiD E 1409, 2021 a; Rupert Neudeck an Winfried Scharlau, Chefredakteur NDR-Fernsehen, 13.8.1981, Privatarchiv Rupert und Christel Neudeck, Ordner „Komitee bis 24.11.1981, Cap Anamur 1979–1981".

99 Auswärtiges Amt, Referat 301, Stellungnahme zum Bericht der Bundesregierung über die Rettungstätigkeit der „Cap Anamur", Privatarchiv Rupert und Christel Neudeck, Ordner „Komitee bis 24.11.1981, Cap Anamur 1979–1981".

100 Erich Follath: Rettet dieses Schiff! In: Stern, 16.10.1980, Nr. 43, S. 20–31.

101 Sendung Report vom 12.8.1980. In: Unternehmensarchiv SWR, BAD 244195; Sendung Report vom 21.4.1981. In: Unternehmensarchiv SWR, BAD 245314.

102 SWF-Intendant Willibald Hilf an Fernsehdirektor Dieter Ertel, 11.11.1981. In: Unternehmensarchiv SWR P 34902.

Tatkräftigere Bürger fühlten sich von der „Woge der Anti-Cap-Anamur-Stimmung“[103] ermutigt. Der HNO-Arzt Heinz Colditz, die Radiologie-Assistentin Sibylle Vorderbrüge und der Werkmeister Raimund Hörnle begingen als „Deutsche Aktionsgruppen“, getragen von einem breiten Netzwerk, im Sommer 1980 mehrere Anschläge gegen Gedenkorte für die Verbrechen des nationalsozialistischen Deutschland und gegen Flüchtlingsunterkünfte.[104] Zum Ende der Anschlagserie wollten sie ausdrücklich der Hilfsorganisation Cap Anamur einen „Denkzettel“ verpassen.[105] Zu ihrem letzten Anschlag regte sie ein Artikel in der Springerzeitung „Hamburger Abendblatt“ an, der von breiter „Verärgerung“ berichtete, weil in Hamburg Flüchtlinge „auf Staatskosten in Hotels und Pensionen Quartier“ bezögen.[106] In der Nacht vom 21. August auf den 22. August 1980 ermordeten Vorderbrüge und Hörnle mit Brandsätzen Nguyễn Ngọc Châu, den die Besatzung der Cap Anamur gerettet hatte, und Đỗ Anh Lân, der über die Aktion der „Zeit“ nach Deutschland gekommen war. Das ausbleibende Echo zeigte an, wie wenig sich die deutsche Gesellschaft um die Opfer kümmerte, sobald sie als Flüchtlinge ankamen.

Der Umschwung in der Stimmung hätte auch auf der politischen Ebene kaum abrupter sein können. Im Sommer 1979 hatte Günther van Well, Staatssekretär im Auswärtigen Amt, auf der UN-Konferenz für die Flüchtenden in Südostasien noch der ganzen Welt die Leviten gelesen. Es müsse selbstverständlich werden, dass man die „fundamentalen Gebote der Humanität“ einhalte, und die Versammelten sollten sich ein Beispiel an Deutschland nehmen. Konkret bedeute das, dass jede Regierung Flüchtlingen, die „über ihre Grenze kommen oder an ihren Küsten landen, erste Zuflucht“ gewähren müsse. Dazu gelte speziell im Fall der vietnamesischen Flüchtenden, dass nach einer Rettung auf hoher See „diejenigen Staaten, deren Flagge diese Schiffe führen, [...] die Flüchtlinge [...] bei sich aufnehmen“ müssten.[107]

Als die Katastrophe medial in den Hintergrund trat und dafür die Frage dominierte, wohin die Flüchtlinge sollten, wollte von solchen Appellen niemand mehr etwas wissen. Das Auswärtige Amt zog sich auf die Position zurück, van Well habe

103 Rupert Neudeck an Hans Benirschke (DPA), 27.7.1981, Privatarchiv Rupert und Christel Neudeck, Ordner „Komitee bis 24.11.1981, Cap Anamur 1979–1981“.

104 Sascha Schmidt/Yvonne Weyrauch: Rechter Terror in Hessen. Geschichte, Akteure, Orte. Frankfurt am Main 2023, S. 62–68.

105 Auch Sibylle Vorderbrügge geständig. Im Rechtsextremisten-Prozeß Beteiligung an Bombenanschlägen zugegeben. In: Süddeutsche Zeitung, 11.2.1982, Nr. 34, S. 5.

106 Frank Keil: Anschlag auf Flüchtlinge. Der blanke Hass. In: Die Zeit, 23.2.2012, Nr. 9, S. 20.

107 Zitiert nach Kurzprotokoll über die 37. Sitzung des Unterschusses für humanitäre Hilfe des Auswärtigen Ausschusses des Deutschen Bundestages, 21. März 1980, PA-DBT 3104.

nur über Menschen gesprochen, die zufällig vor dem Ertrinken gerettet würden.[108] Staatssekretärin Hildegard Hamm-Brücher (FDP) befeuerte die Stimmungsmache gegen Cap Anamur sogar noch. Sie reiste nach Südostasien und nutzte das Medieninteresse, um wider besseres Wissen den Vorwurf zu verbreiten, dass durch die Cap Anamur „Menschen veranlasst werden könnten, einfach auf See zu gehen". Die „Grande Dame" der Bonner Republik verunglimpfte die Helferinnen und Helfer im Fernsehen – fein lächelnd – als Schlepperbande, deren Rettungen als „mehr oder weniger organisierte Vorhaben abrollen".[109]

Um das Thema endgültig aus den Medien zu bekommen, griff das Auswärtige Amt zu einer Erpressung. Cap Anamur musste zusagen, keine weiteren Rettungsfahrten mehr zu unternehmen, die bis dahin zuverlässig mediale Aufmerksamkeit produziert hatten. Als Gegenleistung durfte das Schiff wenigstens noch die letzten Flüchtenden, die an Bord waren, nach Deutschland bringen. „Erneut war es das Land Niedersachsen, das die Boat People großzügig aufnahm",[110] schließt Frank Bösch versöhnlich, wohl um Gerd Albrecht nicht als verlogenen Frömmler dastehen zu lassen, übersieht dabei aber, dass wenige Wochen später selbst noch dieses Angebot zurückzog.[111]

Wenn man also in der Rettungsaktion für die „boat people" unbedingt eine „Zeitenwende" erkennen will, dann sicher nicht hin zu „einem globalen und spezifisch deutschen Verantwortungsethos"[112] oder gar zu einer „Struktur der Barmherzigkeit und kapitalistischen Freiheit".[113] Im Gegenteil sind in den Medien die Entwicklungslinien hin zu einer Berichterstattung, die einen Abschluss gegenüber der Welt jenseits der deutschen Grenzen befördert, kaum zu übersehen.[114] Darüber hinaus können wir hier den Beginn einer Politik verorten, die mit der humanitären Hilfe kurzatmig und mediengerecht Solidarität in der Ferne simuliert, dabei aber

108 N. N.: Fragestunde, Aufnahme weiterer Vietnam-Flüchtlinge von der „Cap Anamur" durch die Bundesländer; völkerrechtlicher Status dieser Flüchtlinge. In: Deutscher Bundestag, Stenographischer Bericht, 44. Sitzung, 16.6.1981, S. 2493–2494.

109 Sendung Panorama, Erstes Programm, vom 4.8.1981, 21.00 Uhr. Online zugänglich unter: https://daserste.ndr.de/panorama/archiv/1981/-,panoramaarchiv1152.html (zuletzt aufgerufen am 1.2.2022); vgl. auch Rupert Neudeck: Menschen aufnehmen, die aus Todesgefahr gerettet wurden [Leserbrief]. In: Süddeutsche Zeitung, 1./2.8.1981, Nr. 174, S. 115.

110 Bösch: Zeitenwende 1979, S. 219 (wie Anm. 78).

111 „Nur übliche Quote an Vietnamesen". In: Nordwest Zeitung, 8. Juli 1982, Nr. 155, S. 5.

112 Bösch: Zeitenwende 1979, S. 402 (wie Anm. 78).

113 Julia Kleinschmidt: Die Aufnahme der ersten „boat people" in die Bundesrepublik. Online zugänglich unter: http://www.bpb.de/170611, 26. November 2013 (zuletzt aufgerufen am 15. 3. 2024).

114 Nadine Sylla: Die Konstruktion des Eigenen im Verhältnis zum Anderen. Mediale Diskurse über Asyl in der Bundesrepublik 1977–1999 (Postcolonial Studies 47). Bielefeld 2023.

absichtsvoll die rechtsextremen Ressentiments der deutschen Mitte befeuert und die rechtliche Abschottung vorantreibt.

Aber auch die aktiven Helfer scheinen angesichts der „Flut der Nachrichten, Worte und Bilder, die uns stündlich erreichen",[115] ihre Hoffnungen aufgegeben zu haben, aber nicht, weil sie ermüdeten, sondern weil ihnen durch die Katastrophenberichte die Ansatzpunkte für die gelebte Solidarität verloren gingen. Der Theologe und Publizist Michael Albus, der sich zusammen mit Rupert Neudeck publizistisch und als Helfer engagierte,[116] entwarf am Ende der 1980er-Jahre ein düsteres Bild:

„Wir leben in einer Welt, die sich an Katastrophen gewöhnt hat. [...] Eine von diesen Katastrophen, die nicht so sehr die Natur, als vielmehr den Menschen selbst betreffen, ist das fortwirkende Elend der Flüchtlinge auf der ganzen Welt. In allen Teilen der Erde gibt es Flüchtlinge und – wie ein Blick auf aktuelle Flüchtlingskarten fast allen Ländern der Welt. Flüchtlinge gibt es, seit Menschen existieren. Und nichts steht der Vermutung entgegen, daß es sie geben wird, solange es Menschen gibt."[117]

Selbst einem unermüdlichen Helfer wie Albus erschienen die Flüchtenden als Katastrophe, die unabwendbar über der Gesellschaft hereinbricht, wie eine Naturgewalt ohne Grund und ohne Ausweg.

Fazit: Der weit entfernte ferne Nächste

Es ist unbestreitbar, dass die dramatischen Inszenierungen Menschen „affizierten" und ihr Herz für das Leiden in der Welt erwärmten. Die Darstellung der Ereignisse als Katastrophe seit der zweiten Hälfte der 1950er-Jahre, der *scoop*-Journalismus seit den späten 1960er-Jahren und die neuen Möglichkeiten des Fernsehens seit den späten 1970er-Jahren brachten ganz neue Bilder nach Deutschland. Erst durch die Katastrophisierung der Flüchtenden bekam das Thema Aufmerksamkeit und die Opfer wurden zum Ziel des Mitleids. Gerade in Deutschland, das bis dahin ein solches Engagement für den „fernen Nächsten" nicht kannte, war damit ein wichtiger Schritt in die Welt getan. Insofern können wir die Entwicklung der Berichterstattung nach 1945 durchaus als Errungenschaft verstehen. In einer breiteren his-

[115] Michael Albus: Rupert Neudeck und das Komitee Cap Anamur. Arche in der Flut. Düsseldorf 1989, S. 8.

[116] Michael Albus gründete mit Rupert Neudeck nach mehreren publizistischen Projekten die Grünhelme, mit denen Neudeck nach seinem Ausscheiden bei Cap Anamur 2003 seine Arbeit fortsetzte. Vgl. dazu: Christel Neudeck/Rupert Neudeck (Hg.): Grünhelme. Einsatz an den Brennpunkten der Welt. Stuttgart 2005; Michael Albus (Hg.): Rupert Neudeck. Gefährliche Erinnerungen an ein Leben wie Feuer. Ostfildern 2018.

[117] Michael Albus: Rupert Neudeck, S. 8 (wie Anm. 114).

torischen Perspektive stellt sich sogar die Frage, ob nicht die massenmediale Berichterstattung im Zeichen der Katastrophe die Bedingung der Möglichkeit für eine Zuwendung zum „fernen Nächsten" darstellt.

Diese Katastrophisierung der Fluchtbewegungen verschob aber gleichzeitig das Bild, das wir uns von den Flüchtenden machten. Eine Katastrophe hat eine eigene Zeitlichkeit, die das umgehende Ende in sich trägt. Solche Ereignisse verlangten nach einer schnellen Lösung durch sichtbare, kurzfristige Hilfsmaßnahmen. Medial brauchte es die baldige „Abbindung" des Themas, die in praktisch allen Fällen über eine Skandalisierung des ursprünglichen humanitären Impulses erfolgte. Wichtiger für eine Katastrophe waren noch die Opfer, die sich durch ihre „Reinheit", durch ein Leiden ohne jeden Kontext auszeichneten. In der Darstellung wurde der Flüchtende auf das bloße Leben (in Not) reduziert. So verwandelten sich die Flüchtenden von Subjekten zu Objekten, also von einem Gegenüber zu einem Gegenstand der Betrachtung.

Diese spezifische Darstellungsweise machte die Medien eben gerade nicht zu einem „vector of communion". Sie erregten mit ihrer Berichterstattung ohne Frage Aufmerksamkeit, waren aber kein Mittel, mit dem sich Solidarität herstellen ließ, in dem Sinne, dass sie nachhaltiges Zusammenwirken auf Augenhöhe und die gemeinsame Lösung nach dauerhaften Lösungen befördern würde. Im historischen Rückblick wird deutlich, dass sich die Bilder der Flüchtenden in eine andere Richtung entwickelten. Sie wandelten sich von einer Gleichsetzung des deutschen und weltweiten Leidens und damit einer Anerkenntnis der Flüchtenden als Flüchtlinge hin zur Darstellung der Flüchtenden als Objekte des Mitleids in der Ferne. Sie verloren damit ihren Status als rechtliches und politisches Subjekt, der für eine gelebte Solidarität entscheidend gewesen wäre.

Am deutlichsten zeigten sich die adversen Effekte der Reduktion des Gegenübers auf das bloße Leben, wenn die Flüchtenden näher rückten, sie also als Flüchtlinge nach Deutschland kamen. Man erwartete, Opfer einer humanitären Katastrophe empfangen zu dürfen, die bloß Hilfe brauchen würden. Stattdessen kamen Subjekte mit eigenen Vorstellungen nach Deutschland. Sie „wagten" es, ein ökonomisch und rechtlich abgesichertes Leben zu fordern, und beharrten auf einer Autonomie, die auch einschließen muss, undankbar, übellaunig und unvernünftig zu sein und sogar kriminell zu werden. Die Enttäuschung der aufnehmenden Gesellschaft darüber, dass das Versprechen der Bilder nicht eingehalten wurde, äußerte sich im besten Fall in Frustrationen, allzu oft aber auch in offenen Aggressionen und Angriffen.

Es lässt sich nun kaum ernsthaft fordern, von der Erzählung der Katastrophe abzurücken. Medien berichten, wie Medien berichten. Die Produktionsbedingungen ergeben eine Berichterstattung der kurzen Zyklen und des Spektakulären und deshalb verwandelt sich jedes negative Ereignis unter der Hand zur Katastrophe.

Hier kann graduell entgegengewirkt werden, etwa durch medienethische und -historische Bildung der Journalistinnen und Journalisten, durch das Aufbrechen von Medienmonopolen, alternative Finanzierungsmodelle wie den Rundfunkbeitrag und mit einem öffentlich-rechtlichen Rundfunk neben den privaten Medien. Aber selbst in einem idealen Mediensystem, in dem jedes einzelne Organ über ein ausgedehntes Korrespondentennetz mit schlauen, sensiblen und ökonomisch abgesicherten Journalistinnen und Journalisten verfügte, wäre immer noch die Frage, ob eine breite, langanhaltende Berichterstattung auf Gegenliebe vonseiten der Leserinnen und Leser und Zuschauerinnen und Zuschauer stoßen würde. Wie sollte man sich das auch vorstellen: 6000-Wörter-Artikel auf der Seite Eins der „Bild"-Zeitung?

Würden wir die Medien wegen ihrer Fixierung auf die Katastrophen verdammen, begäbe man sich auf eine Ebene mit der AFD und ihren Steigbügelhaltern, die meinen, mit dem Vorwurf der „Lügenpresse"[118] oder inzwischen „Meinungskartelle"[119] oder „Wahrheitsregime"[120] irgendetwas gesagt zu haben. Selbstverständlich nehmen Medien eine eigene Perspektive ein. Das ist ihr Recht und ihre Aufgabe, vor allem aber, wie bei jeder Schilderung der Welt, zwangsläufig. Und weil Medien als Medien funktionieren müssen, wird sich die Berichterstattung innerhalb einer gewissen Spanne von Varianzen gleichen. Aber gerade mit dieser spezifischen medialen Perspektive erfüllen die Medien ihre gesellschaftliche, historische Funktion, indem sie zu anderen möglichen Sichtweisen gesellschaftlicher Akteure eine weitere hinzufügen. Eine Gefahr entsteht nur dann, wenn andere gesellschaftliche Akteure, darunter auch alternative Medien, keine anderen Weltsichten mehr anbieten, obwohl sie die Mittel dazu hätten oder weil ihnen die Mittel entzogen werden. In diesem Kontext können die massenmedialen Bilder von Katastrophen den Prozess der Katastrophisierung der Welt vorantreiben, an dessen Ende internationale Solidarität verloren geht.

Leider geht seit den 1980er-Jahren die Entwicklung hin zu einer Vereinheitlichung der Weltsichten. In Deutschland hat sich die deutsche Außenpolitik inzwischen der Logik der Katastrophe unterworfen. Das Auswärtige Amt gibt große Teile seines Etats für humanitäre Hilfe aus und eilt damit nur noch von Notfall zu Notfall. Dem Bundesministerium für wirtschaftliche Zusammenarbeit und Entwicklung, das für einen nachhaltigeren Ansatz der Zuwendung steht, droht die Abwicklung. Das ist bei den Wählerinnen und Wählern von AFD, CDU und FDP ohne Frage populär, macht aber ganze Weltgegenden in der Wahrnehmung zu Katastrophen-

118 John David Seidler: „Lügenpresse!". Medien als Gegenstand von Verschwörungstheorien. In: Aus Politik und Zeitgeschichte 66 (2016) 30–32, S. 41–46, Berlin, Boston.

119 Ulf Poschardt: Der verlorene Kulturkampf. In: Die Welt, 27.4.2021, Nr. 97, S. 3

120 Michael Meyen: Die Propaganda-Matrix. Der Kampf um freie Medien entscheidet über unsere Zukunft, München 2021, S. 41–62.

gebieten. Die Hilfsorganisationen bemühten sich zwischenzeitlich, gegen die Katastrophisierung der Welt anzugehen, zum Beispiel indem sie sich in dem 1995 gegründeten Verband Entwicklungspolitik und Humanitäre Hilfe auf eine „entwicklungsbezogene Öffentlichkeitsarbeit“ verpflichteten. Aber auch hier ist die Rückentwicklung inzwischen nicht mehr zu übersehen: Eine Organisation wie Plan International führt seit 2006 mit ihren „Patenschaften“ regelmäßig die Spendenergebnisse an, ganz einfach, weil sie in ihrer Werbung wieder ohne jede Scham Primärreize (Kinderaugen, Prominenz, koloniale Fantasien) bedient.

Abstract

Today, when we see images of refugees, they often depict pain, suffering, and disaster. While these images are frequently discussed in media and cultural studies, there isn’t much research on their historical evolution. This article examines why and how the portrayal of refugees has changed in West Germany since the 1950s. It suggests a new way to understand their impact, which isn’t limited to people feeling overwhelmed („compassion fatigue“) or becoming more supportive („increased solidarity“).

Before the 1950s, photos depicting suffering abroad were rare in Germany. This changed when charities began using such images in their reports. These reports gained attention in the mass media. The advent of „scoop journalism“ in the late 1960s and the rise of television in the 1970s further accelerated this trend. In this process, the portrayal of refugees in images shifted. Initially, they were depicted similarly to German „displaced persons“ who were uprooted after World War II. Over time, they were increasingly shown as victims of major disasters and thus became distant objects of pity. This change made refugees appear as helpless victims rather than individuals with legal and political rights, which would have been crucial for fostering genuine solidarity with them.

Fabian Klose

Dekolonisation als Katalysator des internationalen Flüchtlingsschutzes

"The refugees in Tunisia and Morocco present the greatest emergency problem with which this Office is now faced."[1]
James M. Read,
UNHCR Deputy High Commissioner, 1959

Einleitung[2]

Im Juli 1959 veröffentliche die *Algerian Delegation in the Far East* der algerischen *Front de Liberation Nationale* (FLN) in ihrem Büro in Tokio ein Dossier mit dem Titel „The Problem of Algerian Refugees".[3] Als Teil ihrer weltweit geführten antikolonialen Propagandakampagne zur Mobilisierung einer globalen Öffentlichkeit griff sie darin Frankreichs Kriegsführung im Algerienkrieg scharf an. Die sogenannte französische „Pazifizierung", so der Bericht, nehme in Wirklichkeit regelrecht Züge eines Genozids an. Sie sei die alleinige Ursache für Vertreibung und Flucht von hunderttausenden Algerierinnen und Algerier, die aus Furcht vor dem brutalen Vorgehen der französischen Armee in die beiden Nachbarländer Marokko und Tunesien geflohen seien. Ausführlich thematisierte die Veröffentlichung die humanitäre Not der Geflüchteten in den Grenzgebieten und verband dies mit einem direkten Appell an die Weltgemeinschaft: „Three hundred thousand Algerian civilians have fled for their lives from the war of extermination which France has

1 Telegramm von James M. Read, UNHCR Deputy High Commissioner, 13.5.1959, United Nations High Commissioner for Refugees (UNHCR) Archives, 13/1/31 TUN/MOR/GEN.

2 Für Kommentare und Anregungen zu diesem Beitrag bin ich den Teilnehmerinnen und Teilnehmern des Kolloquiums „Internationales Flüchtlingsrecht nach dem Zweiten Weltkrieg: Konzepte, Akteure, Entwicklungslinien" am Historischen Kolleg München sowie Max May und Arvid Schors sehr dankbar.

3 Algerian Delegation in the Far East, The Problem of Algerian Refugees, Tokio, Juli 1959, Centre des archives d'outre mer, Aix-en-Provence (CAOM), 81 F530.

https://doi.org/10.1515/9783111671109-006

been waging in their country since the latest outbreak of hostilities in November, 1954. These persons, homeless and destitute, have sought refuge in the neighboring countries of Morocco and Tunisia. The appeal for aid for the 217.000 refugees from Hungary following the events of October 1956, received the immediate and world-wide response which their situation merited. The plight of the Algerian places no less grave a responsibility on the conscience of the world."[4] Die FLN verglich die Flüchtlingsfrage in Nordafrika also direkt mit der Situation der ungarischen Flüchtlinge in Europa, die 1956 im Zuge der Niederschlagung des ungarischen Volksaufstandes durch die Sowjetunion zu Hundertausenden nach Österreich und Jugoslawien geflohen waren und dort internationale Hilfe erhalten hatten.[5] Mit dieser Analogie versuchte die algerische Befreiungsfront nun ihrerseits internationale Hilfe zur Linderung der Not der eigenen Landsleute zu mobilisieren und gleichzeitig eine Internationalisierung des Algerienkriegs gezielt voranzutreiben, um die außenpolitische Position Frankeichs weiter zu diskreditieren.

Die algerische Flüchtlingsfrage trug in der Tat wesentlich zu einer internationalen Wahrnehmung des Algerienkrieges – von 1954 bis 1962 sicherlich eine der prägendsten Episoden der gesamten Dekolonisation – bei. Darüber hinaus stellte sie aber vor allem eine Zäsur für die Weiterentwicklung des internationalen Flüchtlingsschutzes dar; sie diente als eine Art „trigger" – wie es Cecilia Ruthström-Ruin prägnant formuliert hat[6] – für die signifikante Expansion internationaler Flüchtlingshilfe über den bis dahin eng begrenzten europäischen Kontext hinaus. Die gewaltsame Auflösung der europäischen Kolonialreiche in Nordafrika und die damit ausgelösten humanitären Krisen wirkten als Katalysator für die Internationalisierung sowohl von Debatten über als auch Praktiken von humanitärer Hilfe zu Gunsten von Geflüchteten. Im Zuge des Algerienkriegs begannen zentrale humanitäre Akteure wie das Internationale Komitee vom Roten Kreuz (IKRK), die Internationale Föderation der Rotkreuz- und Rothalbmondgesellschaften und das UN-Flüchtlingshilfswerk UNHCR zum ersten Mal überhaupt außerhalb Europas zum Schutz von Flüchtlingen gemeinsam tätig zu werden. Trotz der sehr begrenzten

[4] Ebd.

[5] Für die ungarische Flüchtlingsfrage und internationale Hilfe vgl.: Françoise Perret: ICRC Operations in Hungary in 1956. In: International Review of the Red Cross 36 (1996), S. 413–426, hier: S. 424–426; United Nations High Commissioner for Refugees (Hg.): The State of the World's Refugees. Fifty Years of Humanitarian Action. Oxford 2000, S. 26–34; Peter Gatrell: Free World? The Campaign to Save the World's Refugees, 1956–1963. Cambridge 2011, S. 49–57; Philipp Ther: Die Außenseiter. Flucht, Flüchtlinge und Integration im modernen Europa. Berlin 2017, S. 235–241.

[6] Cecilia Ruthström-Ruin: Beyond Europe. The Globalization of Refugee Aid. Malmö 1993, S. 24 und S. 33. Vgl. hierzu auch: Malika Rahal/Benjamin Thomas White: UNHCR and the Algerian War of Independence. Postcolonial Sovereignty and the Globalization of the International Refugee Regime, 1954–63. In: Journal of Global History 17 (2022), S. 331–352.

völkerrechtlichen Rahmenbedingungen der Genfer UN-Flüchtlingskonvention von 1951 und der damit ungeklärten Mandatsfrage leisteten sie in einer gemeinsamen Operation humanitäre Hilfe in großem Stil.[7] Insofern lässt sich argumentieren, dass im Fall des Algerienkriegs die humanitäre Praxis verschiedener internationaler Akteure den engen und eurozentrischen Rechtsrahmen des bestehenden Flüchtlingsschutzes regelrecht überholte. Dadurch trugen sie ganz wesentlich zur Expansion und Globalisierung des internationalen Flüchtlingsschutzes bei.[8] Der Prozess der Dekolonisation war somit für die Weiterentwicklung des Flüchtlingsschutzes nach 1945 von prägender Bedeutung.

Der Beitrag rückt die Bedeutung der Dekolonisation für den internationalen Flüchtlingsschutz an Hand des Algerienkriegs ins Zentrum. Dabei widmet er sich zunächst Aspekten von Vertreibung und Flucht als Phänomene des Krieges in Nordafrika, deren Ursachen eng mit der speziellen Form der französischen Kriegsführung in diesem Dekolonisierungskrieg zusammenhängen. In einem nächsten Schritt richtet sich das Augenmerk auf die internationalen Hilfsbemühungen zu Gunsten der algerischen Flüchtlinge. Das Zusammenwirken von verschiedenen Akteuren wie dem IKRK, der Rotkreuzföderation und dem UNHCR verdeutlicht, wie es durch diese Kooperation zu einer signifikanten Expansion der Flüchtlingshilfe im außereuropäischen Kontext kam.

Vertreibung und Flucht als Phänomene des Algerienkriegs

Die Dekolonisation gehört zweifellos zu den prägenden Prozessen der internationalen Geschichte in der zweiten Hälfte des 20. Jahrhunderts.[9] Nach 1945 verschwanden innerhalb eines relativ kurzen Zeitraums von 30 Jahren die europäischen Kolo-

[7] Ruthström-Ruin sowie Rahal/White fokussieren sich vor allem auf die Rolle des UNHCR im Algerienkrieg. Die Bedeutung des IKRK und der Rotkreuzbewegung kommt hier nur am Rande vor.

[8] Angesichts dieser zentralen Bedeutung des Algerienkriegs für die Weiterentwicklung des Flüchtlingsschutzes erstaunt es immer wieder, dass dieser auch in neuen Publikationen häufig nur ganz am Rande thematisiert wird. Vgl. hierzu: Andreas Kossert: Flucht. Eine Menschheitsgeschichte. München 2020, S. 120; Ther: Außenseiter (wie Anm. 5), S. 22. Für wichtige Ausnahmen, die diese Bedeutung hingegen ausdrücklich betonen vgl.: Ruthström-Ruin: Europe (wie Anm. 6); Jakob Schönhagen: Geschichte der internationalen Flüchtlingspolitik 1945–1975. Göttingen 2023, S. 165–189.

[9] Die wissenschaftliche Etablierung des Begriffs wird dem deutschen Wirtschaftswissenschaftler Moritz Julius Bonn zugeschrieben, der bereits im Jahr 1932 in seinem Beitrag „Imperialism" für die Encyclopaedia of the Social Sciences explizit von Dekolonisation sprach: „All over the world a period of countercolonization began, and decolonization is rapidly proceeding." Vgl. Julius Moritz Bonn: Imperialism. In: Edwin R. A. Seligman (Hg.): Encyclopaedia of the Social Sciences. New York 1932, Bd. 7, S. 605–613, hier: S. 612. Zur aktuellen Verortung des Forschungsfelds der Internationa-

nialreiche in Asien und Afrika von der politischen Weltkarte, und an ihrer Stelle entstanden neue unabhängige Nationalstaaten. Das Ende europäischer Weltbeherrschung bedeutete eine „Neustrukturierung des internationalen Systems“ und hatte massive Auswirkungen auf die verschiedenen Bereiche der internationalen Beziehungen.[10] Diese Transformation verlief keineswegs linear und nach einem identischen Muster, sondern wies in den einzelnen Weltregionen zum Teil sehr unterschiedliche Charakteristika auf und beinhaltete friedliche Übergänge genauso wie extrem gewaltsame Befreiungskämpfe.[11] Vor allem die europäischen Siedlungskolonien in Nord- und Ostafrika entwickelten sich in diesem Kontext zu Schauplätzen blutiger Dekolonisierungskriege. In diesen Gebieten versuchten Kolonialmächte wie Großbritannien und Frankreich mit Methoden radikalisierter Gewalt wie massenhafter Umsiedlung und Internierung der indigenen Bevölkerung, willkürlichen Kollektivstrafen sowie systematischer Folter, ihre kolonialen Herrschaftsansprüche ungeachtet aller internationalen Entwicklungen militärisch zu behaupten. Gerade in dieser kolonialen Spätphase zeigte sich noch einmal deutlich, von welch hohem Gewaltpotenzial der europäische Kolonialismus geprägt war und welche Formen radikalisierter Gewalt er bis zuletzt hervorbrachte.[12]

Der Algerienkrieg von 1954 bis 1962 gehört in diesem Zusammenhang sicherlich zu einer der blutigsten Episoden der gesamten Dekolonisation. Der militärischen Auseinandersetzung zwischen der französischen Kolonialmacht und der algerischen Befreiungsfront FLN fielen im Zeitraum von fast acht Jahren schätzungsweise zwischen 250.000 und 350.000 Menschen zum Opfer. Dieser Krieg steht geradezu emblematisch für die Radikalisierung kolonialer Gewalt im Zuge der Dekolonisation.[13] Neben der Anwendung systematischer Folter gehörte vor allem

len Geschichte vgl.: Arvid Schors/Fabian Klose (Hg.): Wie schreibt man internationale Geschichte? Empirische Vermessungen zum 19. und 20. Jahrhundert. Frankfurt, New York 2023.

10 Jürgen Osterhammel: Kolonialismus. Geschichte, Formen, Folgen. München 2006, S. 119–121; ders./Jan C. Jansen: Dekolonisation. Das Ende der Imperien. München 2013, S. 106–107.

11 Für einen Überblick zur Dekolonisation in den verschiedenen europäischen Kolonialreichen vgl. exemplarisch: Anja Kruke (Hg.): Dekolonisation. Prozesse und Verflechtungen 1945–1990. Bonn 2009; Fabian Klose: Dekolonisation und Revolution (1776–1991). In: Europäische Geschichte Online (EGO), hg. vom Leibniz-Institut für Europäische Geschichte (IEG), Mainz, 9.5.2014, online zugänglich unter http://www.ieg-ego.eu/klosef-2014-de (letzter Zugriff am 08.08.2025).

12 Zum hohen Gewaltpotential im europäischen Spätkolonialismus vgl. exemplarisch: Fabian Klose: Menschenrechte im Schatten kolonialer Gewalt. Die Dekolonisierungskriege in Kenia und Algerien 1945–1962. München 2009; Martin Thomas: Fight or Flight. Britain, France, and Their Roads from Empire. Oxford 2014.

13 Zum Algerienkrieg allgemein vgl.: Alistair Horne: A Savage War of Peace. Algeria 1954–1962. New York 2006. Zur Radikalisierung kolonialer Gewalt im Algerienkrieg: Raphaelle Branche: La torture et l'armée pendant la guerre d'Algérie 1954–1962. Paris 2001; Rita Maran: Staatsverbrechen. Ideologie und Folter im Algerienkrieg. Hamburg 1996; Klose: Menschenrechte (wie Anm. 12).

auch eine massive Vertreibungs- und Umsiedlungspolitik gegenüber der algerischen Landbevölkerung zum charakteristischen Erscheinungsbild der französischen Kriegsführung. Erklärtes Ziel dieser Strategie war es, die indigenen Algerierinnen und Algerier einer umfassenden Kontrolle des Kolonialstaats zu unterwerfen und dadurch gleichzeitig der algerischen Nationalbewegung jegliche Nachschub- und Rekrutierungsbasis zu entziehen. Mit den als „regroupement" bezeichneten Maßnahmen begann die französische Armee die ländliche Bevölkerung gewaltsam aus deren Siedlungen zu vertreiben und anschließend in Umsiedlungslagern, den „camps de regroupement", zu konzentrieren.[14] Auf diese Weise gelang es dem französischen Militär, ganze Regionen zu entvölkern und zu „zones interdites" zu erklären. In diesen „verbotenen Zonen" wurde alles, was der FLN von Nutzen hätte sein können, nach dem Prinzip der „verbrannten Erde" vernichtet. Jede in diesen Gebieten anzutreffende Person wurde als Rebell behandelt, was in der Regel nichts anderes als deren standrechtliche Erschießung bedeutete.

Auf Basis der Doktrin des antisubversiven Kriegs und der Ausweitung der französischen Notstandsgesetze wurden die Umsiedlungsmaßnahmen ab 1957 zu einem zentralen Eckpfeiler der gesamten Militärstrategie Frankreichs in Algerien. Besonders im Zuge der Militäroperationen des „Challe-Plans" kam es zu einer signifikanten Ausweitung der „verbotenen Zonen". In erster Linie waren von diesen Maßnahmen weite Teile der Sahara, die unwegsamen, als Hochburgen der FLN bekannten Gebirgsregionen der Kabylei, des Aurès und des Atlas Blidéen sowie die Grenzregionen zu Marokko und Tunesien betroffen.[15] Nach Angaben des französischen Soziologen Michel Cornaton wurden während der gesamten Kriegsdauer mindestens 2,3 Millionen Menschen in insgesamt 3.740 Lagern umgesiedelt, was etwa 26 Prozent der muslimischen Gesamtbevölkerung Algeriens entsprach.[16]

Die rigide französische Umsiedlungspolitik hatte für die betroffene Bevölkerung fatale Folgen. Zunächst verlor sie in der Regel ihr gesamtes Hab und Gut, das zusammen mit ihren Dörfern der Vernichtung durch die französische Armee zum

[14] Zu den Maßnahmen des „regroupement" vgl.: „Note d'information sur les regroupements de population" des Generalgouverneurs, Algiers, 25.7.1959, CAOM, 81 F107; Sylvie Thénault: Rappels historiques sur les camps de regroupement de la guerre d'Algérie. In: Michel Rocard: Rapport sur les camps de regroupement et autres textes sur la guerre d'Algérie. Paris 2003, S. 227–238. Michel Cornaton: Les camps de regroupement de la guerre d'Algérie. Paris 1998; Klose: Menschenrechte (wie Anm. 12), S. 209–214; Keith Sutton, Population Resettlement – Traumatic Upheavals and the Algerian Experience. In: The Journal of Modern African Studies 15 (1977), S. 279–300, hier: S. 285–294; ders.: Army Administration over Algeria's Centres de Regroupement, 1954–62. In: British Journal of Middle Eastern Studies 26 (1999), S. 243–270.

[15] Zum Ausmaß der „zones interdites" vgl.: Service Historique de l'Armée de Terre (SHAT), 1H 1933/D3.

[16] Cornaton: Camps (wie Anm. 14), S. 120–124.

Opfer fiel. Darüber hinaus bedeuteten die Umsiedlungsmaßnahmen auch das Ende aller persönlichen Freiheitsrechte, denn in den mit Stacheldraht umzäunten Lagern befanden sich die Umgesiedelten nun in der vollständigen Abhängigkeit von und unter der umfassenden Kontrolle der französischen Kolonialmacht. Die Lebensbedingungen in diesen häufig in aller Eile und mit provisorischen Mitteln errichteten Lagern waren meist katastrophal. So bezeichnete Michel Rocard in einem für die französische Regierung erstellten Untersuchungsbericht im Februar 1959 die Situation der umgesiedelten Bevölkerung als regelrecht „tragisch".[17] Ausführlich thematisierte er die schlechten Unterbringungsmöglichkeiten, die desaströsen hygienischen Zustände, die enorm hohe Kindersterblichkeit und die völlig unzureichende Versorgungslage. Rocard kam in seinem Bericht schließlich zu dem Fazit, dass aufgrund der französischen „Pazifizierung" eine Million Männer, Frauen und Kinder akut vom Hungertod bedroht seien.[18] Weitere Berichte wie die von Jean Rodhain, Generalsekretär des französischen Hilfswerks *Secours catholique*, an Generalgouverneur Paul Delouvrier bestätigten diese äußerst bedrohliche Lage für große Teile der umgesiedelten Bevölkerung.[19] Zusätzlich erschwert wurde deren Situation vor allem durch den Umstand, dass das Französische Rote Kreuz humanitäre Hilfe nicht gemäß der Rot-Kreuz-Prinzipien überparteilich und neutral für alle algerischen Bevölkerungsgruppen gleichermaßen leistete, sondern sich selektiv auf die Unterstützung der französischen Siedlerinnen und Siedler und der Armee konzentrierte. Die umgesiedelte algerische Landbevölkerung verdächtigte man kollektiv der Kollaboration mit der FLN und entsprechend wollte man ihr keine Hilfsleistungen zuteilwerden lassen.[20] Da es sich beim Algerienkrieg nach französischer Lesart um eine innere Angelegenheit Frankreichs handelte, war es internationalen Hilfsorganisation wie zum Beispiel Oxfam und dem IKRK wiederum nur sehr bedingt und unter erschwerten Bedingungen möglich, humanitäre Hilfe für die Bevölkerung in den algerischen Umsiedlungslagern zu leisten.[21]

17 Michel Rocard: Note sur les centres de regroupement, 17.2.1959. In: ders., Rapport (wie Anm. 14), S. 103–153, hier S. 120.

18 Ebd., S. 153.

19 Jean Rodhain: Les refugiés en Algérie. Résultats d'une enquête sur place 19 Mars–2 Avril 1959, CAOM, 81 F107. Zu Hilfsaktionen in den Umsiedlungslagern von verschiedenen französischen christlichen Vereinigungen vgl.: Darcie Fontaine: Decolonising Christianity. Religion and the End of Empire in France and Algeria. Cambridge 2016, S. 148–160.

20 Vgl. hierzu: Jennifer Johnson: The Limits of Humanitarianism. Decolonization, the French Red Cross, and the Algerian War. In: Dirk A. Moses u. a. (Hg.): Decolonisation, Self-Determination, and the Rise of Global Human Rights Politics. Cambridge 2020, S. 79–108, hier: S. 102–106.

21 Le CICR et le conflit Algérien. In: Revue Internationale de la Croix-Rouge, 40 (1958), S. 405–412, hier: S. 409.

Angesichts der brutalen französischen Umsiedlungspolitik und den katastrophalen Verhältnissen in den Lagern, entschloss sich ein großer Teil der algerischen Bevölkerung – in erster Linie Kinder, Frauen und Ältere – zur Flucht in die Nachbarländer Marokko und Tunesien.[22] Beide Staaten hatten ihre nationale Unabhängigkeit von Frankreich erst kürzlich errungen und bildeten somit einen naheliegenden Rückzugsraum, sowohl für die algerische Befreiungsfront als auch für die von Umsiedlung bedrohte Zivilbevölkerung. Die Ursachen für die massive Fluchtbewegung im Algerienkrieg lagen also weniger in den direkten Kampfhandlungen als vielmehr in der französischen Militärstrategie des flächendeckenden „regroupement". Mit der Flucht ergab sich die Möglichkeit, sich dieser Maßnahme der Kolonialmacht zu entziehen.

Nach Angaben des UNHCR befanden sich schließlich im Dezember 1959 schätzungsweise über 110.000 geflohene Algerierinnen und Algerier auf marokkanischem und über 150.000 auf tunesischem Boden, wo sie in improvisierten Flüchtlingslagern jenseits der Grenze Schutz suchten.[23] Die Lebensbedingungen gestalteten sich auch dort aufgrund fehlender Unterbringungsmöglichkeiten, mangelnder medizinischer Versorgung und häufig unzureichender Ernährungslage als äußerst prekär.[24] Zudem befanden sich die Flüchtlinge im Grenzgebiet nicht immer in Sicherheit vor Militärschlägen, wie der Angriff auf den tunesischen Grenzort Sakiet Sidi Youssef am 8. Februar 1958 belegt. Ein französischer Luftschlag gegen vermeintliche Stellungen der algerischen Befreiungsfront hinterließ 130 Verwundete und 70 Todesopfer auf tunesischem Gebiet, darunter zahlreiche geflohene Algerierinnen und Algerier. Die französische Luftwaffe traf bei ihrem Bombardement auch zwei Lastwagen des Roten Kreuzes, die sich zur Versorgung des nahegelegenen Flüchtlingslagers gerade im Einsatz befanden. Als Folge kam es zu einem internationalen Aufschrei der Empörung gegen diesen völkerrechtswidrigen Angriff auf Flüchtlinge und humanitäre Akteure auf dem Staatsgebiet des souveränen Tunesiens. Die ohnehin schon schwierige diplomatische Position Frankreichs in Hinblick

22 Ruthström-Ruin: Europe (wie Anm. 6), S. 81–95; Peter Gatrell: The Making of the Modern Refugee. Oxford 2013, S. 227–229; „Rapport concernant les réfugiés algériens en territoire tunisien" des IKRK-Delegierten Colladon, 17.12.1957, Archives du Comité International de la Croix-Rouge (ACICR), D EUR France1-0924; Schönhagen: Geschichte (wie Anm. 8), S. 168–171.

23 Nach offiziellen Angaben des UNHCR befanden sich im Dezember 1959 110.245 algerische Flüchtlinge in Marokko und 151.903 in Tunesien. Vgl. hierzu: UNHCR: State (wie Anm. 5), S. 41.

24 Für eine Einschätzung der prekären Lage der Flüchtlinge in Marokko und Tunesien vgl. exemplarisch: Report on Mission to Morocco and Tunesia made by A. Rorholt, December 1958, UNHCR Archives, 11/1/247.

auf den brutal geführten Kolonialkrieg in Algerien verschlechterte sich so zusätzlich.[25]

Vor allem aber begann sich nun der internationale Fokus immer stärker auf die algerische Flüchtlingsfrage zu richten. Mit der Flucht über die Grenzen nach Marokko und Tunesien wurde die durch den Krieg ausgelöste humanitäre Katastrophe der algerischen Bevölkerung in die beiden Nachbarländer exportiert und gleichzeitig auf die Agenda der internationalen Politik gesetzt. Die Folge war eine zunehmende Internationalisierung des Dekolonisierungskriegs in Algerien, was vor allem in Paris Entsetzen auslöste. Dort vertrat die französische Regierung seit November 1954 die strikte Position, dass in seinen algerischen Departements kein Krieg stattfinden würde, sondern es sich lediglich um polizeiliche „Maßnahmen zur Wiederherstellung der Ordnung“ – und somit um eine reine innere Angelegenheit – handeln würde. Mit dieser Argumentation versuchte Paris jede auch nur in Ansätzen bestehende Form der Internationalisierung und damit verbundene Einmischung internationaler Akteure zu verhindern.[26] Entsprechend lehnte die französische Regierung einen Flüchtlingsstatus für die Algerierinnen und Algerier und eine Intervention von Seiten internationaler Akteure wie dem UNHCR und dem IKRK kategorisch ab.[27] Nach französischen Darstellungen handelte es sich bei den in Tunesien und Marokko befindlichen Menschen um eigene Staatsbürgerinnen und Staatsbürger, die dorthin aus Furcht vor der Bedrohung durch die FLN geflohen seien und deren Repatriierung nach Algerien Paris möglichst zügig anstrebe.[28] Der FLN warf man gleichzeitig vor, die humanitäre Notlage dieser Personen gezielt für ihre weltweite Propagandakampagne auszuschlachten. In zahlreichen eigenen Propagandabroschüren bezichtige Paris die FLN wiederum, die algerische Zivilbevölkerung gegen ihren Willen zur Flucht in die Nachbarländer zu zwingen, um da-

[25] Zum Sakiet Sidi Youssef Zwischenfall und seinen internationalen Auswirkungen vgl.: Geoffrey Barei: The Sakiet Sidi Youssef Incident of 1958 in Tunisia and the Anglo-American ‚Good Offices‘ Mission. In: The Journal of North African Studies 17 (2012), S. 355–371; Matthew Connelly: A Diplomatic Revolution. Algeria’s Fight for Independence and the Origins of Post-Cold War Era. New York, Oxford 2002, S. 160–164.

[26] Klose: Menschenrechte (wie Anm. 12), S. 151–154.

[27] Für die Position der französischen Regierung bzgl. der algerischen Flüchtlingsfrage vgl.: „Notice sur l’aide aux ‚réfugies‘ d’Algérie“ des französischen Außenministeriums, ohne Datum, Ministère des Affaires Étrangères, Archives des Affaires Étrangères (MAE), Cabinet du Ministre, Couve de Murville 125.

[28] Ebd., S. 3.; Schreiben von Außenminister Christian Pineau an den IKRK-Präsidenten, 6.2.1958, ACICR, B AG 234 008-003.

durch das Flüchtlingsproblem erst künstlich zu erschaffen und dann wiederum für ihre antifranzösische Propaganda zu instrumentalisieren.[29]

Die algerische Flüchtlingsfrage war tatsächlich ein wichtiger Teil der antikolonialen Propagandakampagne der FLN. Mit Hilfe ihrer Auslandsbüros verfolgte sie weltweit die Strategie, mit gezielten Berichten über schwere Menschenrechtsverletzungen und humanitäre Notlagen in Folge des französischen Vorgehens eine Internationalisierung des Algerienkriegs zu erreichen, Frankreich damit an den Pranger der Weltöffentlichkeit zu stellen und außenpolitisch immer weiter zu isolieren. Bei diesem Kampf um die öffentliche Meinung auf internationaler Bühne – der Historiker Matthew Connelly spricht in diesem Zusammenhang von einer regelrechten „diplomatic revolution" – erzielte die Befreiungsfront beachtliche Erfolge.[30] Neben einer guten Organisationsstruktur und der Unterstützung zahlreicher antikolonialer Staaten lag dies vor allem auch darin begründet, dass die FLN keineswegs humanitäre Notlagen konstruieren und erfinden musste, sondern sich auf tatsächlich existierende wie die der algerischen Flüchtlinge direkt beziehen konnte.

Gerade angesichts der internationalen Aufmerksamkeit für das von den Vereinten Nationen für 1959 ausgerufene *World Refugee Year* thematisierte die Befreiungsfront immer wieder gezielt die französische Kriegsführung und die dadurch ausgelösten Flüchtlingsbewegungen nach Marokko und Tunesien.[31] Neben zahlreichen Propagandabroschüren wandte sich die FLN dabei auch direkt an die Vereinten Nationen, so etwa in einem Memorandum an UN-Generalsekretär Dag Hammarskjöld im April 1959. Darin kritisierte das FLN-Auslandsbüro in New York die gewaltsame Vertreibung von über einer Million Algerierinnen und Algeriern und appellierte erneut an die Weltgemeinschaft, angesichts einer humanitären Katastrophe mit über 300.000 algerischen Flüchtlingen in Tunesien und Marokko nicht tatenlos die Augen zu verschließen.[32] Um ihren Appellen Nachdruck zu verleihen, stellte die FLN – wie einleitend bereits kurz skizziert – die humanitäre Notlage ihrer Landsleute immer wieder gezielt in Analogie zur Situation der ungarischen

29 Vgl. hierzu exemplarisch: Broschüre „Témoignages – Transférés contre leur gré en Tunisie par les rebelles, les habitants d'une mechta, proche de la frontière à s'évader…", November 1957, ACICR, D EUR France1-0924; Broschüre „Comment le FLN fabrique les réfugiés algériens en Tunisie", 1958, ACICR, B AG 234 008-003.

30 Für diese erfolgreiche Propagandakampagne der FLN vgl.: Connelly: Revolution (wie Anm. 25), S. 119–141; Klose: Menschenrechte (wie Anm. 12), S. 256–267.

31 Vgl. hierzu exemplarisch: Propagandaveröffentlichung „Les Réfugiés Algériens – The Algerian Refugees", 1959, CAOM, 81 F528; Algerian Delegation in the Far East, The Problem of Algerian Refugees, Tokio, Juli 1959, CAOM, 81 F530.

32 „Memorandum on the Situation in Algeria" des FLN-Delegierten Chanderli an UN-Generalsekretär Hammarskjöld, 24.4.1959, MAE, Nations unies et organisations internationales (NUOI), Carton 560.

Flüchtlingen von 1956. Dabei forderte sie die internationale Gemeinschaft auf, vor dem Hintergrund einer ähnlichen humanitären Katastrophe nun endlich auch außerhalb europäischer Grenzen tätig zu werden.[33] Mit dieser Argumentation kritisierte die FLN offen existierende Doppelstandards für humanitäres Handeln zu Gunsten von Geflüchteten innerhalb und außerhalb Europas und verwies damit auf eine zentrale Schwachstelle des existierenden internationalen Flüchtlingsschutzes, nämlich seine eurozentrische Ausrichtung und fehlende universelle Gültigkeit.

Die internationale Hilfe für die algerischen Flüchtlinge

Mit der Verabschiedung des „Abkommens über die Rechtsstellung der Flüchtlinge" auf einer Sonderkonferenz in Genf legten die Vereinten Nationen am 28. Juli 1951 das Fundament des internationalen Flüchtlingsrechts.[34] Die Genfer Flüchtlingskonvention definierte den Begriff „Flüchtling" und legte gleichzeitig völkerrechtlich bindende Mindeststandards für die Behandlung dieses Personenkreises fest. Als Kernstück des Abkommens und wichtige Errungenschaft galt das in Artikel 33 festgelegte Non-Refoulement-Gebot, das einen Schutzanspruch für Geflohene vor Zurückweisung und Ausweisung formulierte. Die Bestimmungen der Konvention bezogen sich allerdings gemäß der festgelegten Definition nur auf eine Person, „die infolge von Ereignissen, die vor dem 1. Januar 1951 eingetreten sind, und aus der begründeten Furcht vor Verfolgung wegen ihrer Rasse, Religion, Nationalität, Zugehörigkeit zu einer bestimmten sozialen Gruppe oder wegen ihrer politischen Überzeugung sich außerhalb des Landes befindet, dessen Staatsangehörigkeit sie besitzt".[35] Die Festlegung eines Stichtages bedeutete eine klare zeitliche Einschränkung des Geltungsbereichs. Zudem eröffnete die Konvention Staaten die Option, bei ihrem Beitritt die Verpflichtungen nur in Bezug auf Ereignisse in Europa anzuerkennen, wodurch noch einmal eine limitierende geographische Komponente hinzukam.[36] Die in Genf erzielte Vereinbarung richtete sich somit eindeutig auf die

[33] Vgl exemplarisch: Algerian Delegation in the Far East, The Problem of Algerian Refugees, Tokio, Juli 1959, CAOM, 81 F530. Zur FLN Analogie zwischen der Situation der algerischen und ungarischen Flüchtlinge vgl. auch: Ruthström-Ruin: Europe (wie Anm. 6), S. 187; Young-Sun Hong: Cold War Germany, the Third World, and the Global Humanitarian Regime. Cambridge 2015, S. 135–136.

[34] UNHCR: Abkommen über die Rechtsstellung der Flüchtlinge vom 28. Juli 1951, online zugänglich unter: https://www.unhcr.org/wp-content/uploads/sites/27/2017/03/Genfer_Fluechtlingskonvention_und_New_Yorker_Protokoll.pdf (letzter Zugriff am 08.08.2023).

[35] Artikel 1, A, 2, ebd., S. 2.

[36] Artikel 1, B, 1, ebd., S. 2. Zur eurozentrischen Ausrichtung der Konvention vgl. auch: Laura Madokoro: Eurocentrism and the International Refugee Regime. In: Journal of Modern European

durch den Zweiten Weltkrieg ausgelöste Flüchtlingsproblematik, löste aber nicht die grundsätzliche Frage eines universellen Flüchtlingsschutzes. Der Umgang mit Personen jenseits dieser engen zeitlichen und geographischen Eingrenzung und im Kontext zukünftiger Konflikte, wie sie sich dann zum Beispiel in Ungarn oder in Algerien manifestierten, blieb somit völlig offen.[37] Deren völkerrechtlicher Status und das damit verbundene Mandat für internationale Hilfsorganisationen tätig zu werden, wurden zum Gegenstand politischer Kontroversen und befeuerten nachdrücklich die internationalen Debatten um eine Universalisierung des Flüchtlingsschutzes.

Der stark limitierte Geltungsbereich des internationalen Flüchtlingsrechts hielt zentrale humanitäre Akteure aber keineswegs davon ab, auch zu Gunsten von Personen tätig zu werden, die gemäß dem Abkommen im engen völkerrechtlichen Sinne nicht als Flüchtlinge galten. Vielmehr begannen sie ihre Mandate breit auszulegen, ihre Handlungsspielräume zu erweitern und neue Kooperationen einzugehen. So leistete das IKRK bereits im Zuge des Ungarnaufstandes 1956 substantielle humanitäre Hilfe für die ungarischen Flüchtlinge, wobei es zum ersten Mal eng mit dem UNHCR zusammenarbeitete.[38] Auch im Algerienkrieg war das IKRK seit Kriegsausbruch präsent und versuchte dort, die Standards des humanitären Völkerrechts durchzusetzen.[39] Das Engagement legitimierte man mit dem expliziten Verweis auf den gemeinsamen Artikel 3 der Genfer Konventionen von 1949. Demnach war es einer unparteiischen humanitären Organisation wie dem IKRK erlaubt, in einem bewaffneten Konflikt ohne internationalen Charakter den Konfliktparteien seine Dienste anzubieten.[40] Diese konzentrierten sich zunächst auf Besuche von Rot-Kreuz-Delegierten in verschiedenen französischen Internierungslagern und Gefängnissen in Algerien, um dort die Einhaltung humanitärer Standards gegenüber den Gefangenen zu überprüfen und Verbesserungen der Haftbedingungen anzumahnen. Ab dem Frühjahr 1957 dehnten sich die IKRK-Aktivitäten schließlich angesichts der dramatisch steigenden Flüchtlingszahlen auf Hilfe für die notleidenden

History 20 (2022), S. 34–39; Ulrike Krause: Colonial Roots of the 1951 Refugee Convention and its Effects on the Global Refugee Regime. In: Journal of International Relations and Development 24 (2021), S. 599–626.

37 UNHCR: State (wie Anm. 5), S. 30–31; Schönhagen: Geschichte (wie Anm. 8), S. 83–96.

38 Perret: ICRC (wie Anm. 5), S. 424–426.

39 Klose: Menschenrechte (wie Anm. 12), S. 164–170; François Bugnion: Between Insurgents and Government. The International Committee of the Red Cross's Action in the Algerian War (1954–62). In: The International Review of the Red Cross 93 (2011), S. 707–742.

40 Artikel 3 der Genfer Konventionen von 1949. In: Auswärtiges Amt/Deutsches Rotes Kreuz/Bundesministerium der Verteidigung (Hg.): Dokumente zum Humanitären Völkerrecht/Documents on International Humanitarian Law. Sankt Augustin 2016, S. 170–171; Fabian Klose: The Colonial Testing Ground. The ICRC and the Violent End of Empire. In: Humanity 2 (2011), S. 107–126.

Algerierinnen und Algerier in Tunesien und Marokko aus.[41] Auf Bitte der marokkanischen und tunesischen Regierung begannen die Verantwortlichen in Genf nun groß angelegte Hilfslieferungen zu organisieren und mehrere Missionen nach Nordafrika zu entsenden. Unter Einbeziehung der neu gegründeten nationalen Rothalbmondgesellschaften in beiden Ländern verteilte man dringend benötigte Lebensmittel, Medikamente, Kleidung und Zelte an die Flüchtlinge in den Grenzgebieten. Auf diese Weise versorgte das IKRK die notleidende Bevölkerung mit Hilfsgütern im Gesamtwert von über 3,3 Millionen Schweizer Franken.[42]

Die algerische Flüchtlingsfrage begann nun zusehends zu einem Anliegen der gesamten internationalen Rotkreuz- und Rothalbmondbewegungen zu werden. Auf der 19. Internationalen Rotkreuzkonferenz vom 28. Oktober bis 7. November 1957 in Neu-Delhi unterstützten die versammelten Delegierten nachdrücklich die bisherigen Bemühungen des IKRK und nahmen einstimmig eine entsprechende Resolution zu Gunsten der algerischen Flüchtlinge an. Sie betonten darin die akute Notsituation von Hundertausenden von Menschen – vor allem angesichts des drohenden Winters – und verbanden dies mit einem eindringlichen Appell an die Weltgemeinschaft: „Considers that only an effort of an international and universal nature would be able to meet the immense resources required to give assistance to these hundreds of thousands of human beings, guided by the humanitarian spirit which the associations composing it have so frequently shown during recent similar situations makes an urgent appeal to the world for similar efforts to be made on behalf of the Algerian refugees."[43] Basierend auf dieser Resolution folgte schließlich am 10. Dezember 1957 ein gemeinsamer Aufruf des IKRK-Präsidenten Léopold Boissier und des Präsidenten der Rotkreuzföderation Emil Sandström an alle nationalen Rotkreuzgesellschaften, in dem sie den konkreten Bedarf an Hilfsgütern aufführten und um die Bereitstellung der dringend benötigten Mittel baten.[44] Dieser Appell zu gemeinsamen Anstrengungen verfehlte seine Wirkung nicht

[41] Activité du CICR en Afrique du nord. In: Revue Internationale de la Croix-Rouge 39 (1957), S. 551–553; IKRK, Annual Report 1957. Genf 1958, S. 27–33; Pressemitteilung Nr. 634c, 12.12.1957. In: IKRK, Collection des Communiqués de Presse, Bd. 8. Genf 1957; Pressemitteilung Nr. 686c, 7.10.1959. In: IKRK, Collection des Communiqués de Presse, Bd. 9. Genf 1958–1961; „Rapport concernant les réfugiés algériens en territoire tunisien" des IKRK-Delegierten G. Colladon, 17.12.1957. In: ACICR, D EUR France1-924; Bericht „Relief Action of the International Committee of the Red Cross on behalf of Algerian Refugees in Morocco" des IKRK, März 1958, ACICR, D EUR France1-924; IKRK: The ICRC and the Algerian Conflict. Genf 1962, S. 12–13.

[42] IKRK, ICRC and Algerian Conflict (wie Anm. 41), S. 21–22.

[43] IKRK, Report (wie Anm. 41), S. 31.

[44] „Réfugies Algeriens au Maroc et en Tunisie", Gemeinsamer Appell von IKRK-Präsident Léopold Boissier und dem Präsidenten der Rotkreuzföderation Emil Sandström, 10.12.1957, ACICR, B AG 234 008-003.

und führte letztlich dazu, dass es zu einer Mobilisierung fast der gesamten Rotkreuzbewegung kam. So umfasste eine Spenderliste allein für das Frühjahr 1959 43 nationale Rotkreuz- und Rotehalbmondgesellschaften aus allen Teilen der Welt.[45] Neben den beiden Supermächten USA und Sowjetunion und der Volksrepublik China befanden sich darunter auch das Rote Kreuz aus beiden deutschen Staaten, aus Nord- und Südkorea sowie Nord- und Südvietnam, was die Mobilisierungskraft dieser humanitären Kampagne über alle Grenzen des Kalten Krieges hinweg eindrucksvoll belegt. Zusätzliche Unterstützung kam aus den Reihen verschiedener nationaler Regierungen, Gewerkschaften, Unternehmen, Privatpersonen sowie Nichtregierungsorganisationen wie zum Beispiel Oxfam und Service Civil International.[46]

In der Frage der algerischen Flüchtlinge begann sich – trotz des völkerrechtlich eingeschränkten Flüchtlingsschutzes und entgegen der französischen Bemühungen, eine Internationalisierung der Algerienfrage unter allen Umständen zu verhindern – eine breite internationale humanitäre Phalanx an Hilfe zu formieren. Ein zentrales Element bildete dabei nun auch die intensive Kooperation des IKRK und der Föderation der Rotkreuzgesellschaften mit dem neu gegründeten UN-Flüchtlingshilfswerk. Das UNHCR war zu diesem Zeitpunkt keineswegs eine der führenden humanitären Organisationen, sondern hatte seit seiner Gründung im Dezember 1950 mit strukturellen Problemen sowie personellen und vor allem finanziellen Engpässen zu kämpfen.[47] Zudem schränkte der enge rechtliche Rahmen der Genfer Flüchtlingskonvention das Mandat und somit seine Handlungsmöglichkeiten stark ein. Ein erstes Ausrufezeichen konnte die Organisation bei der Hilfe für die ungarischen Flüchtlinge setzen, wobei es die UN-Flüchtlingskonvention flexibel und sehr pragmatisch interpretierte. Unter Leitung von UN-Hochkommissar August Lindt versuchte das UNHCR ab Mitte der 1950er–Jahre seine Handlungsspielräume zu erweitern und sich auf internationaler Bühne zu emanzipieren. In diesem Zuge begann es sich auch für Personen einzusetzen, die gemäß der engen völkerrechtlichen Definition der Flüchtlingskonvention nicht als Flüchtlinge galten. Auf Basis der sogenannten „good offices"-Formel leistete man nun humanitäre Hilfe für Geflüchtete, wie zum Beispiel im Fall der chinesischen Bürgerkriegsflüchtlin-

[45] Annex Contribution for Refugees in Tunisia and Morocco, 1 February to 30 April 1959, UNHCR Archives, 13/1/31 TUN/MOR/GEN; Marcel Erdmer: League of Red Cross Societies. Relief Action for Algerian Refugees in Tunisia and Morocco, 1959–1962. Final Report. Genf 1963, S. 10.

[46] Annex Contribution for Refugees in Tunisia and Morocco, 1 February to 30 April 1959, UNHCR Archives, 13/1/31 TUN/MOR/GEN.

[47] Gil Loescher: The UNHCR and World Politics. A Perilous Path. Oxford 2001, S. 50–80; dies.: Beyond Charity. International Cooperation and the Global Refugee Crisis. New York, Oxford 1993, S. 55–58.

ge in Honkong, ohne sie formell als Mandatsflüchtlinge anzuerkennen und sich von zu engen rechtlichen Restriktionen von dieser Unterstützung abhalten zu lassen.[48]

Als sich Tunesien im Mai 1957 mit einem Hilfsgesuch direkt an das UN-Flüchtlingshilfswerk wandte, bot sich Lindt die Möglichkeit, den eingeschlagenen Weg fortzusetzen, die UNHCR-Aktivitäten auf den afrikanischen Kontinent auszuweiten und dadurch seine Organisation insgesamt global auszurichten.[49] Um sich ein eigenständiges Bild von der Lage vor Ort zu machen, entsandte er daher Arnold Rorholt, der bereits für die UNHCR-Mission in Österreich tätig gewesen war, nach Nordafrika.[50] In seinem Bericht ging Rorholt ausführlich auf die große Not der dortigen Flüchtlinge ein und kam zu einer eindeutigen Schlussfolgerung: „The Algerian refugees in Morocco and Tunisia represent in numbers nearly the same proportion as the Hungarian refugees in Austria. While the refugees are primitive and frugal, they live in countries that have considerable problems of their own and for which they constitute a political and economic burden.“[51] Somit verglich nun selbst ein Repräsentant einer UN-Organisation die Flüchtlingssituation in Algerien direkt mit dem Fall Ungarn. Die Situation der algerischen Flüchtlinge gestaltete sich demnach aber deutlich schwieriger, da die beiden Aufnahmeländer Marokko und Tunesien aufgrund eigener fehlender Ressourcen nach der erst kürzlich errungenen staatlichen Unabhängigkeit kaum in der Lage waren, für ausreichend Hilfe zu sorgen. Für Rorholt stand daher fest, dass nur durch eine systematische Hilfsoperation internationaler Dimension eine wirkliche Linderung der Not erreichen werden konnte.[52]

Das UNHCR begann daher ab September 1957, sich aktiv für die algerischen Flüchtlinge einzusetzen und erste Hilfsgüter zu sammeln. Da die UN-Organisation zu diesem Zeitpunkt laut ihren Statuten noch keine eigenen Operationen durchführen konnte, war man bei der Umsetzung der Hilfsprogramme vor Ort auf die Zusammenarbeit mit entsprechenden Partnern angewiesen. Das UN-Flüchtlingshilfswerk nahm daher Kontakt zum IKRK und der Föderation der Rotkreuzgesellschaf-

[48] Dies.: UNHCR (wie Anm. 47), S. 81–97; dies.: Charity (wie Anm. 47), S. 71–74; UNHCR: State (wie Anm. 5), S. 18–24; Schönhagen: Geschichte (wie Anm. 8), S. 171–177.

[49] Schreiben von Habib Bourguiba an August Lindt, 31.5.1957, UNHCR Archives, 13/1/31 TUN; Ruthström-Ruin: Europe (wie Anm. 6), S. 154–163 und S. 173; Jérôme B. Elie/Jussi Hanhimäki: UNHCR and Decolonization in Africa. Expansion and Emancipation, 1950s to 1970s. In: Archiv für Sozialgeschichte 48 (2008), S. 53–72, hier: S. 57–58.

[50] Schreiben von August Lindt an Habib Bourguiba, 12.6.1957, UNHCR Archives, 13/1/31 TUN. Zur Rorholt-Mission vgl.: Ruthström-Ruin: Europe (wie Anm. 6), S. 169–173.

[51] Report on Mission to Morocco and Tunisia made by A. Rorholt, December 1958, UNHCR Archives, 11/1/247, S. 9.

[52] Ebd.

ten auf, was letztlich – ähnlich wie bereits im Fall der ungarischen Flüchtlinge – zu einer engen Kooperationen zwischen diesen humanitären Akteuren führte.[53] Bereits im Winter 1957/58 stellte das UNHCR Hilfsgüter im Wert von mehreren hunderttausend Schweizer Franken bereit, die das IKRK und die Föderation in Zusammenarbeit mit tunesischen und marokkanischen Stellen an die Hilfsbedürftigen verteilten. Nachdem schließlich die UN-Generalversammlung per Resolution im Dezember 1958 das offizielle Mandat für die Fortführung und Erweiterung der Maßnahmen in Nordafrika erteilte hatte, bedeutete dies, dass ab dem 1. Februar 1959 eine gemeinsame Hilfsoperation des UNHCR und der Rotkreuzföderation ins Leben gerufen wurde.[54]

In regelmäßigen Konsultationen beriet man sich nun unter Einbeziehung weiterer humanitärer NGOs über die aktuelle Lage und stimmte die notwendigen Schritte ab.[55] Die Arbeitsteilung sah dabei folgendermaßen aus: Während das UNHCR für die diplomatischen Kontakte zu den Regierungen, die Spendenakquise und die Koordinierung der Mittelbeschaffung zuständig war, übernahm die Föderation die operative Verteilung der Hilfsgüter an die Flüchtlinge in Tunesien und Marokko.[56] Der Schwerpunkt der Operation lag auf der Versorgung mit dringend benötigten Lebensmitteln sowie mit Kleidung, Decken und Zelten. Außerdem ging es darum, eine medizinische Grundversorgung bereitzustellen. Zu diesem Zweck baute man in enger Kooperation mit den jeweiligen nationalen Gesellschaften des Roten Halbmonds ein weit verzweigtes Versorgungssystem auf, das schließlich 27 Verteilposten in Marokko und 35 in Tunesien sowie zusätzlich 67 Milchstationen in Marokko und 100 in Tunesien zur Ernährung von Kindern umfasste.[57] Insgesamt ge-

53 Schreiben von August Lindt an John Foster Dulles, 20.9.1957, UNHCR Archives, 13/1/31 TUN; Ruthström-Ruin: Europe (wie Anm. 6), S. 175–177; Interoffice Memorandum „Basic material for answer to U.K. Permanent Delegation's question" von Deputy High Comissioner an J. Conway, 25.2.1960, UNHCR Archives, 13/1/31 TUN/MOR/GEN.

54 „Recommends the United Nations High Commissioner for Refugees to continue his action on behalf of the refugees in Tunisia on a substantial scale and to undertake similar action in Morocco." In: United Nations General Assembly: Resolution 1286 (XIII). Refugees in Morocco and Tunisia, 05.12.1958.

55 Consultative Meeting between Voluntary Agencies Working for Refugees, the League of the Red Cross Societies and the Office of the United Nations High Commissioner for Refugees, Regarding Relief for Refugees from Algeria. Summary Record of the First Meeting, 22.4.1959, UNHCR Archives, 13/1/31 TUN/MOR/GEN.

56 Ebd.; Schreiben von R.T. Schaeffer, League of Red Cross Societies an Warren Pinegar, UNHCR, 27.4.1959, UNHCR Archives, 13/1/31 TUN/MOR/GEN; Schreiben von August Lindt, UNHCR, 5.5.1959, UNHCR Archives 13/1/31, TUN/MOR/GEN.

57 Für Art und Umfang der Hilfsoperation vgl.: Henry Dunning: League of Red Cross Societies. Progress Report for the Month of August on the Algerian Refugee Relief Action in Tunisia and Morocco, 7.9.1959, UNHCR Archives, 13/1/31 TUN/MOR/GEN; Interoffice Memorandum „Basic mate-

lang es bis zum Ende der gemeinsamen Operation im Jahr 1962 Spenden im beachtlichen Umfang von 89.000 Tonnen und im Gesamtwert von 96 Millionen Schweizer Franken aus allen Teilen der Welt zu sammeln, um sie dann zur Hilfe für die notleidende algerische Bevölkerung einzusetzen.[58]

Das UNHCR legte in diesem Zusammenhang größten Wert darauf, die Hilfsoperation in Nordafrika als völlig unpolitisch darzustellen und den rein humanitären Charakter hervorzuheben, wie etwa besonders prominent von UN-Hochkommissar Felix Schnyder bei einer Pressekonferenz anlässlich seines Amtsantritts am 1. Februar 1961.[59] In seiner Erklärung wies Schnyder darauf hin, dass, während in Europa die Schließung der letzten Flüchtlingslager für 1962 unmittelbar bevorstand, sich nun die Aktivitäten des UNHCR zusehends auf Gruppen auf anderen Kontinenten, so etwa auf die algerischen Flüchtlinge in Nordafrika, verlagern würden. In diesem Zusammenhang betonte er ausdrücklich: „Unlike our action in Europe, where we can attempt to solve the refugee problems concerning my Office, here [in North Africa] our intervention is purely to maintain life or health until such time as solutions are found that do not depend on the action of my office, but are in the political field."[60]

Im Fall der algerischen Flüchtlinge kam die internationale Gemeinschaft dieser humanitären Aufgabe in Form einer breiten Front an Hilfsmaßnahmen nach, die durch das UNHCR koordiniert und von der internationalen Rotkreuzbewegung in die Praxis umgesetzt wurde. Diese Kooperation wurde sogar nach dem Ende des Algerienkrieges im Frühjahr 1962 fortgesetzt, als sich die Rotkreuzbewegung und das UNHCR in einer weiteren gemeinsamen Operation um die Versorgung und Rückführung der Flüchtlinge aus Tunesien und Marokko in ein nun unabhängiges Algerien kümmerten.[61] Aus Genfer Perspektive wurde der gemeinsame Einsatz in Nordafrika insgesamt als Erfolg und als geradezu richtungsweisend bewertet. So unterstrich UN-Hochkommissar Schnyder in einer Rede im September 1962 vor dem Exekutivkomitee der Rotkreuzföderation die zentrale Bedeutung der Partnerschaft zwischen UNHCR und der Rotkreuzbewegung im Kontext einer „new refugee

rial for answer to U. K. Permanent Delegation's question" von Deputy High Comissioner an J. Conway, 25.2.1960, UNHCR Archives, 13/1/31 TUN/MOR/GEN; UNHCR (Hg.): L'opération de secours aux réfugiés au Maroc et en Tunisie. Genf 1961; Erdmer: Relief Action (wie Anm. 45), S. 12–21.

58 Erdmer: Relief Action (wie Anm. 45), S. 19–21.

59 Office of the High Commissioner for Refugees, Press Release No. REF/638, 1.2.1961.

60 Felix Schnyder zitiert in: ebd. Vgl. zu dieser Haltung des UNHCR auch: Schreiben von Felix Schnyder, UN-Hochkommissar, an Henrik Beer, Secretary-General of the League of the Red Cross Societies, 15.2.1961, UNHCR Archives, 13/1/31 TUN/MOR/GEN.

61 Brief von UN-Hochkommissar Felix Schnyder an UN-Generalsekretär Sithu U Thant, 5.10.1962, UNHCR Archives, 13/1/31 ALG; UNHCR: State (wie Anm. 5), S. 41–43; Erdmer: Relief Action (wie Anm. 45), S. 22–29; Rahal/White: UNHCR (wie Anm. 6), S. 340–343.

situation in completely different areas of the world."[62] Er betonte vor allem den Erfolg der gemeinsamen Operation zu Gunsten der algerischen Flüchtlinge, bei der es gelungen sei, sowohl humanitäre Hilfe für die Geflohenen in Tunesien und Marokko während des Krieges zu leisten als auch für deren sichere Repatriierung nach Kriegsende zu sorgen. Neben dieser Würdigung des Geleisteten verwies der UN-Hochkommissar aber gleichzeitig auf weitere Flüchtlingssituationen, die im Zuge der Dekolonisation nun auch in anderen Teilen Afrikas entstanden waren und koordiniertes Handeln notwendig machten. Ausführlich erwähnte er in diesem Zusammenhang die dramatische Lage von über 150.000 ruandischen Flüchtlinge aus dem ehemaligen belgischen UN-Treuhandgebiet, die Schutz vor ethnischer Verfolgung in den Nachbarländern Uganda, Tansania, Burundi und dem Kongo gesucht hatten. Auch diese Aufnahmeländer hätten sich unter Berufung auf die „good offices"-Formel nun an seine Organisation gewandt und um Unterstützung für diese Flüchtlinge gebeten. Für Schnyder stand fest, dass gerade in dieser „new refugee situation" außerhalb Europas die neuen Herausforderungen für das internationale Flüchtlingsregime lagen, bei deren Lösung er auf die weitere Kooperation mit der internationalen Rotkreuzbewegung und somit die Fortsetzung des in Nordafrika eingeschlagenen Weges baute.[63] Der Fall der algerischen Flüchtlinge stellte insofern in mehrfacher Hinsicht einen Präzedenzfall für die Neuausrichtung der internationalen Flüchtlingspolitik dar: Zum einem bildete die gemeinsame Operation der internationalen Rotkreuzbewegung und des UNHCR ein Modell für humanitäres Handeln, aus dem man wichtige Lehren für zukünftige Missionen ziehen konnte; zum anderen verdeutlichte die Situation der algerischen Flüchtlinge, dass Vertreibung und Flucht keine europäischen Phänomene der Vergangenheit, sondern im Zuge der Dekolonisation zu einem dauerhaften Weltordnungsproblem wurden, für das anstelle eines eurozentrisch ausgerichteten Flüchtlingsrechts universelle Schutzmechanismen nötig waren.

Fazit

Im Algerienkrieg, einer der blutigsten Episoden der gesamten Dekolonisation, bildeten Vertreibung und Flucht prägende Phänomene. Das sogenannte „regroupement" war ein zentraler strategischer Aspekt der französischen Kriegsführung, der die massive Vertreibung und Zwangsumsiedlung der algerischen Landbevölkerung zur Folge hatte. Um diesen Maßnahmen des Kolonialstaats zu entgehen, flo-

[62] Felix Schnyder, Remarks of UNHCR at the Executive Committee Session of the League of Red Cross Societies in Geneva, 27.9.1962, UNHCR Archives, 13/1/31 ALG.
[63] Ebd.

hen vor allem ab 1957 an die 300.000 Algerierinnen und Algerier über die Grenze nach Tunesien und Marokko. Durch diese Fluchtbewegung wurde die durch den Krieg ausgelöste humanitäre Katastrophe der algerischen Bevölkerung in die beiden Nachbarländer exportiert, wodurch es über die Flüchtlingsfrage zu einer zunehmenden Internationalisierung des französischen Dekolonisierungskriegs kam. So lenkte die algerische Befreiungsfront in ihrer weltweit geführten Propagandakampagne die internationale Aufmerksamkeit auf die humanitäre Notlage der Geflüchteten und platzierte sie erfolgreich auf der Agenda der internationalen Politik. Indem die FLN dabei gezielt Analogien zur Situation der ungarischen Flüchtlinge herstellte, versuchte sie mit dem Vorwurf von existierenden Doppelstandards im Flüchtlingsschutz Druck auf die internationale Gemeinschaft aufzubauen und dadurch letztlich internationale Hilfe zu mobilisieren.

Der Fall der algerischen Flüchtlinge wurde zu einer entscheidenden Zäsur für die Neuausrichtung des internationalen Flüchtlingsschutzes, denn hier begann sich eine breite internationale Front an Hilfsmaßnahmen zu formieren. Zum ersten Mal waren internationale Akteure gemeinsam für Geflohene außerhalb Europas in großem Maßstab tätig. Auch ohne völkerrechtliches Mandat, das aufgrund der limitierten und eurozentrisch ausgerichteten UN-Flüchtlingskonvention von 1951 nicht bestand, mobilisierten die internationale Rotkreuzbewegung und das UNHCR in enger Kooperation weltweite Unterstützung für die algerischen Flüchtlinge. Sie versorgten diese mit umfangreichen Hilfslieferungen bis über das Kriegsende hinaus. Im Algerienfall überholte die humanitäre Praxis den eingeschränkten Rechtsrahmen des internationalen Flüchtlingsschutzes und ebnete somit den Weg für die globale Expansion der Flüchtlingshilfe. Die gemeinsame Hilfsaktion in Nordafrika war richtungsweisend und wurde zu einer Art Lackmustest, wie internationale Organisationen auf zukünftige Herausforderungen einer „new refugee situation", die infolge der Dekolonisation entstanden, reagieren sollten.[64] So arbeiteten das UNHCR und die Rotkreuzföderation unmittelbar nach der gemeinsamen Operation zu Gunsten der algerischen Flüchtlinge in einer ganze Reihe weiterer Flüchtlingssituationen in Afrika eng zusammen, wie 1962 in Togo, von 1962 bis 1964 in der ostkongolesischen Kivuprovinz, von 1962 bis 1963 in Burundi und von 1963 bis 1964 in Tansania.[65]

Gerade für das UNHCR war der Algerienfall prägend für die zukünftige Ausrichtung der eigenen Arbeit. Dieser Einsatz markierte den Beginn einer Transformation und Emanzipation von einem kleinen UN-Gremium hin zur führenden internationalen Organisation im internationalen Flüchtlingsregime der Nachkriegs-

64 Gatrell: Making (wie Anm. 22), S. 227; Ruthström-Ruin: Europe (wie Anm. 6), S. 209–210.

65 Louise W. Holborn: Refugees. A Problem of Our Time. The Work of the United Nations High Commissioner for Refugees, 1951–72, Bd. II. Metuchen 1975, S. 862.

zeit, das nun eine entscheidende Rolle für die Koordination und Durchführung von Flüchtlingshilfe weltweit zu spielen begann. Allein in den zehn Jahren nach dem Ende des Algerienkriegs stellte das UNHCR Hilfsgüter für über eine Million Flüchtlinge in Afrika zur Verfügung und eröffnete Mitte der 1960er-Jahre neue Büros auf dem afrikanischen Kontinent, nachdem antikoloniale Befreiungsbewegungen und neue unabhängige Staaten sich mit Hilfsgesuchen direkt an die UN-Organisation gewandt hatten.[66]

Die Dekolonisation wirkte somit wie ein Katalysator für die globale Expansion des internationalen Flüchtlingsschutzes und forcierte die normative Erweiterung des Flüchtlingsrechts. Mit dem Zusatzprotokoll von 1967 strich man sowohl die zeitliche als auch die geographische Begrenzung der Genfer Flüchtlingskonvention von 1951 und schuf damit zum ersten Mal überhaupt ein universell geltendes Flüchtlingsrecht.[67] Eingeordnet in einen größeren Kontext verdeutlicht dies, welch prägende Kraft der Prozess der Auflösung der europäischen Kolonialreiche nach 1945 hatte und welche tiefgreifenden Spuren er in Bereichen der internationalen Politik wie dem Humanitarismus hinterließ. In anderen Worten: Die Weiterentwicklung von humanitären Praktiken und Institutionen sowie das neue Zusammenspiel verschiedener humanitärer Akteure war ganz wesentlich mit der Dekolonisation verflochten und nachhaltig von ihr geprägt. Entsprechend wichtig ist eine Forschungsperspektive, die beim Thema Flucht und Flüchtlingsschutz eurozentrische Fixiertheit aufbricht und andere Weltregionen dezidiert in den Blick nimmt.[68] Darüber hinaus untermauert gerade der Algerienfall, in dem humanitäre Praxis den stark limitierten Rechtsrahmen des internationalen Flüchtlingsschutzes überholte und letztlich sogar zu seiner Erweiterung beitrug, die Relevanz neuer Forschungsansätze, die Humanitarismus und Menschenrechtsdiskurse nicht getrennt voneinander, sondern in ihrem spannungsgeladenen Wechselverhältnis produktiv analysieren.[69]

66 Für diese signifikante Emanzipation und Expansion des UNHCR im Zuge der Dekolonisation vgl.: UNHCR: State (wie Anm. 5), S. 44–52; Elie/Hanhimäki: UNHCR (wie Anm. 49), S. 58–63.

67 UNHCR: Protokoll über die Rechtsstellung der Flüchtlinge vom 31. Januar 1967, online zugänglich unter: https://www.unhcr.org/wp-content/uploads/sites/27/2017/03/Genfer_Fluechtlingskonvention_und_New_Yorker_Protokoll.pdf (letzter Zugriff am 08.08.2025). Zum Zusatzprotokoll von 1967 vgl. auch den Beitrag von Jakob Schönhagen in diesem Band.

68 Zu dieser Debatte vgl.: Madokoro: Eurocentrism (wie Anm. 36); Krause: Roots (wie Anm. 36).

69 Für diese neue Forschungsperspektive, die Humanitarismus und Menschenrechte in ihrem Wechselverhältnis untersucht vgl.: Michael Geyer: Humanitarianism and Human Rights. A Troubled Rapport. In: Fabian Klose (Hg.): The Emergence of Humanitarian Intervention. Ideas and Practice from the Nineteenth Century to the Present. Cambridge 2016, S. 31–55; Andrew Thompson: Unravelling the Relations between Humanitarianism, Human Rights, and Decolonization. Time for a Radical Rethink? In: ders./Martin Thomas (Hg.): The Oxford Handbook of the End of Empires.

Abstract

Violent decolonization and the humanitarian crises it triggered acted as a catalyst for the internationalization of both debates about and practices of humanitarian assistance in favour of refugees. In the course of the Algerian War (1954–1962), key humanitarian actors such as the International Committee of the Red Cross (ICRC), the International Federation of Red Cross and Red Crescent Societies, and the UN Refugee Agency (UNHCR) began to collaborate closely in order to assist refugees for the first time ever outside of Europe. Despite the very limited international legal framework of the 1951 UN Geneva Refugee Convention, these actors provided humanitarian assistance on a large scale in a joint operation in North Africa. This contribution argues that in the case of the Algerian war, the humanitarian practices of various international actors surpassed the narrow and Eurocentric legal framework of existing refugee law. This development contributed significantly to the expansion and globalization of international refugee protection. The process of decolonization was thus of formative importance for the further development of refugee protection after 1945. More broadly, this illustrates the formative power of the process of the dissolution of European colonial empires after 1945 and the profound traces it left in areas of international politics such as humanitarianism. In other words, the further development of humanitarian practices and institutions, as well as the new interplay between different humanitarian actors, was very much intertwined with decolonization and profoundly shaped by it.

Oxford, New York 2018, S. 453–476; Fabian Klose: Humanitarian Intervention as an Entangled History of Humanitarianism and Human Rights. In: Michael Barnett (Hg.): Humanitarianism and Human Rights. A World of Differences? Cambridge, New York 2020, S. 127–139.

Jakob Schönhagen

Das *New York Protocol* und die Ausweitung der internationalen Flüchtlingspolitik

Blickt man aus einer Vogelperspektive auf die Geschichte der internationalen Flüchtlingspolitik im 20. Jahrhundert, so sind die Befunde geradezu kontraintuitiv: Als nach dem Zweiten Weltkrieg mehr Menschen weltweit flohen als je zuvor, nahm sich die internationale Staatengemeinschaft vor, das Problem ein für alle Mal zu beenden. Die Institutionen, die sie dazu ins Leben riefen, waren also als kurzfristige Projekte angelegt. Die internationale Flüchtlingspolitik sollte sich gewissermaßen selbst abschaffen. Als dann aber knapp zwei Jahrzehnte später immer noch Menschen überall auf der Welt auf der Flucht waren, setzte ein Umdenken ein. Im historischen Längsschnitt flüchteten nun weniger Menschen weltweit als zu irgendeinem anderen Zeitpunkt im 20. Jahrhundert. Und trotzdem schuf die Staatengemeinschaft gerade in jenem Moment eine dauerhafte Weltflüchtlingshilfe. Die internationale Flüchtlingspolitik besaß nun kein Ablaufdatum mehr. Ging es also, als viele Menschen flohen, um ein Ende der Hilfe und, als wenige flohen, um eine Fortsetzung?

Blickt man aber auf die heutige Debatte, wirkt das alles nicht mehr so überraschend. Der Ruf nach Abschottung, Regulierung und einem Ende der Flüchtlingshilfe angesichts großer Flüchtlingszahlen erinnert stark an die Diskussionen der späten 1940er-Jahren. Es ist daher erhellend, zu fragen, wie es um 1960 dazu kam, dass in einem Moment erstaunlicher internationaler Einstimmigkeit beschlossen wurde, dauerhafte und universell gültige Hilfsstrukturen zu schaffen. Dieser Beitrag setzt sich mit dieser Wegmarke der internationalen Flüchtlingshilfe auseinander. Im Zentrum steht dabei das *New York Protocol* – der Schlüsseltext des internationalen Flüchtlingsrechts. Denn erst diese Erweiterung der Genfer Flüchtlingskonvention machte die Konvention von 1951 im Jahr 1967 zu einem tatsächlich dauerhaft und weltweit gültigem Rechtsinstrument. Die Geburtsstunde des Völkerrechts für Flüchtlinge liegt insofern nicht im Jahr 1951, sondern im Jahr 1967. Wie kam es dazu?

Massenhafte Flucht ist eine der zentralen Signaturen des 20. Jahrhunderts, in der die Geschichte von Gewalt, Vertreibung und Diskriminierung verdichtet zum Ausdruck kommt. Im 20. Jahrhundert entstand jedoch auch ein zusammenhängen-

https://doi.org/10.1515/9783111671109-007

des System der grenzübergreifenden Flüchtlingshilfe. Dass sich die Vorstellung durchsetzte, es sei die Aufgabe der Staatengemeinschaft, Geflüchtete zu unterstützen und dafür institutionelle Strukturen aufzubauen, war in der humanitären Politik ein Novum. Nach den Weltkriegen entstanden so mehrere grenzübergreifende Initiativen, um die Situation von Flüchtlingen zu verbessern. Zu den Bedeutsamsten zählte die Gründung des UNHCR im Dezember 1950, der heute größten humanitären Organisationen der Welt.[1] Am 28. Juli 1951 unterschrieben zudem zwölf Staaten im Völkerbundpalast das Abkommen über die Rechtstellung der Flüchtlinge, die Genfer Flüchtlingskonvention (GFK). Bis heute sind ihr 149 Staaten beigetreten, sie bildet den Kern des internationalen Flüchtlingsschutzes.[2]

Aus dieser Perspektive drängt sich der Eindruck auf, Konvention und UNHCR seien eine simple Reaktion oder gar moralische Antwort auf die Verwerfungen der ersten Jahrhunderthälfte gewesen. Die Genese war aber komplizierter. Denn bis in die 1950er-Jahre verstand die Staatengemeinschaft massenhafte Fluchtprozesse als eine Art Ausnahmeerscheinung, als transitorisches Phänomen, das überwiegend Europa betraf – und nicht als dauerhaftes und globales Strukturproblem der internationalen Beziehungen, das einer institutionalisierten Regelung bedurfte. Ein globaler, fortbestehender Handlungszusammenhang und damit die Grundstrukturen der Flüchtlingspolitik, wie wir sie bis heute kennen, entstanden erst stufenweise bis 1970.[3] Ein entscheidender Schritt dieses Prozesses war das *New York Protocol* von 1967.

Denn die Staatengemeinschaft hatte das Kommissariat und die Konvention entsprechend der eben angedeuteten Wahrnehmung ursprünglich geschaffen, um dem akuten Problem der „Displaced Persons“ (DPs) in Europa Herr zu werden. Deshalb hatten die Verfasserstaaten die Konvention in erster Linie für Flüchtlinge verfasst, die vor 1951 geflohen waren – sie war als Aufräumarbeit für ein Nachkriegsproblem konzipiert. Zudem konnte sie von den unterzeichnenden Staaten auf

[1] Vgl. Homepage des UNHCR: Online zugänglich unter: https://www.unhcr.org/history-of-unhcr.html (zuletzt aufgerufen am 10.9.2021).

[2] Vgl. Andreas Zimmermann (Hg.): The 1951 Convention Relating to the Status of Refugees and its 1967 Protocol. A Commentary. Oxford 2011; Guy Goodwin-Gill: The Refugee in International Law. New York 1983; UNHCR/Paul Weis (Hg.): The Refugees Convention, 1951. The Travaux Préparatoires Analysed: Travaux Preperatoires. Genf/Cambridge 1990/1995; Alex Takkenberg/Christopher Tahbaz (Hg.): The Collected Travaux Préparatoires of the 1951 Geneva Convention Relating to the Status of Refugees. Amsterdam 1989; James Hathaway: The Rights of Refugees under international Law. New York 2021; Cathryn Costello/Michelle Foster/Jane McAdam (Hg.): The Oxford Handbook of International Refugee Law. Oxford/New York 2021; Phil Orchard: A Right to Flee. Refugees, States and the Construction of International Cooperation. Cambridge 2014.

[3] Vgl. Jakob Schönhagen: Geschichte der internationalen Flüchtlingspolitik 1945–1975. Göttingen 2023.

Flüchtlinge in Europa begrenzt werden. Es ging also mitnichten darum, dauerhafte und weltweite Strukturen zu etablieren. Erst das sogenannte *New York Protocol* hob 1967 die geografischen und zeitlichen Beschränkungen der Konvention auf, und in diesem Zuge wurde das Kommissariat seit 1960 zur weltweit wichtigsten Hilfsorganisation.

Die Etablierung eines neuen Politikfeldes

Die Ursprünge der internationalen Flüchtlingshilfe liegen in der Zeit nach dem Ersten Weltkrieg, als allein in Europa etwa 13 Millionen Menschen auf der Flucht waren und Flucht zu einem zentralen Thema der internationalen Politik wurde. Der Völkerbund schuf in der Zwischenkriegszeit sieben Organisationen für Flüchtlinge und etablierte dadurch ein neues Politikfeld. Diese Lösungsansätze besaßen eine zum Teil beachtliche Reichweite, blieben aber auf Einzelmaßnahmen und weitgehend auf Europa beschränkt.[4]

Die internationale Flüchtlingspolitik war insofern keine Erfindung der Nachkriegszeit, sie erhielt hier aber einen entscheidenden Schub. Die Fluchtbewegungen während des Zweiten Weltkriegs und danach übertrafen alle bis dahin gekannten Dimensionen, weltweit flohen mindestens 175 Millionen Menschen, knapp 8 Prozent der Weltbevölkerung. Nie gab es im Verhältnis zur Bevölkerungszahl der Erde mehr Flüchtlinge. Daraufhin schuf die Staatengemeinschaft zwei Organisationen: 1943 zunächst die *United Reliefs and Rehabilitation Administration* (UNRRA) und 1946 an deren Stelle die *International Refugee Organization* (IRO). Gemeinsam mit den alliierten Streitkräften repatriierte die UNRRA bis 1946 13 Millionen Menschen in Europa und im pazifischen Raum. Als sich dann aber in Europa immer mehr Geflüchtete weigerten, in die osteuropäischen Länder heimzukehren, schuf die UNO die IRO zur Neuansiedlung der Flüchtlinge in Drittstaaten. Sie siedelte bis 1952 1,2 Millionen DPs in 25 Staaten an. Die dafür aufgewendeten Mittel waren enorm: Das Budget der IRO umfasste 430 Millionen Dollar – vier Mal so viel wie das der gesamten UNO zusammengenommen.[5]

4 Vgl. Claudena Skran: Refugees in Interwar Europe. The Emergence of a Regime. New York 1995; Tommie Sjöberg: The Powers and the Persecuted. The Refugee Problem and the IGCR (1938–1947). Lund 1991; Bruno Cabanes: The Great War and the Origins of Humanitarianism. 1918–1924. Cambridge 2014; Michael Marrus: Die Unerwünschten, Europäische Flüchtlinge im 20. Jahrhundert. Hamburg 1999; Peter Gatrell: A whole Empire Walking. Refugees in Russia During World War I. Bloomington 1999; John Hope Simpson: The Refugee Problem: Report of a Survey. New York 1939.

5 Vgl. Daniel Cohen: In War's Wake. Europe's Displaced Persons in the Postwar Order. New York 2012; Ben Shephard: The Long Road Home. The Aftermath of the Second World War. New York 2012; Wolfgang Jacobmeyer: Vom Zwangsarbeiter zum heimatlosen Ausländer. Die Displaced Per-

Die flüchtlingspolitischen Hilfsprogramme waren Teil des internationalen Aufschwungs der Nachkriegsjahre, als die Alliierten die Vereinten Nationen und ihre Sonderorganisationen gründeten, um eine stabile und sichere Friedensordnung zu begründen.[6] Das übergreifende Ziel der Friedenssicherung verlieh den Planungen für eine stabile Nachkriegsordnung einen visionären, heute fast utopisch anmutenden Charakter.[7] Die Nachkriegsplaner strebten eine Welt ohne Krieg, Krankheit, Hunger und Armut an – und eben auch ohne Flüchtlinge.[8] In dieser Phase gingen bis auf wenige Ausnahmen alle Regierungen von der Vorstellung davon aus, dass es sich bei den Flüchtlingskrisen um präzedenzlose Folgen des Zweiten Weltkriegs handelte. Deshalb wurde ad hoc auf die unterschiedlichen Krisen reagiert. Gerade weil nicht alle Fluchtsituationen als Ausdruck derselben Problematik verstanden wurden, konnten die Akteure annehmen, die einzelnen Situationen „rational und final" lösen zu können. Insofern ergab es aus Sicht der Handelnden nur Sinn, keine dauerhaften, globalen Institutionen zu schaffen.[9]

Doch der internationale humanitäre Aufschwung blieb ein Intermezzo und der Traum von einer effektiven Weltregierung durch die UNO unerfüllt. Bereits seit 1946 fuhren die größten Geldgeber ihr Engagement massiv zurück, insbesondere dort, wo die Sowjetunion beteiligt war. In Washington und London forderten die Parlamente, den Bereich der Nothilfe fortan an die für die Not verantwortlichen Staaten zu übergeben. Die internationale Zusammenarbeit nach dem Krieg hatte somit eine kurze Halbwertszeit.[10] Für die Flüchtlingshilfe traf das noch stärker zu: Nach einer kurzen Ausweitung kürzte die Staatengemeinschaft sie nahezu komplett. Nach den ausgreifenden Programmen der UNRRA und IRO unterstützten den 1950 gegründeten UNHCR nur ein paar europäische Staaten. Der Etat betrug nur 300.000 Dollar, weniger als ein Hundertstel des IRO-Budgets. Das Kommissariat durfte vorerst keine Hilfsarbeit leisten. Die parallel formulierte Flüchtlingskonvention war eng gefasst und wurde kaum beachtet. Zusammen sollten sie sicherstellen,

sons in Westdeutschland. Göttingen 1985; Marc Wyman: DPs. Europe's Displaced Persons 1945–1951. New York 1989; Kim Salomon: Refugees in the Cold War. Lund 1991; Matthew Frank: Making Minorities History. Population Transfers in Twentieth-Century Europe. Oxford 2017; Gil Loescher: The UNHCR and World Politics. A Perilous Path. New York 2001.

6 Vgl. Mark Mazower: Die Welt Regieren. Eine Idee und ihre Geschichte von 1815 bis heute. München 2013; Thomas Zimmer: Welt ohne Krankheit. Geschichte der internationalen Gesundheitspolitik 1940–1970. Göttingen 2017.

7 Vgl. Jan Eckel: Weltsteuerung aus dem Geist der Sicherheit, in: 51 Grad. Magazin der Stiftung Mercator, Vol. 9/2 (2016), S. 12–15.

8 Vgl. Mark Mazower/Jessica Reinisch/David Feldman: Postwar Reconstruction in Europe: International Perspectives, 1945–1949. Oxford 2011.

9 Vgl. Schönhagen: Flüchtlingspolitik, S. 45–97 (wie Anm. 3).

10 Vgl. FRUS, 1947, Vol. III, Dok. 136, 27.5.1947; Shephard: Road, S. 229 (wie Anm. 5).

dass die letzten verbliebenen DPs versorgt würden. Und dann aufgelöst werden. Eine letzte Aufräumarbeit für das einmalige, präzedenzlose Problem der Weltkriegsflüchtlinge.[11]

Die strategische Festlegung auf den Schutz von fliehenden Personen in Europa indessen prägte fortan das öffentliche Bild des Flüchtlings tiefgehend. Nach 1950 konnte man im Westen leicht vermuten, dass „richtige" Flüchtlinge nur die waren, die vor dem Kommunismus und in Europa flohen. Der Direktor des Lutheran Immigration Service beschrieb die vorherrschende Auffassung in einer Kongress-Anhörung 1961 so: „Der Durchschnittsamerikaner hat nach 1945 gelernt, Flüchtlinge als synonym mit Europäern zu verstehen. Für ihn sind Flüchtlinge eine Sache der Vergangenheit."[12]

1960 – Verstetigung, Universalisierung und das *New York Protocol*

In den Jahren nach 1960 waren vergleichsweise wenige Menschen weltweit auf der Flucht. Der UNHCR zählte knapp zwei Millionen Flüchtlinge, weiter gefasste Statistiken rund zehn Millionen. Der Kalte Krieg zäunte Menschen im wahrsten Sinne des Wortes ein. Der Eiserne Vorhang in Europa und der sogenannte Bambusvorhang in Asien verhinderten große Fluchtbewegungen. [13] Flüchtlinge stellten um 1960 daher selten ein vordringliches Problem der internationalen Beziehung dar.[14] Die Ungarnflüchtlinge 1956 waren die Ausnahme, die diese Regel bestätigte.[15] Aber gerade diese Position in der zweiten Reihe der Weltpolitik erwies sich als Grundbedingung für die Ausdehnung der Flüchtlingshilfe: Die Verstetigung und Ausweitung des UNHCR und der Flüchtlingskonvention erfolgten im Schatten der großen Politik.

Dies war auch der Grund, warum die internationale Staatengemeinschaft den algerischen Flüchtlingen während des Dekolonisationskriegs in Algerien lange keine große Beachtung schenkte – und das, obwohl der Algerienkrieg (1954–1962) in Afrika die größte und längste Flüchtlingskrise der 1950er-Jahre auslöste. Der siebenjährige Konflikt kostete 24.000 französischen Soldaten und 2.788 europäischen Siedlern das Leben. Die algerische Seite verzeichnete 143.000 gefallene Soldaten

[11] Vgl. Schönhagen, Flüchtlingspolitik, S. 45–97 (wie Anm. 3).

[12] Congr. Rec., World Refugee Problems, 12.–14.7.1961.

[13] Den besten Überblick bieten die zeitgenössischen Statistiken des UNHCR oder Peter Gatrell: The Making of the Modern Refugee. New York 2013, S. 3.

[14] Die Jahresberichte des US Committee for Refugees liegen im UNHCR-Archiv und in der LOC.

[15] Vgl. Loescher, UNHCR, S. 82–89 (wie Anm. 5); Carl Bon Tempo: Americans at the Gate. The US and Refugees during the Cold War. Princeton 2008, S. 60–86; Stephen Porter: Benevolent Empire. US, Humanitarianism and the World's Dispossessed. Pennsylvania 2017.

und insgesamt zwischen 250.000 und 500.000 zivile Todesopfer. Darüber hinaus wurden 70.000 bis 150.000 algerische Gehilfen der französischen Armee (Harkis) nach 1962 vom algerischen Militär ermordet.[16] Bei Kriegsende flohen etwa 1,5 Millionen ehemalige Siedler innerhalb kurzer Zeit nach Frankreich. Der Algerienkrieg war der längste, kostenreichste und mörderischste Dekolonisationskrieg der französischen Geschichte. Dass der Krieg innerhalb Algeriens 1,5 Millionen Menschen entwurzelte und dass in der Folge 300.000 Algerier nach Tunesien und Marokko flohen, ist viel weniger bekannt. Doch gerade die Debatten um die algerischen Flüchtlinge verschoben bald den Diskurs über Geflüchtete und die Praxis der Flüchtlingshilfe.

Für die westliche Staatengemeinschaft stellten die nordafrikanischen Flüchtlinge ein heikles Terrain da. Sie zu unterstützen, hieß, den Bündnispartner Frankreich zu verprellen. Gleichzeitig aber erhoben nun immer mehr der neuen afrikanischen Staaten in der UNO, die hier bald über eine Mehrheit verfügten, ihre Stimme gegen die Untätigkeit der Staatengemeinschaft. Der Vorwurf wurde laut, das Weltforum helfe nur europäischen Flüchtlingen. Auch für die USA stieg somit der Druck, sich in der Flüchtlingshilfe in Nordafrika zu engagieren. Doch für die Eisenhower-Regierung was es undenkbar, dort etwa mit eigenen Institutionen tätig zu werden. Deshalb drängte das Kabinett auf eine internationale Organisation, und wählte dazu nun den UNHCR, den man bisher nur in Ungarn unterstützt hatte und kurz zuvor noch hatte auflösen wollen. Das Flüchtlings-Kommissariat seinerseits bekundete sein Interesse, in Afrika tätig zu werden, um so sein Mandat zu erweitern. Im Juni 1957 verkündete Hochkommissar August Lindt, dass er „die algerischen Flüchtlinge nicht ignorieren werde" und er keineswegs bloß ein „Hochkommissar für europäische Flüchtlinge" sei.[17]

Tatsächlich setzte die UN-Generalversammlung im Dezember 1957 den UNHCR in Nordafrika ein. Dazu nutzte sie einen Kniff, denn eigentlich durfte der UNHCR ja keine Flüchtlinge betreuen, die nach 1951 geflohen waren. Die Funktion der sogenannten „Guten Dienste" ermöglichten es dem Kommissariat nun aber, auch für Flüchtlinge, die nicht unter sein Mandat fielen, Hilfsprogramme einzuleiten. Auf dieser Grundlage stellte die Organisation die größte und längste Hilfsaktion seiner bisherigen Existenz auf die Beine. Knapp sechs Jahre lang legte der UNHCR nun in Marokko und Tunesien ein Hilfsprogramm auf, durch das über eine Viertelmillion Menschen unterstützt wurden. Allerdings koordinierte das Flüchtlings-Kommissariat diese Arbeit nur, da es mit seiner geringen Personalausstattung von weniger als einhundert Beschäftigten gar nicht die Kapazitäten gehabt hätte, die Aktion

16 Vgl. Fabian Klose: Menschenrechte im Schatten kolonialer Gewalt. Die Dekolonisierungskriege in Kenia und Algerien 1945–1962. München 2009.

17 USNA I, RG 59, 320, 42/6 S57, 5.6.1957

selbst durchzuführen. Die Hilfsmittel vor Ort verteilte deshalb das Rote Kreuz. Mit Kosten von rund 6 Millionen US-Dollar pro Jahr war das Programm weitaus kostengünstiger als die teuren Hilfsaktionen zuvor auf dem europäischen Kontinent. Auch die Rückführung der Flüchtlinge nach dem Ende des Krieges koordinierte der UNHCR, die insgesamt knapp 200.000 Algeriern half, in ihrem Heimatland wieder Fuß zu fassen.[18]

Erst diese umfassende Hilfsaktion veränderte die Wahrnehmung des Flüchtlingsproblems in der Staatengemeinschaft, weil immer deutlicher geworden war, dass Flucht und Vertreibung nicht auf Europa und die Folgen des Zweiten Weltkriegs begrenzt waren. Hierbei kam, wie es zeitgenössisch hieß, das „alte Flüchtlingsproblem", das DP-Problem in Europa, zu seinem Ende. Es erschien nun dringlich, die „neuen Flüchtlingsprobleme" außerhalb Europas anzugehen. Das Weltflüchtlingsjahr der Vereinten Nationen 1959 – eine große Öffentlichkeitskampagne zur Sensibilisierung für das Thema – war dabei von großer Bedeutung.[19] Während der einjährigen Aktion sammelten NGOs Informationen und schufen so Wissen über unterschiedlichste Flüchtlingskrisen. Diese fassten sie unter dem Sammelbegriff des „Weltflüchtlingsproblems" und deuteten sie als Ausdruck einer grundlegenden, strukturellen Problematik. Der Begriff war zuvor nur sporadisch benutzt worden, wurde aber nun zum Angelpunkt der wissenschaftlichen und politischen Analysen von Fluchtbewegungen. Flucht wurde damit in den Debatten über Weltprobleme zu einem der großen Themen wie Hunger oder Energieversorgung. Experten sprachen nun vom „Zeitalter" oder „Jahrhundert" der Flüchtlinge.[20] Dabei wuchs die Überzeugung, dass eine umfassende Organisation um Umgang mit diesem strukturellen Problem der internationalen Beziehungen ebenso nötig sei wie eine gewisse Flexibilität im Umgang mit den Krisen.

Am Anfang der 1960er-Jahre entschieden sich die UNO-Staaten dann dazu, den UNHCR zu einer solchen Organisation umzubauen. Hochkommissar Felix Schnyder benutzte fortan, die Funktion der „Guten Dienste", um seine Aktion in immer mehr Notsituationen als Hilfsorganisation einsetzen zu können, vor allem in Afrika, immer wieder aber auch in Asien. Er richtete den UNHCR neu aus, verstetigte die Organisation und weitete ihren Handlungsrahmen geographisch auf die ganze Welt aus. Dabei veränderte Schnyder die politische Grundausrichtung des Flüchtlingskommissariats: Während die Organisation zuvor in Europa als dezidiert westliche

[18] Vgl. Cecilia Ruthström-Ruin: Beyond Europe. The Globalization of Refugee Aid. Lund 1990.

[19] Vgl. Peter Gatrell: Free World? The Campaign to save the World's refugees, 1956–1963. Cambridge 2011.

[20] Vgl. Robert Kee: Refugee World. London 1961; Elfan Rees: Jahrhundert des Heimatlosen. Die Geschichte der Flüchtlinge in unseren Tagen. Stuttgart 1959.

Institution agiert hatte, die vor dem Kommunismus Geflüchtete versorgte, betonte Schnyder nun den „unpolitischen Charakter" des UNHCR.

Noch stärker griff dann sein Nachfolger, der vierte Hochkommissar Sadruddin Aga Khan, auf diese humanitäre und politisch neutrale Rhetorik zurück. Im Jahr 1966 beschrieb er, dass die neuen Mechanismen es der Organisation ermöglichen, „sich mit Flüchtlingsproblemen zu befassen, ohne eine formelle Entscheidung über die Ursachen zu treffen [...] was den rein unpolitischen Charakter" der Flüchtlingshilfe unterstreiche. So könne der UNHCR „neutral" agieren, ohne sich in den internationalen Beziehungen angreifbar zu machen. Die Neuausrichtung kreiste um drei Begriffe: „schnell", „dynamisch" und „flexibel" – so sollte der UNHCR agieren, um zu einer Organisation zu werden, bei der die Gesamtheit aller Hilfsaktionen für Geflüchtete zusammenlief. Der UNHCR sollte „pragmatisch" als „Katalysator" dienen, „schnell" vor Ort sein, die „Bedürfnisse" einschätzen und dann die Arbeit der Hilfsverbände koordinieren. Das rückte die Nothilfe vor Ort in den Vordergrund.[21] In Sadruddins Worten sollte der UNHCR „das Öl werden, das die gesamte internationale Hilfsmaschinerie am Laufen hält." Aus einer rechtlichen Schutzinstitution wurde so eine reine Hilfsorganisation.[22]

Mit der Neuausrichtung des UNHCR begann auch eine Überarbeitung der Genfer Flüchtlingskonvention. Bereits am Ende der 1950er-Jahre hatten mehrere Rechtsexperten angemerkt, dass die algerischen Flüchtlinge gemäß der Konvention gar nicht als Flüchtlinge anerkannt werden konnten. Doch als Hochkommissar Schnyder den UNHCR danach neu aufstellte, geriet die Forderung nach einer Überarbeitung der Konvention erneut in den Hintergrund. Das passte zum neuen Charakter, den Schnyder für seine Institution vorgesehen hatte – das Kommissariat sollte schließlich eine humanitäre Not- und keine rechtliche Schutzorganisation sein.[23]

Die Reforminitiativen wurden erst wieder aufgegriffen, als die Organisation für Afrikanische Einheit (OAU) im Jahr 1964 vorschlug, eine eigene Konvention zu verfassen. Im Jahr 1963 hatten 32 Staaten die OAU gegründet, um die Kooperation afrikanischer Staaten besser zu koordinieren, die Souveränität der einzelnen Länder zu schützen und die letzten Überreste des Kolonialismus in Afrika zu beseitigen. Es ging um grundlegende Rechtsfragen, wirtschaftliche Kooperationen und

[21] UNHCR Archiv: Fonds 10c, Box 3, Schneider Statements: ORUN, Third Committee, 16th Session, 1117th Meeting, 28.11.1961, 18th Session, 1270th Meeting, 21.11.1963; 20th Session, 1359th Meeting, 29.11.1965; ECOOSOC, 36th Session, 1296th Meeting, 25.07.1963; 1389rd Meeting, 21.07.1965; RAD, Holborn Papers, Box 17, Interviews Geneva, 24.09.1963.

[22] Zitiert nach RAD, Holborn Papers, Box 7, Sadruddin Aga Khan, Cooperation, April 1966.

[23] Vgl. RAD, Holborn Papers, Box 9, Mappen Interviews, Schnyder, Tape Geneva, April 1969; ebd., Box 11, Mappe UNHCR speeches, Schnyder, 1962–65.

die Wahrung des Friedens.[24] Da in Afrika in den 1960er-Jahren Hundertausende Menschen flohen, wurde die Flüchtlingsfrage zu einem brennenden Thema, in keiner anderen Weltregion war das Problem akuter. Die Vorwürfe der OAU waren deshalb an Schärfe kaum zu übertreffen, entsprachen aber den Tatsachen: Dem internationalen Recht entsprechend konnten Flüchtlinge aus oder in Afrika eigentlich gar nicht existieren.[25]

Dass sich nun ein Akteur aus der damals sogenannten „Dritten Welt" in der Flüchtlingsfrage zu Wort meldete, war etwas grundlegend Neues. Zuvor war kaum mit Staaten wie Indien, Pakistan oder Tunesien und Marokko verhandelt worden, sondern höchstens über sie. Doch durch die Dekolonisation veränderte sich die Zusammensetzung der internationalen Staatengemeinschaft, insbesondere der UNO fundamental – auch wenn sich dadurch an den machtpolitischen Strukturen und der wirtschaftlichen Kraft vorerst wenig änderte. Was in Algerien seinen Beginn genommen hatte, gewann nun für die Flüchtlingshilfe einen fundamentalen Einfluss:

Die Entkolonialisierung löste eine Zeitenwende aus. Umfassten die Vereinten Nationen bei der Gründung gerade einmal 51 Staaten, waren es 1957 bereits 82, zwei Jahrzehnte später dann 117. Jede Unabhängigkeitserklärung bedeutete einen Demokratisierungsschub, auch für das Weltforum selbst. Die Dekolonisation revolutionierte die Weltpolitik, weil sie die Machtverhältnisse innerhalb der Vereinten Nationen ins Wanken brachte. Das verschob die Grenzen des politisch Vorstellbaren innerhalb weniger Jahre ganz grundlegend. 1964 stammte über die Hälfte der 119 UN-Staaten aus Afrika und Asien. Der UN-Wirtschafts- und Sozialrat wuchs von 18 Mitgliedern 1945 auf 54 im Jahr 1971. Die UNO wurde globaler, repräsentativer und demokratischer.[26]

Die afrikanisch-asiatischen Länder stellten fortan die Mehrheit in der Weltorganisation. Bereits um 1960 begannen postkoloniale Staaten erfolgreich Allianzen zu schmieden. Die afrikanische Gruppe koordinierte zum Beispiel ihr Abstimmungsverhalten in der Generalversammlung. Die afrikanisch-asiatisch-arabischen Länder bildeten somit einen Block, der die Dominanz der westlichen Staaten bedrohte, eine große Verhandlungsmacht erlangte und zahlreiche Fortschritte in normativen Erklärungen von hohem symbolischem Wert erwirkte: Zu zwei markanten

[24] Vgl. Assa Okoth: A History of Africa, Vol. 2. African Nationalism and the De-Colonization Process. Nairobi/Kampala/Dar es Salam 2006.

[25] Vgl. Jakob Schönhagen: Addis Ababa, 1969: The Convention on the Specific Aspects of Refugee Problems in Africa. In: Fabian Klose u. a. (Hg.): Online Atlas on the History of Humanitarianism and Human Rights, April 2019. Online zugänglich unter: hhr-atlas.ieg-mainz.de/articles/schoenhagen-addis-ababa (zuletzt aufgerufen am 21.09.2021).

[26] Vgl. Mazower: Regieren, S. 244–273; Zimmer: Weltgesundheit.

Referenzpunkten wurden die Erklärung der UN-Vollversammlungen über die Gewährung der Unabhängigkeit an koloniale Länder und Völker von 1960 und die Konvention zur Beseitigung jeder Form von Rassendiskriminierung von 1965. Die Allianz der postkolonialen Staaten wurde dabei zu einem neuen dritten Block in der UNO. Dieser verhinderte, dass die beiden Großmächte die Vereinten Nationen uneingeschränkt für ihre Zwecke im Kalten Krieg vereinnahmen konnten. Mitunter erwirkte die Dekolonisation auch eine afrikanisch-arabisch-asiatische Vorherrschaft in der UNO. Diese Dominanz blieb freilich niemals unangefochten. Doch die neuen Mehrheitsverhältnisse erlaubten es der UN-Generalversammlung manchmal, den Vorrechten des Sicherheitsrats Kontra zu bieten. Hier hatte jeder Staat ungeachtet seiner Bevölkerungsgröße und seiner wirtschaftlichen oder militärischen Macht nur eine Stimme. Das schwächte die Durchsetzungskraft der Großmächte und setzte bisweilen die herkömmlichen Machthierarchien wirksam außer Kraft: „Die kleine Welt am East River, sie war, machtpolitisch betrachtet, eine verkehrte Welt.“[27]

Vor diesem Hintergrund setzte in den 1960er-Jahren auch auf dem afrikanischen, amerikanischen und asiatischen Kontinent ein intensives Nachdenken über Flüchtlinge ein. Gleich zwei Abteilungen der Organisation für Amerikanische Staaten (OAS) diskutierten über Flüchtlingsfragen: Die *Inter-American Commission on Human Rights* und das *Juridical Committee* hatten während der IRO-Zeit beschlossen, keine eigenständige Abteilung und keine eigenen Regeln für den Umgang mit Geflüchteten zu schaffen.[28] In Kanada, den USA, Bolivien, Chile, Argentinien, Kolumbien, Costa Rica, Ecuador, Panama, Paraguay, Venezuela und Brasilien waren in den 1950er Jahren aber insgesamt 12 OAS-Mitgliedsstaaten dem Intergouvernementalen Komitee für europäische Migration (ICEM) beigetreten und hatten Hundertausende Arbeiterinnen und Arbeiter aus Süd- und Osteuropa aufgenommen. Als dann vermehrt Menschen aus Kuba flohen, stand das Flüchtlingsthema wieder auf der Agenda der OAS: Wer sollte diese Flüchtlinge versorgen? Welche Rechte standen ihnen zu, und wie sollte man generell mit der Thematik umgehen?[29] Die amerikanischen Staaten bemühten sich fortan zwar, die Reisedokumente für Flüchtlinge zu vereinheitlichen und die Zusammenarbeit mit dem UNHCR und dem

[27] Jan Eckel: Die Ambivalenz des Guten. Menschenrechte in der internationalen Politik seit den 1940ern. Göttingen 2014, S. 313; Für diese „Gezeitenwende“ vgl. ebd., S. 291–316; Zimmer: Weltgesundheit, S. 170–176.

[28] Vgl. OAS: Inter American Juridical Committee, Draft Convention on the Nationality and Status of Stateless persons, 1950; ebd., 10th Interamerican Conference, Draft Convention for political asylees, exiles and refugees, Caracas 1954.

[29] Vgl. OAS: Draft report on the political refugees in America, 1.9.1965; ebd., Inter-American Commission on Human Rights, Preliminary study on political refugees in America, 28.9.1964.

ICEM auszubauen. Einen Bedarf für ein eigenes Hilfssystem sah die amerikanische Staatengemeinschaft allerdings erneut nicht. Das hatte vor allem damit zu tun, dass die USA keine Einmischung in die Behandlung der kubanischen Flüchtlinge zuließen.[30]

Auch in Asien gab es nach 1960 Versuche, das Fluchtgeschehen juristisch zu regeln. Im Zuge der Dekolonisation waren auf dem Kontinent in den 1950er-Jahren mehrere regionale Bündnisse entstanden. Einen wichtigen Entwicklungsschub brachte die Konferenz von Bandung 1955, auf der sich mehrere asiatische, arabische und afrikanische Staaten zur Gruppe der sogenannten Bündnisfreien zusammenschlossen. Der Idee nach stellten sie eine dritte Gruppierung neben dem Westen und dem Osten dar, die internationalen Beziehungen wurden damit um einen Akteur reicher. Bald wurde dieser Block auch als Dritte Welt, später als Globaler Süden bezeichnet. Um die Bündnisfreien rechtlich aneinander zu binden, gründeten Burma, Ceylon, Indien, Indonesien, Irak und Syrien im Jahr 1956 das *Asian Legal Consultative Committee* (ALCC), das 1958 um mehrere afrikanische Staaten erweitert wurde.[31]

Im Jahr 1964 trat Ägypten an das ALLC mit der Frage heran, wie es mit palästinensischen Flüchtlingen umzugehen habe. Das Komitee diskutierte das Thema und kam über das Thema der Palästina-Flüchtlinge zu dem Schluss, dass die Flüchtlingsfrage grundsätzlich geregelt werden müsse – vor allem in Asien, wo die Flüchtlingskonvention quasi nicht galt, weil das Gros der asiatischen Staaten ihr nämlich gar nicht beigetreten war.[32] Aus diesem Grund bemühte sich das Komitee fortan, ein eigenes Regelwerk für Flüchtlinge in Asien auszuarbeiten. Diese Anstrengungen mündeten unter Zutun des UNHCR 1966 in den Bangkok Principles, die zunächst aber nur ein Empfehlungstext blieben – erst im Jahr 2000 wurden die Prinzipien in die Tat umgesetzt.[33]

Auch auf dem afrikanischen Kontinent kam es in den 1960er-Jahren zu ersten flüchtlingspolitischen Absprachen. Bereits im Gründungsjahr 1963 beklagten OAU-Mitgliedsstaaten, dass die Flüchtlingsaufnahme sie überfordere und eindeutige

30 Vgl. RAD, Holborn Papers, Box 30, Mappe OAS, Preliminary study on political refugees in America, 14.4.1964; ebd., Jahn, Development in refugee law regional organizations outside Europe, 6.10.1965.

31 Vgl. Asian Legal Consultative Committee (im Folgenden: ALCC), 1st Session in New Delhi, 18.-27.4.1957; 2nd Session in Cairo, 1.-13.10.1958.

32 Vgl. ALCC, 6th Session in Cairo, 24.2.-6.3.1964; 7th Session in Bagdad, 23.3.– 1.4.1965, 8th Session in Bangkok, 8.-17.8.1966. Für Asien vgl. Sara E. Davies: Legitimizing Rejection. International Refugee Law in Southeast Asia. Leiden/Boston 2008.

33 Vgl. B. Sen: Protection of Refugees: Bangkok Principles and after. In: Journal of the Indian Law Institute, Vol. 34 (1992), S. 187–217; AALCO, Bangkok Principles, 31.12.1966, online verfügbar unter: https://www.refworld.org/docid/3de5f2d52.html (zuletzt aufgerufen am 18.8.2020).

Rechtsstrukturen fehlten. Viele afrikanische Staaten deuteten es als Verletzung ihrer Souveränität, wenn Aufnahmeländer ihren Staatsbürgern Asyl gewährten.[34] 1964 setzte die OAU daraufhin eine Flüchtlingskommission mit zehn Aufnahme- und Fluchtländern ein,[35] die Daten zu den Fluchtbewegungen auf dem Kontinent sammeln sollte. Zusätzlich etablierte die OAU eine juristische Kommission, deren Hauptziel die Verfassung einer eigenen afrikanischen Flüchtlingskonvention war. Und um Staaten zu unterstützen, die die Aufnahme überforderte, gründete die OAU 1968 das *Bureau for the Education, Placement and Training of Refugees*.[36] Damit war das Fluchtproblem als eine der zentralen Herausforderungen des Kontinents anerkannt.

Für die OAU wurde die Flüchtlingspolitik zum Prestigeprojekt. In ihrer Sommersitzung 1971 vermeldete sie bereits stolz Erfolg auf der ganzen Linie: In kurzer Zeit sei es gelungen, eine tragfähige Flüchtlingskonvention für Afrika zu formulieren und ein eigenes Hilfsbüro zu gründen. Selbstbewusst vermerkte der Sprecher der Flüchtlingskommission, dass somit ein umfangreiches System der Flüchtlingshilfe entstanden sei: „Innerhalb von 3 Jahren haben wir erreicht, was Europa nicht in 20 geschafft hat."[37] Anhand der Bewältigung des Flüchtlingsproblems glaubte die OAU beweisen zu können, wie tragfähig die afrikanische Einheit war.

Der propagierte Erfolg wurde mit antikolonialer Rhetorik geschmückt: Wie schon in früheren Statements war der Kolonialismus schuld am Heimatverlust und der Flucht von Millionen von Menschen.[38] Für die OAU-Staaten waren Flucht und Vertreibung die Folge der willkürlichen Grenzziehung der Kolonialisten. Flüchtlingen zu helfen, wurde hingegen zum antikolonialen Akt und untermauerte die humanitäre wie moralische Überlegenheit der ehemaligen Kolonialisierten. Das stellte die herkömmliche flüchtlingspolitische Erzählung gewissermaßen auf den Kopf. Auf einmal war der Westen Übeltäter und der Globale Süden der humanitäre Akteur.[39] So verstetigte die Flüchtlingshilfe gewissermaßen den antikolonialen Kampf und demonstrierte die Durchsetzungsfähigkeit des unabhängigen Afrikas. Allerdings konnte die OAU auch gar nicht anders: Flüchtlingskrisen brachen in immer

[34] Vgl. OAU Archiv, Commission on the problem of refugees, Second Session, September 1964; ebd., Meeting legal experts Ad Hoc Commission problem of refugees in Africa, September 1966.

[35] Ruanda, Burundi, Kongo, Uganda, Tanganyika, Sudan, Senegal, Nigeria, Ghana and Kamerun.

[36] Vgl. OAU Archiv, Report OAU Commission on refugees 17.-23.6.1968; ebd., The present and future roles of BPEAR, April 1978; Final Report, Conference African refugee problems, Dezember 1968.

[37] OAU Archiv, CM /383, Progress report BPEAR, 1971.

[38] Vgl. OAU Archiv, Assistance from UNHCR sources to refugees in Africa, 1966; ebd., OAU report of the Administrator of the Secretary General, August 1967.

[39] Vgl. Prime Minister Uganda, in: OAU Archiv, Commission on the problem of refugees in Africa, Third Session, Kampala, November-December 1964; ebd., Congress of the AWR, hier: Beitrag Chief BPEAR, 1972; ebd., Statement Head of BPEAR at ExCom, Oktober 1971.

mehr Staaten aus. Neben den großen Fragen der Entwicklung, der gesundheitlichen Versorgung, dem Problem der Überbevölkerung und der Hungerhilfe war Flucht das große Thema des Kontinents.[40]

In dem Maße, in dem aber seit 1970 neue Fluchtbewegungen entstanden, die nicht mehr direkt mit kolonialen Vergehen in Verbindung gesetzt werden konnten, verlor die Flüchtlingshilfe der OAU ihren anti-kolonialen Impetus. „Die Ursachen der Flüchtlingsursachen auf dem afrikanischen Kontinent sind zunehmend komplex", betonte das Flüchtlingsbüro 1973. Auch der UNHCR stimmte zu. „Die Flüchtlingsprobleme auf dem afrikanischen Kontinent sind komplexer als andernorts", konstatierte Hochkommissar Sadruddin Aga Khan zu mehreren Anlässen.[41] Die empfundene Komplexitätssteigerung beunruhigte die politischen Gemüter und drängte die Frage nach den Fluchtursachen in den Hintergrund, weil die OAU die eigenen Mitgliedsstaaten nicht als Fluchtverursacher kritisieren wollte. Damit schwenkte die afrikanische Regionalorganisation auf die rhetorische Linie des UNHCR ein: Nicht mehr das Unrecht der verstoßenden Länder, sondern das Leid der Geflüchteten trat in den Vordergrund.[42]

Die Geschichte des OAU-Flüchtlingsbüros indes ist eine Geschichte des Scheiterns, die demonstriert, wie begrenzt die Reichweite der OAU-Arbeit blieb. Das Büro entstand in Folge einer großen internationalen Konferenz des UNHCR 1967 in Addis Abeba, an der alle UN-Organisationen teilnahmen und westliche Staaten Beobachter stellten. 1970 brachte es erste Programme auf den Weg, 1973 erhielt es die Gesamtverantwortung für die Flüchtlingsarbeit. Die konkreten Ergebnisse erfüllten aber nicht die Erwartungen der Gründer: Das Büro verfügte über einen Etat von gerade einmal 130.000 US-Dollar und hatte nur 15 Angestellte. Schließlich wurde es am Ende der 1970er-Jahre wegen eines Steuerhinterziehungsskandals für zwei Jahre geschlossen.[43]

Gleichzeitig kam es auf dem afrikanischen Kontinent zu einer grundlegenden Strategieverschiebung der internationalen Flüchtlingspolitik. Denn in den 1960er-Jahren gingen die OAU und die Vereinten Nationen davon aus, dass 80 bis 90 Prozent der afrikanischen Flüchtlinge sogenannte *rural refugees* seien, die sich ihrer Ansicht nach durch die weitverbreitete Subsistenzwirtschaft selbst versorgen könnten und insofern keine Hilfe benötigten. Deshalb legten UNHCR und OAU fest, dass für diese ländlichen Flüchtlinge keine Hilfsprogramme zu entwickeln seien,

40 Vgl. James Milner: Refugees, the State and the Politics of Asylum in Africa. Basingstoke/New York 2009.

41 Zitiert nach: OAU Archiv, Seminar BPEAR, November 1973; ebd., Aga Khan, A review of recent developments and trends in refugee problems in Africa, Oktober 1967.

42 Vgl. Milner, Africa, S. 18–45 (wie Anm. 40).

43 Vgl. OAU Archiv, The present and future roles of the BPEAR, April 1978.

nur in Krisensituationen sollte man Nothilfen auf den Weg bringen. 90 Prozent aller Flüchtlinge waren dadurch mehr oder weniger auf sich alleine gestellt und blieben der Versorgung der Aufnahmestaaten überlassen. Nur in seltenen Fällen erhielten einzelne Flüchtlingsgruppen durch entwicklungspolitische Siedlungsprojekte der UNO in den Aufnahmeländern Hilfe. Die restlichen 10 Prozent der Flüchtlinge bezeichneten OAU und UNHCR als „urbane oder intellektuelle Flüchtlinge." Nur für sie arbeitete das flüchtlingspolitische Büro der OAU, vermittelte Studienplätze und startete städtische Ansiedlungsprogramme. Die Hauptarbeit aber leisteten die Aufnahmestaaten, die sich nach 1960 in Asylfragen ausgesprochen liberal verhielten und Flüchtlinge meist ohne großen Widerspruch aufnahmen.[44]

Insgesamt verschoben sich dadurch auf dem afrikanischen Kontinent die Konzepte der Flüchtlingspolitik. Das hatte sich während des Hilfsprogramms für algerische Geflüchtete abgezeichnet und wurde nun im Verlauf der 1960er-Jahre vereinheitlicht: Für afrikanische Flüchtlinge wurde eine Neuansiedlung außerhalb des Kontinents nicht diskutiert, ein globales Resettlement kam hier nicht in Frage. Ein weltweites Verteilungssystem für die Aufnahme afrikanischer Flüchtlinge entstand nicht. Die Versorgung von Flüchtlingen in Lagern vor Ort, die Integration in Aufnahmestaaten oder die Repatriierung wurden als Lösungen für Flüchtlinge in Afrika angestrebt.[45]

1965 hatte die OAU zudem einen Entwurf für ein eigenes Rechtswerk vorgelegt, das der Genfer Konvention stark ähnelte, aber die geographischen und zeitlichen Einschränkungen strich. In der Folge diskutierten und verwarfen die afrikanischen Staaten mehrere Entwürfe und differenzierten so eine Konvention aus, die im September 1969 in einer feierlichen Zeremonie in der Africa Hall in Addis Abeba verabschiedet wurde. Die OAU-Flüchtlingskonvention schrieb mehrere Grundsätze fest. Der größte Unterschied zur Genfer Konvention bestand darin, dass sie den Flüchtlingsstatus nicht nur individuell fasste. Sie akzeptierte auch „externe Aggression und feindliche Besatzung" als Fluchtgründe. Das ermöglichte, Menschen gruppenweise einen Flüchtlingsstatus zuzugestehen und somit eine schnellere Handlungsfähigkeit.[46]

Die Wirkmächtigkeit der OAU-Konvention blieb aber vorerst stark begrenzt. Ihre Bedeutung lag deshalb vielmehr darin, dass allein die Ankündigung einer eigenständigen afrikanischen Konvention im Westen einen scharfen Handlungs-

[44] Vgl. ebd.

[45] Vgl. OAU Archiv, Conference legal, economic and social aspects of African refugee problems, 9.–19.10.1967; ebd., Report 13th Session Commission on refugee problems, 16.4.1980.

[46] OAU Convention Governing the Specific Aspects of Refugee Problems in Africa, 10.9.1969. Online zugänglich unter: https://www.unhcr.org/about-us/background/45dc1a682/oau-convention-governing-specific-aspects-refugee-problems-africa-adopted.html (zuletzt aufgerufen am 12.9.2022).

druck auslöste. Denn in den USA und Großbritannien sorgte überhaupt erst die Bekanntgabe für ein erstes ernsthaftes Interesse am Problem afrikanischer Flüchtlinge. Beide Staaten richteten nun Untersuchungskommissionen ein und bildeten parlamentarische Ausschüsse zum Thema. Gewissermaßen entdeckten London und Washington erst in diesem Moment das Fluchtgeschehen in Afrika. Auch im UNHCR kam regelrecht Hektik auf, als sich Mitte der 1960er-Jahre die Meldungen verbreiteten, dass die OAU an einem eigenen Rechtstext arbeitete. Der stellvertretende Hochkommissar Sadruddin Aga Khan wandte sich daraufhin direkt an die OAU-Flüchtlingskommission: „Jede Konvention, die den Anschein erwecken könnte, ein Substitut für die Genfer Flüchtlingskonvention zu sein, würde den Wert und den Anwendungsbereich der Konvention grundlegend gefährden."[47]

Der UNHCR befand sich in einem Dilemma: Einerseits hatte er natürlich ein starkes Interesse daran, dass überall auf der Welt möglichst tragfähige Rechtsstrukturen bestanden. Daher warb das Kommissariat immer wieder für den Beitritt zur Genfer Flüchtlingskonvention. Andererseits aber kämpfte der UNHCR in den 1960er-Jahren geradezu händeringend darum, die eigene Position zu stärken und verlagerte sein Aufgabengebiet von der rechtlichen immer stärker in die humanitäre Sphäre. Dementsprechend galt es aus Sicht des UNHCR, eigenständige Rechtsregime in einzelnen Weltregionen unbedingt zu vermeiden, um das gerade erst erarbeitete Monopol nicht schon wieder zu verlieren. Aus diesem Grund hatte Hochkommissar Schnyder im Jahr 1962 Sadruddin Aga Khan zu seinem Stellvertreter berufen. Sadruddin war ein Mitglied der iranischen Königsfamilie und in Genf und den USA aufgewachsen. Seine muslimische Herkunft schien ihn zu einer idealen Integrationsfigur für die nun zunehmend postkolonial dominierte UNO zu machen. Und deshalb entsandte Schnyder nun ihn zu den Konferenzen der OAU, auf denen die Ausgestaltung des afrikanischen Rechtstextes beraten wurde. Sadruddin sollte sicherstellen, dass „kein Duplikat der Konvention entsteht und die neuen Texte höchstens einen ergänzenden Charakter erhalten."[48] Neben der Genfer Flüchtlingskonvention sollte es keine weiteren Konventionen geben.

Erst in diesem Moment nun wurde eine Reform der Konvention wirklich drängend. Hochkommissar Schnyder und die Rechtsabteilung stellten sich dabei bewusst gegen den Vorschlag, die Überarbeitung der Konvention wie am Ende der 1950er-Jahre in den UN-Gremien diskutieren zu lassen. „Es würde zu lange dauern und wäre überhaupt eine viel zu große Herausforderung, hier eine komplett neue Konvention herauszuarbeiten", schlussfolgerte das beratschlagende Gremium 1965. „Eine mühsame und langwierige Diskussion gilt es, zu vermeiden" hieß es weiter, da diese ihrer Ansicht nach in Anbetracht der sich wandelnden UNO-Zu-

[47] USNA I, RG 59, Central Foreign Policy Files 1964–66, Box 3178, Brief Khan an OAU, 25.1.1965.
[48] Ebd.

sammensetzung nur zu „notdürftigen Formelkompromissen" führen würde.[49] Und so setzte der UNHCR zur Überarbeitung eine Kommission aus 19 Rechtsexperten ein. Die meisten von ihnen waren 1950/51 bereits am Entwurf der Konvention beteiligt gewesen. Aber im Gegensatz zu damals nahmen nun auch Experten aus Afrika, Asien und Südamerika teil.[50]

Die Kommission kam im Frühjahr 1965 in Bellagio zusammen und diskutierte mehrere Möglichkeiten, das internationale Flüchtlingsrecht an das aktuelle Fluchtgeschehen anzupassen. Die Experten kamen überein, lediglich ein Protokoll zu formulieren, das die geographische Begrenzung auf Europa und die zeitliche Beschränkung auf das Jahr 1951 aufheben würde – das war im Sinne des UNHCR. Das heißt, das Protokoll war im Wesentlichen eine Kopie der Flüchtlingskonvention, nur eben ohne die Beschränkung auf Europa und die Zeit vor 1951. Auch die Kommission hielt es für ausgeschlossen, die Konvention insgesamt generalzuüberholen. Ein Kompromiss wie 1951 würde unter keinen Umständen noch einmal gelingen. Das Protokoll sollte deshalb in der gewandelten postkolonialen UN-Generalversammlung eine Grundsatzdebatte umgehen und die Konvention als Ganzes, aber ohne die geographische und zeitliche Restriktion übernehmen.[51] Aus Sicht Schnyders hob das Protokoll somit „die Diskrepanz zwischen dem UNHCR, der wirklich universell arbeitet, und der Konvention, die mit ihrer Begrenzung nicht mehr aktuell ist", auf.[52]

Als diese Vorschläge dann in der UNO diskutiert wurden, kritisierten afrikanische und arabische Staaten, dass das Protokoll die Flüchtlingsdefinition nicht verändere und schon gar nicht grundlegend reformiere – viele Fluchtursachen wie etwa bürgerkriegsähnliche Zustände blieben unbeachtet.[53] Irans Vertreterin betonte: „Es reicht nicht aus, nur das Protokoll mit der zeitlichen und geographischen Erweiterung anzunehmen."[54] Ihr Kollege aus Saudi-Arabien kritisierte: „Aktuell beobachten wir die Entstehung einer neuen Kategorie von Flüchtlingen, Menschen, die nicht aus politischen Gründen fliehen, dabei aber nicht ihr Heimatland verlassen oder von Menschen, die nicht aus politischen Gründen fliehen." All diese Perso-

49 WCC, 425.5.162, Colloquium Report Refugee Problems, 5.5.1965.

50 Vgl. USNA I, RG 59, UD-UP 142, ORM, Box 58, Report Colloquium on legal aspect of refugee problems, 28.4.1965; RG 59, Central Foreign Policy Files 1964–66, Box 3178, Telegram from Schnyder, 13.10.1965.

51 Vgl. OAU Archiv, Colloquium 1951 Convention, Bellagio, Villa Serbelloni, 21.-28.4.1965; BOD, PW/HC/BSN /14, Mappe Protocol; RAD, Holborn Papers, Box 10, Mappe Legal Aspects, Memorandum Bellagio, 23.9.1965; NAK, FO 371/183805 1965, Hoare Report, Colloquium, 1965.

52 USNA I, RG 59, UD-UP 142, ORM, Box 58, US Mission Report Colloquium, 28.4.1965.

53 Vgl. Davies: Rejection, S. 57–85 (wie Anm. 32).

54 ORUN, Third Committee, 21st Session, 1449th Meeting, 6.12.1966.

nen aber würden durch das Protokoll nicht geschützt.[55] Die Kritik führte aber nicht zu einer weiteren Überarbeitung, dazu war die Mehrheit der Staaten nicht bereit.[56]

Was also war neu zu Ende der 1960er-Jahre? Die Forderung, weltweite Hilfsstrukturen für Flüchtlinge zu schaffen, war schließlich nicht zum ersten Mal erhoben worden. Bereits nach 1945 hatten die wenigen afrikanischen und asiatischen UN-Mitglieder wiederholt ein universelles Hilfssystem verlangt, waren aber am Widerstand der westlichen Staaten gescheitert. Doch nach 1960 war die internationale Gemeinschaft eine andere. Die Belange Afrikas und Asiens erlangten mit der Aufnahme der postkolonialen Länder ein neues Gewicht. Der diplomatische Druck, den südliche Staaten dadurch ausüben konnten, war die entscheidende Neuerung. Stimmen, die zuvor verhallt waren, wurden nun zur entscheidenden Triebkraft und Forderungen, die zuvor marginalisiert worden waren, lösten fortan einen Handlungszwang aus, dem sich westliche Staaten nicht entziehen konnten. Auf diesen Druck ging das Protokoll zurück. Es entstand erst, nachdem und weil afrikanische Staaten eigene Konventionen angekündigt hatten. Gleichzeitig aber blieb die Wirkung des Textes vorerst begrenzt, weil er viele der Kritikpunkte, die Staaten gar nicht erst ansprach, und insofern kann der Text als ein leicht gewährtes Zugeständnis an den Globalen Süden verbucht werden. Für die meisten unterzeichnenden Staaten änderte sich erst einmal gar nichts. Dass Geflüchtete fortan auch aus dem Süden in den Norden fliehen würden, und sich dort auf das Protokoll berufen würden, erwartete zeitgenössisch kein westlicher Staat. Es handelte sich also nicht um eine grundlegende Reform, sondern nur um eine behelfsmäßige Reparatur.[57]

Nach 1960 folgte die internationale Flüchtlingspolitik neuen Prämissen, um sich für die Zukunft zu wappnen. Anstatt auf Visionen setzte sie fortan auf Pragmatismus. Die Anerkennung der Dauerhaftigkeit beendete die Fiktion der Lösbarkeit. Und so entstand eine vom visionären Überschuss der Nachkriegsjahre befreite Form der Flüchtlingshilfe. Wenn schon das weltweite Problem nicht grundlegend gelöst werden könnte, so sollte nunmehr zumindest den Flüchtlingen rudimentär geholfen werden. Während man in den Krisen zuvor versucht hatte, das Problem grundlegend zu beseitigen, wurde die Krise nun selbst zum Modus. Mit jedem beendeten Hilfsprogramm begann die Nothilfe von vorne – und so entstand eine stetige

55 ORUN, Third Committee, 22nd Session, 1552nd Meeting, 22.11.1967.

56 Für Diskussion vgl. ORUN, Third Committee, 20th Session, 1360th Meeting, 30.11.1965; 21st Session, 1447–1450th meeting, 5.-7.12.1966; UNHCR Archiv, Fonds 11, Series 1, Box 293, Documents Protocol to the Status of Refugees; BOD, PW/HC/BSN/13, Weis, Background Protocol, 1966.

57 Vgl. UNHCR Archiv, Fonds 10 c, ARC-2B4/1966, Box 4, Background paper, 8.11.1966; USNA I, RG 59, UD UP 142, Bureau of Security and Consular Affairs, ORM, Box 58, Report Colloquium, 28.4.1965; RG 59, Central Foreign Policy Files 1964–66, Box 3178, Report UNHCR Sessions, 23.9.1965; NAK, FO 371/183805 1965, Hoare Report, Colloquium 21.-28.4.1965.

Politik für ein permanentes Problem. Aus einer okkasionellen Handhabe wurde eine permanente. Der UNHCR wurde die Feuerwehreinheit dieses Notfallsystems. Die Strukturen standen also fortan bereit, wenn es darum ging, ein Feuer einzuhegen. Wie die Staatengemeinschaft sie aber ausgestaltete, blieb situationsabhängig. Denn als die weltweiten Flüchtlingszahlen seit den 1970er-Jahren zunahmen, wurde die neue universelle Konvention grundlegend hinterfragt und nach Wegen gesucht, sie zu umgehen. Seither ist der UNHCR ständig ausgeweitet, bald aber auch überfordert worden.

Drei Trends seit den 1970er-Jahren

Die USA hatten die Ausweitung des UNHCR und der Flüchtlingskonvention lange Zeit nicht unterstützt. Erst nach einigem Zögern entschloss sich auch Washington, diese Ausdehnung der Flüchtlingshilfe stillschweigend zu akzeptieren, auch weil man andernfalls einen Imageverlust in der internationalen Öffentlichkeit fürchtete. Im April 1961 entschied die Regierung dann: „Der Trend weltweiter Ereignisse hat die Flüchtlingsfrage in den vergangenen Monaten derart verändert, dass eine Ausdehnung des UNHCR auf die globalen Flüchtlingsangelegenheiten nur noch schwer zu vermeiden ist. Es wäre schädlich für die Führungsposition der USA, diesen historischen Trend zu ignorieren.“[58]

Auf diese Weise trug der bis dahin und bis heute stets größte Geldgeberstaat der internationalen Flüchtlingshilfe die Ausdehnung der internationalen Flüchtlingspolitik zwar letztlich mit, entschloss sich aber gleichzeitig, dass die Expansion des UNHCR zu einer Reduzierung der Ausgaben zu nutzen. Das US-Außenministerium forderte explizit, „sich in den nächsten Jahren dafür einzusetzen, die Zahl der Mitarbeiter und Einsätze des UNHCR signifikant zu reduzieren.“ Es sollte sichergestellt werden, dass in Afrika und Asien niemals so teure Hilfsstrukturen entstünden, wie sie zuvor in Europa existiert hatten.[59]

Der UNHCR hatte somit zwar fortan ein potenziell globales Mandat und versorgte auch mehr Flüchtlinge als je zuvor, aber die US-Beiträge an den UNHCR schrumpften nach den zwischenzeitlichen 5 Millionen US-Dollar für das Weltflüchtlingsjahr auf 600.000 US-Dollar im Jahr 1970. Die westlichen Partner, die ohnehin viel geringere Mittel für die internationale Flüchtlingshilfe zur Verfügung gestellt hatte, taten es fortan den USA gleich. Großbritannien etwa kürzte die Beiträge

58 FRUS, 1961–63, Vol. XXV, Dok. 311, 06.04.1961.

59 USNA I, USNA I, RG 59, Central Decimal Files 1960–63, Box 513, Report ExCom, Herbst 1960.

nach 1960 kontinuierlich.[60] Einerseits wuchsen somit in den 1960er-Jahren die Aufgaben des UNHCR, andererseits aber wurde der finanzielle Spielraum immer kleiner. Die Ausweitung der Organisation wurde durch diese Unterfinanzierung stark beeinträchtigt. Das hatte weitreichende Folgen. Denn als die außenpolitische Bedeutung von Flüchtlingen am Ende des Kalten Kriegs sank, führte das zu großen finanziellen Problemen beim UNHCR: Allein in den 1980er-Jahren sanken die Pro-Kopf-Ausgaben um über die Hälfte.

Diese Expansion und Überforderung des UNHCR sind der erste Trend, der seit der Verstetigung der Flüchtlingshilfe in den 1960er-Jahren hervorsticht: Denn seither setzte die Staatengemeinschaft den UNHCR in immer mehr Notsituationen ein – bald auch für Binnenvertriebene oder Klimaflüchtlinge. Dadurch nahmen die Aufgaben rasant und beständig zu, aber die Finanzierung hielt nie mit. 2006 blieben 2 Milliarden US-Dollar der geforderten Mittel ungedeckt, 2014 sogar 9 Milliarden. Dabei waren die Hilfsgelder wie zuvor ungleich verteilt: 2015 standen jedem Dollar für Flüchtlinge im Globalen Süden 135 Dollar im Norden gegenüber.[61]

Der zweite Trend ist die zunehmende Umgehung der Regeln, die das *New York Protocol* festschrieb. Als in den späten 1970er-Jahre erstmals Flüchtlinge aus Afrika und Asien in größerer Zahl die Reise nach Europa, Nordamerika oder Australien antraten, kam es zu einer Asylkrise in globalem Ausmaß. Als die Flüchtlingszahlen stiegen, sank die Bereitschaft der Staatengemeinschaft, die durch das *New York Protocol* gerade ausgeweiteten Normen des Flüchtlingsrechts umzusetzen. Die Staaten schlossen ihre Grenzen, sperrten Geflüchtete in Camps und entwickelten Methoden, um zu verhindern, dass Flüchtlinge überhaupt auf ihrem Staatsgebiet Asylanträge stellen konnten. Australien, Europa und die USA etwa modifizierten das Asylrecht, ohne es außer Kraft zu setzen. Sie ergänzten es durch Vorfeldmaßnahmen, Drittstaatenregelungen, Vereinbarungen mit Transitstaaten, strengere Visaregelungen oder durch das Abfangen von Flüchtlingen. Sie griffen also ein, bevor die Flüchtlinge Zufluchtsländer erreichen und dort die rechtlichen Schutzstandards beanspruchen konnten.[62] Der Direktor des *International Rescue Committees*

[60] Vgl. USNA I, RG 59, Central Decimal Files 1960–63, UNHCR, Box 512, Department of State Instruction Paper, 24. April 1961; NAK, FCO 61/447, Beiträge Großbritannien.

[61] Vgl. Alexander Betts/Paul Collier: Refuge. Transforming a Broken Refugee System. New York 2017, S. 3, 76 f., 129 f., 145.

[62] Vgl. David FitzGerald: Refugees beyond reach. How rich democracies repel asylum seekers. Oxford 2019; Daniel Ghezelbash: Refugee lost. Asylum in an interdependent world. Cambridge 2018; David Costello: The Human Rights of Migrants and Refugees in European Law. Oxford 2016; Daniel Thym: Sollbruchstellen des deutschen, europäischen und internationalen Flüchtlingsrechts. Berlin/Boston 2019, S. 14–32.

fasste all diese Entwicklungen 1983 treffend zusammen: „In mehr und mehr Ländern lässt die Bereitschaft nach, Flüchtlinge aufzunehmen."[63]

Auf diese Weise wurde es für Flüchtlinge deutlich schwieriger, Asylanträge zu stellen. Und da die Flüchtlingskonvention nur die Rechte im und nicht auf Asyl regelt, konnten Flüchtlinge sich auch nicht auf sie berufen.[64] Dabei blieb der anfängliche Fokus auf Europa ein Geburtsfehler: Bis heute haben asiatische Staaten wie Indien oder Pakistan, weite Teile des Mittleren Ostens sowie wie die Türkei die Konvention nicht unterschrieben. Zwischen Osteuropa und Indonesien besteht noch heute eine Zone, in der das Flüchtlingsrecht quasi nicht existiert.[65]

Damit einher ging – das ist der dritte Trend – dass das Resettlement, also die Idee der globalen Migrationsregulierung und somit die zentrale Lösungsstrategie der Nachkriegsjahre und der IRO nun ganz dezidiert abgelehnt wurde. Die Chancen auf eine Neuansiedlungsaktion für Flüchtlinge in Afrika und Asien standen dadurch schlechter als je zuvor. Während zwischen 1912 und 1969 insgesamt 50 Millionen Europäer neu angesiedelt worden waren, kam es seit den 1980er-Jahren in Afrika und Asien zur Trendwende. 1979 hatte noch einer von 20 Flüchtlingen die Aussicht auf eine Neuansiedlung gehabt, 1993 war es dann nur noch einer von 400. Diese Tendenz hielt auch in der Folge an, nach 2015 erhielt nur 1 Prozent aller Flüchtlinge ein Angebot zum Resettlement.[66]

Für die knapp 50 Jahre seit 1970 sticht somit hervor, dass sich die internationale Flüchtlingspolitik, wie sie im Jahrzehnt nach 1960 ausgebaut worden war, nicht grundlegend veränderte. Die wesentlichen Organisationen und Strukturen bestanden fort. Die Flüchtlingshilfe erwies sich so als schwerer Tanker, der kaum seinen Kurs ändern konnte und durch eine beständige Ausweitung massiv überladen wurde. Der UNHCR durchlief am Ende des 20. und zu Beginn des 21. Jahrhunderts eine ambivalente Expansion. Ausweitung und Überforderung standen eng nebeneinander: Als Notorganisation bindet ihn die Staatengemeinschaft bis heute zwar in immer mehr Fällen ein, dadurch wird immer mehr Flüchtlingen geholfen, doch die Finanzierung bleibt prekär und in vielen Fällen reicht die Hilfe nicht aus. Und die durch das *New York Protocol* universalisierten Normen der GFK werden seit den 1980er-Jahren immer gezielter umgangen.

[63] Zitat: Kathleen Teltsch, Committee Celebrates 50 Years of Aiding Refugees, in: NYT, 16.11.1983.
[64] Vgl. Bonaventure Rutinwa: The end of Asylum? The changing nature of refugee policies in Africa. In: New Issues in Refu-gee Research, Working Paper No. 5, Oxford 1999; Milner, Africa, S. 1–84 (wie Anm. 40).
[65] Vgl. Martin Jones: Expanding the Frontiers of Refugee Law: Developing a Broader Law of Asylum in the Middle East and Europe, in: Journal of Human Rights Practice, Vol. 9 (2017), S. 212–215.
[66] Vgl. Betts/Collier, Refuge, S. 1, 8, 129 (wie Anm. 60).

Will man abschließend die Eingangsfrage beantworten, so drängt sich ein ambivalentes Fazit auf. Die Flüchtlingshilfe wurde nach 1960 nur deshalb erweitert und ausgebaut, weil sich die westlich dominierte Staatengemeinschaft vorerst darin sicher war, dass angesichts niedriger Flüchtlingszahlen eine universell und prospektiv ausgerichtete Flüchtlingspolitik keine großen Belastungen mit sich bringen würde. Als sie die Genfer Flüchtlingskonvention verstetigten, hatten sie nicht die Flüchtlingszahlen der 2010er- oder 2020er-Jahre im Kopf. Das mag wie ein historischer Allgemeinplatz klingen, hat aber gewichtige Folgen für die Analyse heutiger Situationen.

Abstract

Until the 1950s, the international community addressed the refugee issue as a sort of singular, transitory and exceptional emergency, mainly limited to Europe – not a continuous world problem. An institutionalized global refugee policy only emerged gradually, between 1950 and 1970. This text analyses this process by taking a closer look at the New York Protocol of 1967 – a follow up convention to the 1951 edition that legally turned international refugee policy into a worldwide endeavour. By taking a closer look at the fundamental transformations of international politics caused by decolonization the text pays close attention to attempts of Asian and African countries at formulating their own refugee policies in the 1960s and their repercussions for the field of international refugee aid.

Post-Cold War: Flüchtlingsrecht nach Ende des Kalten Krieges

Agnes Bresselau von Bressensdorf

Flucht, Recht, Verantwortung: Humanitärer Interventionismus im Irak 1991 und die Entstehung der *Responsibility to Protect*

Einleitung[1]

„Consistent with United Nations Security Council Resolution 688 and working closely with the United Nations and other international relief organizations and our European partners, I have directed the U. S. military to begin immediately to establish several encampments in northern Iraq where relief supplies for these refugees will be made available in large quantities and distributed in an orderly way. [...] adequate security will be provided at these temporary sites by U. S., British, and French air and ground forces [...].“[2]

Mit diesen Worten bestätigte US-Präsident George H. W. Bush am 16. April 1991 vor der Presse seine Zustimmung zur Intervention amerikanischer Truppen in den Irak, um die Versorgung kurdischer Geflüchteter in humanitären Schutzzonen militärisch abzusichern. Diese „Operation Provide Comfort“ gilt in der öffentlichen, politikwissenschaftlichen und völkerrechtlichen Debatte als Auftakt in ein Zeitalter der humanitären Intervention, die als wesentliches Signum internationaler Politik in den 1990er-Jahren bezeichnet werden kann.

Im Mittelpunkt der politologischen[3] und völkerrechtswissenschaftlichen Forschung[4] standen lange Zeit normative und juristische Debatten über die Rechtmäßigkeit eines Eingreifens von außen in die inneren Angelegenheiten anderer Staa-

[1] Eine wichtige Grundlage des vorliegenden Beitrags bildet die Studie: Agnes Bresselau von Bressensdorf: Eine Frage der Weltordnung. Flucht und humanitärer Interventionismus im Mittleren Osten, 1979–1991. Göttingen 2025.

[2] Remarks on Assistance for Iraqi Refugees and a News Conference, April 16, 1991, in: Public Papers of the Presidents of the United States. George Bush 1991: Book I: January 1 to June 30, Washington D. C. 1991, S. 378–385, hier: S. 379.

[3] Vgl. u. a. Nicholas J. Wheeler: Saving strangers. Humanitarian Intervention in International Society. Oxford 2003; Jennifer M. Welsh: Humanitarian Intervention and International Relations, Oxford 2006; Jeff L. Holzgrefe/Robert O. Keohane (Hg.): Humanitarian intervention. Ethical, Legal, and Political Dilemmas. Cambridge 2007; Herfried Münkler/Karsten Malowitz (Hg.): Humanitäre

https://doi.org/10.1515/9783111671109-008

ten. Seit einigen Jahren hat sich auch die Geschichtswissenschaft des Themas angenommen.[5] Im Sinne einer „longue durée“ erfolgte zum einen die Einordnung des Konzepts in länger zurückreichende historische Traditionslinien und Pfadabhängigkeiten, die teils auf Vorläufer bis ins 16. Jahrhundert verweisen.[6] Zum anderen begann sich die jüngste Zeitgeschichte für das Thema zu interessieren, insbesondere aus dem Blickwinkel der Geschichte der Menschenrechte seit den 1970er-Jahren.[7]

Viele Arbeiten definieren den Begriff „humanitäre Intervention“ ganz überwiegend als militärisches Eingreifen eines Staates (oder einer Koalition von Staaten) in die inneren Angelegenheiten eines anderen Landes, das gegen dessen Willen erfolgt und mit menschenrechtlichen Argumenten begründet wird. Dieses Verständnis geht von zwei Voraussetzungen aus: dem Nationalstaat als Akteur und der Anwendung von Gewalt als Grundbedingung dafür, dass von einer Intervention gesprochen werden kann. Die jüngste Forschung hat indes zu Recht darauf verwiesen, dass für eine umfassendere Analyse und ein tieferes Verständnis dieses für die jüngste Geschichte internationaler Politik so zentralen Konzepts ein dynamischeres Verständnis des Begriffs, der Akteure und Praktiken notwendig ist.[8]

Intervention. Ein Instrument außenpolitischer Konfliktbearbeitung. Grundlagen und Diskussion, Wiesbaden 2009.

4 Vgl. u. a. Simon Chesterman: Just War or just Peace? Humanitarian Intervention and International Law. Oxford 2001; Anne Orford: Reading humanitarian intervention. Human Rights and the Use of Force in International Law. Cambridge 2004; Theodor Meron: The Humanization of International Law, The Hague 2006; Fernando R. Tesón/Bas van der Vossen: Debating Humanitarian Intervention. Should We Try to Save Strangers?, New York 2017; Ruti Teitel: Humanity's law, New York 2011.

5 Für einen Forschungsüberblick vgl. auch Daniel Stahl/Annette Weinke: Intervening in the Name of Human Rights. On the History of an Argument. In: Diess./Norbert Frei (Hg.): Human Rights and Humanitarian Intervention. Legitimizing the Use of Force since the 1970s. Göttingen 2017, S. 9–24; Fabian Klose: „In the cause of humanity“. Eine Geschichte der humanitären Intervention seit dem 19. Jahrhundert. Göttingen 2019, S. 19–28.

6 Vgl. u. a. Gary J. Bass: Freedom's Battle. The Origins of Humanitarian Intervention. New York 2008; Brendan Simms/David J. B. Trim (Hg.): Humanitarian Intervention. A History. Cambridge 2011; Davide Rodogno: Against Massacre. Humanitarian Interventions in the Ottoman Empire, 1815–1914. Princeton/NY 2012; Fabian Klose: „In the cause of humanity“; Ders. (Hg.): The Emergence of Humanitarian Intervention. Ideas and Practices from the Nineteenth Century to the Present. Cambridge 2015.

7 Vgl. u. a. Stefan-Ludwig Hoffmann: Moralpolitik. Geschichte der Menschenrechte im 20. Jahrhundert, Göttingen 2010; Norbert Frei/Annette Weinke: Toward a New Moral World Order? Menschenrechtspolitik und Völkerrecht seit 1945, Göttingen 2013; Samuel Moyn: The last Utopia. Human Rights in History. Cambridge 2010; Jan Eckel: Die Ambivalenz des Guten. Menschenrechte in der internationalen Politik seit den 1940ern. Göttingen 2014.

8 Vgl. Stahl/ Weinke: Intervening in the Name of Human Rights, S. 12 (wie Anm. 5).

Was nach wie vor aussteht, ist die Verknüpfung mit der internationalen Fluchtforschung, die sich – gerade im deutschsprachigen Raum – lange Zeit parallel neben der Zeitgeschichte internationaler Politik und der Menschenrechtsforschung entwickelt hat.[9] So fand die Frage bislang kaum Beachtung, welche Konzepte von Flucht, Fluchtpolitik und Flüchtlingsrecht aus der Zeit des Kalten Krieges für die Entwicklung des humanitären Interventionismus der 1990er-Jahre bedeutend waren. Der vorliegende Beitrag bietet deshalb einen Perspektivwechsel an. Diskutiert werden soll nicht, ob die humanitär begründeten Interventionen im Einzelfall berechtigt waren oder nicht, ob sie als gescheitert zu gelten haben oder als Erfolg zu werten sind. Stattdessen werden die Genese des humanitären Interventionismus, seine Begründungszusammenhänge und konzeptionellen Verschiebungen seit den 1980er-Jahren herausgearbeitet. Entscheidend ist dabei, die Geschichte von Flucht, humanitärer Nothilfe und internationaler Politik konsequent zusammenzudenken.

Ausgehend davon widmet sich der Beitrag einer Region, die seit Ende der 1970er-Jahre einen Brennpunkt des weltweiten Fluchtgeschehens darstellte: der Nahe und Mittlere Osten. Im Mittelpunkt der Analyse steht die Einrichtung sogenannter „safe haven" im Irak 1991 durch die internationale Gemeinschaft infolge der Vertreibung und Vernichtung der kurdischen Minderheit durch das Regime Saddam Husseins. Die Umsetzung dieser Schutzzonen, so die These des Beitrags, bildete einen entscheidenden historischen Kipppunkt, an dem konzeptionelle Debatten um Flucht und Humanitarismus der 1980er-Jahre in die politische Praxis überführt wurden und dem humanitären Interventionismus der 1990er Jahre den Weg ebneten, der schließlich in die Doktrin der „Responsibility to Protect" (R2P) mündete.

In einem ersten Schritt werden deshalb kurz die Fluchtsituation und humanitäre Notlage im Irak und in den Nachbarstaaten Iran und Türkei skizziert, die zum Eingreifen der internationalen Gemeinschaft führten. Im zweiten Schritt richtet sich der Blick auf das im internationalen System verankerte Prärogativ des territorial begründeten Nationalstaats, das in den 1980er-Jahren durch die Idee humanitärer Schutzzonen und ein Recht auf humanitäre Hilfe herausgefordert wurde. Anschließend rücken die Versicherheitlichung und Prävention transnationaler „Massenflucht" in den Mittelpunkt, die das Prinzip der Staatenverantwortung in den Diskurs einspeisten. In einem vierten Schritt wird aufgezeigt, wie diese verschiede-

[9] Vgl. u. a. J. Olaf Kleist: Flucht- und Flüchtlingsforschung in Deutschland: Akteure, Themen und Strukturen, State-of-Research Papier. Osnabrück/Bonn 2018; Richard Black: Fifty Years of Refugee Studies. From Theory to Policy. In: International Migration Review 35/1 (2001), S. 57–78; Lauren Banko/Katarzyna Nowak/Peter Gatrell: What is Refugee History, Now? In: Journal of Global History (2021), S. 1–19.

nen Konzepte 1991 im Irak ineinandergriffen und wichtige konzeptionelle Grundlagen für den Ansatz einer R2P legten.

Kurdische Geflüchtete im Irak und der Mittlere Osten als Fluchtregion

Seit Mitte der 1970er-Jahre war es zu einem signifikanten Anstieg der weltweiten Flüchtlingszahlen gekommen – nach Angaben des UNHCR von rund 2,5 Millionen im Jahr 1970 auf etwa neun Millionen im Jahr 1980 und 15 Millionen Menschen Ende der 1980er-Jahre.[10] Anders als nach dem Ende des Zweiten Weltkriegs, als sich ein Großteil des weltweiten Fluchtgeschehens auf dem europäischen Kontinent abspielte, waren es nun vor allem die Länder des Globalen Südens, die gleichermaßen als Herkunfts- und Aufnahmestaaten fungierten. Ab Anfang der 1980er-Jahre kamen Geflüchtete weltweit überwiegend aus Asien, dem Nahen und Mittleren Osten, die in den unmittelbaren Nachbarländern und, zu einem deutlich geringeren Teil, auch in Europa und anderen westlichen Ländern Schutz suchten. Bis 1992 stieg die Zahl der Geflüchteten ein weiteres Mal an, auf insgesamt 18,3 Millionen Menschen.

Zu einem fluchtpolitischen Brennpunkt in der Region des Mittleren Ostens hatte sich – neben Afghanistan und Pakistan – vor allem das Dreiländereck zwischen Iran, Irak und der Türkei entwickelt. Der achtjährige Abnutzungskrieg zwischen den Regimen in Teheran und Bagdad forderte rund eine Million Todesopfer und unzählige Verletzte.[11] Die Kampfhandlungen spielten sich überwiegend im iranisch-irakischen Grenzgebiet ab, mit nur geringfügigen Geländegewinnen auf beiden Seiten. Beide Staaten waren nicht nur Konfliktpartei und Aggressor, sondern auch Aufnahmeland für Geflüchtete, die abhängig vom Kriegsverlauf dies- und jenseits der Grenze Schutz suchten. Hinzu kam, dass die Kampfhandlungen sich über weite Strecken in den nördlichen Landesteilen abspielten, in den Siedlungsgebieten der kurdischen Minderheit, die in beiden Staaten, wie auch in der benachbarten Türkei, politischer und ethnischer Verfolgung ausgesetzt war. Gleichzeitig kämpften kurdische Parteien in wechselseitigen Konstellationen und Bündnissen auf unterschiedlichen Seiten der Front für ihre eigenen politischen Interessen. Sie waren also einerseits Opfer von Krieg und Gewalt und andererseits eigenständige militärische Akteure in einem zunächst zwischenstaatlichen Konflikt.

[10] Vgl. UNHCR (Hg.): The State of the World's Refugees 2000. Fifty Years of Humanitarian Action. Oxford 2001, S. 310.

[11] Zum Iran-Irak-Krieg (1980–1988) vgl. u. a. Nigel Ashton/Bryan Gibson (Hg.): The Iran-Iraq War. New International Perspectives. New York 2013; Rob Johnson: The Iran-Iraq War. Basingstoke 2011; Efraim Karsh: The Iran-Iraq War 1980–1988. London 2002.

In den kurdischen Gebieten bündelten sich somit verschiedene Vertreibungs- und Fluchtkonstellationen, die nicht den gängigen rechtlichen Kategorisierungen entsprachen und denen internationale Hilfsorganisationen wie der UNHCR weitestgehend machtlos gegenüberstanden. Denn über Jahre hinweg verweigerten ihm die Behörden in Bagdad und Teheran die notwendigen Zugangsberechtigungen. Umso bedeutsamer war die Arbeit humanitärer Nichtregierungsorganisationen (NGOs), die illegal im Kriegsgebiet arbeiteten. Allen voran waren dies die Ärzteteams der *Médecins Sans Frontières* (MSF), zu deren bekanntesten und streitbarsten Gründungsfiguren der spätere französische Außenminister Bernard Kouchner zählte. Sie waren bereits seit Jahren vor Ort, als Saddam Hussein im letzten Kriegsjahr die sogenannten „Anfal-Kampagnen" gegen die Kurdinnen und Kurden im eigenen Land durchführte.[12] In mehreren Militäroperationen wurden unter Einsatz chemischer Kampfstoffe hunderttausende Menschen getötet, etwa 1,5 Millionen in Lager deportiert und mehrere hunderttausend zur Flucht gezwungen. Erneut mussten sie dort Schutz suchen, wo ihnen ebenfalls politische Verfolgung und Menschenrechtsverletzungen drohten: im Iran und in der Türkei. Eine militärische Intervention der internationalen Staatengemeinschaft erfolgte zu diesem Zeitpunkt nicht.

Als das Regime Saddam Husseins im August 1990 durch den Angriff auf Kuwait den, je nach Zählung, ersten beziehungsweise zweiten Golfkrieg begann, konnten die französischen Ärzteorganisationen bereits auf eine zehnjährige Einsatzerfahrung in der Region zurückblicken. Noch bevor eine internationale Koalition unter Führung der USA und mandatiert vom UN-Sicherheitsrat, Saddam Hussein innerhalb weniger Wochen zum Waffenstillstand zwang, hatten im März 1991 Aufstände schiitischer und kurdischer Gruppen gegen das irakische Regime begonnen.[13] Die Regierungstruppen reagierten mit massiven Vergeltungsmaßnahmen, mehrere hunderttausend Kurdinnen und Kurden flohen in die verschneiten nordirakischen Hochgebirge nahe der türkischen und iranischen Grenze. Ohne Zugang zu humani-

12 Vgl. u. a. Joost R. Hiltermann: A Poisonous Affair: America, Iraq, and the Gassing of Halabja. New York 2007; Andrea Fischer-Tahir: Widerstand und genozidale Verfolgung in Kurdistan (1968–2003). Akteure, Möglichkeiten und Grenzen, Perspektiven. In: Mary Kreutzer/Thomas Schmidinger (Hg.): Irak. Von der Republik der Angst zur bürgerlichen Demokratie? Freiburg 2004, S. 160–196; Salime Casim: Die Anfal-Operationen der irakischen Regierung gegen die Kurden. Erfurt 2016.

13 Vgl. zum Folgenden u. a. Wheeler: Saving Strangers, S. 139–171 (wie Anm. 3); Alexa Stiller: The Genesis of the Human Rights-Based International Criminal Justice System. The Hidden Significance of the First Iraq War. In: Jan Eckel/Daniel Stahl (Hg.): Embattled Visions. Human Rights since 1990. Göttingen 2022, S. 123–140; Samuel Helfont: Compulsion in Religion. Saddam Hussein, Islam, and the roots of insurgencies in Iraq. New York 2018, S. 103–113; Max-Otto Baumann: Humanitäre Interventionen. Struktureller Wandel in der internationalen Politik durch Staatsinteraktion. Baden-Baden 2014, S. 90–146;

tären Hilfsgütern starben nach Schätzungen täglich etwa 1.000 Menschen und die Notlage verschärfte sich weiter, als die Türkei und der Iran eine weitere Aufnahme von Geflüchteten verweigerten.

Im Frühjahr 1991 stand die internationale Gemeinschaft deshalb vor der Frage, ob sie gegen den Willen des irakischen Regimes militärisch intervenieren sollte, um die Flucht, das massenhafte Sterben und die humanitäre Notsituation hunderttausender Kurdinnen und Kurden zu beenden. In seiner Resolution 688 vom 5. April 1991 forderte der Sicherheitsrat die Regierung in Bagdad schließlich auf, Hilfsorganisationen unverzüglich Zugang zu gewähren, und wenige Tage später gab US-Präsident Bush, wie eingangs dargelegt, seine Zustimmung für die „Operation Provide Comfort“.[14] Amerikanische, britische sowie französische Truppen wurden zur militärischen Absicherung humanitärer Schutzzonen („safe havens“) und Flugverbotszonen („no-fly-zones“) eingesetzt, in denen die kurdischen Geflüchteten von internationalen Hilfsorganisationen versorgt werden sollten.

Der Nationalstaat in der Defensive? Humanitäre Schutzzonen und das Recht, zu bleiben

Flucht und humanitäre Hilfe waren stets mit der Kategorie des Raums verbunden, insbesondere mit jener des Nationalstaats. Zum einen konnten nur diejenigen Menschen, die das Territorium ihres eigenen Landes verlassen hatten, von ihrem Recht Gebrauch machen, Asyl zu beantragen. Denn laut Genfer Flüchtlingskonvention (GFK) von 1951 gilt bekanntlich eine Person als Flüchtling, die sich „aus der begründeten Furcht vor Verfolgung wegen ihrer Rasse, Religion, Nationalität, Zugehörigkeit zu einer bestimmten sozialen Gruppe oder wegen ihrer politischen Überzeugung außerhalb des Landes befindet, dessen Staatsangehörigkeit sie besitzt, und den Schutz dieses Landes nicht in Anspruch nehmen kann oder wegen dieser Befürchtungen nicht in Anspruch nehmen will“[15]. Zum anderen konnten internationale Hilfsorganisationen wie das Internationale Komitee vom Roten Kreuz (IKRK) oder der UNHCR nur dann tätig werden, wenn eine Einladung des Gastlandes vorlag und eine ausreichende Finanzierung der Hilfsprogramme durch die Geberstaaten der internationalen Gemeinschaft gewährleistet war. Im letzten Jahrzehnt des Kalten Krieges wurde dieses an das Territorialstaatsprinzip gebundene Prärogativ des Nationalen im Flüchtlingsrecht und in der humanitären Praxis auf mehrfache Weise herausgefordert.

[14] Vgl. UN-Sicherheitsrat, Resolution 688 (1991), 05.04.1991, S/RES/688 (1991). Online zugänglich unter: https://www.refworld.org/docid/3b00f1598.html (zuletzt aufgerufen am 24.04.2024).

[15] Genfer Flüchtlingskonvention (GFK), § 2.

Erstens entstanden in den 1970er-Jahren in Nordamerika, West- und Nordeuropa zahlreiche zivilgesellschaftliche NGOs, die sich für humanitäre Hilfe in Ländern des Globalen Südens engagierten und meist aus dem Umfeld der „Dritte-Welt-Bewegung" stammten.[16] Besonders einflussreich wurden die bereits genannten Organisationen der MSF-Bewegung.[17] Sie grenzten sich klar vom Prinzip politischer Neutralität und Unparteilichkeit, wie sie die Internationale Rotkreuz- und Rothalbmondbewegung und der UNHCR vertraten, ab. Stattdessen forderte MSF von seinen Mitarbeiterteams, sich am Grundsatz des „témoinage" auszurichten und aktiv über Menschenrechtsverletzungen in den Einsatzgebieten zu berichten. Neben diesem moralischen Anspruch einer „Pflicht zur Einmischung" („devoir d'ingérence") war ein weiterer Aspekt für die MSF-Bewegung konstitutiv: Das Handeln über nationalstaatliche Grenzen hinweg. Notfalls gegen den Willen der betreffenden Regierung und unter Missachtung des Prinzips der Nichteinmischung sollte medizinische Nothilfe dort geleistet werden, wo sie gebraucht wurde. Während internationale Hilfsorganisationen ihre Reputation aus der Anerkennung völkerrechtlicher Prinzipien wie der Souveränität und territorialen Integrität des Nationalstaats zogen, begründete gerade deren Missachtung unter Verweis auf die universelle Gültigkeit der Menschenrechte den Erfolg der „French doctors organizations", wie sie schon bald pauschal bezeichnet wurden.

Zweitens wurde das nationalstaatlich konzipierte Flüchtlingsrecht durch die Arbeit der *Independent Commission on International Humanitarian Issues* (ICIHI) herausgefordert, die 1983 nach dem Vorbild der Brandt-Kommission gegründet worden war. Vorangegangen war dem eine kanadische Initiative in der Menschenrechtskommission der Vereinten Nationen. Dort hatte die Regierung Trudeau 1980 erfolgreich dafür geworben, angesichts der weltweit steigenden Flüchtlingszahlen eine Studie zum Verhältnis von „Massenfluchten" und Menschenrechtsverletzungen zu erstellen. UN-Generalsekretär Kurt Waldheim beauftragte damit den ehemaligen UN-Hochkommissar für Flüchtlinge, Sadruddin Aga Khan. Dieser legte, unterstützt vom jordanischen Kronprinzen Hassan bin Talal und seinen Netzwerken

16 Zum Begriff der „Dritten Welt" vgl. Agnes Bresselau von Bressensdorf/Elke Seefried: Introduction. In: Diess./Christian Ostermann (Hg.): West Germany and the Global South in the Cold War Era. Berlin/Boston 2017, S. 7–24, hier: S. 8 f.; Jürgen Dinkel: „Dritte Welt" – Geschichte und Semantiken, Version: 1.0. In: Docupedia-Zeitgeschichte, 06.10.2014, DOI: http://dx.doi.org/10.14765/zzf.dok.2.596.v1.

17 Zur Geschichte der Sans-Frontièrisme-Bewegung vgl. u. a. Eleanor Davey: Idealism Beyond Borders. The French Revolutionary Left and the Rise of Humanitarism, 1954–1988. Cambridge 2015; Dies.: The Language of Ingérence. Interventionist Debates in France, 1970s-1990s. In: Frei/Stahl/Weinke (Hg.): Human Rights and Humanitarian Interventions, S. 46–63; Tim Allen/David Styan: A Right to interfere? Bernard Kouchner and the New Humanitarianism. In: Journal of International Development 12 (2000), S. 825–842.

in die Genfer „humanitarian community" 1981 einen Bericht vor, der weit über seinen ursprünglichen Auftrag hinausging. Darin wurde die Einrichtung einer Kommission vorgeschlagen, die – in Anlehnung an Forderungen nach einer „Neuen Weltwirtschaftsordnung" – die postkolonialen, strukturellen Abhängigkeitsverhältnisse zwischen dem Globalen Süden und den Industriestaaten des Nordens in den Blick nehmen und ausgehend davon eine „Neue Internationale Humanitäre Ordnung" erarbeiten sollte.[18]

Den Aktivistinnen und Aktivisten der MSF-Bewegung und den Mitgliedern der ICIHI war gemein, dass sie den Nationalstaat als alleinigen Referenzrahmen und Akteur fluchtpolitischen Handelns in Frage stellten. Sie forderten einen menschenrechtsbasierten Perspektivwechsel, der das Individuum und gesellschaftliche Akteure wie NGOs in den Mittelpunkt rückte. Während die MSF-Teams diesen Ansatz bei ihrer täglichen Arbeit in den Kriegs- und Krisengebieten längst praktizierten, machte es sich die ICIHI zur Aufgabe, rechtliche Veränderungen auf globaler Ebene zu verankern. Ziel der Kommission war es, eine Erweiterung des Flüchtlingsbegriffs anzustoßen und ein Recht auf humanitäre Hilfe zu etablieren.

Eine umfassende Reform des Flüchtlings-, Staatsangehörigkeits- und Asylrechts, wie sie Aga Khan vorschwebte, gelang letztlich nicht. Gleichwohl arbeitete die Kommission mit einem breiten Flüchtlingsbegriff, der weit über jenen der Genfer Flüchtlingskonvention hinausreichte. Explizit einbezogen wurden alle „uprooted people", wozu diverse vulnerable Gruppen wie Staatenlose, „Verschwundene", Flüchtlinge und (Binnen-)Vertriebene gezählt wurden.[19] Davon ausgehend wurden Ideen entwickelt, wie Nothilfe in bewaffneten Konflikten – unabhängig davon, ob es sich um zwischenstaatliche oder Bürgerkriege handelte – umgesetzt und rechtlich abgesichert werden konnte.

Eine Schlüsselrolle kam der Idee zu, Notkorridore und Schutzzonen völkerrechtlich zu kodifizieren. Abgeleitet werden sollte dieses Konzept aus dem Recht auf einen sicheren Zufluchtsort, wie die Juristin Julia Häusermann in ihrem Gutachten für die ICIHI 1985 vorschlug: „The most urgent need of those fleeing for their lives or escaping persecution or threats to their physical security, is the need for a safe refuge."[20] Sie berief sich dabei auf die Gründerväter des Völkerrechts, Hugo

[18] Vgl. Sadruddin Aga Khan: Question of the violation of Human Rights and fundamental freedoms in any part of the world, with particular reference to colonial and other dependent countries and territories. Study on Human Rights and Mass Exodus, 31.12.1981, UN Commission on Human Rights, E/CN.4/1503-EN, § 90. Online zugänglich unter: https://digitallibrary.un.org/record/29902?ln=en (zuletzt aufgerufen am 24.04.2024).

[19] Vgl. Refugees: The Dynamics of Displacement. A Report for the Independent Commission on International Humanitarian Issues. London 1986, S. xvii.

[20] Julia Häusermann: International Protection of Refugees and Displaced Persons. An Analysis of Lacunae and Weakness in the Legal and Institutional Framework for the International Protection

Grotius und Emmeric de Vattel, die bereits früh ein solches Recht konstatiert hätten. Erst das nach dem Zweiten Weltkrieg geschaffenen Flüchtlingsregime habe Schutz an die Voraussetzung politischer Verfolgung gebunden und damit eine empfindliche Leerstelle hinterlassen.[21] Häusermann plädierte deshalb für die Etablierung sogenannter „safe havens“: Alle Geflüchteten, unabhängig davon, ob sie inner- oder außerhalb ihres eigenen Landes auf der Flucht waren und aus welchen Gründen sie vertrieben worden waren, sollten ein Recht auf einen Zufluchtsort haben. Dieser Anspruch wurde aus dem Recht auf Leben und körperliche Unversehrtheit abgeleitet, mithin menschenrechtlich begründet.

Die ICIHI griff diesen Ansatz auf und empfahl in ihrem Abschlussbericht an den UN-Generalsekretär 1987, in Gewaltkonflikten demilitarisierte, von zivilem UN-Personal betriebene Schutzzonen („safe havens“) und Notkorridore („mercy corridors“) einzurichten, innerhalb derer Hilfsorganisationen Kriegsflüchtlingen und (Binnen-)Vertriebenen humanitäre Erstversorgung zukommen lassen sollten.[22] Verbunden wurde dies mit der Forderung nach einem Recht auf humanitäre Hilfe:

> „While respecting the sovereign prerogatives of States, we believe that these should make room for humanitarian concerns in situations of emergency. Adequate measures should be taken to enable victims to have access to humanitarian aid […]. In situations of armed conflict, humanitarian organizations should be granted mercy corridors in order to reach the victims speedily. […] we recommend that States consider the articulation of **A Right to Humanitarian Assistance** […].“[23]

Die damit verbundene Infragestellung des nationalstaatlichen Prärogativs barg erheblichen politischen und rechtlichen Sprengstoff. Denn die Einrichtung von Schutzzonen im Kriegsgebiet und damit auf dem Territorium des Herkunftsstaats, der nicht selten auch der Verursacher der Fluchtbewegung war, verstieß bis dato klar gegen den Grundsatz der Nichteinmischung in die inneren Angelegenheiten eines anderen Landes. Und so ist es nicht verwunderlich, dass der ICIHI-Bericht, der von der UN-Generalversammlung zwar verabschiedet wurde, aber rechtlich nicht bindend war, keine unmittelbaren Folgen zeitigte. Die „Anfal-Kampagnen“ Saddam Husseins gegen die Kurden 1988 etwa blieben unbeantwortet, eine Einrichtung humanitärer Zonen oder gar eine militärische, UN-mandatierte Intervention blieb aus.

of Refugees and Displaced Persons and Recommendations for its Strengthening. Commissioned by The Independent Commission on International Humanitarian Issues. London 1985, S. 8.

21 Ebd., S. 12.

22 Vgl. Refugees: The Dynamics of Displacement. A Report for the Independent Commission on International Humanitarian Issues. London 1986, S. 54.

23 Winning the Human Race? The Report of the Independent Commission on International Humanitarian Issues. London/New Jersey 1988, S. 196. Hervorhebung im Original.

Kritikerinnen und Kritiker bemängelten zudem, derartige „safe areas" würden das bewährte Recht auf Asyl untergraben, schließlich böte sich damit dem Aufnahmestaat die Möglichkeit, Geflüchtete abzuweisen mit dem Argument, es könnten auch im Herkunftsstaat humanitäre Schutzzonen eingerichtet werden. Das Recht, zu fliehen und Asyl zu beantragen, drohe auf diese Weise durch ein Recht, zu bleiben, ausgehebelt zu werden.[24] In der Tat zogen die Regierungen in Ankara und Teheran, wie noch zu zeigen sein wird, diese Argumentation 1991 heran, um ihre Grenzen zu schließen und kurdischen Geflüchteten aus dem Irak die Einreise zu verweigern.

Prävention und Staatenverantwortung

Nicht nur die räumliche Konzeption von Flucht und Humanitarismus, sondern auch ihre zeitliche Dimension erlebte in den 1980er-Jahren substanzielle Verschiebungen. Bis dahin stand auf internationaler Ebene humanitäre Hilfe im Sinne eines unmittelbaren Krisenmanagements im Mittelpunkt, wenn die Notsituation bereits eingetreten war. Letztere wurde grundsätzlich temporär gedacht, weshalb auch der UNHCR nur ein zeitlich befristetes Mandat besaß und erst aktiv werden konnte, sobald und solange die jeweilige Notlage andauerte. Seit Mitte der 1970er-Jahre aber wurde immer offensichtlicher, dass nicht nur die Zahl der Menschen, die weltweit auf der Flucht waren, kontinuierlich stieg, sondern auch die Zeiträume, in denen humanitäre Hilfe benötigt wurden, immer länger wurden. Wie die soziologische Forschung gezeigt hat, entwickelte sich die Verstetigung von Flüchtlingslagern zu einem der drängendsten strukturellen Probleme für die Arbeit des UNHCR, der für diese fluchtpolitische Realität weder adäquat mandatiert noch mit entsprechenden finanziellen, personellen und logistischen Ressourcen ausgestattet war.[25] Und auch die Staaten der Europäischen Gemeinschaft sahen sich angesichts steigender Asylbewerberzahlen zunehmend überfordert und dies, obwohl die allermeisten Geflüchteten nach wie vor von Ländern des Globalen Südens aufgenommen wurden.

[24] Vgl. Jennifer Hyndman: Preventive, Palliative, or Punitive? Safe Spaces in Bosnia-Herzegovina, Somalia, and Sri Lanka. In: Journal of Refugee Studies 16/2 (2003), S. 167–185, hier: S. 169–173; B. S. Chimni: The Geopolitics of Refugee Studies: A View from the South. In: Journal of Refugee Studies 11/4 (1998), S. 350–374.

[25] Grundlegend dazu vgl. Michel Agier (Hg.): Un monde de camps. Paris 2014; Katharina Inhetveen: Die politische Ordnung des Flüchtlingslagers. Akteure – Macht – Organisation. Eine Ethnographie im Südlichen Afrika. Bielefeld 2010; Simon Turner: What Is a Refugee Camp? Explorations of the Limits and Effects of the Camp. In: Journal of Refugee Studies 29/2 (2015), S. 139–148.

Um die „Steuerungsfähigkeit der internationalen Gemeinschaft" über dieses „Weltordnungsproblem"[26] wiederzuerlangen, reichte die deutsche Bundesregierung 1980 einen Resolutionsentwurf „zur Vermeidung künftiger Flüchtlingsströme"[27] bei den Vereinten Nationen ein. In klarer Abgrenzung zur kanadischen Initiative, die Flucht aus menschenrechtlichen und humanitären Gesichtspunkten betrachtete, verfolgte das Auswärtige Amt den Ansatz, Flucht als Daueraufgabe internationaler Politik zu begreifen. Ziel müsse es sein, zunächst die Ursachen des weltweiten Fluchtgeschehens zu analysieren, um anschließend Strategien zu ihrer Vorbeugung zu entwickeln. Damit speiste das Auswärtige Amt nicht nur den bis heute prägenden Begriff der Fluchtursachenbekämpfung in den Diskurs ein, sondern sorgte für eine paradigmatische Verschiebung des zeitlichen Horizonts fluchtpolitischen Handelns: Die Perspektive richtete sich nicht mehr auf reaktives Krisenmanagement, sondern auf den Ansatz der Prävention.

Wie im Rahmen der Vereinten Nationen üblich, wurde eine Sachverständigengruppe eingerichtet, der nach einem komplexen Proporz- und Rotationsprinzip Regierungsvertreter aus westlichen Staaten, aus dem sozialistischen Ostblock und aus Ländern des Globalen Südens angehörten. Bis zum Frühsommer 1984 diskutierte man über eine konsensfähige Definition von Fluchtursachen und einen präventiven Flüchtlingsbegriff, der über die Definition der GFK hinausgehen musste.[28] Während Staaten, die zu diesem Zeitpunkt zu den Hauptaufnahmeländern zählten, etwa Australien oder Pakistan, vehement für eine Erweiterung des Flüchtlingsbegriffs eintraten, setzten sich die Bundesregierung und ihre Verbündeten letztlich damit durch, den Flüchtlingsbegriff der GFK unangetastet zu lassen. Man einigte sich stattdessen darauf, „dass der auf Ursachen, nicht aber auf Folgen abzielende präventive Ansatz es erfordere, den Umfang der zu behandelnden Phänomene weiter als den der bestehenden Flüchtlingsdefinition zu ziehen."[29] Die Sachverständigengruppe sollte entsprechende Empfehlungen zur Vorbeugung künftiger „Massenfluchten" erarbeiten, wobei der Schwerpunkt auf „erzwungene" und „massive" Fluchtsituationen gelegt wurde, die durch bewaffnete Konflikte, Kolonialismus, po-

26 Schreiben des Leiters des Planungsstabs im Auswärtigen Amt, Niels Hansen, an BM Genscher, 22.08.1980, Betr.: Rede vor 35. GV der VN, hier: Schwerpunkt Flüchtlingsproblematik. In: PAAA, B30-ZA/127885, S. 2.

27 Resolution „International Cooperation to avert new flows of refugees", 11.12.1980, UN-GV, A/35/124 (1980).

28 Vgl. dazu auch Luke T. Lee: The UN Group of Governmental Experts on International Co-operation to Avert New Flows of Refugees. In: The American Journal of International Law 78/2 (1984), S. 480–484.

29 Bernd Mützelburg: Flüchtlingsinitiative der Bundesrepublik Deutschland: Entscheidende Phase erreicht. In: Vereinte Nationen. German Review on the United Nations 33/4 (1985), S. 122–124, hier: S. 123.

litische Verfolgung und die Vertreibungen ganzer Bevölkerungsgruppen entstanden waren.[30]

Dieser von der deutschen Bundesregierung initiierte, völkerrechtsbasierte Ansatz richtete den Blick nicht auf das Individuum, sondern auf den Staat als alleinigen Akteur internationaler Politik. Ziel war es nicht, die Rechte der Geflüchteten zu stärken, sondern die Stabilität der zwischenstaatlichen Ordnung zu sichern. Letztere sah man perspektivisch durch grenzüberschreitende „Massenfluchten" gefährdet:

> „Insbesondere in der Dritten Welt bedeuten ungelöste Flüchtlingsfragen eine permanente Gefährdung der politischen und sozialen Stabilität sowie der wirtschaftlichen Entwicklung der betroffenen Staaten und Regionen. Die Folgen grenzüberschreitender Massenflucht oder Vertreibung können somit nicht nur die innerstaatlichen Verhältnisse destabilisieren, sondern auch die zwischenstaatlichen Beziehungen beeinträchtigen."[31]

In dieser Logik war weniger relevant, dass Krieg, Gewalt und Vertreibung mit Menschenrechtsverletzungen einhergingen, sondern dass grenzüberschreitende „Massenfluchten" die territoriale Integrität des Aufnahmestaats beeinträchtigten und ein Verstoß gegen das Recht der Staaten darstellten, über die Aufnahme von Ausländerinnen und Ausländern in ihr Hoheitsgebiet selbst zu entscheiden.[32] Geflüchtete gefährdeten demnach die innere Sicherheit der Aufnahmestaaten ebenso wie den internationalen Frieden.

Diese Herangehensweise hatte mehrere konzeptionelle Folgen, die für die weitere Entwicklung des humanitären Interventionismus entscheidend waren: Erstens standen nicht mehr die asylpolitischen Pflichten der Gastländer wie etwa das Non-Refoulement-Gebot im Mittelpunkt, sondern die Verantwortung der Herkunftsstaaten, „Massenfluchten" aus ihrem Staatsgebiet zu verhindern:

> „In view of their responsibilities under the Charta of the United Nations and consistent with their obligations under the existing international instruments in the field of human rights, States, in exercise of their sovereignty, should do all within their means to prevent new massive flows of refugees. Accordingly, states should refrain from creating or contributing by their policies to causes and factors which generally lead to massive flows of refugees."[33]

[30] Vgl. Abt. 2 des AA an BM Genscher, 20.03.1984, Betr.: Unsere Flüchtlingsinitiative in den VN, hier: Stand und Weiterbehandlung unserer Initiative, in: PAAA, B30-ZA/134881, Anhang 2, S. 13 f.
[31] Hans-Dietrich Genscher: Internationale Zusammenarbeit zur Vermeidung neuer Flüchtlingsströme. In: ZAR-Abhandlungen 4 (1982), S. 161–162, hier: S. 161.
[32] Aufzeichnung des AA, 22.04.1984, Betr.: Weiterführung unserer Flüchtlingsinitiative in den VN, hier: Hausbesprechung vom 20.01.1984. In: PAAA, B30-ZA/134881, S. 5.
[33] UN General Assembly, International Co-operation to Avert New Flows of Refugees: Note by the Secretary-General, 13.05.1986, UN-GV, A/41/324, § 66c, S. 17.

Der Blick auf die „state responsibility“, die im abschließenden Bericht der Sachverständigengruppe in der 1986 verabschiedeten Resolution der UN-Generalversammlung verankert wurde, war in dieser Form neu und stand in einem konzeptionellen Spannungsverhältnis zum Prinzip der Nichteinmischung in die inneren Angelegenheiten der (Herkunfts-)Staaten.[34] Befürworter wie der amerikanische Jurist Garvey unterstrichen als eine zentrale Errungenschaft dieser Neuerung, dass sich künftig jede Regierung für die Verursachung von Fluchtbewegungen oder Massenvertreibungen vor der UN-Generalversammlung werde rechtfertigen müssen.[35] Umgekehrt drohte dieses Verursacherprinzip – also die Betonung der Verantwortung der Herkunftsstaaten – den Aufnahmeländern einen Blankoscheck für die Ablehnung von Asylsuchenden in die Hand zu spielen, wie Kritikerinnen und Kritiker bemängelten.[36] Die Staatenverantwortung wurde also ungleich verteilt: Die Herkunftsländer im Globalen Süden hatten künftig mehr Verpflichtungen zu erfüllen als etwa die Aufnahmeländer der europäischen und westlichen Welt.

Zweitens wurde transnationale Flucht als genuiner Bestandteil internationaler Sicherheit konzipiert: „[...] in view of its complex nature and magnitude, as well as its potentially destabilizing effects, averting massive flows of refugees is a matter of serious concern to the international community as a whole.“[37] Diese Versicherheitlichung von Flucht wurde explizit an die Idee der Prävention gebunden und legte damit einen entscheidenden argumentativen Grundstein für künftige Debatten um humanitäre Interventionen.[38] In ihrem Abschlussbericht formulierte die Sachverständigengruppe den Auftrag an alle UN-Organe und damit auch an den Sicherheitsrat, die Entstehung künftiger „Massenfluchten“ *zum frühest möglichen Zeitpunkt* zu unterbinden und dafür alle zur Verfügung stehenden Mittel einzusetzen:

34 Vgl. Luke T. Lee: The UN Group of Governmental Experts on International Co-operation to Avert New Flows of Refugees: Part II. In: The American Journal of International Law 81/2 (1987), S. 442–444.

35 Vgl. Jack I. Garvey: Toward a Reformulation of International Refugee Law, in: Harvard International Law Journal 26/2 (1985), S. 483–500.

36 Chimni: The Geopolitics of Refugee Studies: (wie Anm. 24).

37 UN General Assembly, International Co-operation to Avert New Flows of Refugees: Note by the Secretary-General, 13.05.1986, UN-GV, A/41/324, § 63, S. 16.

38 Zur Erweiterung des Sicherheitsbegriffs seit den 1970er-Jahren vgl. u. a. Christopher Daase: Der erweiterte Sicherheitsbegriff. In: Mir A. Ferdowsi (Hg.): Internationale Politik als Überlebensstrategie. München 2009, S. 137–153; Eckart Conze: Securization. Gegenwartdiagnose oder historischer Analyseansatz? In: Geschichte und Gesellschaft 38/3 (2012), S. 453–467; Ders.: Geschichte der Sicherheit. Entwicklung, Themen, Perspektiven. Göttingen 2018.

„The main organs of the United Nations are urged to make fuller use of their respective competences under the Charter for the prevention of new flows of refugees, with a view to considering at the earliest possible stage situations and problems which could give rise to massive flows of refugees.“[39]

Die Prävention von „Massenflucht“ war damit zu einem Gegenstand internationaler Friedenssicherung deklariert worden, was dem UN-Sicherheitsrat einen Referenzrahmen für die Anwendung von Waffengewalt zur Verfügung stellte und zugleich potenziellen Aufnahmestaaten ein gewichtiges Argument an die Hand gab, Geflüchtete an ihren Grenzen abzuweisen.

Und so überrascht es nicht, dass sich die türkische und iranische Regierung im Frühjahr 1991, als hunderttausende Kurdinnen und Kurden vor den Angriffen Saddam Husseins flohen, sich auf eben jene Resolution bezogen, um ihre Grenzschließungen zu rechtfertigen.[40] In seiner Rede vor dem UN-Sicherheitsrat am 5. April 1991 verwies der iranische Repräsentant nicht nur darauf, dass die Zahl der Geflüchteten die Aufnahmekapazitäten seines Landes übersteige, sondern stellte die humanitäre Notlage im Irak auch als massive Bedrohung der internationalen Sicherheit dar:

„The magnitude of the problem of refugees in terms of numbers and the rate and speed of the influx, and in terms of the severity of the injuries and problems of some of the refugees, has made dealing effectively with this humanitarian problem beyond the capability of any one country of the region. Thus, there is a need for concerted international effort to deal both with the causes of the crisis and with its immediate symptoms. [...] It is evident that the situation inside Iraq, due to its gravity and implications for the neighbouring countries, has consequences that threaten regional and international peace and security.“[41]

Es kann nur als zynisch bezeichnet werden, dass ausgerechnet das Regime Khomeinis und die Regierung Evren, die beide seit Jahren die kurdische Minderheit in ihrem Land systematisch verfolgten, nun die Menschenrechtsverletzungen und Vertreibungspolitik Saddam Husseins als Gefährdung des Weltfriedens bezeichneten. Dessen ungeachtet übernahm auch der UN-Sicherheitsrat in seiner Resolution 688 diese auf die deutsche Initiative von 1980 zurückgehende Argumentation, um die militärische Intervention in den Irak zu rechtfertigen.

[39] Ebd., § 68, S. 17. Dies wurde auch in die abschließende Resolution übernommen, vgl. Resolution „International Co-operation to Avert New Flows of Refugees“, 03.12.1986, UN-GV, A/RES/41/70 (1986).

[40] Vgl. auch Wheeler: Saving Strangers, S. 141–146 (wie Anm. 3).

[41] UN Security Council, Provisional Verbatim Record of the Two Thousand Nine Hundred and Eighty-Second Meeting, 05.04.1991, S/PV.2982 (1991), S. 13–15.

Der Irak als Laboratorium des humanitären Interventionismus: Safe Areas, No-fly-Zones und die Schutzverantwortung des Staates

Als US-Präsident Bush und seine europäischen Partner im April 1991 grünes Licht für den Einmarsch in den Irak gaben, wirkten somit mehrere Faktoren zusammen: Erstens hatte die 1980 von der Bundesrepublik initiierte Resolution der internationalen Staatengemeinschaft einen argumentativen Referenzrahmen zur Verfügung gestellt, transnationale „Massenflucht" als Gefährdung des Weltfriedens und deren Prävention als Aufgabe des UN-Sicherheitsrats zu deklarieren. Zweitens standen mit der von der ICIHI entwickelten Konzeption humanitärer Schutzzonen und Notkorridore Ideen zur konkreten Umsetzung dieser Aufgabe zur Verfügung. Und drittens war in der spezifischen welthistorischen Konstellation der politische Wille vorhanden, diesen Schritt zu gehen: Eine Blockade des UN-Sicherheitsrats, wie sie die Vereinten Nationen in der Ära des Kalten Krieges oftmals erlebt hatten, blieb aus.

Ein vierter, oft vernachlässigter Aspekt war für diese, von der politikwissenschaftlichen Forschung meist als erfolgreich bewertete Intervention entscheidend: Die Akteure, die sich der Umsetzung der Resolution annehmen konnten, waren seit Jahren vor Ort, kannten die lokalen Gegebenheiten und verfügten über die notwendigen personellen und institutionellen Netzwerke. So übernahm Bernard Kouchner als Staatssekretär für humanitäre Fragen der französischen Regierung den Aufbau und die Organisation der „safe havens" auf irakischem Staatsgebiet. Dazu nutzte er die Verbindungen zu den Ärzteorganisationen der von ihm mitbegründeten MSF-Bewegung, die in den kurdischen Gebieten im Nordirak, Iran und der Türkei arbeiteten. Sadruddin Aga Khan wurde von UN-Generalsekretär Pérez de Cuéllar zum „Sonderbeauftragten für humanitäre Hilfe im Irak, in Kuwait, den irakisch-iranischen und irakisch-türkischen Grenzgebieten" ernannt und handelte mit Saddam Hussein ein Memorandum of Understanding aus. Darin wurden Rechte und Pflichten der beteiligten NGOs, UN-Mitarbeiterteams und irakischen Behörden festgeschrieben. Hassan bin Talal, der gemeinsam mit Aga Khan die ICIHI geleitet hatte, koordinierte die Versorgung der kuwaitischen Geflüchteten, die im Zuge des Krieges nach Jordanien geflohen waren. Abgesichert wurden die „safe havens" durch die Deklarierung von Flugverbotszonen, deren Einhaltung von amerikanischem, britischem und französischem Militär abgesichert wurde.[42]

Für den UNHCR wurde der Einsatz im Irak zur „Wasserscheide"[43]: Bislang hatte das Flüchtlingshilfswerk in den Aufnahmeländern mit deren expliziter Zustimmung gearbeitet. Nun musste es auf dem Territorium jenes Staates tätig werden,

42 Vgl. Stephen Wrage/Scott Cooper: No Fly Zones and International Security. Politics and Strategy. London/New York 2019, S. 38–63.

43 UNHCR (Hg.): The State of the World's Refugees, S. 211.

der als Verursacher der Notsituation galt und diese humanitären Schutzzonen dezidiert ablehnte. Stärker als bisher musste der UNHCR künftig nicht nur die üblichen Aushandlungsprozesse mit den Behörden des Gastlandes steuern, sondern auch mit den multinationalen militärischen Truppen der Interventionsallianz zusammenarbeiten. Diese Konstellation stand nicht nur in einem latenten Spannungsverhältnis zu den Grundprinzipien des UNHCR, sondern barg auch eine strukturelle, finanzielle und logistische Überforderung der ohnehin prekär ausgestatteten Organisation in sich.

Die Praxis der „safe haven" wurde zum Vorbild für die Einrichtung weiterer humanitärer Schutzzonen in den Gewaltkonflikten der 1990er-Jahre.[44] Wurde die Zusammenarbeit der Vereinten Nationen und NGOs im Irak zeitgenössisch als Zeichen einer neuen, menschenrechtsbasierten Weltordnung interpretiert, sorgte das offensichtliche Versagen des Schutzkonzepts in Bosnien-Herzegowina, Somalia und Ruanda sehr schnell für Ernüchterung. Zum Sinnbild dieses Scheiterns wurde das Massaker von Srebrenica 1995, als tausende bosnische Muslime durch serbische Truppen vor den Augen von UN-Blauhelmsoldaten ermordet wurden. Statt Zivilisten und Geflüchteten humanitären Schutz zu bieten, waren die „safe zones" zur Todesfalle geworden. Die Debatten über die moralische Notwendigkeit, Rechtmäßigkeit und politische Instrumentalisierbarkeit humanitärer Interventionen erreichten einen neuen Höhepunkt, als die NATO im Frühjahr 1999 militärisch in den Kosovo-Krieg eingriff, obwohl dafür kein UN-Mandat vorlag.[45]

Vor diesem Hintergrund richtete die UN-Generalversammlung im September 2000, erneut auf kanadische Initiative, die sogenannte *International Commission on Intervention and State Sovereignty* (ICISS) ein. Sie erhielt den Auftrag, ein Konzept zu erarbeiten, wie künftig mit dem Thema „humanitäre Intervention" umgegangen werden sollte. Denn:

> „External military intervention for human protection purposes has been controversial both when it has happened – as in Somalia, Bosnia and Kosovo – and when it has failed to happen, as in Rwanda. For some the new activism has been a long overdue internationalization of the human conscience; for others it has been an alarming breach of an international state order dependent on the sovereignty of states and the inviolability of their territory."[46]

[44] Vgl. dazu auch Alexa Stiller: The Genesis of the Human Rights-Based International Criminal Justice System. The Hidden Significance of the First Iraq War. In: Eckel/Stahl (Hg.), Embattled Visions, S. 123–140, hier: S. 130–132.

[45] Zu den terminologischen Debatten um „humanitarian zones" und „security zones" vgl. Jennifer Hyndman: Preventive, Palliative, or Punitive? Safe Spaces in Bosnia-Herzegovina, Somalia, and Sri Lanka. In: Journal of Refugee Studies 16/2 (2003), S. 167–185, hier: S. 171.

[46] The Responsibility to Protect. Report of the International Commission on Intervention and State Sovereignty. Ottawa 2001, S. VII.

Eine Antwort auf diese Gretchenfrage internationaler Politik legte die Kommission 2001 in ihrem Abschlussbericht „The Responsibility to Protect" (R2P) vor.[47] Dieses Konzept der Schutzverantwortung forderte eine Neudefinition des Souveränitätsprinzips, nämlich die Pflicht der Staaten, für den Schutz der Individuen auf ihrem Staatsgebiet zu sorgen. Für den Fall, dass ein Staat seiner Verantwortung nicht nachkam, sollte diese Verpflichtung auf die internationale Staatengemeinschaft übergehen, die demnach von einem Recht auf humanitäre Intervention Gebrauch machen konnte. Drei Verantwortungsbereiche wurden dabei differenziert: Die „responsibility to prevent" umfasste die Verpflichtung, schwere Menschenrechtsverletzungen bereits im Vorfeld zu erkennen und präventiv zu bekämpfen; Daran schloss sich die „responsibility to react" an, die notfalls militärische Interventionsmaßnahmen ermöglichen sollte. Und schließlich forderte die „responsibility to rebuilt" die Verpflichtung ein, Maßnahmen zur Konflikt-Nachsorge zu ergreifen.

Von der rechts- und politikwissenschaftlichen Forschung wurde wiederholt der Innovationscharakter der R2P unterstrichen, insbesondere mit Blick auf die Relativierung der nationalstaatlichen Souveränität. Vernachlässigt wurden dabei allerdings die konzeptionellen Kontinuitätslinien, die bis ins Jahr 1980 zurückreichten. Erstens betrifft dies den Verweis auf die Verantwortung des Staates, seine Bürgerinnen und Bürger zu schützen, mithin die intrinsische Verschränkung von Souveränität und Verantwortung. Unter dem Begriff der „state responsibility" hatte die auf bundesdeutsche Initiative eingerichtete Sachverständigengruppe auf die Pflicht des (Herkunfts-)Staates verwiesen, seine Bürgerinnen und Bürger zu schützen und transnationale „Massenfluchten" zu verhindern. Auch wenn der Fokus dabei nicht auf den Schutz der Menschenrechte, sondern auf die Stabilisierung zwischenstaatlicher Beziehungen gerichtet war, trug dies bereits eine Relativierung staatlicher Souveränität in sich, aus der sich nicht nur Rechte, sondern auch Pflichten ableiteten. Sehr viel vehementer noch hatte die ICIHI unter Leitung Aga Khans und bin Talals mit ihrer Forderung nach einem Recht auf humanitäre Hilfe und einen sicheren Zufluchtsort sowie die Pflicht zur Intervention im Falle schwerer Menschenrechtsverletzungen das Prärogativ des Nationalstaats in Frage gestellt.

Zweitens verwiesen Politologen wie Thomas G. Weiss darauf, dass eine humanitäre Krise und „Massenfluchten" nun nicht mehr grenzüberschreitend stattfinden mussten, um als Gefahr für den Weltfrieden zu gelten und den Sicherheitsrat zu bevollmächtigen, eine Intervention nach Kapitel VII der UN-Charta in die Wege

47 Grundlegend dazu vgl. u. a. Irene Etzerdorfer/Ralph Janik: Staat, Krieg und Schutzverantwortung. Wien u. a. 2016, S. 164–223; Christina Gabriela Badescu: Humanitarian Intervention and the Responsibility to Protect. Security and Human Rights. London/New York 2011; Alex J. Bellamy/Tim Dunne (Hg.): The Oxford Handbook of the Responsibility to Protect. Oxford 2016.

zu leiten.[48] Wie gezeigt, war diese Versicherheitlichung von Flucht bereits ein Kerngedanke des bundesdeutschen Resolutionsentwurfs, der 1986 von der Generalversammlung verabschiedet worden war, wobei hier dezidiert an grenzüberschreitende, nicht aber an Binnenfluchtbewegungen gedacht worden war. Die ICIHI wiederum hatte ihre Idee humanitärer Notkorridore und Schutzzonen vom Prinzip transnationaler Flucht entkoppelt und stattdessen, in Abgrenzung zur Genfer Flüchtlingskonvention, einen breiten Begriff humanitärer Krisen und „uprooted people“ zugrunde gelegt. Die Erweiterung des Sicherheitsbegriffs um Flucht und humanitäre Notlagen erfolgte somit bereits in den 1980er-Jahren und wurde 1991 im Irak in die Praxis umgesetzt.

Und schließlich galt dies, drittens, für den Ansatz der Prävention: „Massenfluchten“ und humanitäre Notsituationen nicht mehr als vorübergehendes Phänomen und Gegenstand reaktiven Krisenmanagements zu betrachten, sondern als Daueraufgabe internationaler Politik, war zentraler Bestandteil der Debatten der 1980er-Jahre. Sie fanden ihren Niederschlag im Konzept der Fluchtursachenbekämpfung, das als „root cause prevention efforts“ im R2P-Bericht weiterentwickelt wurde.[49] Auch die von der Khan-Studie 1981 vorgeschlagene Einrichtung von „early warning systems“ zur Vorhersage und Vorbeugung humanitärer Notsituationen fand sich nicht nur im Abschlussbericht der ICIHI von 1987, sondern auch in jenem der ICISS von 2001.[50]

Gleichwohl griffe es zu kurz, eine bruchlose Kontinuitätslinie aus dem Jahr 1980 bis ins Jahr 2001 zu ziehen. Flucht, Vertreibung und ethnische Säuberungen der 1990er-Jahre, in denen humanitäre Interventionen zur Schlüsselfrage internationaler Politik avancierten, bildeten einen wichtigen Erfahrungsraum und eine entscheidende Motivation für die Einsetzung der ICISS und die Entwicklung der R2P, die 2005 offiziell anerkannt wurde. Um deren konzeptionelle Genese zu verstehen, ist es allerdings notwendig, den Blick auf das letzte Jahrzehnt des Kalten Krieges zu richten und die Geschichte von Flucht, Humanitarismus und internationaler Politik als reziproken, ineinander verflochtenen Prozess zu begreifen.

48 Thomas G. Weiss: The Turbulent 1990s. R2P Precedents and Prospects. In: Alex J. Bellamy/Tim Dunne (Hg.): The Oxford Handbook of the Responsibility to Protect. Oxford 2016, S. 56–73, hier: S. 62.

49 Vgl. The Responsibility to Protect. Report of the International Commission on Intervention and State Sovereignty. Ottawa 2001, S. 22 f.

50 Vgl. Khan: Study on Human Rights and Mass Exodus, S. 63; Winning the Human Race? The Report of the Independent Commission on International Humanitarian Issues. London/New Jersey 1988, S. 104; The Responsibility to Protect. Report of the International Commission on Intervention and State Sovereignty. Ottawa 2001, S. 21 f.

Fazit

Humanitärer Interventionismus entwickelte sich in den 1990er-Jahren zur Gretchenfrage internationaler Politik. Die rechtlichen und normativen Kontroversen mündeten zu Beginn des neuen Jahrtausends in die Doktrin der R2P, die das Prinzip der Schutzverantwortung des Staates beziehungsweise der internationalen Gemeinschaft festschrieb. Das Zusammenspiel dreier Ebenen – der *responsibility to prevent, to react* und *to rebuilt* – war in dieser spezifischen Form durchaus neu. Die konzeptionellen Grundlagen hierfür waren jedoch in den 1980er-Jahren gelegt worden. Dies galt erstens für die Relativierung staatlicher Souveränität durch den Gedanken der Staatenverantwortung, zweitens für die Versicherheitlichung von Flucht und humanitärer Nothilfe, und drittens für den Grundsatz der Prävention. 1991 wurden diese Konzepte im Irak durch die Einrichtung humanitärer Schutzzonen für kurdische Geflüchtete in die Praxis umgesetzt und avancierten zum Vorbild für weitere humanitäre Interventionen. Daraus eine Niedergangsgeschichte des Nationalstaats, einen Siegeszug der Menschenrechte und eine Stärkung des internationalen Flüchtlingsrechts abzuleiten, griffe jedoch zu kurz. Denn bis heute bleibt der Staat ein entscheidender Akteur fluchtpolitischen Handelns, der den Grundsatz der Staatenverantwortung je nach Bedarf für humanitäres Eingreifen oder für asylpolitische Abschottungsstrategien heranziehen kann.

Abstract

In the 1990s, humanitarian interventionism became a crucial issue in international politics. However, the conceptual framework for this had already been established in the last decade of the Cold War. To analyse this, it is necessary to understand refugee and humanitarian aid situations as an essential part of an entangled history of international politics. The article focuses on the emergence of humanitarian interventionism, the controversial debates surrounding it, and several conceptual shifts. In spring 1991, the international community finally established so-called "safe havens" in Iraq in response to the expulsion and extermination of the Kurdish minority by Saddam Hussein's regime. This article posits that the implementation of these security and protection zones marked a decisive turning point, with conceptual debates of the 1980s, on refugees and humanitarianism, being translated into political practice and paving the way for the humanitarian interventionism of the 1990s, which ultimately led to the doctrine of the „Responsibility to Protect".

Emmanuel Comte

Das vereinigte Deutschland, die europäische Integration und die Entwicklung des Flüchtlingsrechts nach dem Ende des Kalten Kriegs

Einführung

Die Suche nach Schutz ist ein fundamentales menschliches Bedürfnis. In Zeiten von Kriegen, ethnischen Konflikten und sozioökonomischen Krisen werden die Rechte von Asylsuchenden oft zum Streitpunkt intensiver politischer Diskussionen. In dem vorliegenden Beitrag rückt die Analyse der Transformation des Asylrechts im Kontext nach dem Ende des Kalten Krieges auf nationaler und europäischer Ebene in den Fokus. Das offenbart das oft missverstandene Wechselspiel zwischen geopolitischen Veränderungen und institutionellen Entscheidungen.

Dieser Text leistet einen historiographischen Beitrag, indem er aufzeigt, dass die kontroverse Natur des Asylrechts nicht ausschließlich auf geopolitische Veränderungen zurückzuführen ist, die mit dem Ende des Kalten Krieges und der Konsolidierung der europäischen Integration einhergingen. Vielmehr resultierte sie auch aus den inhärenten Mängeln eines Zwangsansatzes in einer immer stärker vernetzten Welt. Wie in diesem Artikel dargelegt wird, hat die Unterscheidung zwischen freier Bewegung innerhalb Europas und der Ausübung von Zwang gegenüber dem Rest der Welt versagt. Dieses Versagen zeigt sich am deutlichsten in der Asylpolitik. Diesem Beitrag geht die Annahme voraus, dass das Fehlen eines einfacheren und gerechteren internationalen Asylsystems, die bestehenden Herausforderungen nur noch weiter verschärft hat.

Im Folgenden werden die verschiedenen Aspekte und Entwicklungen des Asylsystems seit dem Ende des Kalten Krieges beleuchtet. Zunächst wird das Ende des Kalten Krieges analysiert, das mit dem Zustrom von Ausländern verbunden war. Dabei stehen insbesondere das Ausmaß der Zuflüsse und die Reaktionen in Deutschland, einschließlich der Rolle der öffentlichen Umverteilung, im Interesse der Untersuchung.

Anschließend wird auf die Anpassungen der deutschen Asylpolitik nach dem Kalten Krieg eingegangen. Dabei werden die Dynamiken des „Asylkompromisses“,

https://doi.org/10.1515/9783111671109-009

Abschiebungen, der Rückgang der Asylanträge in Deutschland und die neue Geographie der Migrationsströme beleuchtet.

Der dritte Teil des Textes widmet sich der Ausweitung der Asylpolitik auf die europäische Ebene. Hierbei wird die Schaffung des Gemeinsamen Europäischen Asylsystems analysiert, die Rückkehr der Asylsuchenden in ihr Land der ersten Einreise in die EU und die Rolle Deutschlands als Hauptnutznießer des neuen Systems.

Im vierten Teil steht die Herausforderung der Heterogenität im Fokus sowie die Mindeststandards, die Heterogenität zwischen den EU-Ländern und das deutsche Prinzip der Lastenteilung.

Im Anschluss werden die Herausforderungen an den Außengrenzen Europas thematisiert, wobei sich der Blick besonders auf die Ereignisse der Krise von 2015/16 richtet.

Zuletzt sollen die Positionierung Deutschlands im Zentrum eines mangelhaften Asylsystems und vor dem Hintergrund der Schwierigkeiten bei der Asylantragstellung und die Auswirkungen der Zwangsmaßnahmen diskutiert werden.

Das Ende des Kalten Krieges und der Zuzug von Ausländern

Die Schlüsseljahre 1989 und 1990 markieren das Ende des Kalten Krieges und waren von signifikanten demografischen Verschiebungen geprägt. In diesem Kontext signalisierte der ungarische Premierminister Miklós Németh dem deutschen Bundeskanzler Helmut Kohl seine Bereitschaft, die Grenzen für DDR-Flüchtlinge, die über Ungarn nach Westdeutschland gelangen wollten, zu öffnen. Obgleich die US-Regierung unter Präsident George H. W. Bush vorsichtig „überstürzte Entwicklungen" vermied, strebte Németh nach schnellen Veränderungen und einer Übereinkunft mit Kohl, um die wirtschaftliche Krise und die erdrückende Verschuldung Ungarns zu lindern.[1] Németh gewährte den Ostdeutschen widerwillig das, was sie begehrten: die Freiheit, in den Westen zu gehen. Nach westdeutschem Recht erhielten sie automatisch die Staatsbürgerschaft; es fehlte jedoch die Ausreiseerlaubnis. Németh schließlich war bereit, diese Erlaubnis zu erteilen.[2]

Diese Migration erreichte ihren Höhepunkt, als Németh am 31. August 1989 den Führern der DDR mitteilte, dass Ungarn seine formalen Verpflichtungen bre-

[1] Kristina Spohr: Post Wall, Post Square: Rebuilding the World after 1989. London 2019, S. 309. Marie Elise Sarotte: Not One Inch: America, Russia, and the Making of Post-Cold War Stalemate. New Haven 2021, S. 30.

[2] Sarotte: Not One Inch, S. 30 (wie Anm. 1).

chen und seine Grenzen für jeden öffnen würde, der ausreisen möchte.[3] Am 11. September öffnete Ungarn ohne Zustimmung Moskaus seine Grenzen.[4] Diese Ereignisse markieren den Beginn einer beispiellosen Migrationswelle, die den Kontinent prägte und die Geopolitik des ausgehenden 20. Jahrhunderts neu gestaltete.

Bemerkenswert ist, dass die geopolitischen Verschiebungen, die das Ende des Kalten Krieges mit sich brachten, auch eine tiefgreifende Veränderung in der Dynamik der menschlichen Bewegung bewirkten. Der Fall der Berliner Mauer und die politischen Veränderungen in Osteuropa lösten Bevölkerungsbewegungen aus, die sich über den gesamten Kontinent erstreckten und das Antlitz Europas nachhaltig veränderten.

Die enormen Zuwanderungsströme im Kontext des Kalten Krieges hinterließen auf vielfältige Weise ihre Spuren in Europa. Insbesondere Deutschland, als eines der Hauptzielländer, spürte die weitreichenden Auswirkungen dieser Migrationsbewegungen. Klaus J. Bade hat eine beeindruckende Verschiebung in der Herkunft der Asylbewerber beschrieben: Während 1986 noch 74,8 Prozent aus der sogenannten „Dritten Welt“ kamen, stammten 1993 bereits 72,1 Prozent aus Europa, hauptsächlich aus Osteuropa.[5] Dieses Phänomen ließ sich weitgehend auf den Zusammenbruch des Eisernen Vorhangs und die daraus resultierenden Krisen in Osteuropa zurückführen.

Die Zahl der Asylanträge stieg in Deutschland von 57.000 im Jahr 1987 auf 438.000 im Jahr 1992. Für ganz Europa stieg sie im gleichen Zeitraum von 163.000 auf 672.000.[6] In Deutschland nahmen diese Zahlen durch den Zustrom von Aussiedlern noch zu, der 1990 mit 400.000 Personen seinen Höhepunkt erreichte, bevor er bis Anfang der 2000er-Jahre allmählich zurückging.[7]

Die Ära nach dem Kalten Krieg prägte Deutschland in Form einer beispiellosen Zunahme der Zuwanderung, welche tiefgreifende Ängste und Reaktionen in der Bevölkerung auslöste.[8] Einer der Hauptursachen dieser Ängste war die weit ver-

[3] Ebd., S. 30.

[4] Ebd.

[5] Klaus J. Bade: Migration in European History. Malden 2003, S. 284.

[6] Cláudia de Freitas u.a.: Asylum Challenges, Debates and Reforms: How Germany, Poland, Portugal and Sweden Have Developed Their Asylum Systems since 2015. Gütersloh 2021, S. 14. Zentralarchiv des Europäischen Rates und des Rates der Europäischen Union, Brussels (ZERREU), CM4 UE DGH 2427.1, Dossier concernant la décision 2004/904/CE du Conseil du 02.12.2004, établissant le Fonds européen pour les réfugiés.

[7] Leo Lucassen: Beyond the Migration State: Western Europe since World War II. In: James F. Hollifield/Neil Foley (Hg.): Understanding Global Migration. Stanford 2022, S. 385–412, hier: Figure 3.

[8] Wayne A. Cornelius/Philip L. Martin/James Frank Hollifield: Controlling Immigration: A Global Perspective. Stanford 1994, S. 18–19.

breitete Vorstellung, dass Deutschland von einer „Flut“ von Zuwanderern überschwemmt würde.[9] Die Mainstream-Medien wie „Der Spiegel“ und die konservative „Bild-Zeitung“ trugen wesentlich zur Verbreitung dieses Narrativs bei, indem sie Asylsuchende als Bedrohung darstellten und das Bild eines überlasteten Staates zeichneten.[10] Zwischen 1991 und 1993 wurde das Asylthema als das dringlichste Problem des Landes wahrgenommen, und stellte damit sogar ein wichtigeres Thema als die Bewältigung der Wiedervereinigung und der hohen Arbeitslosigkeit dar.[11]

Diese Ängste und Ressentiments äußerten sich nicht nur in der öffentlichen Meinung, sondern auch in manifesten Gewalttaten. 1992 ereigneten sich mehr als 2.300 physische Angriffe auf Ausländer. Die Gewalt gegen Ausländer eskalierte insbesondere im ehemaligen Ostdeutschland, was sich in den Ausschreitungen in Hoyerswerda 1991 und Rostock-Lichtenhagen 1992 manifestierte.[12] In der Politik ebneten diese Diskurse und Gewalttaten den Weg für eine deutliche Verschärfung des deutschen Asylrechts und führten infolgedessen zur Einrichtung einer jährlichen Obergrenze für deutschstämmige Rückkehrer aus Osteuropa nach Deutschland.[13]

Die Auswirkungen dieser Entwicklungen erwiesen sich als tiefgreifend und mündeten in eine politische Neuausrichtung. Ein von Angst und Fremdenfeindlichkeit durchdrungenes gesellschaftliches Klima veranlasste den damaligen Bundespräsidenten der Bundesrepublik Deutschland, Richard von Weizsäcker, dazu, Asylbewerberunterkünfte in Nordrhein-Westfalen zu besuchen. Dadurch demonstrierte er Solidarität und rief seine Landsleute dazu auf, ihre Hilfe den weniger Begünstigten anzubieten.[14]

Trotz solcher Anstrengungen wurde das öffentliche Bild maßgeblich durch die Angst vor „Asylmissbrauch“ und „Wirtschaftsflüchtlingen“ geprägt, welche angeblich nur von den Leistungen des deutschen Wohlfahrtsstaates profitieren wollten.[15] Die Reaktionen Deutschlands auf die Zuwanderung waren daher von einer Mischung aus Angst, Feindseligkeit und den Auswirkungen öffentlicher Umverteilung

[9] Klaus J. Bade: Migration, S. 283 (wie Anm. 5).

[10] Christopher A. Molnar: „Greetings from the Apocalypse“. Race, Migration, and Fear after German Reunification. In: Central European History 54 (2021), S. 491–515.

[11] Ebd., S. 498.

[12] Christopher A. Molnar: Asylum Seekers, Antiforeigner Violence, and Coming to Terms with the Past after German Reunification. Paper presented at the German Studies Seminar of The Newberry, Chicago, 21 January 2022, S. 1–3.

[13] Cornelius u. a.: Controlling Immigration, S. 18–19 (wie Anm. 8).

[14] Ebd., S. 2–3.

[15] Molnar: „Greetings from the Apocalypse“, S. 498 (wie Anm. 10).

geprägt. Dies veranschaulicht die anhaltenden Herausforderungen und Spannungen, die das Thema Migration bis heute mit sich bringt.[16]

Die Neuausrichtung der deutschen Asylpolitik nach dem Kalten Krieg

Die Ära nach dem Kalten Krieg führte zu signifikanten Veränderungen in den Beziehungen Deutschlands zu Osteuropa, die starke Auswirkungen auf das deutsche Einwanderungsrecht hatten.[17] Der frühere Konsens, dass deutschstämmige Menschen in kommunistischen Ländern diskriminiert würden, wurde nach 1990 kritisch hinterfragt. Es gab politische Bemühungen, in Osteuropa Gleichberechtigung und Minderheitenrechte zu gewährleisten und dadurch die deutschen Gemeinden in diesen Ländern zu stabilisieren. Besonders erfolgreich waren diese Bemühungen in Polen, wo ein Abkommen die Garantie von Minderheitenrechten sicherstellte und Hindernisse für die Nutzung der deutschen Sprache im öffentlichen Leben abgebaut wurden.

Diese veränderten Bedingungen führten dazu, dass Vorstellungen einer Verfolgung von Deutschstämmigen in Polen obsolet wurden. Folglich wurden sie nur noch in Ausnahmefällen, insbesondere aus familiären Gründen, in Deutschland aufgenommen. Personen, die vor 1945 die deutsche Staatsbürgerschaft besaßen, sowie deren Nachkommen behielten das Recht auf einen deutschen Pass. Aktuell besitzen etwa 152.000 Menschen in Oberschlesien sowohl die polnische als auch die deutsche Staatsbürgerschaft.

Die Transformation der Lebensumstände von Deutschstämmigen in Osteuropa nach dem Ende des Kalten Krieges hatte weitreichende Folgen für die deutsche Asylpolitik, und eine Neuausrichtung dieser Politik wurde als notwendig erachtet und initiiert.

Im Rahmen dieser Neuausrichtung der deutschen Asylpolitik nach dem Kalten Krieg stellte der „Asylkompromiss" von 1992 ein Schlüsselereignis dar. Angespornt durch eine anschwellende Anti-Asyl-Kampagne in so unterschiedlichen Medien wie der „Bild-Zeitung" oder dem „Spiegel", gipfelte diese in einem Abkommen zwischen der regierenden CDU/CSU und den oppositionellen Sozialdemokraten (SPD). Beide Parteien strebten eine Verfassungsänderung an, um das Asylrecht erheblich einzuschränken.[18] Jedoch stieß die Umsetzung einer effektiven Abschiebepolitik

[16] Molnar: Asylum Seekers, S. 30–32 (wie Anm. 12).

[17] Dietrich Thränhardt: Germany's Immigration Policies and Politics. In: Grete Brochmann/Tomas Hammar (Hg.): Mechanisms of Immigration Control: A Comparative Analysis of European Regulation Policies. Oxford/New York 1999, S. 29–57, hier: S. 38–39.

[18] Molnar: „Greetings from the Apocalypse", S. 491–515 (wie Anm. 10).

auf erhebliche Schwierigkeiten. Die öffentliche und parteipolitische Unterstützung dieses Vorhabens schwankte immer wieder, insbesondere unter dem Eindruck individueller Abschiebungen und den daraus resultierenden Menschenrechtskonsequenzen.[19]

Der „Asylkompromiss" führte zu einem signifikanten Anstieg der Abschiebungen – die Zahl stieg von 10.798 im Jahr 1992 auf 36.165 im Jahr 1993. Dennoch stand dies in keinem Verhältnis zur Anzahl der abgelehnten Asylanträge.[20] Hierbei ist zu beachten, dass eine Ablehnung nicht zwangsläufig eine Abschiebung nach sich zog. Negative Entscheidungen führten dazu, dass Antragsteller entweder in ihr Herkunftsland zurückkehrten, in andere Länder auswanderten oder ohne legalen Status in Deutschland verblieben.[21]

Die Diskrepanz zwischen der Anzahl der abgelehnten Anträge und den tatsächlichen Abschiebungen offenbart die Herausforderungen, mit denen die Behörden bei der Umsetzung der Asylgesetze nach dem „Asylkompromiss" konfrontiert waren. Sie verdeutlicht, wie die konkrete Umsetzung asylpolitischer Maßnahmen in einer zunehmend vernetzten Welt oft hinter politischen Zielen und öffentlichen Erwartungen zurückbleibt.

Mit dem Ende des Kalten Krieges veränderten sich die Fluchtbewegungen nach Deutschland und innerhalb Europas drastisch. Gemäß den Berichten deutscher Behörden führte die Revision des Grundgesetzes Anfang 1993 zu einem starken Rückgang der Asylanträge.[22] Dietrich Thränhardt ergänzt, dass die Anzahl der Asylbewerber von 438.191 im Jahr 1992 auf 104.300 im Jahr 1997 sank, wobei die meisten Antragssteller aus der Türkei oder aus Jugoslawien kamen.[23] Zudem stellte Thränhardt fest, dass die Anzahl der Asylanträge von türkischen Bürgern von 15 Prozent im Jahr 1994 auf 20,5 Prozent im Jahr 1996 anstieg.[24] Die Neugestaltung der Asylpolitik Deutschlands nach dem Ende des Kalten Krieges wirkte sich also auch auf die Geographie der Migrationsbewegungen aus.

Obwohl Deutschland bis 1993 für 50 bis 70 Prozent aller in der EU gestellten Asylanträge verantwortlich war, sank dieser Anteil bis zum Jahr 2000 auf 17 Prozent. Im Gegenzug nahm das Vereinigte Königreich 22 Prozent der Anträge entge-

[19] Andreas Ette: Migration and Refugee Policies in Germany: New European Limits of Control? Verlag Barbara Budrich 2017.

[20] Thränhardt: Germany's Immigration Policies (wie Anm. 17); and Politics. Cornelius, u. a.: Controlling Immigration, S. 19 (wie Anm. 8).

[21] Ebd., S. 49–50.

[22] Cornelius, u. a.: Controlling Immigration, S. 19 (wie Anm. 8).

[23] Thränhardt: Germany's Immigration Policies and Politics, S. 38–39, 47 (wie Anm. 10).

[24] Ebd., S. 47.

gen.[25] Dies verdeutlicht eine bemerkenswerte Verschiebung in der Geographie der Asylbewegungen, mit einem signifikanten Rückgang der Anträge in Deutschland und einem Anstieg in anderen europäischen Ländern. Diese veränderten Migrationsmuster markieren den Beginn einer neuen Ära in der europäischen Asylpolitik, die in den folgenden Abschnitten dieses Artikels weiter analysiert wird. Dabei wird insbesondere die Rolle Deutschlands in Bezug auf die europäische Asylpolitik und die Auswirkungen der Asylströme auf das deutsche Sozialsystem beleuchtet.

Die Ausweitung der Asylpolitik auf die europäische Ebene

Im Kontext der europäischen Integration suchten die Mitgliedstaaten, darunter insbesondere Deutschland, nach Wegen, um Asyl- und Migrationspolitiken von nationalen auf europäische Ebenen zu verlagern – ein Prozess, den Virginie Guiraudon als „Venue-Shopping" bezeichnete.[26] In Deutschland beispielsweise diente die europäische Integration den Parteien SPD und FDP, als Rechtfertigung, das Asylrecht einzuschränken, indem sie Migrationsfragen in den Kontext einer europäischen Sicherheitsagenda stellten.[27]

Trotz dieser Entwicklung zögerten die Mitgliedstaaten anhaltend, ihre Souveränität in Asylfragen an die Europäische Union abzutreten. Deutschlands Rolle in der europäischen Asylpolitik ist hier besonders bemerkenswert. Obwohl das Land während des Maastrichter Gipfels 1991 die Einführung der qualifizierten Mehrheitsabstimmung (QMV) unterstützte, blockierte es später die QMV und bestand auf Einstimmigkeit während des Amsterdamer Gipfels 1997. Dieser Wandel gründete auf den zunehmenden Befugnissen der Bundesländer, die einen Verlust politischer Einflussnahme und zusätzliche finanzielle Belastungen befürchteten.[28]

Bemerkenswerterweise schien ein Regierungswechsel wenig Einfluss auf die Asylpolitik zu haben, wie die fortgesetzte Ablehnung der QMV durch die neue deutsche Regierung aus SPD und Grünen beim Nizza-Gipfel belegt. Sowohl der Europäische Rat in Nizza als auch der Vertrag von Nizza bestätigten dieses Muster.[29]

Die Europäische Kommission versuchte ihrerseits, die nationalen Asylsysteme durch die Vorlage von Richtlinien zu zentralisieren, die den Kern des gemeinsamen

25 Sandra Lavenex: The Europeanization of refugee policies: Normative challenges and institutional legacies. In: JCMS: Journal of Common Market Studies 39 (2001), S. 863–864.

26 Virginie Guiraudon: European Integration and Migration Policy: Vertical Policy-Making as Venue Shopping. In: JCMS: Journal of Common Market Studies 38 (2000), S. 251–271.

27 Ebd., S. 261.

28 Thomas Faist/Andreas Ette: The Europeanization of National Policies and Politics of Immigration: Between Autonomy and the European Union. New York 2007. Kapitel 4, S. 81.

29 Sandra Lavenex: The Europeanization, S. 865 (wie Anm. 25).

europäischen Asylsystems bilden sollten. Eine dieser Richtlinien konzentrierte sich auf den Flüchtlingsstatus und zielte auf eine Harmonisierung der Regeln zur Anerkennung von Flüchtlingen ab.[30] Gleichzeitig trat die Dubliner Übereinkommen 1997 in Kraft, die den Staat bestimmt, der für die Prüfung von Asylanträgen verantwortlich ist.[31] Diese Entwicklungen trugen zur Schaffung des Gemeinsamen Europäischen Asylsystems bei, trotz anhaltender Spannungen und Konflikte zwischen den Mitgliedstaaten.

Im Rahmen der Verankerung von Asylpolitiken auf der europäischen Ebene war die Rückführung von Asylbewerbern in ihr Land der ersten Einreise in die EU ein zentraler Bestandteil des neuen Systems. Hierbei gingen Deutschland – zusammen mit Großbritannien und Schweden – als Hauptnutznießer hervor.[32] Durch die revolutionären Veränderungen von 1989 wandelte sich die Bundesrepublik von einem Land an der Frontlinie des Kalten Krieges zum europäischen Zentrum. Insbesondere mit der Implementierung der ersten Dublin-Verordnung im Jahr 1997 wurde Deutschland zum größten Begünstigten des Abkommens.

Mit der Erweiterung der Europäischen Union 1995 und 2004 schuf Deutschland ein Cordon Sanitaire, das es Flüchtlingen nahezu unmöglich machte, legal auf deutschem Boden Asyl zu beantragen.

In den folgenden Debatten forderten mehrere EU-Mitgliedsstaaten, unter Führung Deutschlands, dass der erste aufnehmende Mitgliedsstaat verpflichtet sein solle, den Asylbewerber zurückzunehmen, wenn dieser sich illegal auf dem Territorium eines anderen Mitgliedsstaates aufhält.[33] Dies unterstreicht Deutschlands zentrale Rolle als Hauptnutznießer des neuen Asylsystems. Der Mechanismus, dass der aufnehmende Staat auch die Verantwortung für den Asylsuchenden übernimmt, wurde zu einem wesentlichen Bestandteil des europäischen Asylsystems.

Im Kontext der Ausweitung der Asylpolitik auf die europäische Ebene spielte Deutschland jedoch auch eine stabilisierende Rolle durch die Rücknahme von Migranten aus Großbritannien.[34] Relevanten gerichtlichen Entscheidungen zufolge hat sich Deutschland konsequent dafür eingesetzt, die Dublin-Verordnung umzu-

[30] Andreas Ette: Migration and Refugee Policies, S. 104 (wie Anm. 19).

[31] Convention determining the State responsible for examining applications for asylum lodged in one of the Member States of the European Communities (Dublin Convention). 1997, Official Journal of the European Union C254/1.

[32] Philipp Ther: The Outsiders: Refugees in Europe since 1492. Princeton 2021, 4.1 Humanitarianism after 1989 and „Fortress Europe".

[33] Council of the European Union. Brussels, 15 January 2001. 5191/01. Outcome of Proceedings of Working Party on Asylum on 8 and 9 January 2001.

[34] Home Office, Immigration and Nationality Directorate, Department for Constitutional Affairs. New Legislative Proposals on Asylum Reform, Report on the responses to the consultation on the new legislative proposals on Asylum Reform. 17. Dezember 2003.

setzen, insbesondere im Hinblick auf die Rückführung von Asylbewerbern aus dem Vereinigten Königreich.[35]

Darüber hinaus haben deutsche Verwaltungsgerichte und der Europäische Gerichtshof für Menschenrechte im Jahr 2014 die Rückführung von einzelnen Asylbewerbern nach Italien ausgesetzt, da das italienische Aufnahmesystem erhebliche Mängel aufwies.[36] Deutschland leitete die Umsiedlungsbemühungen und siedelte fast 11.000 Antragsteller aus Griechenland und Italien um. Dies war ein deutliches Zeichen für Deutschlands Bemühungen, einen stabilen Asylprozess auf europäischer Ebene aufrechtzuerhalten. Infolgedessen wurde Deutschland zum Hauptempfänger von Geldern aus dem Asyl-, Migrations- und Integrationsfonds (AMIF).[37] Darüber hinaus war Deutschland auch der größte Nutznießer des Europäischen Flüchtlingsfonds, der die Solidarität zwischen der Gemeinschaft und den Mitgliedstaaten bei der Aufnahme von Asylbewerbern, der Integration von Menschen mit internationalem Schutz in der EU und Maßnahmen zugunsten der freiwilligen Rückkehr von Schutzsuchenden oder abgelehnten Asylbewerbern ausdrückt.[38]

Die Rolle Deutschlands in diesem Prozess war insbesondere im Kontext der hohen Asylantragszahlen von großer Bedeutung. In einigen Fällen machte es etwa die Hälfte aller Anträge in Europa aus.[39] Zwischen 2009 und 2014 hat Deutschland zudem den größten Anstieg der innereuropäischen Migrationsströme erlebt, was die entscheidende Rolle Deutschlands im europäischen Asylsystem unterstreicht.[40] Dieses Engagement verdeutlicht die zentrale Rolle Deutschlands im europäischen Asylsystem und unterstreicht seinen Beitrag zur Aufrechterhaltung der Stabilität dieses Systems.

In der Gesamtbetrachtung ist hervorzuheben, dass Deutschland in Europa den bedeutendsten Akteur darstellte. Eine vergleichbare Position konnte Frankreich nie einnehmen. Zugegebenermaßen hat Frankreich bei der Strategie, die Verant-

35 Immigration Appeal Tribunal: „MT (Safe Third Country – HR – Germany) Germany CG", UKIAT 00130, hearing date October 29, determination date November 5, 2003; „RJ (Article 8 – Proportionality – Inability to Comply) Serbia and Montenegro", UKIAT 00151, heard at Field House on October 20, determination date November 19, 2003; „Somali", UKIAT00056, heard on January 18, notified on February 28, 2005.

36 CEASEVAL Proposal, ID 770037. Evaluation of the Common European Asylum System under Pressure and Recommendations for Further Development. H2020 Call H2020-SC6-ENG-GLOBALLY-2016-2017, S. 62.

37 Paul Baumgartner/Martin /Wagner: Sharing responsibilities in the Common European Asylum System. In: Ceaseval Research on the Common European Asylum System 04 (2018), S. 11. Online zugänglich unter: http://ceaseval.eu/publications (zuletzt aufgerufen am 17.4.2025).

38 Ebd., S. 9.

39 Thränhardt: Germany's Immigration Policies and Politics, S. 47 (wie Anm. 17).

40 Ebd.

wortung für Asylanträge auf Länder an den Außengrenzen der EU zu verlagern, eine mindestens ebenso wichtige, wenn nicht sogar noch wichtigere Rolle gespielt. Das liegt daran, dass Frankreich in den 1980er-Jahren realisierte, dass seine eigenen Grenzkontrollen seinem Ziel der Einwanderungsbeschränkungen nicht gerecht werden konnten. Dies veranlasste französische Regierungen dazu, verstärkt auf Kontrollen an den Außengrenzen zu setzen. Damit ging auch eine Übertragung der Zuständigkeit für Asylanträge einher, was als zusätzliche Maßnahme zur Abwehr von Einwanderern galt.

Bei den sukzessiven Reformen des Dublin-Systems war es sowohl Frankreich als auch Deutschland ein Anliegen, das System zu bewahren – auch wenn sich Frankreich weniger für die Beibehaltung der Binnengrenzkontrollfreiheit einsetzte als Deutschland. Während Frankreich zwar bestrebt war, seine eigenen Grenzkontrollen weiter nach Süden und Osten zu verlagern, teilte es nicht Deutschlands Interesse an der Aufrechterhaltung der Abwesenheit von Binnengrenzkontrollen innerhalb Europas. Infolgedessen reagierte Frankreich auf Krisen im Schengen-Raum häufiger mit der Wiedereinführung eigener Grenzkontrollen, während Deutschland eher versuchte, das System durch die Aufnahme eines größeren Anteils von Asylbewerbern zu stabilisieren.

Das Problem der Heterogenität

Die heterogene Form des Asylrechts unter den Mitgliedsstaaten der Europäischen Union stellt eine bedeutende Herausforderung für die Funktionsweise des Systems dar. Obwohl im Jahr 2001 eine Richtlinie zur Einführung von Mindeststandards eingeführt wurde,[41] zeitigt die Diversität der Asylpraktiken unter den Mitgliedsstaaten im Kontext der nationalen Ermessensprinzipien erhebliche Unterschiede.[42] Ein Beispiel hierfür ist die unterschiedliche Dauer, die Asylbewerber abwarten müssen, bevor sie arbeiten dürfen: In Schweden ist dies sofort möglich, in Deutschland nach drei Monaten, in den Niederlanden nach sechs Monaten und in Frankreich nach neun Monaten.[43]

Auffällige Diskrepanzen im Hinblick auf die Anerkennungsraten verdeutlichen zusätzlich die Heterogenität der Systeme. Für Tschetschenen schwankten die Anerkennungsraten im Jahr 2005 zwischen nahezu 0 Prozent in der Slowakei und 90

[41] Ette: Migration and refugee policies in Germany, S. 105 (wie Anm. 19).

[42] Thränhardt: Germany's Immigration Policies and Politics, S. 51 (wie Anm. 17).

[43] Maarten den Heijer/Jorrit Rijpma/Thomas Spijkerboer: Coercion, Prohibition, and Great Expectations: The Continuing Failure of the Common European Asylum System. In: Common Market Law Review 53 (2016), S. 609.

Prozent in Österreich.[44] Ebenso stark variierten die Anerkennungsraten für irakische Flüchtlinge im Jahr 2007, die von 0 Prozent in Slowenien und Griechenland bis zu 85 Prozent in Deutschland reichten. Die „angemessene" Frist für die Anfechtung einer Überstellungsentscheidung im Rahmen des Dublin-Verfahrens wird ebenfalls sehr unterschiedlich ausgelegt und variiert von 3 Tagen in Ungarn, über eine Woche in Deutschland, bis zu zwei Monaten in Spanien.[45]

Die bestehende Heterogenität trotz der festgelegten Mindeststandards erweist sich als zentrales Problem, das die Idee einer gleichwertigen Behandlung von Asylbewerbern in allen EU-Mitgliedsstaaten ad absurdum führt.[46] Es zeigt sich, dass trotz bedeutender Fortschritte bei der Harmonisierung des Asylsystems in Europa die Unterschiede zwischen den nationalen Systemen immer noch erheblich sind und zu gravierenden Diskrepanzen in der Behandlung von Asylbewerbern führen.

Die divergierende Handhabung der Asylpolitik innerhalb der EU hat darüber hinaus zu einer stetigen Erosion des Asylrechts in den Mitgliedsstaaten geführt.[47] Als Beispiel können die niedrigen Sozialleistungen für Asylbewerber in Deutschland angeführt werden, die 20 Prozent unter dem Niveau deutscher Empfänger liegen. Dies weist auf eine zunehmend restriktive Asylpolitik Deutschlands hin, die darauf abzielt, den Anteil an Asylanträgen zu reduzieren.[48]

Deutschland hat in diesem Kontext eine restriktive Umsetzung vorgenommen, indem es den Zugang zum Arbeitsmarkt für bestimmte Gruppen von Schutzsuchenden beschränkt und weitere Einschränkungen hinsichtlich der Sozialleistungen vorgenommen hat.[49] Die Konvergenz der Asylpolitik in den Kernmitgliedsstaaten der EU, insbesondere die Anpassung der Niederlande an restriktive deutsche Asylreformen, spiegelt diese Tendenz zur Erosion des Asylrechts wider.[50]

Diese abnehmende Großzügigkeit in der Asylpolitik lässt sich auch in der Umsetzung von EU-Richtlinien erkennen. Die Richtlinie 2001/55/EG, die Mindeststan-

44 Nadine El-Enany: The Perils of Differentiated Integration in the Field of Asylum. In: B. De Witte, A. Ott, E. Vos (Hg.): Between Flexibility and Disintegration: The Trajectory of Differentiation in EU Law. Cheltenham 2017, S. 15.

45 Martin Wagner/Paul Baumgartner/Minos Mouzourakis: Harmonising Asylum Systems in Europe – A Means or an End per Se? In: CEASEVAL Research on the Common European Asylum System 25 (2019), S. 20. Online zugänglich unter: http://ceaseval.eu/publications/25_WP2_HarmonisationWP.pdf (zuletzt aufgerufen am 17.4.2025).

46 Nadine El-Enany: The Perils of Differentiated Integration in the Field of Asylum, S. 15.

47 Thränhardt: Germany's Immigration Policies and Politics, S. 29–57 (wie Anm. 17).

48 Ebenda, S. 51.

49 Ette: Migration and refugee policies in Germany, S. 114 (wie Anm. 17).

50 Ariadna Ripoll Servent/Florian Trauner (Hg.): The Routledge Handbook of Justice and Home Affairs Research. New York 2017. Kapitel 19, „Europe's Core Member States: Intended and unintended consequences of strong policy-shaping traditions." Andreas Ette, S. 235.

dards für den Schutz bei massiven Flüchtlingsströmen vorsieht, hat in der Praxis zu Einschränkungen geführt, insbesondere in Bezug auf das Recht auf Familienzusammenführung.[51] Insgesamt ergibt sich das Bild einer stetigen Erosion des Asylrechts in Europa und insbesondere in Deutschland. Sowohl die nationale Politik als auch die EU-Ebene spielen in diesem Prozess eine entscheidende Rolle und ihr Zusammenspiel trägt zur fortlaufenden Verschlechterung des Asylrechts in der EU bei.

Um diesem Trend entgegenzuwirken, hat Deutschland sich für eine gerechtere Lastenverteilung innerhalb der EU ausgesprochen.[52] In der Vergangenheit nahm Deutschland die meisten Asylbewerber in der EU auf, was die hohe Zahl an Asylanträgen und Aufnahmen bosnischer Flüchtlinge deutlich macht.[53] Dabei wurde das deutsche System der Flüchtlingsverteilung, das dem „Königsteiner Schlüssel" folgt, als mögliches Modell auf EU-Ebene diskutiert.[54] Dieses System, das erstmals 1949 zur Finanzierung nationaler Forschungseinrichtungen eingeführt wurde, verteilt Asylbewerber proportional zur Wirtschaftskraft (zwei Drittel) und zur Bevölkerungsgröße (ein Drittel) jedes Bundeslandes. Dadurch sind alle Bundesländer eingebunden, aber wirtschaftlich stärkere Bundesländer, die mehr und bessere Arbeitsplätze anbieten können, nehmen mehr Asylbewerber auf. Nach diesem Verteilungsschlüssel nehmen beispielsweise Nordrhein-Westfalen, Bayern und Baden-Württemberg zusammen die Hälfte der Asylbewerber in Deutschland auf.[55]

Jedoch ist dieses deutsche Modell auf EU-Ebene auf zwei spezifische Herausforderungen gestoßen. Erstens gibt es, anders als in Deutschland und den USA, wo die Anerkennung des Flüchtlingsstatus eine föderale Aufgabe ist, innerhalb der EU erhebliche Unterschiede in Bezug auf die Aufnahmebedingungen, Verfahrensstandards und Zulassungskriterien zwischen den Mitgliedsstaaten.[56] Zweitens, obwohl Asylbewerber einem bestimmten Bundesland zugewiesen sind, das spezielle Verantwortlichkeiten gegenüber dem Asylbewerber hat, können diese in Deutschland und den USA eine Beschäftigung im gesamten Land annehmen und sich überall niederlassen. Dies steht im Gegensatz zu den restriktiven Bewegungsfreiheiten von Asylbewerbern zwischen EU-Mitgliedstaaten.[57] Daher haben diese beiden Herausforderungen die Debatte über die angemessene Verteilung von Asylbewerbern in-

[51] ZERREU. CM4 DGH 1434.1. Directive 2001/55/CE du Conseil du 20.07.2001.

[52] Thränhardt: Germany's Immigration Policies and Politics, S. 44 (wie Anm. 17).

[53] Commission Staff Working Paper: Proposal for a Council Decision establishing the European Refugee Fund for the period 2005–2010. Extended Impact Assessment (COM(2004) 102 final).

[54] Freitas, u. a.: Asylum Challenges, Debates and Reforms, S. 27 (wie Anm. 6).

[55] Ebd., S. 37.

[56] Maarten den Heijer, u. a.: Coercion, Prohibition, and Great Expectations, S. 611.

[57] Ette: Migration and refugee policies in Germany, S. 109–10 (wie Anm. 17).

nerhalb der EU und das damit verbundene Prinzip der Solidarität intensiviert.[58] Die Frage, warum Deutschland und Schweden den Großteil der Asylbewerber aufnehmen sollten, während andere Mitgliedstaaten untätig bleiben, bleibt ein anhaltender Streitpunkt.[59]

Die Herausforderung an den Außengrenzen

Die Problematik der Südeuropäischen Grenzen und Militäreinsätze repräsentiert eine andere wesentliche Schwierigkeit innerhalb der europäischen Asylpolitik. Im Verlauf der 1990er-Jahre begannen südeuropäische Länder wie Griechenland und Italien, die anfänglich über keine adäquate Asylpolitik verfügten, ihre Maßnahmen zur Bewältigung der ansteigenden Migrationsströme aus angrenzenden Ländern sukzessive zu intensivieren.[60] Trotz dieser Anstrengungen blieb die Aufnahmeleistung dieser Länder stets umstritten.[61] Deutschland spielte in diesem Kontext eine zentrale Rolle, indem es den überwiegenden Anteil der durch Frontex koordinierten Rückführungsaktionen abgelehnter Migranten leitete.[62]

Im Zuge der Implementierung der populistischen Regierung in Italien im Jahr 2018 wurde die Unzufriedenheit bezüglich der wachsenden Migrationslast deutlich. Innenminister Matteo Salvini versprach, die illegale Einwanderung zu unterbinden und Italien nicht länger als „Flüchtlingslager Europas“ zu betrachten.[63] Bereits zuvor hatte die spanische Regierung im Jahr 2006 mittels eines Appells für EU-Unterstützung auf die Sicherheitspraktiken von Frontex und die Militarisierung der EU-Außengrenzen hingewiesen. Die spanische Regierung wurde kritisiert, da sie eine umfangreiche Amnestie für irreguläre Migranten erließ und auf diese Weise Migration begünstigte.[64] Trotz der Kontroverse über die Amnestie unterstützte die EU

58 Interview mit einer Expertin der Ständigen Vertretung der Bundesrepublik Deutschland bei der Europäischen Union am Freitag, 6. März 2020 von 14:00 bis 15:30 Uhr.

59 Maarten den Heijer, u. a.: Coercion, Prohibition, and Great Expectations, S. 614.

60 Satvinder S. Juss: The decline and decay of European refugee policy. In: Oxford Journal of Legal Studies 25 (4) (2005), S. 775.

61 Ariadna Ripoll Servent/Florian Trauner (Hg.): The Routledge Handbook of Justice and Home Affairs Research. New York: Routledge 2017, S. 244.

62 Peter Slominski/Florian Trauner: How Do Member States Return Unwanted Migrants? The Strategic (Non-) Use of ‚Europe‘ during the Migration Crisis. In: JCMS: Journal of Common Market Studies 56, no. 1 (2018), S. 101–118.

63 „Italy migrants: Matteo Salvini calls for end to Sicily ‚refugee camp‘“. BBC News. 3. Juni 2018; „Italian Interior Minister Matteo Salvini: Italy not ‚Europe’s refugee camp‘“. Deutsche Welle.

64 Sarah Léonard/Christian Kaunert: The securitisation of migration in the European Union: Frontex and its evolving security practices. In: Journal of Ethnic and Migration Studies 48 (6), 2020, S. 1423.

Spaniens Grenzschutzbemühungen mit Frontex-Operationen. Die Operation Hera II verhinderte, dass über 3.500 Migranten ihre Reise von der afrikanischen Küste fortsetzen konnten.[65]

Eine Abgeordnete der Linken, die Baden-Württemberg im Deutschen Bundestag vertritt, äußerte in einem Interview im Jahr 2020 Kritik an der Militarisierung der EU-Außengrenzen und betonte nachdrücklich die Notwendigkeit einer gesamteuropäischen Lösung.[66] Ihrer Meinung nach sollte die Kontrolle der EU-Außengrenze nicht national, sondern auf europäischer Ebene geregelt werden. Diese Herausforderungen führen zu ernsthaften Fragen bezüglich der Fähigkeit der EU, sich an den steigenden Migrationsdruck anzupassen und dabei die bestehenden Asylrechte zu wahren.

Mit Beginn der Flüchtlingskrise im Jahr 2015 wurde die deutsche Bundeskanzlerin Angela Merkel mit einer unerwarteten humanitären Herausforderung konfrontiert. Die überwältigende Mehrheit der 1,3 Millionen Asylsuchenden, die in jenem Jahr in die EU einreisten, stammte aus Syrien, einem Land, das in einem brutalen Bürgerkrieg versunken war.[67] Um die südeuropäischen Länder zu entlasten, entschied sich Merkel dafür, die „Souveränitätsklausel" in Anspruch zu nehmen und syrische Asylanträge zu bearbeiten, ungeachtet ihres ersten Einreiselandes in die EU.[68] Trotz des Widerstands aus der Bevölkerung und der Politik[69] beharrte sie standhaft darauf, dass Deutschland die Herausforderung bewältigen kann und wird, und prägte mit ihrer berühmte Aussage „Wir schaffen das" die folgenden Jahre das Asylsystem in Deutschland nachhaltig.[70] In den Jahren 2015 und 2016 wurden in Deutschland rund 1,15 Millionen Asylanträge gestellt.[71]

Merkels Entscheidung war jedoch nicht ohne politische Folgen. Neben dem auffälligen Anstieg rechter Bewegungen und Parteien[72] stieß der unerwartete Zustrom von Asylsuchenden auf massive Kritik von Bürgern und Politikern, die von

65 Ebd.

66 Anonymes Interview am Mittwoch, 22. April 2020 von 11:35 bis 12:25 Uhr.

67 CEASEVAL Proposal, ID 770037. Evaluation of the Common European Asylum System under Pressure and Recommendations for Further Development. H2020 Call H2020-SC6-ENG-GLOBALLY-2016-2017, S. 65; Agustín José Menendez: The refugee crisis: between human tragedy and symptom of the structural crisis of European integration. In: European Law Journal 22 (4), 2016, S. 388–416, hier S. 401.

68 Florence Könner: The 2015 Migration Crisis at Europe's Borders. Masterarbeit, Universität Wien, 2018, S. 40.

69 Ebd., S. 42.

70 Simon Bulmer/William E. Paterson: Germany and the European Union: Europe's Reluctant Hegemon? Red Globe Press, 2019, Box 8.1.

71 Cláudia de Freitas: Asylum Challenges, Debates and Reforms, S. 14.

72 „Fatal stabbing at asylum centre shocks Sweden". BBC News. 26. Januar 2016. Online zugänglich unter: https://www.bbc.com/news/world-europe-35406072 (zuletzt aufgerufen am 17.4.2025).

einer vermeintlichen „Invasion“ sprachen.[73] Auf europäischer Ebene führte der Zustrom von Asylsuchenden zu einer Reihe von Grenzschließungen innerhalb des Schengen-Raums, angefangen mit Deutschland und Österreich im September 2015.[74] Im Februar 2016 initiierte Deutschland gemeinsam mit Griechenland und der Türkei NATO-Patrouillen im Mittelmeer, um die Anzahl der ankommenden Migranten zu reduzieren.[75]

Letztendlich reflektierte Merkels Umgang mit der Krise ihre tiefe Überzeugung, dass Mitgefühl und Humanität selbst in Zeiten größter Belastungen den Kurs der Politik bestimmen sollten. Sie stand vor der Herausforderung, sowohl humanitäre Prinzipien zu wahren als auch das Wohlergehen und die Sicherheit der deutschen Bevölkerung zu gewährleisten. Ungeachtet der hitzigen Kontroversen und der weitreichenden Folgen ihrer Entscheidungen bleibt Merkels beispielloses Handeln während der Krise ein maßgeblicher Aspekt in der modernen europäischen Migrationsgeschichte.[76]

Die EU führte nicht nur wieder Grenzkontrollen ein und verschärfte das Asylrecht,[77] sondern schloss auch Abkommen mit Nicht-EU-Ländern, um Transitländer eng in ihren Migrationskontrollapparat einzubinden und den Migrationsdruck auf die EU zu verringern. Dies untergrub das Asylprinzip in der EU weiter.[78] In diesem Kontext spielte die Türkei eine entscheidende Rolle. Bereits im März 2016 schloss Merkel eine Vereinbarung mit der Türkei, die eine Zahlung von 3 Milliarden Euro zur Unterstützung der Unterbringung von Flüchtlingen beinhaltete.[79] Solche Abkommen gerieten jedoch in Kritik, da sie von Regierungen wie der von Erdogan als politisches Instrument genutzt werden könnten, um finanzielle Unterstützung

73 Florence Könner: The 2015 Migration Crisis at Europe's Borders, S. 42.

74 Simon Bulmer/William E. Paterson: Germany and the European Union, Box 8.1.

75 Agustín José Menendez: The refugee crisis: between human tragedy and symptom of the structural crisis of European integration. In: European Law Journal 22 (4), 2016, S. 388–416, hier: S. 401.

76 Kati Marton: The Chancellor: The Remarkable Odyssey of Angela Merkel. London: William Collins, 2021. Philipp Ther: The Outsiders: Refugees in Europe since 1492. Princeton, NJ: Princeton University Press, 2021, 4.2 The Syrian and the European „refugee crisis“.

77 CEASEVAL Proposal, ID 770037. Evaluation of the Common European Asylum System under Pressure and Recommendations for Further Development. H2020 Call H2020-SC6-ENG-GLOBALLY-2016-2017, S. 65.

78 Baumgartner/Wagner: Sharing responsibilities in the Common European Asylum System, S. 12 (wie Anm. 37).

79 Peter Slominski/Florian Trauner: How Do Member States Return Unwanted Migrants? The Strategic (Non-) Use of Europe during the Migration Crisis. In: JCMS: Journal of Common Market Studies 56, no. 1 (2018), S. 9. Simon Bulmer/William E. Paterson: Germany and the European Union: Europe's Reluctant Hegemon? Red Globe Press, 2019, Kapitel 8: Box 8.1.

von der EU zu erpressen.[80] Parallel dazu wurden EU-Vertrauensfonds ins Leben gerufen, um Flüchtlinge vor Ort zu unterstützen und so den Anreiz für irreguläre Migration zu minimieren. Der Großteil der Mittel aus diesen Vertrauensfonds floss jedoch in die EU-Einrichtung für Flüchtlinge in der Türkei und nicht an die türkische Regierung.[81] Während diese Strategien zunächst die EU-Grenzen sicherten, stellten sie das Asylprinzip in seiner ursprünglichen Form als eine humanitäre Verpflichtung gegenüber den Schwächsten, in Frage. Die zunehmende Auslagerung von Verantwortlichkeiten an Transitländer kann daher als weiterer Beweis für die existierende Diskrepanz zwischen dem Ideal der Freizügigkeit innerhalb Europas und der repressiven Haltung gegenüber der Außenwelt gesehen werden.

Deutschland im Zentrum eines fehlerhaften Asylsystems

Mit der europäischen Asylpolitik wurde das Asylrecht erheblich eingeschränkt. Die rigorose Umsetzung der Dublin-Verordnung – welche besagt, dass das EU-Mitgliedsland, in dem ein Asylbewerber zuerst registriert wurde, für dessen Asylantrag verantwortlich ist – führte zu tragischen Konsequenzen und verstärkte das Gefühl der Hilflosigkeit unter den Asylbewerbern. Einige begingen sogar Selbstmord, bevor sie abgeschoben werden sollten.[82]

Die Ausführungen des Schriftstellers Rodaan Al Galidi verdeutlichen, wie die gegenwärtige Asylpraxis Asylbewerber zu riskanten Entscheidungen drängt, bei denen sie ihre eigene Sicherheit gefährden.[83] Wie Philipp Ther hervorhebt, nehmen Flüchtlinge oft erhebliche Kosten auf sich, um nach Europa zu gelangen. Etwa ein Drittel dieser Kosten kommt den Schleppern zugute, was unterstreicht, wie die aktuellen Asylbestimmungen ungewollt die Menschenschmuggler-Industrie begünstigen.[84] Navid Kermani, ein preisgekrönter deutscher Schriftsteller, verdeutlicht den Zusammenhang zwischen den europäischen Asylabkommen und der Schlepperindustrie; sie stellen seiner Ansicht nach nichts anderes als eine „massive staatliche Unterstützung für die Schlepperindustrie“ dar.[85]

80 Interview am Mittwoch, 22. April 2020 von 11:35 bis 12:25 Uhr, mit einer Abgeordneten der Linken, die Baden-Württemberg im Deutschen Bundestag vertritt.

81 Baumgartner/Wagner: Sharing responsibilities in the Common European Asylum System, S. 12 (wie Anm. 37).

82 The Death in Custody of a Detainee, Dungavel Immigration Removal Centre – 23 July 2004. Report by the Prisons and Probation Ombudsman for England and Wales, August 2005.

83 Rodaan Al Galidi: Two Blankets, Three Sheets. World Editions Limited, 2020.

84 Philipp Ther: The Outsiders (wie Anm. 76), Kapitel 4.3 Die Grenzen des Humanitarismus.

85 Navid Kermani: Einbruch in Wirklichkeit: auf dem Flüchtlingstreck durch Europa. München 2016.

Deswegen hat ein schwieriger Asylprozess weitreichende Auswirkungen. Im Jahr 2015 wurden Entscheidungen zur Zwangsumverteilung von Flüchtlingen eingeführt, wobei Deutschland aufgrund seiner strategischen Position eine zentrale Rolle spielte.[86]

Die eingeschränkten Möglichkeiten, Asyl zu beantragen, sind daher symptomatisch für ein tieferes Problem: den Zwang, der sich aus der Struktur des Asylsystems selbst ergibt. Angesichts der dadurch in Krisenzeiten notwendig werdenden Zwangsumsiedlung von Asylsuchenden scheinen die eingeschränkten Möglichkeiten, im Rahmen des Dublin-Systems Asyl zu beantragen, Ausdruck eines tiefer liegenden Problems zu sein: des Zwangs, der von diesem Asylsystem selbst ausgeht. Diese Erkenntnis unterstreicht die dringende Notwendigkeit, das gesamte System zu überdenken. Diese Erkenntnis unterstreicht die dringende Notwendigkeit, das gesamte System zu überdenken. In diesem Zusammenhang sprach sich eine Bundestagsabgeordnete der Linken in einem Interview im Gegensatz dazu für einen „Free-Choice-Ansatz" aus. Nach diesem Ansatz sollten Asylbewerber wählen können, in welchem EU-Land sie ihren Antrag stellen möchten.[87]

Im Zuge der erheblichen Herausforderungen der Migrationskrise suchten die europäischen Mitgliedsstaaten nach neuen strategischen Möglichkeiten, Migranten abzuschrecken[88] und so ihre Verantwortung im Asylsystem zu minimieren. Ein bemerkenswertes Beispiel hierfür war die Entscheidung der dänischen Regierung, im Herbst 2015 Bargeld von Asylsuchenden zu konfiszieren.[89] Ähnliche Strategien wurden auch in Deutschland angewandt, wo im Rahmen der sogenannten „Asylpakete" von 2015 und 2016 Sozialleistungen für Asylbewerber gekürzt und gleichzeitig die Hürden für den Erhalt internationalen Schutzes – also von Flüchtlingsstatus oder subsidiärem Schutz gemäß EU-Recht – erhöht wurden.[90] Diese Situation heizte den sogenannten Wettlauf nach unten weiter an.

Jedoch versuchte Deutschland diesen Abwärtstrend zu stoppen. Die erhöhten Anstrengungen Deutschlands, seine Bearbeitungskapazitäten auszuweiten, standen im starken Kontrast zu den restriktiveren Asylpolitiken anderer Länder. Asylbe-

86 Simon Bulmer, William E. Paterson: Germany and the European Union, Box 8.1.

87 Interview am Mittwoch, den 22. April 2020, von 11:35 bis 12:25 Uhr mit einer Abgeordneten, die Baden-Württemberg vertritt.

88 Peter Slominski, Florian Trauner: How Do Member States Return Unwanted Migrants? S. 110.

89 „Migrant crisis: Denmark-Germany rail links suspended", BBC News, 9. September 2015, Online zugänglich unter: https://www.bbc.com/news/world-europe-34203366 (zuletzt aufgerufen am 17.4.2025).

90 Peter Slominski, Florian Trauner: How Do Member States Return Unwanted Migrants?

werber bevorzugten Deutschland wegen seiner effizienteren Asylverfahrensabwicklung, während andere Länder wie Schweden an Beliebtheit verloren.[91]

In Deutschland wurden immer noch signifikante Anstrengungen unternommen, um Flüchtlingen einen vollständigen Asylstatus zu gewähren. Die Erfolgsquote lag 2018 in Baden-Württemberg bei 65,2 Prozent und in Bayern bei 39,4 Prozent. Im Jahr 2019 lagen diese beiden Zahlen noch bei 22,3 Prozent bzw. 21,9 Prozent. Andere Bundesländer im Norden und Osten waren jedoch restriktiver.[92]

Auch wenn Länder wie Deutschland immer noch Anstrengungen unternahmen, um Asylbewerbern Schutz zu bieten, führte der Wettlauf nach unten insgesamt zu strengeren Asylrichtlinien und restriktiveren Maßnahmen für Migranten in Europa.

Im Zentrum eines fehlerhaften Asylsystems steht Deutschland als gefragter Zufluchtsort, als es sich den strukturellen Unzulänglichkeiten und den daraus resultierenden Kontroversen der aktuellen Asylpolitik stellt. Deutschland war das Land der Wahl für viele Migranten. Zum Beispiel versammelten sich 2015 Tausende von Migranten vor dem Keleti-Bahnhof in Budapest, Ungarn, um durch die EU nach Deutschland zu reisen und dort Asyl zu beantragen.

Die Erkenntnisse der Politikwissenschaftlerinnen Alisha C. Holland und Margaret E. Peters verdeutlichen, dass fast 90 Prozent der Befragten in einer Studie von 2020 im Nahen Osten Angela Merkel als Bundeskanzlerin von Deutschland nennen konnten.[93] Dies verdeutlicht Deutschlands prominente Position auf der Weltbühne und die damit einhergehende Attraktivität für Asylbewerber. Die Entscheidung Deutschlands im Jahr 2014, 10.000 syrische Flüchtlinge aufzunehmen, sowie Merkels Ankündigung im Jahr 2015, dass Migranten auch dann in Deutschland Asyl beantragen können, wenn sie über einen anderen EU-Mitgliedstaat eingereist sind, könnte das Interesse zusätzlich befeuert haben. Die Analyse von Google-Suchdaten zeigt, dass das Interesse an Asyl und Deutschland in Syrien und der Türkei parallel zu wichtigen deutschen politischen Reden gestiegen ist.

Kermani bestätigt diese Beobachtung in seinem Buch „Einbruch in Wirklichkeit“: alle Menschen, mit denen er auf dem Flüchtlingstreck sprach, wollten nach Deutschland gehen.[94] Trotz der inhärenten Herausforderungen des Asylsystems, wie der Schwierigkeit, Asyl zu beantragen, und dem Wettlauf um die niedrigsten Standards, scheint Deutschland eine klare Rolle als zentraler Akteur in diesem Sys-

91 Simone Bertoli, Herbert Brücker, Jesús Fernández-Huertas Moraga: Do Applications Respond to Changes in Asylum Policies in European Countries?. In: Regional Science and Urban Economics 93.

92 Cláudia de Freitas: Asylum Challenges, Debates and Reforms, S. 48.

93 Alisha C. Holland, Margaret E. Peters: Explaining Migration Timing: Political Information and Opportunities. In: International Organization 74, no. 3 (2020), S. 560–83.

94 Navid Kermani: Einbruch in Wirklichkeit. München 2016.

tem zu haben. Die weitreichenden politischen Entscheidungen und die anhaltende Beliebtheit Deutschlands unter Migranten zeichnen ein Bild von Deutschland als entscheidendem Knotenpunkt in einem komplexen, fehlerhaften und kontroversen System, das ständig bestrebt ist, seine Rolle im globalen Kontext zu definieren und zu gestalten.

Der jüngste Trend der Zwangsdistribution von Migranten in Europa ist beunruhigend – insbesondere im Lichte deutscher Erfahrung und der Erinnerungen an die verschiedenen Umsiedlungsaktionen während des Zweiten Weltkriegs. Deutschland hat seit 1989 eine wichtige Rolle bei der Förderung der Freizügigkeit innerhalb Europas gespielt. Es sollte nicht die Politik Deutschlands sein, Zwang als primäres Instrument der Migrationskontrolle zu betrachten.

Schlussfolgerung

Die Unterscheidung zwischen Freizügigkeit innerhalb Europas und restriktiven Maßnahmen gegenüber dem Rest der Welt hat sich als unzulänglich erwiesen. Diese mangelnde Wirksamkeit manifestiert sich insbesondere in den Asylpolitiken.

In diesem Beitrag wurde die Transformation der Asylrechte nach dem Ende des Kalten Krieges auf der deutschen und europäischen Ebene untersucht. Es wurde festgestellt, dass die Asyldebatten nicht nur aus geopolitischen Veränderungen und der Konsolidierung der europäischen Integration heraus resultierten, sondern auch aus den inhärenten Mängeln des Zwangsansatzes in einer zunehmend vernetzten Welt.

Die Analyse ergab, dass das Ende des Kalten Krieges bedeutende Bevölkerungsbewegungen nach sich zog, die eine starke Zunahme der Asylanträge in Deutschland auslösten und Reaktionen provozierten, die vor allem von der Furcht vor einer öffentlichen Umverteilung zugunsten von Einwanderern geprägt waren. Im Zuge der Veränderungen in Osteuropa musste die deutsche Asylpolitik angepasst werden, was zum „Asylkompromiss“ und zu Abschiebungen führte, während parallel dazu die Anzahl der Asylanträge in Deutschland sank und sich die Geographie der Migrationsströme veränderte.

Die Erweiterung der Asylpolitiken auf die europäische Ebene brachte das Gemeinsame Europäische Asylsystem hervor, das das Rückführungsrecht stärkte und Deutschland zusammen mit dem Vereinigten Königreich und Schweden zu den Hauptbegünstigten machte. Trotz der Herausforderungen, die sich aus dem Mindeststandard und der Heterogenität zwischen den Mitgliedstaaten ergaben, spielte Deutschland eine stabilisierende Rolle im System und übernahm die Rückführung von Migranten aus dem Vereinigten Königreich.

In diesem Beitrag wurden auch die Herausforderungen an den südeuropäischen Grenzen und die zunehmende Militarisierung dieser Grenzen thematisiert, ebenso wie die empathische Reaktion von Kanzlerin Merkel auf die Krise in den Jahren 2015 und 2016 und die darauffolgenden Grenzschließungen Deutschlands. Mit verstärkten Bemühungen, Nicht-EU-Transitländer einzubeziehen, wurde das Asylprinzip weiter ausgehöhlt.

Das gegenwärtige europäische Asylsystem ist in der Praxis komplex, und Deutschland findet sich trotz seiner Bemühungen um Fairness und Verantwortungsteilung inmitten eines fehlerhaften Systems wieder. Der Weg nach vorne muss daher einen Paradigmenwechsel hin zur freieren Bewegung beinhalten.

Das gegenwärtige System sollte darauf abzielen, den Zwang gegenüber Migranten, wie er in den EU-Mitgliedstaaten vorherrscht, zu verringern und nicht zu verstärken. Die Probleme des Dublin-Systems resultieren in erster Linie aus dem Stillstand der restriktiven Einwanderungspolitik und nicht der Asylpolitik. Diese Einwanderungspolitik hat dazu geführt, dass eine hohe Anzahl von Migranten Asyl beantragt, da dies weiterhin einer der letzten Wege zur legalen Einreise nach Europa ist. Nach einem halben Jahrhundert restriktiver Einwanderungspolitik, die nicht dazu beigetragen hat, die Spannungen im Zusammenhang mit Einwanderung in Europa zu reduzieren, sondern sie im Gegenteil noch verschärft hat, müssen die europäischen Länder darüber nachdenken, ob die Unterscheidung zwischen Freizügigkeit innerhalb Europas und Beschränkungen gegenüber dem Rest der Welt noch relevant ist.

Es ist nicht so, dass innereuropäische Migrationsströme in der Vergangenheit nicht zu Spannungen geführt hätten. Wie hier im Kontext der Einwanderung aus Osteuropa am Ende des Kalten Krieges erwähnt wurde, war diese Einwanderung äußerst umstritten. Seitdem ist es durch die schrittweise Integration der osteuropäischen Länder in das EU-Freizügigkeitssystem gelungen, diese Spannungen zu lösen. Im Gegensatz dazu haben die fortwährenden Beschränkungen gegenüber anderen Migrationsströmen die Spannungen rund um diese Bewegungen nicht nur aufrechterhalten, sondern zweifellos auch verstärkt. Vielleicht stellt die Freizügigkeit doch den richtigen Ansatz zur Einwanderung dar.

Ein Übergang zur Freizügigkeit muss auf jeden Fall schrittweise erfolgen und durch Arbeitsmarktreformen vorbereitet werden, um den Zugang zum Arbeitsmarkt für Außenstehende zu erleichtern, sowie durch Sozialreformen, um die Entstehung von Pull-Faktoren für Einwanderer aus weniger entwickelten Ländern zu vermeiden. In der Zwischenzeit können andere Instrumente dazu beitragen, die Probleme des europäischen Asylsystems zu lösen, ohne auf verstärkten Zwang zu setzen. Wie an anderer Stelle bereits vorgeschlagen, könnte eine Form der differenzierten Integration ein Weg nach vorne sein.[95] Sie würde es den Ländern, die bereit sind, ihre eigene Asylgesetzgebung zu integrieren und somit ihre jeweiligen Asylbewerber anzuerkennen, ermöglichen, dies zu tun. Diese Länder würden dadurch die Verantwortung für das Asylwesen auf die supranationale Ebene übertragen, die dann für die Weiterentwicklung dieser Gesetzgebung zuständig wäre. Anerkannte Flüchtlinge könnten sich frei zwischen den Hoheitsgebieten der beteiligten Staaten bewegen, was die Bedeutung des Landes, in dem der Antrag gestellt wird, verringern würde. Eine Gruppe von Staaten, die diesen Weg einschlagen würden, würde Teil des aktuellen Dublin-Systems bleiben und Asylsuchende gemäß den geltenden Dublin-Regeln als Einheit aufnehmen oder überweisen. Diese Gruppe würde für neue Mitgliedstaaten offenbleiben, sodass sie das derzeitige System schrittweise ersetzen kann. Eine differenzierte Integration könnte aber nur gelingen, wenn Deutschland als wichtigstes Land von Anfang an beteiligt wäre. Angesichts der akuten Spannungen im Zusammenhang mit Einwanderung in Frankreich ist es unwahrscheinlich, dass Frankreich von Anfang an einer Teilnahme an einem solchen Programm zustimmen wird, daher muss Deutschland andere Partner in Betracht ziehen.

Abstract

This essay addresses how the fall of the Berlin Wall and Germany's reunification contributed significantly to redefining German asylum law, fostering the emergence of a new approach. It further investigates Germany's role in the definition of a European asylum system, characterised by the progressive erosion of asylum law and the simultaneous consolidation of the EU's external borders. The analysis draws on European Union documents drafted in the context of asylum negotiations, including Council of the European Union documents, European Commission files, and parliamentary debates, with relevant scholarship being used to flesh out a comprehensive picture of this development. The findings of this essay are crucial to understanding not only the European asylum regime but also the recurring political debates and concerns related to asylum seekers in European countries over the past two decades. It promotes a deeper understanding of refugee law dynamics and their impact on political discussions and decision-making processes in Germany and the European Union.

[95] Emmanuel Comte: The European Asylum System: A Necessary Case of Differentiation. In: EU IDEA Policy Papers 3 (July 2020).

Alma Stankovic

To Protect or Not to Protect: Nationalstaatlicher Umgang mit Flüchtlingen aus dem früheren Jugoslawien

Einführung

Die Genfer Flüchtlingskonvention (GFK)[1] besteht schon seit über 70 Jahren, doch angesichts der Tatsache, dass heutzutage mehr als 100 Millionen Menschen[2] aus ihrer Heimat vertrieben sind, stellt sich die Frage ihrer Effektivität. Mit zunehmenden Migrationsrestriktionen der westeuropäischen Staaten sowie der Europäischen Union (EU) scheint sich ein Trend der Abschaffung von Flüchtlingsschutz im politischen Diskurs verfestigt zu haben. Allerdings lässt sich inmitten all dieser Einschränkungen leicht übersehen, dass eine Gruppe von Geflüchteten heute viel größeren Schutz genießt als je zuvor: die der Bürgerkriegsflüchtlinge. Im Fall der ukrainischen Flüchtlinge scheint der Trend sogar umgekehrt worden zu sein,[3] denn am Anfang des Ukrainekrieges kam die Massenzustrom-Richtlinie[4] zum ersten Mal zum Einsatz,[5] obwohl diese schon seit 2001 im asylrechtlichen System der EU verankert ist.

1 Convention Relating to the Status of Refugees, verabschiedet am 28.7.1951, in Kraft seit 22.4.1954, 189 UNTS 137 (von hier an „GFK").

2 UNHCR: Refugee Data Finder, online zugänglich unter: https://www.unhcr.org/refugee-statistics/ (letzter Zugriff am 28.11.2023).

3 Rat der Europäischen Union: Infographic – Refugees from Ukraine in the EU. Online zugänglich unter: https://www.consilium.europa.eu/en/infographics/ukraine-refugees-eu/ (letzter Zugriff am: 28.11.2023).

4 Richtlinie 2001/55/EG des Rates vom 20. Juli 2001 über Mindestnormen für die Gewährung vorübergehenden Schutzes im Falle eines Massenzustroms von Vertriebenen und Maßnahmen zur Förderung einer ausgewogenen Verteilung der Belastungen, die mit der Aufnahme dieser Personen und den Folgen dieser Aufnahme verbunden sind, auf die Mitgliedstaaten, OJ L 212, 7.8.2001, p. 12–23 („Massenzustrom-Richtlinie").

5 Rat der Europäischen Union: Ukraine: Council unanimously introduces temporary protection for persons fleeing the war, 04.03.2022. Online zugänglich unter: https://www.consilium.europa.eu/en/press/press-releases/2022/03/04/ukraine-council-introduces-temporary-protection-for-persons-fleeing-the-war/ (letzter Zugriff am 28.11.2023).; Rat der Europäischen Union, Ukrainian refugees: EU

https://doi.org/10.1515/9783111671109-010

Manche Kritiker beurteilen diese Entwicklungen zynisch und deuten diese im Fall der ukrainischen Flüchtlinge als diskriminierende Asylpolitik. Schließlich wird, so die Kritik, nicht-europäischen Flüchtlingen nicht dieselbe „Sonderbehandlung" eingeräumt. [6] Solche Behauptungen sind allerdings irreführend. Für ähnlich situierte Flüchtlinge, wie zum Beispiel solche aus Syrien, wurden auch oft Sonderregeln eingeführt, allerdings auf staatlicher und nicht auf EU-Ebene.[7] Ein Blick in die europäische Fluchtgeschichte zeigt außerdem, dass es inzwischen zu einer deutlichen Verbesserung für Schutzsuchende in Europa gekommen ist. Vor gerade einmal 30 Jahren genossen bosnische Flüchtlinge, die nach Westeuropa kamen, bei weitem nicht dasselbe Ausmaß an Schutz, obwohl sie aus Europa kamen.

Wie kam es zu einer derartig großen Veränderung in einem relativ kurzen Zeitraum? Tatsächlich waren es genau die Erfahrungen der Fluchtbewegungen aus dem ehemaligen Jugoslawien der 1990er-Jahre, und vor allem die Ankunft der Bosnier, aus welchen die Verantwortlichen ihre Lehren zogen. Die Erkenntnis, dass ein besser definiertes System von verschiedenen Schutzmaßnahmen notwendig ist, um menschenrechtlichen Pflichten nachzukommen, kam zu genau derselben Zeit als westeuropäische Länder der EU versuchten, durch gemeinsames Handeln, Immigration in ihren neuen Binnenraum besser zu steuern. Die Paradoxie, dass ausgerechnet Migrationseinschränkungen dafür sorgten, das internationale und europäische Menschenrechtssystem in die Grundlagen des EU-Rechtssystems einzubetten, ist auch der Grund, warum man heute in den Grundprinzipien der EU-Länder einen tatsächlichen Paradigmenwechsel findet, in dem Bürgerkriegsflüchtlinge viel eher als „legitime" Schutzbedürftige angesehen werden als individuelle Personen, die laut rechtlicher Grundlagen des internationalen Flüchtlingsschutzes eigentlich als die „echten" Flüchtlinge zählen sollten.

Dieser Artikel befasst sich mit der Rechtslage und der Behandlung von bosnischen Kriegsflüchtlingen im Deutschland nach der Wende, um aufzuzeigen, dass bestehende Rechtsdogmatiken dafür verantwortlich waren, dass bosnischen Bürgerkriegsflüchtlingen kein langfristiger Schutz gemäß der GFK gewährt wurde. Dennoch wurden, gerade um diese Dogmatiken zu verfestigen, gesetzliche Neuerungen aufgenommen, die etablierten Menschenrechtsnormen, wie vor allem die der Europäischen Menschenrechtskonvention (EMRK), und den daraus entstande-

member states agree to extend temporary protection, 28.9.2023, online zugänglich unter: https://www.consilium.europa.eu/en/press/press-releases/2023/09/28/ukrainian-refugees-eu-member-states-agree-to-extend-temporary-protection/ (letzter Zugriff am 28.11.2023).

[6] Emily Venturi/Anna Iasmi Vallianatou: Ukraine exposes Europe's double standards for refugees, Chatham House – Expert Comment, online zugänglich unter: https://www.chathamhouse.org/2022/03/ukraine-exposes-europes-double-standards-refugees (letzter Zugriff am 28.11.2023).

[7] Siehe Diskussion unten.

nen völkerrechtlichen Verpflichtungen stattgegeben haben. Dies führte dazu, bosnischen Flüchtlingen eine temporäre, oder „subsidäre" Art von Schutz zu bieten. Diese Änderungen wurden allerdings mit der Etablierung der EU auf eine höhere Ebene verlagert, wodurch sie eine weitergehende Verbreitung und Kodifizierung fanden, was langfristig Schutzlücken in den nationalen Systemen um einiges verkleinerte und auf diese Weise einen höherwertigeren Schutz nicht nur in Deutschland, sondern auch auf EU-Ebene für Kriegsflüchtlinge etablierte.

Bürgerkriegsflüchtlinge und der ihnen gebührende Schutz

Rechtsdogma in der Flüchtlingsdefinition als Behinderung von Schutz

„[A refugee is a person who] ... owing to well-founded fear of being persecuted for reasons of race, religion, nationality, membership of a particular social group[,] or political opinion, is outside the country of [her] nationality and is unable or, owing to such fear, is unwilling to avail [herself] of the protection of that country; or who, not having a nationality and being outside the country of [her] former habitual residence as a result of such events, is unable or, owing to such fear, is unwilling to return to it."[8]

Artikel 1A(2) der GFK ist seit ihrer Etablierung der Maßstab, der die Voraussetzungen der Flüchtlingseigenschaft definiert. In der Flüchtlingsrechtsliteratur finden sich vielfache und unterschiedliche Auseinandersetzungen mit dieser Definition.[9] Dabei erhielten vor allem die Unbestimmtheit, die „Flexibilität" und die Interpretationen der verschiedenen Elemente der Definition die meiste Beachtung.[10] Worin sich aber die meisten Kommentare und Rechtsanalysen einig sind, ist die Erfordernis der Individualität, das heißt, dass ein Flüchtling *persönlich* einer Verfolgung aus einem der fünf GFK-Gründe ausgesetzt sein muss bevor die Flüchtlingseigenschaft zuerkannt wird.[11] Diese Voraussetzung ist sowohl die positivste als auch die herausforderndste Eigenschaft der Flüchtlingsdefinition laut der GFK.

Dabei darf nicht übersehen werden, dass sich durch die GFK Definition eine Etablierung der Individualrechte im Völkerrecht durchsetzte. Zuvor hatte sich die

8 Art. 1A (2), GFK.

9 Z. B. Andreas Zimmermann (Hg.): The 1951 Convention Relating to the Status of Refugees and its 1967 Protocol – A Commentary, Oxford 2011.

10 Für einen der Vorreiter der Analysen, siehe Atle Grahl-Madsen: The Status of Refugees in International Law, Vol. 1, Leyden 1966.

11 Hugo Storey: Armed Conflict in Asylum Law: The „War-Flaw", Refugee Survey Quarterly – Vol. 31, (2012) S. 1–32, hier: 4–8; Janina W. Dacyl: Europe Needs a New Protection System for Non-Convention Refugees, International Journal of Refugee Law – Vol. 7 (1995) S. 579–605, hier: S. 582–583.

internationale Gemeinschaft nämlich überwiegend nur um situationsbezogene Lösungen für Flüchtlinge bemüht.[12] Mit dem zunehmenden Antisemitismus und der Feindseligkeit gegenüber anderen unerwünschten Gruppen in den 1930er-Jahren, hat die internationale Gesellschaft aber zum ersten Mal die Flüchtlingsdefinition ausgeweitet: So war die Flüchtlingsdefinition, des 1938 etablierten *Intergovernmental Committee on Refugees* die erste, die Personen einschloss, welche aufgrund religiöser, politischer oder rassischer Verfolgung zur Flucht gezwungen waren.[13]

Diese Definition war insofern revolutionär, als das Völkerrecht zuvor nur Staaten als Subjekte ansah und daher Verantwortungen zwischen Staaten definierte und nicht, um dem Einzelnen Rechte einzuräumen. Dieser Grundgedanke wurde auch in die GFK aufgenommen und führte zusammen mit der Allgemeinen Erklärung der Menschenrechte (AEMR)[14] zum ersten Mal zur Idee, dass Individualrechte sich aus völkerrechtlichen Instrumenten ableiten können. Flüchtlingsschutz wurde nun als das Recht des Einzelnen gesehen, nicht als „Gnadenakt" des Staates.[15]

In der Praxis traten allerdings schnell Probleme auf: Eine individualisierte Definition hat einen personenbezogenen Charakter und verlangt, dass sich ein Flüchtling nach GFK-Definition von anderen Personen seines Herkunftslandes unterscheidet, insofern, dass er einer diskriminierenden Behandlung aufgrund der Konventionsgründe ausgesetzt ist. Auf der Grundlage dieses Grundsatzes haben viele Gerichte und Wissenschaftler traditionell die Auffassung vertreten, dass Kriegsflüchtlinge – und insbesondere Bürgerkriegsflüchtlinge – nicht in den Anwendungsbereich von Artikel 1A(2) GFK fallen, es sei denn, sie können eine solche individuelle Bedrohung nachweisen.[16] Der Grund war die allgemeine Rechtsmeinung, dass Krieg jeglicher Art zu einer Situation willkürlicher Gewalt führt und daher jede Person in einem vom Krieg betroffenen Land der gleichen Gefahr ausgesetzt ist, unabhängig von ihren persönlichen ethnischen, religiösen, politischen, sozialen oder nationalen Merkmalen. Dieser Auffassung zufolge können Kriegsflüchtlinge

12 James C. Hathaway: The Evolution of Refugee Status in International Law: 1920–1950, International and Comparative Law Quarterly – Vol. 33 (1984), S. 348–380, hier: 350–357.

13 Ebd. S. 371. Das Intergovernmental Committee on Refugees wurde im Rahmen der Évian Konferenz in 1938 etabliert, in welcher 32 Staaten über die Behandlung jüdischer Flüchtlinge aus Deutschland und Österreich verhandelten. Eingeleitet wurde die Konferenz von den USA, die Sowjetunion war allerdings nicht teil. Ebd.

14 Allgemeine Erklärung der Menschenrechte, verabschiedet 10.12.1948, UNGA Res 217 A(III) (von hier an „AEMR").

15 Kay Hailbronner: Immigration and Asylum Law and Policy of the European Union, The Hague 2000, 881 ff.

16 Vanessa Holzer: The 1951 Refugee Convention and the Protection of People Fleeing Armed Conflict and Other Situations of Violence, in: Türk, Volker u. a. (Hgs.): In Flight from Conflict and Violence, Cambridge 2017, S. 61–93, hier: 66–68.

daher *nicht* aufgrund ihrer persönlichen Eigenschaften bedroht sein.[17] Diese Auslegung läuft nicht nur dem Grundgedanken der Flüchtlingsdefinition und der erstmaligen Aufnahme von Individualrechten in der GFK zuwider, wie oben erläutert, denn die Zugehörigkeit einer „unerwünschten" Gruppe war genau der Grund, der in der Regel dazu führte, dass Menschen im Zweiten Weltkrieg massenhaft verfolgt, verstoßen und letztendlich massenweise getötet wurden.[18]

Auch eine rein theoretische Betrachtung der Voraussetzung der individuellen Verfolgung macht diese Auslegung sonderbar, da die GFK-Definition in Artikel 1A (2) selbst keine spezifische Aussonderung verlangt.[19] Die Definition der GFK verlangt, dass Personen als verfolgt gelten, wenn sie aufgrund spezifischer Merkmale, Meinungen oder Haltungen in ihrem Herkunftsland unterdrückt werden.[20] Das Kernstück der Flüchtlingsdefinition in der GFK ist demnach tatsächlich ein diskriminierendes Element.[21] Dieses kann sich aber auf eine ganze Gruppe von Personen beziehen, die aufgrund ihrer Zugehörigkeit zu einer der fünf spezifischen Gruppen in der GFK-Definition in einem solchen Ausmaß diskriminiert werden, dass ihre Menschenwürde beeinträchtigt wird.[22] In der Tat argumentieren manche Flüchtlingsrechtwissenschaftler daher, dass im spezifischen Kontext von Bürgerkriegen die Forderung nach einer individuellen Verfolgung falsch ist und im Extremfall zu paradoxen Ergebnissen führen würde, wie zum Beispiel der Verweigerung des Flüchtlingsstatus für Personen, die einem Völkermord ausgesetzt sind.[23]

Differenziertere Argumente weisen darauf hin, dass aufgrund der sowohl historischen als auch der theoretischen Grundlagen Bürgerkriegsflüchtlinge nicht automatisch als Konventionsflüchtlinge gelten können, allerdings kann die Zugehörigkeit zu einer bestimmten, identifizierbaren Gruppe, die im Allgemeinen unter Verfolgung leidet, tatsächlich eine Grundlage für den Nachweis einer begründeten Furcht bilden:

[17] Storey: Conflict (wie Anm. 12), S. 4–8; Dacyl: Protection (wie Anm. 11), S. 582–583; Ulrike Davy: Refugees from Bosnia and Herzegovina: Are the Genuine?, Suffolk Transnational Law Review – Vol. 18 (1995), S. 53–132, hier: S. 77–78.

[18] Hathaway, Evolution (wie Anm. 13), S. 362–367; Storey: Conflict, (wie Anm. 12), S. 4.

[19] Jean-François Durieux: Salah Sheekh Is a Refugee, Paper No. 49, University of Oxford – Refugee Studies Centre, Oxford 2008, S. 14; James C. Hathaway/Michelle Foster: The Law of Refugee Status, 2d ed., Cambridge 2014, S. 172, 174 f.

[20] Durieux: Salah Sheekh, (wie Anm. 20), S. 14.

[21] Ebd. S. 17. Siehe auch Hathaway/Foster: Refugee Status, (wie Anm. 20), S. 175–77.

[22] Durieux: Salah Sheekh, (wie Anm. 20), S. 17. Guy S. Goodwin-Gill/Jane McAdam: The Refugee in International Law, Oxford 2007, S. 129.

[23] Goodwin-Gill/McAdam, Refugee, (wie Anm. 23), S. 128 (FN 360).

„[While p]ersons compelled to leave their country of origin as a result of international or national armed conflicts are not normally considered refugees under the [refugee convention,] (…) foreign invasion or occupation of all or part of a country can result – and occasionally has resulted – in persecution for one or more of the reasons enumerated in the [refugee convention]. "[24]

Trotz solcher Argumente hat sich die dogmatische Einstellung der individuellen Verfolgung vor allem in den westeuropäischen Ländern, so auch in Deutschland, durchgesetzt.[25] In der Rechtswissenschaft beruht diese Ansicht zumindest teilweise auf der Auffassung, dass die GFK nie dazu gedacht war, große Gruppen von Menschen zu unterstützen, die aufgrund eines Krieges vertrieben wurden.[26] Diese Argumentation erscheint angesichts der Geschichte der GFK eher schwach. Zwar wurde die GFK aus dem sehr pragmatischen Grund geschaffen, die Vertreibungsprobleme nach dem Zweiten Weltkrieg zu lösen.[27] Allerdings ignoriert dieses Argument sowohl die Existenz des Protokolls von 1967 als auch die Praxis der internationalen Gemeinschaft in Bezug auf die GFK in den letzten 70 Jahren.

Dass die Individualisierung als ein Hauptelement der GFK Definition in vielen Rechtsauslegungen nach dem Zweiten Weltkrieg bestehen blieb, hatte eher praktische Gründe: Sie erlaubt Staaten, das doch recht breit aufgestellte Individualrecht der Flüchtlinge nach Notwendigkeit einzuschränken. Wie sich in den Folgejahren nach dem Zweitem Weltkrieg herausstellte, entzündeten sich die meisten Bürgerkriege an ethnischen, religiösen oder politischen Differenzen.[28] Eine massenhafte Verlagerung von Flüchtlingen, wie es mit jüdischen Flüchtlingen nach Israel 1948 gemacht worden ist, war aus geopolitischen Gründen nicht mehr möglich. Gleichzeitig wollten die Nationalstaaten aber auch nicht massenweise Flüchtlinge aufnehmen müssen. Eine dogmatische Anwendung gab Staaten somit den nötigen praktischen Ausweg, Flüchtlingsimmigration einzuschränken, ohne dabei den normativen Konsensus aufzugeben.

[24] UNHCR: Handbook on Procedures and Criteria for Determining Refugee Status under the 1951 Convention and the 1967 Protocol Relating to the Status of Refugees, Genf 2019, Abs. 164.

[25] Common Law Länder sehen das schon länger anders und handeln nach der Idee, die von der UNHCR vertreten wird. Siehe Goodwin-Gill/McAdam: Refugee, (wie Anm. 23), S. 128–29; Hathaway/Foster: Refugee Status, (wie Anm. 20), S. 177–178.

[26] Storey: Conflict, (wie Anm. 12), S. 11–12.

[27] Ebd. S. 4.

[28] Holzer: Refugee Convention, (wie Anm. 17), S. 61; Storey: Conflict, (wie Anm. 12), 5.

Menschenrechtsfundament: Non-Refoulement im Europäischen Rechtsraum

Non-Refoulement in der GFK

„No Contracting State shall expel or return („refouler“) a refugee in any manner whatsoever to the frontiers of territories where his life or freedom would be threatened on account of his race, religion, nationality, membership of a particular social group or political opinion.“[29]

Während es heute als fester Bestandteil des Völkergewohnheitsrechts angesehen wird,[30] war die Einführung des Grundsatzes des *Non-Refoulement* in der GFK in Artikel 33 zu der damaligen Zeit revolutionär, da es bis dahin im Völkerrecht praktisch nicht existierte.[31] Das Konzept fand zwar um 1900 eine gewisse Resonanz in den völkerrechtlichen Instrumenten,[32] allerdings boten diese Instrumente keine wirklich wirksamen Garantien, da sowohl der persönliche Geltungsbereich als auch die Akzeptanz der Instrumente selbst eher begrenzt waren.[33] Im Gegensatz dazu ist die Akzeptanz der GFK heute wesentlich gestiegen. Sie wurde nicht nur von 142 Ländern unterschrieben, das Konzept des *Non-Refoulement* wurde auch schon in zahlreichen anderen Völkerrechtsverträgen fest verankert.[34] Mehr als 125 Staaten haben es sogar in ihren Nationalgesetzen festgeschrieben.[35]

[29] Art. 33 (1), GFK.

[30] Einige Rechtskommentatoren vertreten sogar die Auffassung, dass es sich um ein *jus cogens* Prinzip handelt. Siehe, z. B., Jean Allain: The Jus Cogens Nature of Non-Refoulement, International Journal of Refugee Law – Vol. 13 (2002) 533–558; Rene Bruin/Kees Wouters: Terrorism and the Non-Derogability of Non-Refoulement, International Journal of Refugee Law – Vol. 15, (2003) 5–29; Alice Farmer: Non-Refoulement and Jus Cogens: Limiting Anti-Terror Measures That Threaten Refugee Protections, Georgetown Immigration Law Journal – Vol. 23 (2008), 1–38. Siehe auch Diskussion in Walter Kälin u. a.: Article 33, Para.1 – Prohibition of Expulsion or Return (‚Refoulement‘), in: Andreas Zimmerman (Hg.), The 1951 Convention Relating to the Status of Refugees and its 1967 Protocol – A Commentary, n 8, 1327–1395. Als einer der großen Kommentatoren ist James C. Hathaway die Ausnahme. Ebd. 1345–1346.

[31] Kälin u. a.: Article 33, Para.1 (wie Anm. 30), S. 1335.

[32] Ebd. S. 1335–1337.

[33] Ebd.

[34] Inklusive in der Antifolterkonvention (Convention Against Torture and Other Cruel, Inhuman or Degrading Treatment or Punishment, verabschiedet 10.12.1984, in Kraft seit 26.6.1987, 1465 UNTS 85), der Flüchtlingskonvention der Organisation für Afrikanische Einheit (Convention Governing the Specific Aspects of Refugee Problems in Africa, verabschiedet 10.9.1969, in Kraft seit 20.6.1974, 1001 U. N. T. S. 45), der Cartagena Deklaration (Convention Governing the Specific Aspects of Refugee Problems in AfricaOAS Doc. OEA/Ser.L/V/II.66/doc.10, rev. 1, 190–93) und den Bangkok Prinzipien (Asian-African Legal Consultative Organization (AALCO), Bangkok Principles on the Status

In der Praxis bewährte sich das *Non-Refoulement*-Gebot zugegebenermaßen nicht ganz so unumstößlich wie in der Rechtstheorie. Der in der GFK definierte Begriff des *Non-Refoulement* setzt die Erfüllung mehrerer Bedingungen voraus, um rechtswirksam zu sein.[36] Ebenfalls war nicht klar, ob das Konzept im Falle von Massenfluchtbewegungen greifen würde.[37] Trotz dieser Unklarheit beinhaltet Artikel 33 (1) GFK dennoch eine der größeren Schutzbestimmungen, denn es ist einer der wenigen Artikel in der GFK, für den kein Vorbehalt zulässig[38] und der derogationsfest ist, selbst wenn in einem Vertragsstaat ein Notstand herrscht.[39] Die GFK verpflichtet die Vertragsstaaten daher dazu, für den Schutz der Flüchtlinge vor dem Verfolgerstaat zu sorgen, solange ihre Furcht vor Verfolgung begründet ist.[40] Auf diese Weise garantiert Artikel 33 die Sicherheit der Flüchtlinge, selbst wenn ein Staat einem Flüchtling im Rahmen seiner nationalen Verfahren Asyl verweigert.[41]

Allerdings hat das Konzept, so wie es in Artikel 33 GFK festgeschrieben ist, einen „Schönheitsfehler". Absatz 2 desselben Artikels erlaubt es einem Staat, sich über dieses Verbot hinwegzusetzen und einen Flüchtling aus schwerwiegenden Gründen auszuweisen:

> „The benefit of the present provision may not, however, be claimed by a refugee whom there are reasonable grounds for regarding as a danger to the security of the country in which he is, or who, having been convicted by a final judgement of a particularly serious crime, constitutes a danger to the community of that country."[42]

and Treatment of Refugees („Bangkok Principles"), 31 December 1966). Siehe auch Kälin u. a.: Article 33, Para.1 (wie Anm. 30), S. 1347–1348.

35 Ebd.; Elihu Lauterpacht/Daniel Bethlehem: The Scope and Content of the Principle of Non-Refoulement: Opinion, in: Volker Türk u. a. (Hg.): Refugee Protection in International Law: UNHCR's Global Consultations on International Protection, Cambridge 2003, S. 87–177, hier: S. 148.

36 Kälin u. a.: Article 33, Para.1 (wie Anm. 30), S. 1336.

37 Ebd. Heutzutage sind kollektive Ausweisungen allerdings verboten. Ebd. S. 1339–1340.

38 Art. 42 GFK (wie Anm. 1).

39 See Lauterpacht/Bethlehem: Scope (wie Anm. 36), S. 107; Cornelis W. Wouters: International Legal Standards for the Protection from Refoulement: A Legal Anlysis on the Prohibitions on Refoulement Contained in the Refugee Convention, the European Convention on Human Rights, the International Covenant on Civil and Political Rights, and the Convention Against Torture, Antwerp, Portland OR 2009, S. 132.

40 Kälin u. a.: Article 33, Para.1 (wie Anm. 31), S. 1335, 1342.

41 Bundestag, Wissenschaftliche Dienste: Sachstand: Völker- und menschenrechtliche Vorgaben für Abschiebungen straffällig gewordenen Flüchtlingen, WD 2 – 3000 – 002/16, 18.01.2016. Online zugänglich unter: https://www.bundestag.de/resource/blob/408768/e5632bc349bdd5722303c06481316d7f/wd-2-002-16-pdf-data.pdf (letzter Zugriff am 28.11.2023), S. 4.

42 Art. 33 (2), GFK.

Da das *Non-Refoulement*-Gebot ein grundlegendes Element des Schutzes von Flüchtlingen ist, beschränkt sich diese Ausnahme auf nur zwei schwerwiegende Gründe: Der Flüchtling muss entweder eine Gefahr für die Sicherheit oder eine Bedrohung für die Allgemeinheit des Aufnahmestaates darstellen. Das Letztere ist nur dann gegeben, wenn der Flüchtling für ein besonders schweres Verbrechen rechtskräftig verurteilt wurde.[43] Obwohl die Umstände auf eine kleine Gruppe von Personen beschränkt sind, besteht dennoch die Möglichkeit für Staaten, ihre Souveränität auszuüben und Flüchtlinge von ihrem Hoheitsgebiet auszuschließen.

Non-Refoulement *in der EMRK*

„No one shall be subjected to torture or to inhuman or degrading treatment or punishment."[44]

Auf den ersten Blick scheint Artikel 3 der EMRK wenig mit Rechten von Flüchtlingen zu tun zu haben, doch seit dem bahnbrechenden Fall Soering v. UK[45] hat der Gerichtshof in Straßburg klar gemacht, dass die in Artikel 3 formulierten Rechte auch außerhalb der europäischen Grenzen gelten, inklusive Situationen, in denen ein Vertragsstaat eine Person in Ländern außerhalb seiner Grenzen ausweist.[46] Somit greifen die Rechte des Artikel 3 in den Flüchtlingsschutz ein, zumindest, wenn es um Ausweisungen von geflüchteten Personen geht.

Grundlegend zum Ausmaß des Schutzes, der aus Artikel 3 EMRK abgeleitet wird, ist, dass der Artikel vom Europäischen Gerichtshof für Menschenrechte (EGMR) als absolut eingestuft wurde:[47]

„Article 3 (art. 3) makes no provision for exceptions and no derogation from it is permissible under Article 15 (art. 15) in time of war or other national emergency. This absolute prohibition of torture and of inhuman or degrading treatment or punishment under the terms of the Convention shows that Article 3 (art. 3) enshrines one of the fundamental values of the democratic societies making up the Council of Europe. It is also to be found in similar terms in other international instruments such as the 1966 International Covenant on Civil and Political Rights and the 1969 American Convention on Human Rights and is generally recognised as an internationally accepted standard."[48]

[43] Art. 33, Abs. 2, GFK.

[44] Art. 3 EMRK.

[45] Soering v. the United Kingdom, Application No. 14038/88 (EGMR 1989).

[46] Ebd. Abs. 91.

[47] William A. Schabas: European Convention on Human Rights – A Commentary, Oxford 2015, S. 164, 168.

[48] Soering, (wie Anm. 45), Abs. 88.

Dieser absolute Grundsatz bedeutet, dass die in Artikel 3 zugesicherten Rechte nicht gegenüber den Interessen des Vertragsstaates abgewogen werden können, wie es die Regelung in Artikel 33, Absatz 2 GFK implizit erlaubt, oder wie es der EGMR häufig bezüglich anderer Rechte der EMRK macht, nämlich das Konzept der Verhältnismäßigkeit anwendet. Bei der Auslegung von Artikel 3 EMRK geht es nur darum, ob eine Mindestschwelle erfüllt ist, das heißt, ob eine Handlung als unmenschliche oder erniedrigende Behandlung oder Strafe gilt.[49] Wenn diese Schwelle erreicht ist, dann gilt das Recht als absolut; wann sie allerdings erreicht ist, hängt von der konkreten Situation ab, mit der das Gericht befasst ist.[50]

Inzwischen hat der EGMR die Parameter erweitert und befunden, dass ein Vertragsstaat auch für eine Ausweisung in einen Zwischenstaat haftet, wenn die Gefahr besteht, dass dieser Staat die Person in einen Verfolgerstaat ausweisen würde.[51] Die Beurteilung, inwiefern die Gefahr einer solcher Kettenabschiebung zu einer Verletzung von Artikel 3 EMRK führen kann, hängt von den vorhersehbaren Folgen einer Ausweisung ab, die sich auch hier nach einem sogenannten *totality of circumstances*-Standard richtet. Das Gericht betrachtet bei diesen Fällen sowohl die allgemeinen Umstände im anderen Staat als auch die persönlichen Umstände der betroffenen Person.[52] Zudem ist der Schutz nach Artikel 3 EMRK gleichermaßen anwendbar, unabhängig davon, ob der Person eine solche Behandlung durch die Regierung des Herkunftsstaates oder durch Privatpersonen im Inneren droht, sofern der Staat keinen Schutz vor einer solchen privaten Gefahr bieten kann.[53] Mit neuester Rechtsprechung wurden Asylsuchende inzwischen als eine vulnerable Gruppe eingestuft, für die der Schwellenwert der Gefahr niedriger angesetzt ist als für andere Personengruppen.[54] Mit diesen rechtlichen Auslegungen hat der EGMR daher für eine Ausweitung des *Non-Refoulement*-Gebots gegenüber Flüchtlingen in Europa gesorgt.[55]

[49] Schabas: Convention, (wie Anm. 47), S. 171; Wouters: Standards (wie Anm. 40), S. 221.

[50] Ebd., S. 171.

[51] T. I. v. The United Kingdom, Application No. 43844/98, Decision as to the Admissibility, (EGMR 2000), Abs. 15.

[52] See Vilvarajah and Others v. the United Kingdom, Applications Nos. 13163/87; 13164/87; 13165/87; 13447/87; 13448/87 (EGMR 1991) Abs. 107–108; Schabas: Convention, (wie Anm. 47), S. 195.

[53] H. L. R. v. France, Application No. 24573/94 (1991), Abs. 40.

[54] M. S. S. v. Belgium and Greece, Application No. 30696/09 (EGMR 2011), Abs. 251: „The Court attaches considerable importance to the applicant's status as an asylum-seeker and, as such, a member of a particularly underprivileged and vulnerable population group in need of special protection.“ Siehe auch Tarakhel v. Switzerland, Application No. 29217/12 (EGMR 2014), Abs. 97.

[55] Chahal v. the United Kingdom, Application No. 22414/93 (EGMR 1996), Abs. 80. Siehe auch Soering, (wie Anm. 45), Abs. 111; Cruz Varas and Others v. Sweden, Application No. 15576/89 (EGMR 1991), Abs. 103; Saadi v. Italy, Application No. 37201/06 (EGMR 2008), Abs. 125. Siehe auch Schabas: Convention, (wie Anm. 47), S. 194.

Deutschland, Flüchtlingsschutz und der Kalte Krieg

Das Grundgesetz und das materielle Recht auf Asyl im Kalten Krieg

Auch wenn die Einführung der GFK von sehr pragmatischen Überlegungen geprägt war, so stand auch ein gewisser Idealismus dahinter, diejenigen Personen durch die Völkerrechtsgemeinschaft zu schützen, die in ihrem Herkunftsstaat schutzlos sind.[56] Diese Idee basierte auf der lang etablierten normativen Theorie der Verbundenheit und Verantwortlichkeit zwischen Staat und Staatsbürger,[57] dessen Prinzip während der nationalsozialistischen Diktatur gravierend verletzt wurde,[58] weshalb nach dem Zweiten Weltkrieg ein festes Fundament der Rechtsstaatlichkeit mit der Menschenwürde als Kern etabliert wurde.

Im Kalten Krieg wich dieser Idealismus übergreifend geopolitischen Bedenken, so dass die praktische Anwendung der GFK im Westen höchst politisch erfolgte: Die Gewährung von Asyl wurde so zu einem festen Bestandteil der Außenpolitik gegen den Osten, wobei besonderes Gewicht auf den Aspekt der politischen Verfolgung der Flüchtlingsdefinition gelegt wurde.[59] Das geteilte Deutschland war ein Paradebeispiel für diese sich verschiebenden Prioritäten im westlichen Verständnis des Zwecks der GFK.[60] Die resultierende Wahrnehmung eines Flüchtlings als „echt" hing während des Kalten Krieges davon ab, ob er als Gegner der sowjetischen Diktatur auftrat und eine politische Meinung vertrat, die den kommunistischen Idealen des Ostens zuwiderlief.[61] Ob die Person tatsächlich der GFK Definition entsprach, wurde anfangs nicht unbedingt näher untersucht.[62]

Deutschland war somit in vielerlei Hinsicht ein Hauptschauplatz, in dem diese verschiedenen normativen Theorien und geopolitischen Aspekte aufeinander trafen. Während andere westeuropäische Staaten Flüchtlingen die Möglichkeit gaben, auf der Grundlage der GFK einen Asylantrag zu stellen, nahm Westdeutschland eine einzigartige Position ein: Es garantierte Flüchtlingen nicht nur das Recht, einen Asylantrag zu stellen, es schützte das Recht auf Asyl auch materiell im Rahmen

56 Atle Grahl-Madsen: The European Tradition of Asylum and the Development of Refugee Law, Journal of Peace Research – Vol. 3 (1966) S. 278–288, hier: S. 281.

57 Nottebohm case, I. C. J. Reports 1955 (IGH 1955), S. 4.

58 Grahl-Madsen: Tradition (wie Anm. 56), S. 281.

59 Liza Schuster: The Use and Abuse of Political Asylum in Britain and Germany, London/Portland, OR 2003, S. 26; Dacyl: Protection (wie Anm. 11), S. 587.

60 Schuster: Use, (wie Anm. 59), S. 190.

61 Charles B. Keely: The International Refugee Regime(s): The End of the Cold War Matters, International Migration Review – Vol. 35(1) (2001), S. 303–314, hier: S. 306–307; Schuster: Use, (wie Anm. 59), S. 99.

62 Keely: Refugee Regime(s) (wie Anm. 61), S. 307.

seiner Verfassung.[63] In Artikel 16 des Grundgesetzes (GG) heißt es: „Politisch Verfolgte genießen Asyl. “[64] Mehr als 40 Jahre lang, von der Schaffung des Grundgesetzes im Jahr 1949 bis in die 1990er-Jahre, wurde diese einfache Aussage weder qualifiziert noch anderweitig eingeschränkt, wodurch der Prämisse der AEMR, dass jeder Mensch Asyl genießen kann, im deutschen Grundgesetz volles Gewicht verliehen wurde.[65]

Ein rechtlicher Rahmen für Konventionsflüchtlinge wurde 1953 durch die genannte Asylverordnung geschaffen, welche ein Mindestmaß an Regeln für die Anerkennung von Flüchtlingen festlegte und darauf hinwies, dass für Personen, die einen Status nach der GFK beantragen, ein besonderes Anerkennungsverfahren durchzuführen ist.[66] Das Gesetz respektierte das aus der GFK abgeleitete Gebot des *Non-Refoulement* und etablierte das System der Duldung für die Fälle, in denen den Antragstellern kein Asyl gewährt werden würde, eine Ausweisung aber zu einem Verstoß gegen dasselbige führen würde.[67]

Allerdings beförderte dieser liberale rechtliche Rahmen eher eine verschlossene, restriktive Praxis. Obwohl anfangs Flüchtlinge aus Ostdeutschland und anderen Ostblockländern ohne große Prüfung aufgenommen wurden,[68] weigerten sich schon 1958 einige Bundesländer, weiterhin osteuropäische Flüchtlinge aufzunehmen, die sie als Last empfanden.[69]Auch die tatsächlichen Anerkennungszahlen in den ersten 15 Jahren widerlegten das liberale Denken: Bis 1965 hatte Deutschland nur 9.315 Konventionsflüchtlinge anerkannt, Frankreich dagegen über 180.000.[70] Auch nach 1965 verbesserte sich die Lage für Flüchtlinge nicht unbedingt. Die Anerkennungsquote von Asylsuchenden nach 1965 stieg zwar zunächst, mit Schwankungen zwischen 22 Prozent und 52 Prozent, pendelte sich aber von 1977 bis 1990 um

63 Schuster: Use, (wie Anm. 59), S. 182; Ursula Münch: Asylpolitik in der Bundesrepublik Deutschland, 2d ed. Opladen 1993, S. 22.

64 Art. 16, Abs. 2, S. 2, Grundgesetz für die Bundesrepublik Deutschland vom 23. Mai 1949, BGBl I 1/ 1949, 23.5.1949 (von hier an „GG“).

65 Art. 14, Abs. 1 AEMR.

66 Verordnung über die Anerkennung und die Verteilung von ausländischen Flüchtlingen (Asylverordnung) vom 6. Januar 1953, BGBl. I 1/ 1953, 9.1.1953 (von hier an „AsylVO“).

67 §§ 14, 17 AuslG.

68 Schuster: Use, (wie Anm. 59), S. 190.

69 Ebd.; Münch: Asylpolitik (wie Anm. 63), S. 107.

70 Münch: Asylpolitik (wie Anm. 63), S. 54. Ein Teil dieser Diskrepanz lässt sich allerdings auch dadurch erklären, dass Deutschland eine beträchtliche Anzahl von Ostdeutschen aufgenommen hat, diese aber nicht als Flüchtlinge im klassischen Sinne gezählt wurden, da sie einen Anspruch auf die deutsche Staatsbürgerschaft hatten.

ca. 11 bis 15 Prozent ein.[71] Dies war zum Teil auf eine Verschärfung der Gesetze zurückzuführen,[72] die wiederum verwaltungstechnischen Gründen geschuldet war: Innerhalb der zehn Jahre zwischen 1970 und 1980 stieg die Zahl der Asylsuchenden um mehr als das Zehnfache, von knapp 8.650 auf 107.000.[73]

Deutsche Gerichte legten das Konzept der politischen Verfolgung sehr restriktiv aus und erkannten zum Beispiel nicht einmal Folter oder Einschränkungen der Menschenrechte im Allgemeinen als Gründe einer politischen Verfolgung an.[74] Da die Gerichte für die Auslegung von GFK und Grundgesetz einander anpassten, galten die gleichen, restriktiven Regeln sowohl für Konventionsflüchtlinge als auch politisch Verfolgte.[75] Gleichzeitig schoben die Behörden nicht-anerkannte Flüchtlinge dennoch nicht ab, da man davon ausging, dass eine Abschiebung sie der Gruppenverfolgung oder anderen politischen Gefahren aussetzen würde.[76] Dieses Vorgehen etablierte sich in der Praxis überraschenderweise als eine Gegenmaßnahme zur Rechtsprechung, die als zu restriktiv betrachtet wurde. Bis in die 1980er-Jahre fielen daher bis zu 20 Prozent aller Asylsuchenden in diese Kategorie der sogenannten *de facto* Flüchtlinge.[77]

Wechselnde Paradigmen: Wirtschaftsängste und Asylmissbrauch als leitende Prinzipien in den 1980er-Jahren

In den 1980er-Jahren zeichnete sich ein Paradigmenwechsel in Bezug auf die Definition von Flüchtlingen ab. Drei Entwicklungen trugen dazu bei: Erstens wurden immer mehr Flüchtlinge aufgrund von Bürgerkriegen und anderen internen Kon-

71 Die Jahre 1983 und 1984 waren eine Ausnahme, in dem die Quote über 26 bzw. 18 % lag. Douglas B. Klusmeyer/Demetrios G. Papademetriou: Immigration Policy in the Federal Republic of Germany: Negotiating Membership and Remaking the Nation, New York/Oxford 2009, S. 135.

72 Der erste Versuch, die Zahl der Asylsuchenden einzuschränken, wurde 1978 mit dem so genannten Ersten Beschleunigungsgesetz unternommen, das darauf abzielte, die Zahl der Asylsuchenden zu verringern, indem es die Möglichkeit einschränkte, gegen ablehnende Bescheide auf Verwaltungsebene Rechtsmittel einzulegen. Schuster: Use, (wie Anm. 59), S. 97; siehe auch Art. I, Abs. 2, Gesetz zur Beschleunigung des Asylverfahrens vom 25. Juli 1978, BGBl. I 42/1978, 31.7.1978 (Änderung des § 30 AuslG).

73 Bundesamt für Migration und Flüchtlinge (BAMF): Das Bundesamt in Zahlen 2010 – Asyl, Migration, ausländische Bevölkerung und Integration (2011), S. 11, online zugänglich unter: https://www.bamf.de/SharedDocs/Anlagen/DE/Statistik/BundesamtinZahlen/bundesamt-in-zahlen-2010.pdf?__blob=publicationFile&v=14 (letzter Zugriff am 28.11.2023).

74 Münch: Asylpolitik (wie Anm. 63), S. 32–35, 49.

75 Davy: Bosnian Refugees (wie Anm. 17), S. 73–74.

76 Münch: Asylpolitik (wie Anm. 63), S. 46.

77 Ebd.

flikten vertrieben und nicht mehr aufgrund internationaler Kriege.[78] Eine Zunahme der Flüchtlingszahlen war also unausweichlich. Zweitens gerieten die westlichen Länder aufgrund der globalen wirtschaftlichen Krisen in den 1980er-Jahren in finanzielle und wirtschaftliche Schwierigkeiten, was zu einem schrumpfenden Arbeitsmarkt und einer verstärkten Kontrolle der Einwanderung von Arbeitskräften führte.[79] Drittens intensivierte sich die Wahrnehmung, dass mehr und mehr Flüchtlinge aus außereuropäischen Drittländern kämen. Vorurteile und interne Überzeugungen hinsichtlich der Assimilationsfähigkeit dieser neuen Gruppen traten als Reaktion zutage und führten zu einer veränderten Wahrnehmung der GFK und ihres Zwecks.[80] Insbesondere in Deutschland gab es eine interessante Sichtweise hinsichtlich des Konzepts der nationalen Identität in Bezug auf Flüchtlinge, die auf das Konzept der Loyalität zwischen Staat und Bürger zurückging:

> „It was assumed that foreigners, and their children, whether refugees or not, could not become German. This in turn meant that their primary loyalty would (should) always be their country of origin, that is, that they would (should) return whence they came, once return became possible."[81]

Darüber hinaus wurde der grundlegende Gedanke eines Schutzanspruchs für Flüchtlinge durch ein neues Konzept, des sogenannten *just deserts* (gerechter Verdienst), ersetzt. Diesem neuen Ansatz zufolge mussten Geflüchtete „beweisen", dass sie „echte Flüchtlinge" waren und geschützt werden müssten. Insbesondere der Begriff der Echtheit des Asylgesuchs wurde auf Basis der damals vorherrschenden Auffassung, welche die politische Verfolgung als einzig „wahren" Verfolgungsgrund anerkannte, evaluiert. Wer demnach nicht als politisch verfolgt galt, zählte als „Wirtschaftsflüchtling" und damit als nicht schutzwürdig.[82] Die Idee des Asyl-

[78] Deborah Perluss/Joan F. Hartman, Temporary Refuge: Emergence of a Customary Norm, Virginia Journal of International Law – Vol. 26 (1986), S. 551–626, hier: 551–552.

[79] B. S. Chimni: From Resettlement to Involuntary Repatriation: Towards a Critical History of Durable Solutions to Refugee Problems, Refugee Survey Quarterly – Vol. 23(3) (2004) S. 55–73, hier: S. 58.

[80] Schuster: Use, (wie Anm. 59), S. 187, 207–208; Keely: Refugee Regime(s) (wie Anm. 61), S. 311.

[81] Schuster: Use, (wie Anm. 59), S. 187. Die seit längerer Zeit ansteigende Fremdenfeindlichkeit war auch zum Teil wegen dem Gastarbeiterprogramm nach dem Zweiten Weltkrieg entstanden, in dessen Rahmen viele südeuropäische Männer für Arbeit nach Deutschland nach dem Krieg kamen, aber anstatt zu gehen, sobald kein Bedarf mehr an ihrer Arbeitskraft bestand, wie von den deutschen Behörden erwartet, hatten viele ihren Aufenthalt reguliert und holten sogar ihre Familien nach. Ebd. S. 191.

[82] Perluss/Hartman: Resettlement (wie Anm. 79), S. 572

missbrauchs mischte sich in den gesellschaftlichen Diskurs und machte sich schnell auch auf politischer Ebene breit.[83]

Diese Ängste bedingten auch Verschärfungen von Gesetzen, die Schutzsuchende immer weniger prozessuale Rechte einräumten bzw. bestehende Rechte aufhoben. Eine der gravierendsten Änderungen im Jahr 1980 befreite Behörden von der Berücksichtigung relevanter Information, sofern diese erst nach Ablauf entsprechender Fristen bekannt wurden.[84] Fundamentalere Änderungen wurden durch das Asylverfahrensgesetz von 1982 unternommen, durch das die behördlichen Angestellten in Asylverfahren nun weisungsgebunden waren und den Anweisungen des Innenministeriums unterlagen.[85] Diese Regelung bedeutete, dass politische Entscheidungen auf Bundesebene nun den Ausgang einzelner Asylverfahren beeinflussen konnten.

Darüber hinaus wurden die Rechte der Flüchtlinge bei Berufungen vor den Verwaltungsgerichten eingeschränkt, etwa durch die Etablierung der Einzelrichterprüfung bei negativen Entscheidungen.[86] Auch der Prüfungsstandard der erstinstanzlichen Gerichtsentscheidung wurde erhöht,[87] und eine neue Regelung schloss jegliche Berufung aus, wenn die Entscheidung des erstinstanzlichen Verwaltungsgerichts, welches aus mehr als einem Richter bestand, einstimmig war.[88] Diese Vorschrift wurde bereits ein Jahr nach der Verabschiedung des Gesetzes vor dem Bundesverfassungsgericht von einem sri-lankischen Flüchtling angefochten.[89] Bei der Prüfung des Falles stellte das Bundesverfassungsgericht zwar fest, dass die untere Instanz die Umstände des Flüchtlings nicht richtig gewürdigt habe,[90] beurteilte aber die zugrundeliegenden Bestimmungen über die Beschränkung des Beschwerderechts als verfassungskonform[91] und als nicht konträr zu Artikel 16 des Grundgesetzes.[92]

Während diese überwiegend prozessualen Beschränkungen sicherlich einen Einfluss auf die Anerkennung von Flüchtlingen hatten, so war es die Einführung

83 Münch: Asylpolitik (wie Anm. 64), S. 54–56; Schuster: Use, (wie Anm. 59), S. 192–193.

84 §§ 3(1)-(2) 2. BeschlG.

85 Gesetz über das Asylverfahren (Asylverfahrensgesetz – AsylVfG) vom 16. Juli 1982, BGBl. I 25/1982, 21.7.1982 (von hier an „AsylVfG"), § 4, Abs. 2.

86 § 3 AsylVfG.

87 Entscheidungen waren nur dann anfechtbar, wenn sie eine Frage aufwarfen, die von Bedeutung für die Rechtsprechung war; die von ständiger Rechtsprechung abwich; oder wenn Verfahrensmängel der unteren Instanz vorlagen, die zu einer anderen Entscheidung führen würden. § 32 AsylVfG.

88 § 31 AsylVfG.

89 Beschluss vom 12.7.1983, BVerfG, 1. Senat, 1 BvR 1470/82 (BVerfGE 1983).

90 Ebd. Rz. 73–75.

91 Ebd. Rz. 45–64.

92 Ebd. Rz. 55–65.

eines neuen Konzeptes, welches das materielle Recht auf Asyl nach dem Grundgesetz einschränkte und dadurch die neue Ansicht, dass die meisten Asylsuchenden keine „echten" Flüchtlinge seien, in der Gesellschaft zementierte. Das Gesetz von 1982 enthielt eine neue Bestimmung, die das Recht auf Asyl jenen verweigerte, die *anderweitigen Schutz* genossen.[93] Dieses Konzept verhieß, dass Personen, die sich in einem anderen Staat aufgehalten hatten, in dem sie keiner politischen Verfolgung ausgesetzt waren und die von dort nicht in ein Verfolgerland abgeschoben werden konnten, von nun an in Deutschland kein Asyl erhalten würden.[94]

Das neue Gesetz enthielt auch eine Bestimmung, wonach jeder Asylantrag als gegenstandslos oder irrelevant betrachtet wurde, wenn eine Person anderweitigen Schutz genoss,[95] so dass der Staat eine sofortige Ausweisung anordnen konnte.[96] Rechtsmittel gegen solche vorläufigen Entscheidungen waren zeitlich begrenzt – sie mussten innerhalb einer Woche nach der Entscheidung eingereicht werden – und diese hatte keine aufschiebende Wirkung auf die Ausweisung.[97] Diese Regelungen galten speziell für diejenigen Flüchtlinge, die politisches Asyl gemäß Artikel 16 GG suchten, wurden aber später auch auf Konventionsflüchtlinge übertragen.[98] Das Konzept war bei seiner Verabschiedung nicht unumstritten: Tatsächlich wurde es von vielen als nicht verfassungskonform angesehen,[99] weshalb die mit dem Konzept verbundenen Bestimmungen zunächst auf zwei Jahre befristet waren.[100] Politische Bedenken hielten das Thema des angeblich verbreiteten Asylmissbrauchs jedoch im öffentlichen Diskurs, weshalb das Konzept 1988 dauerhaft im Gesetz verankert wurde.[101]

Die letzte bedeutende Gesetzesänderung erfolgte in 1987, um zusätzliche Einschränkungen vorzunehmen.[102] Das Gesetz änderte die Bestimmungen über den anderweitigen Schutz, indem es eine zeitliche Definition des Aufenthaltes in dem anderen Land festlegte, nämlich dass bei einem mindestens dreimonatigen Aufenthalt eines Flüchtlings in einem anderen Land davon ausgegangen wurde, dass er

93 § 2 AsylVfG.
94 § 2, Abs. 2, AsylVfG.
95 § 7, Abs. 2 AsylVfG.
96 § 10, Abs. 1, AsylVfG.
97 § 10, Abs. 3, AsylVfG.
98 § 1 AsylVfG.
99 Schuster: Use, (wie Anm. 59), S. 199.
100 § 45, Abs. 2, AsylVfG. Siehe auch Schuster: Use, (wie Anm. 59), S. 199.
101 Art. I, Gesetz zur Änderung asylverfahrensrechtlicher und ausländerrechtlicher Vorschriften vom 20. Dezember 1988. BGBl. I 60/1988, 24.12.1988. Siehe auch Schuster: Use, (wie Anm. 59), S. 199.
102 Gesetz zur Änderung asylverfahrensrechtlicher, arbeitserlaubnisrechtlicher und ausländerrechtlicher Vorschriften vom 6. Januar 1987, BGBl. I 3/1987, 14.1.1987 (von hier an „AsylVfGuaÄG").

oder sie anderweitigen Schutz erhalten hatte.[103] Darüber hinaus legte das Gesetz fest, dass ein Antrag als offensichtlich unbegründet galt, wenn der Flüchtling aufgrund allgemeiner Gewalt oder kriegsähnlicher Zustände aus seinem Heimatland geflohen war.[104] Mit dieser Gesetzesänderung verankerte Deutschland daher nicht nur das Prinzip des anderweitigen Schutzes, welches somit zum Vorläufer des heute etablierten Konzepts der sicheren Drittländern wurde und eine langfristige Einschränkung der Flüchtlingsdefinition mit sich brachte, es formalisierte zum ersten Mal auch einen offiziellen Ausschluss von den *de facto* oder Kriegsflüchtlingen aus der Flüchtlingsdefinition.

Die Gerichte stellten nach 1987 die einzige Möglichkeit für Flüchtlinge dar, ihre Rechte zu behaupten. Doch auch hier trafen Kriegsflüchtlinge auf Barrieren: wie bereits erwähnt war die traditionelle Auffassung einer individualisierten Verfolgung oft ein Hindernis für Personen, die Kriegssituationen entflohen.[105] Nach der Einführung des Konzepts des anderweitigen Schutzes im Gesetz, entwickelte sich eine neue Rechtsprechung bei den Gerichten, die den verfassungsrechtlichen Anspruch auf Asyl solchen Personen nicht mehr gewährte, die bereits in einem anderen Land Schutz hätten beantragen können.[106]

Für diejenigen Flüchtlinge, die eine Zuerkennung nach der GFK-Definition anstrebten, war die sogenannte Attributionstheorie inzwischen von den Gerichten als Grund anerkannt, um das Element der Verfolgung zu verneinen. Diese Theorie war eine Auslegung der GFK-Definition, welche besagte, dass das Element der Verfolgung im Sinne der GFK *nur* erfüllt war, wenn die Verfolgung vom Staat selbst aus ging. Handlungen anderer Akteure wurden nur dann berücksichtigt, wenn die Verantwortung auf irgendeine Art und Weise auf den Staat zurück geführt werden konnte.[107] Eine solche Verantwortung wurde in der Rechtsprechung nur als eine absichtliche Verweigerung des Schutzes gegen private Akteure durch den Staat definiert.[108] Wenn der Staat aber keine Kapazität hatte, Schutz zu gewähren und, wie im Fall von Bürgerkriegen, nicht mehr die Kontrolle über sein Hoheitsgebiet besaß, sondern „lediglich noch die Rolle einer militärischen Bürgerkriegspartei [einnahm]“,[109] wurde der Flüchtlingsstatus in Deutschland verweigert.[110] Eine Ausnah-

103 Art. I, Abs. 2, AsylVfGuaÄG (Änderung des § 2 AsylVfG). Diese Bestimmung galt insbesondere, wenn der Flüchtling aus einem EWR-Staat kam. Art. I, Abs. 7, AsylVfGuaÄG (Änderung des § 9, Abs. 2, AsylVfG).

104 Art. I, Abs. 8, AsylVfGuaÄG (Änderung des § 11, Abs. 1, AsylVfG).

105 Davy: Bosnian Refugees (wie Anm. 17), S. 77–78.

106 Ebd. S. 74 (FN 80).

107 Ebd. S. 101.

108 Ebd.

109 Münch: Asylpolitik (wie Anm. 63), S. 33; Davy: Refugees (wie Anm. 17) S. 101.

110 Münch: Asylpolitik (wie Anm. 63), S. 33.

me wurde nur akzeptiert, wenn der Staat als eine dieser kämpfenden Parteien die Bevölkerung, die sich ihm entgegensetzt, aufgrund von „ethnische[r], kulturelle[r] oder religiöse[r] Identität zerstört, obwohl sie keinen Widerstand mehr leiste [t]“[111] – eine Ausnahme stellte nur Genozid dar.

Diese neuen Einschränkungen, die durch die neuen Gesetze in den 1980er-Jahren eingeführt wurden, und die immer restriktivere Judikatur der Gerichte erwiesen sich in den Augen der Politiker als zielführend. Die Wirksamkeit des neuen Systems wurde vor allem durch die Statistiken im Asylbereich belegt: Zwischen 1980 und 1981 sank die Zahl der Asylanträge vom damaligen Höchststand von fast 108.000 auf weniger als 50.000.[112] 1983 sank die Zahl auf unter 20.000.[113] Mitte der 1980er-Jahre stieg die Zahl der Anträge jedoch wieder an, und auch die Anerkennungsquote war von Anfang bis Mitte der 1980er-Jahre gestiegen, von 6,8 Prozent im Jahr 1982 auf 29,2 Prozent im Jahr 1985, nur um im Folgejahr auf 15,9 Prozent zu schrumpfen.[114] Die Zahl der Anträge stieg aber stetig an, weshalb das Thema des Asylmissbrauchs im politischen Diskurs verblieb.[115]

Manche Rechtshistoriker sehen in diesen Entwicklungen ein Muster, welches mit dem politischen Wahlzyklus zusammenhängen könnte: Internationale Geschehnisse sorgten eigentlich kontinuierlich für immer wieder hohe Asylantragszahlen, je nach Kriegsgeschehen auf der Welt. Der Anstieg von Asylsuchenden im Land wiederum brachte Ängste und somit das Thema des Asylmissbrauchs in den politischen Diskurs. Kurz vor Bundestagswahlen wurden gesetzliche Verschärfungen eingeleitet, da die Parteien so versuchten, die Wahlen zu gewinnen. Sinkende Anerkennungsquoten im Jahr nach der Wahl schienen darauf zu deuten, dass die gesetzlichen Änderungen Wirkung hatten. Dieser Zustand war aber nicht von Dauer, denn der nächste Krieg irgendwo in der Welt löste neue Fluchtbewegungen aus. Eine steigende Anzahl an Asylanträgen wurde aber wieder mit dem Thema des Asylmissbrauchs verbunden, was den Zyklus von vorne aufrollte.[116]

Mit dem Mauerfall und dem kurz darauf folgenden Zerfall der Sowjetunion sah sich Deutschland mit neuen steigenden Einwanderungszahlen konfrontiert.[117] Gleichzeitig stellte die Wiedervereinigung Deutschland vor neue soziale, politische

111 Ebd.

112 BAMF: Das Bundesamt in Zahlen 2019 – Asyl (2020), S. 9, online zugänglich unter: https://www.bamf.de/SharedDocs/Anlagen/DE/Statistik/BundesamtinZahlen/bundesamt-in-zahlen-2019.pdf?__blob=publicationFile&v=6 (letzter Zugriff am 28.11.2023).

113 Ebd.

114 Schuster: Use, (wie Anm. 59), S. 200–201.

115 Ebd.

116 Ebd.

117 Ebd. S. 203.

und vor allem wirtschaftliche Herausforderungen.[118] Flüchtlinge traten nun in den Wettbewerb mit Deutschen aus der ehemaligen DDR und anderen ehemaligen Ostblockstaaten. [119] Die Bosnier, die kurz danach ihr Heimatland verlassen mussten, hatten das Pech, in diesen Mahlstrom der Politisierung des Schutzes und der gleichzeitigen wirtschaftlichen und gesellschaftlichen Veränderung Deutschlands zu geraten.

Menschenrechte als Flüchtlingsschutz für Bosnier in Deutschland

Hintergrund zum und Auswirkungen des Bosnischen Kriegs

Die Ursachen des bosnischen Kriegs sind auf den ersten Blick vielfältig, dennoch sind sie überwiegend auf wirtschaftliche Probleme Jugoslawiens zurückzuführen. Nach dem Zweiten Weltkrieg waren die Aufteilung Jugoslawiens in gleichberechtigte wirtschaftliche und politische Republiken und die Förderung einer vor allem auf Titos Person zentrierten Botschaft der kollektiven Solidarität, den Prinzipien von *bratstvo i jedinstvo*,[120] die Hauptgründe für den internen Zusammenhalt.[121] Die internationale Positionierung im Kalten Krieg sowie enorme Investitionen in Bereichen der Manufaktur sorgten zudem für einen rapide wachsenden Wohlstand und einen viel höheren Lebensstandard als in den anderen kommunistischen Ländern Osteuropas.[122]

Die weltweiten Wirtschaftsprobleme, die sich in den 1970er-Jahren im Westen abzeichneten, erfassten Jugoslawien in den 1980er-Jahren, just als der Tod von Tito 1980 für ein politisches Vakuum sorgte. Regionale Politiker, die an der Macht interessiert waren, nutzten die Differenzierung der ethnischen und religiösen Vielfältigkeit als Spaltungstaktik, um an Einfluss zu gewinnen.[123] Konstitutionelle Änderun-

118 Ebd.

119 Ebd. S. 200–201.

120 Bosnisch/Kroatisch/Serbisch für Brüderlichkeit und Einheit. Zum Begriff der Brüderlichkeit und Einheit und seiner Verwendung im Diskurs zu Titos Zeiten, siehe allgemein Drago Roksandić: „Bratstvo i jedinstvo“ u političkom govoru jugoslovenskih komunista 1919–1945. godine, in: Pintar Manojlović u. a. (Hgs.): Tito – Viđenja i tumačenja, Belgrad 2011, S. 28–42.

121 Dejan Jović: Yugoslavia: A State That Withered Away, West Lafayette 2009 S. 57, 60; Chris Van Gorp: „Brotherhood and Unity?“ The Relationship between Nationalism and Socialism in Socialist Yugoslavia, (Master Thesis, Radboud Univeristeit 2012), online zugänglich unter: https://theses.ubn.ru.nl/bitstream/handle/123456789/2881/Gorp%2c_Chris_van_1.pdf?sequence=1 (letzter Zugriff am 18.3.2020).

122 Jović: Yugoslavia (wie Anm. 121), S. 60–61.

123 Noel Malcolm: Bosnia: A Short History, 3d ed., London 2002, S. 203–205; Van Gorp: Brotherhood (wie Anm. 121), S. 77–78.

gen, die Mitte der 1970er-Jahre den einzelnen Republiken zu mehr Autonomie verhalfen[124] und die Anerkennung neuer Völkergruppen ermöglichten,[125] führten nun zu Problemen.[126] In allen Regionen Jugoslawiens etablierten Politiker die Idee der Selbstbestimmung als Ausweg aus der Wirtschaftskrise; dies wiederum löste eine Gegenreaktion der zentralen Regierung in Serbien aus und erlaubte es dem neuen Präsidenten Slobodan Milošević einen intensiven Nationalismus zu schüren.[127] Sparmaßnahmen, die eingeführt wurden, um den nationalen Haushalt zu stabilisieren, führten zum Anstieg der Arbeitslosigkeit und einem Rückgang des Lebensstandards,[128] sowie zu einer weit verbreiteten Desillusionierung und Unzufriedenheit in der Bevölkerung, die infolgedessen nationalistischen Parolen viel zugänglicher war.[129]

Nachdem 1990 in Jugoslawien zum ersten Mal freie Wahlen abgehalten worden waren, kamen neu gegründete nationalistische Parteien an die Macht[130] und riefen 1990, 1991 und 1992 per Referendum zur Unabhängigkeit Sloweniens, Kroatiens und Bosniens auf.[131] Diese Aktionen erwiesen sich als besonders problematisch in den Teilen des Landes, in denen mehrere ethnische Gruppen lebten, so wie in Kroatien, aber vor allem in Bosnien und Herzegowina. Als Bosnien am 6. April 1992 seine Unabhängigkeit erklärte, reagierte das serbisch dominierte Militär mit vehementer Gewalt, während kroatische Streitkräfte in Herzegowina in Stellung gingen, was den Krieg in Bosnien auslöste.[132]

124 Sabrina P. Ramet: The Three Yugoslavias: State-Building and Legitimation, 1918–2005, Bloomington 2006, S. 55–56 (mit Hinweis auf die Unzufriedenheit von insbesondere Slowenien und Kroatien darüber, dass sie eine finanzielle Last für die Zentralregierung in Serbien tragen müssen).

125 Malcom: Bosnia (wie Anm. 123), S. 198–199; Steven L. Burg/Paul S. Shoup: The War in Bosnia-Herzegovina: Ethnic Conflict and International Intervention, London, New York 1999, S. 41–42.

126 Van Gorp: Brotherhood (wie Anm. 121), S. 63–64.

127 Van Gorp: Brotherhood (wie Anm. 121), S. 71–72; Robert M. Hayden: From Yugoslavia to the Western Balkans: Studies of European Disunion, 1991–2011, Leiden, Boston 2013, S. 31–32.

128 Barbara Franz: Uprooted and Unwanted: Bosnian Refugees in Austria and the United States, College Station, TX 2005, S. 19

129 Ramet: Three Yugoslavias (wie Anm. 125), S. 67–69; Malcom: Bosnia (wie Anm. 123), S. 209.

130 Van Gorp: Brotherhood (wie Anm. 121), S. 79.

131 Ebd. S. 84; Malcom: Bosnia (wie Anm. 121), S. 225.

132 Franz: Bosnian Refugees (wie Anm. 128), S. 21; Malcom: Bosnia (wie Anm. 123), S. 229–230. Die Anerkennungen der Unabhängigkeit Kroatiens und Sloweniens sollte zwar zur Beendigung der Kriege in diesen Ländern beigetragen, aber sie waren im Grunde der Auslöser des Kriegs in Bosnien, da sie der bosnischen Führung kaum eine Wahl ließen, ob sie auf der Unabhängigkeit bestehen sollte. Malcom: Bosnia (wie Anm. 123), S. 230; Richard Caplan: Europe and the Recognition of New States in Yugoslavia, Oxford 2005, S. 84–85.

Der Krieg dauerte fast vier Jahre lang. Er forderte zwischen 140.000 und 200.000 Menschenleben[133] und war nicht nur die Ursache für die längste Belagerung einer Hauptstadt in der modernen Geschichte.[134] Verbrechen gegen die Menschlichkeit, wie sie in Europa seit über 40 Jahren nicht mehr vorgekommen waren, wurden verübt und es wurde während dieses Krieges der erste Völkermord auf europäischem Boden seit dem Zweiten Weltkrieg begangen.[135] Über den Beschuss der bosnischen Hauptstadt Sarajewo wurde regelmäßig im Westen berichtet, insbesondere über den tragischen Tod der Bombenopfer auf der *Markale*, dem Hauptmarkt der Stadt.[136] Bereits 1992 leiteten serbische Streitkräfte Kampagnen zur gewaltsamen ethnischen Säuberung gegen die nicht-serbische Bevölkerung ein,[137] aber auch kroatische Streitkräfte waren in den von ihnen kontrollierten Gebieten daran beteiligt.[138] Selbst die bosnischen Streitkräfte wurden glaubwürdig der Kriegsverbrechen beschuldigt.[139] Während des Krieges kam es routinemäßig zu Massenvergewaltigungen und zu Hinrichtungen an überwiegend muslimischen Frauen und Mädchen durch paramilitärische Kräfte.[140] Berichte über Konzentrationslager gelangten schon früh in die westlichen Medien.[141]

Mehr als die Hälfte der bosnischen Bevölkerung wurde aus ihren Häusern vertrieben.[142] Etwa 1,3 Millionen der 2,5 Millionen Vertriebenen waren gezwungen, aus dem Land zu fliehen.[143] Die meisten von ihnen gelangten nach Westeuropa, meistens weil sie Verwandte in westeuropäischen Ländern hatten, die ihnen bei der Einreise in diese Länder helfen konnten. Sie fanden sich vor allem in drei Län-

133 Burg/Shoup: War (wie Anm. 125), S. 169–170. Bei den Zahlen handelt es sich um Schätzungen, da mehrere Quellen stark voneinander abweichende Zahlen gemeldet haben. Ebd.

134 Ian Traynor/Maggie O'Kane: The Siege of Sarajevo – Archive, 1993, The Guardian, 13.7.2018; o. A.: Surviving the Longest Belagerung in Modern History, BBC News, 24.2.2016.

135 Proseuctor v. Krstić, IT-98-33-A (ICTY 2004), Abs. 35; The Application of the Convention on the Prevention and Punishment of the Crime of Genocide (Bosnia and Herzegovina v. Serbia and Montenegro), Judgment, Merits, ICJ GL No 91, ICGJ 70 (IGH ICJ 2007), Abs. 237.

136 Burg/Shoup: War (wie Anm. 125), S. 145; Jim Fish: Sarajevo Massacre Remembered, BBC News, 5.2.2004.

137 Burg/Shoup: War (wie Anm. 125), S. 173–174; Malcom: Bosnia (wie Anm. 123), S. 236–237.

138 Franz: Bosnian Refugees (wie Anm. 129), S. 24; Burg/Shoup: War (wie Anm. 125), S. 176.

139 Burg/Shoup: War (wie Anm. 125), S. 177–179.

140 Ebd. S. 176.

141 Ebd. S. 175; Franz: Bosnian Refugees (wie Anm. 128), S. 23–24; Malcom: Bosnia (wie Anm. 123), S. 244–245.

142 UNHCR: Update of UNHCR's Position on Categories of Persons from BiH in Continued Need of International Protection, 1.5.1999, online zugänglich unter: http://www.unhcr.org/news/updates/1999/5/3c3c5c204/update-unhcrs-position-categories-persons-bosnia-herzegovina-continued.html (letzter Zugriff 20.9.2018).

143 Ebd.

dern wieder: Österreich, das historische Beziehungen zu der Region hatte, sowie Schweden und Deutschland, wo ehemalige Gastarbeiter sich niedergelassen hatten und nun ihre flüchtenden Verwandten zu sich holten. Deutschland nahm die meisten auf, schätzungsweise ca. 350.000.

Bosnische Flüchtlinge in Deutschland

Visaregimes als Behinderung der Einreise

Wie oben erwähnt, so führte die Wiedervereinigung zu Beginn der 1990er-Jahre in Deutschland zu der Befürchtung, dass der Lebensstandard im Westen drastisch sinken würde.[144] Mit steigenden Flüchtlingszahlen und dem Beginn der Jugoslawienkriege in Kroatien stand Deutschland innerhalb kürzester Zeit auch ein Bevölkerungszuwachs infolge der Flüchtlingsbewegungen bevor.[145] Gleichzeitig verstärkte sich dadurch der schon etablierte Eindruck, dass nur wenige „echte" Flüchtlinge darunter seien, da die Anerkennungsquoten Ende der 1980er-Jahre noch immer niedrig waren.[146] Zeitgleich nahmen ausländerfeindliche Ressentiments in dieser Zeit zu,[147] wodurch sich der Einsatz für die Aufnahme neuer Asylsuchender politisch umso unpopulärer gestaltete.[148] Als die bosnischen Flüchtlinge nach Deutschland kamen, wurden sie daher mit mehreren rechtlichen Änderungen konfrontiert, die es ihnen erschwerten, in Deutschland dauerhaften Schutz zu erhalten.

Zunächst erschwerten Visabestimmungen den flüchtenden Bosniern, das deutsche Gebiet überhaupt zu betreten. Während Jugoslawien ein Abkommen mit Deutschland hatte, das eine visumfreie Einreise für kurzfristige Aufenthalte in Deutschland erlaubte,[149] waren bosnische Flüchtlinge aufgrund politischer Umstände von diesen Bestimmungen ausgeschlossen: Deutschland war einer der ersten Staaten, welche Bosniens Unabhängigkeit gleich in April 1992 anerkannten. Dadurch entfielen für bosnische Staatsbürger allerdings die in diesem Abkommen festgehaltenen Einreiserechte. Ein Abkommen, welches bosnische Staatsbürger auf die Liste für visumfreie Einreise setzen würde, kam während der Kriegsjahre aber

[144] Schuster: Use, (wie Anm. 59), S. 179.
[145] Ebd. S. 203.
[146] Ebd. S. 205.
[147] Ebd. S. 205–206; o. A.: Der Tag der Schande für Hoyerswerda, Neue Zürcher Zeitung, 11.2.2005; Azadê Peşmen: Diskurs um Flucht und Asyl in den 1990er-Jahren – Hetze gegen ‚Scheinasylanten' und ‚Asylmissbrauch', Deutschlandfunk Kultur, 6.12.2017.
[148] Schuster: Use, (wie Anm. 59), S. 203.
[149] Peter Valentini: Deutschland, in: Tretter, Hannes (Hg.), Temporary Protection für bosnische Flüchtlinge in Europa – Länderberichte, Vol. 6, Wien 2000, S. 161–265, hier: S. 165.

nicht zustande.[150] Seit der bosnischen Unabhängigkeit bedeutete dies also, dass bosnische Flüchtlinge nun ein Visum für die Einreise nach Deutschland benötigten.[151]

Außerdem durften Grenzbeamte nach der neuesten Fassung des Asylverfahrensgesetzes von 1992[152] Personen die Einreise verweigern, die an der Grenze Asyl beantragten, aber bereits anderweitigen Schutz genossen.[153] Da die meisten Bosnier durch Österreich gereist waren, wurden daher viele bei der Einreise routinemäßig zurückgewiesen, wenn sie kein Visum besaßen.[154] Darüber hinaus waren viele Bosnier bei der Beantragung von Visa bei den zuständigen Behörden erheblichen Diskriminierungen und Schikanen ausgesetzt. Im deutschen Konsulat in Salzburg erschwerten Beamte Bosniern oft den Visumsantrag, indem sie ihnen willkürliche Regeln auferlegten, wie zum Beispiel die Verweigerung der Visumserteilung aufgrund von Rechtschreibfehlern auf den von in Deutschland lebenden Angehörigen per Fax übermittelten Einladungen oder durch die Forderung, dass die Antragsteller den genauen Gebührenbetrag bei sich haben mussten.[155] Zwischen Mai und Juli 1992 stellte das Konsulat gerade einmal 660 Visa aus.[156]

Die meisten Bosnier reisten aber dennoch mit Hilfe von Familienangehörigen und Freunden ein, die ihre Visa-Anträge unterstützten.[157] Andere erhielten diese Hilfe auch von Fremden, die es als ihre humanitäre Pflicht ansahen, Hilfe zu leisten.[158] Dabei gestaltete sich dies gar nicht so einfach: die Unterstützer mussten eine so genannte Verpflichtungserklärung abgeben,[159] mit der sie die Verantwortung für den Unterhalt aller Kosten übernahmen, die mit der Anwesenheit der Flüchtlinge verbunden waren, einschließlich der Bereitstellung von Wohnraum und medizinischer Versorgung bei Bedarf.[160] Die Erklärung an sich reichte allerdings nicht aus, um ein materielles Recht auf Aufenthalt in Deutschland zu begründen, obwohl die örtlichen Behörden einen großen Ermessensspielraum hatten, ob sie die Erklärung als ausreichend akzeptierten oder nicht.[161] Für die Bosnier war die Regelung jedoch

150 Ebd.

151 Valentini: Deutschland (wie Anm. 149), S. 165.

152 Gesetz zur Neuregelung des Asylverfahrens vom 26. Juni 1992, BGBl. I 29/1992, 30.6.1992, Art. I – Asylverfahrensgesetz (von hier an „AsylVfG 1992“).

153 § 18, Abs. 2, S. 1, AsylVfG 1992.

154 Valentini: Deutschland (wie Anm. 149), S. 165.

155 o. A.: „Schreckgespenst für Europa“, Der Spiegel, 27.7.1992, S. 26–28, hier: S. 27.

156 Ebd.

157 Ebd. S. 26.

158 Ebd. S. 28.

159 § 84 in Art. 1 – Gesetz über die Einreise und den Aufenthalt von Ausländern im Bundesgebiet (Ausländergesetz – AuslG), Gesetz zur Neureglung des Ausländerrechts vom 9. Juli 1990, BGBl. I 34/1990, 14.7.1990 (von hier an „AuslG 1990“).

160 Ebd. Siehe auch Valentini: Deutschland (wie Anm. 149), S. 178.

161 Valentini: Deutschland (wie Anm. 149), S. 178–179

lebensrettend, da die Regierung beschloss, dass Personen, die eine Erklärung eines Familienmitglieds, eines Bekannten, einer Nichtregierungsorganisation oder einer religiösen Einrichtung vorlegen konnten, die allgemeine Unterstützung und Wohnraum für mindestens sechs Monate garantiert, in einem beschleunigten Verfahren ein Einreisevisum erhalten sollten.[162]

Der Asylkompromiss von 1993 als Mittel zur Einschränkung des Flüchtlingschutzes

Die wichtigste Änderung, welche die Bosnier betraf, war aber die Änderung des Grundgesetzes durch den Asylkompromiss 1993.[163] Durch diesen Kompromiss gab es zum ersten Mal seit der Einführung des Grundgesetzes eine Einschränkung des materiellen Rechts auf politisches Asyl: Der neue Artikel 16a des Grundgesetzes bestimmte zwar, dass politisch Verfolgte weiterhin Asyl genießen, aber schloss Personen davon aus, die über so genannte sichere Drittstaaten nach Deutschland gekommen waren.[164] Das Konzept war im Wesentlichen eine Erweiterung der Idee des anderweitigen Schutzes, welches nun verfassungsrechtlich kodifiziert und konkretisiert wurde.[165] Nach der neuen Regelung waren Länder, in denen die GFK und die EMRK Anwendung fanden, als sichere Drittstaaten eingestuft.[166] Die Regierung konnte auch Listen von Ländern erstellen, bei denen aufgrund ihrer rechtlichen Strukturen und der allgemeinen politischen Verhältnisse sichergestellt war, dass ihre Bevölkerung im Allgemeinen keiner politischen Verfolgung oder unmenschlichen oder erniedrigenden Behandlung ausgesetzt war; bei Personen aus solchen Ländern wurde davon ausgegangen, dass sie nicht verfolgt wurden, es sei denn, sie konnten das Gegenteil beweisen.[167] Die Regierung nutzte diese neuen Bestimmungen, um alle neun Länder, die an Deutschland grenzten, als sicher einzustufen.[168] Hinzu kam auch, dass Asylsuchende die Aufnahme eines Landes in eine solche Liste der sicheren Drittländer nicht anfechten konnten, wodurch das materielle Recht auf Asyl im Wesentlichen stark eingeschränkt wurde.[169] Darüber hinaus wurde die Einreise von Personen, die ohne Pass oder Visum einreisten, als illegale Einreise

[162] Ebd. S. 180–181

[163] Gesetz zur Änderung des Grundgesetzes (Artikel 16 und 18) vom 28. Juni 1993, BGBl. I 31/1993, 29.6.1993.

[164] Art. 16a, Abs. 2–3, GG. Siehe auch Schuster: Use, (wie Anm. 59), S. 212.

[165] Art. 16a, Abs. 2–3, GG.

[166] Art. 16a, Abs. 2, GG.

[167] Art. 16a, Abs. 3, GG; Art. 16a, Abs. 2, S. 3 GG.

[168] Schuster: Use, (wie Anm. 59), S. 212.

[169] Ruth Weinzierl: Der Asylkompromiss 1993 auf dem Prüfstand: Gutachten zur Vereinbarkeit der deutschen Regelungen über sichere EU-Staaten und sichere Drittstaaten mit der Europäischen

behandelt, so dass die Grenzbeamten die Einreise verweigern konnten.[170] Um die Härte dieser Änderungen abzumildern, sollte eine neue Regelung Kriegsflüchtlingen während des Krieges einen temporären Schutz bieten.[171] Allerdings wurde dieser Schutz nur ausgestellt, wenn der Flüchtling kein Asyl beantragte oder einen bereits gestellten Asylantrag zurückzog.[172] Diese Bestimmung stellte Flüchtlinge also vor die Wahl, vorübergehenden Schutz anzunehmen, der zwar für den Moment eine Sicherheit darstellte, aber widerrufen werden konnte, oder einen Asylantrag zu stellen, der langfristige Sicherheit bieten konnte, sofern dieser positiv beschieden wurde. Für die meisten Bosnier war diese neue Bestimmung so oder so nicht hilfreich. Die Erteilung des temporären Schutzes war an eine Vereinbarung zwischen Bund und Ländern geknüpft. Der Bund und die einzelnen Länder konnten sich während der Kriegsjahre in Bosnien allerdings nicht darauf einigen, wie sie die finanziellen Lasten aufteilen sollten, so dass der Abschnitt nie auf die Situation der Bosnier angewandt wurde.[173]

Aufgrund dieser neuen Regelungen ging die Zahl der Asylanträge der bosnischen Flüchtlingen deutlich zurück: Während sich die Zahl der von Bosniern gestellten Anträge 1992 auf 6.197 belief,[174] stieg die Zahl in 1993 auf über 21.000, nur um im folgenden Jahr wieder auf 7.297 zu sinken.[175] Die Entscheidungen für die meisten Fälle wurde zunächst ausgesetzt, da Mitte 1993 ein genereller Entscheidungsstopp veranlasst wurde.[176] Als die Antragsprüfungen später wieder aufgenommen wurden, wurden die meisten Anträge abgelehnt, wobei sich die Regierung auf die oben genannte Attributionstheorie berief oder argumentierte, dass die Bosnier keine Konventionsflüchtlinge seien, weil die allgemeinen Bedingungen in Bos-

Menschenrechtskonvention, dem EU-Recht und dem Deutschen Grundgesetz – Studie, Deutsches Institut für Menschenrechte, Bonn, Berlin 2009, S. 8–9.

170 Valentini: Deutschland (wie Anm. 149), S. 167.

171 Art. II, Abs. 2, Gesetz zur Änderung asylverfahrens-, ausländer- und staatsangehörigkeitsrechtlicher Vorschriften vom 30. June 1993, BGBl. I 33/1993, 1.7.1993 (Ergänzung des § 32a, Abs. 1, AuslG 1990).

172 Art. II, Abs. 2 AuslÄG 1992 (Einfügung des § 32a, Abs. 1, in AuslG 1990); siehe auch Art. I, Abs. 6, Gesetz zur Änderung asylverfahrens-, ausländer- und staatsangehörigkeitsrechtlicher Vorschriften vom 30. June 1993, BGBl. I 33/1993, 1.7.1993 (Hinzufügung von AsylVfG § 14(3)).

173 Vgl. Valentini: Deutschland (wie Anm. 149), S. 168, 184; Christian Walter: VIII. Ausländer c. Flüchtlingsrecht, Völkerrechtliche Praxis der Bundesrepublik Deutschland im Jahre 1993, Heidelberg 1993. Siehe auch Bundestag Planer Protokoll, 12. Wahlperiode, 188. Sitzung. 10. November 1993, BT-PlPr., 188. Sitzung, 16200.

174 Harald W. Lederer: Migration und Integration in Zahlen. Ein Handbuch, Bonn 1997, S. 68.

175 Ebd.

176 Amnesty International: ‚Who's Living in my House?' Obstacles to the Safe Return of Refugees and Internally Displaced People, EUR 63/01/97 (1997), S. 17; Valentini: Deutschland (wie Anm. 149), S. 209.

nien alle Personen einer Gefahr aussetzten, selbst nachdem Berichte über die in Bosnien herrschenden ethnischen Säuberungen bekannt geworden waren.[177] In Deutschland wurden zwischen 1992 und 1993 daher nur 106 Asylanträge bosnischer Flüchtlinge positiv beschieden,[178] so dass sich der Asylkompromiss für viele politische Beobachter bestätigte: das Problem, das bosnische Flüchtlinge keine „echten" Flüchtlinge waren, wurde richtig erkannt, die geeignete Lösung – eine Einschränkung des Asylrechts – wurde gewählt und umgesetzt, und das Problem wurde offensichtlich gelöst, was durch die niedrige Asylanerkennungsquote der bosnischen Flüchtlinge bestätigt wurde.[179] Dass es sich hier um zirkuläres Denken handelte, wurde von der Politik nicht zugestanden. Diese neuen rechtlichen Rahmenbedingungen führten aber daher direkt zu dem Ziel, den meisten Bosniern kein dauerhaftes Asyl zu gewähren; sie mussten in Deutschland auf andere Art Schutz finden. Dieser war sehr begrenzt und wurde in Form der Duldung gewährt.

Non-Refoulement *als einzige Schutzform für Bosnier*

Trotz dieser Einschränkung hielt sich Deutschland an das *Non-Refoulement* Gebot und etablierte Regeln zum Schutz vor Ausweisung, nämlich in Form der Duldung. Dieses Konzept bestand schon vor Ausbruch des Jugoslawienkriegs,[180] wurde aber in den Neuerungen zum Ausländergesetz 1990 noch vor der Ankunft der Bosnier genauer konkretisiert.[181] Die detaillierten Ausführungen bestimmten in erster Linie, dass die Duldung keine Aufenthaltsgenehmigung im Sinne der Aufenthaltsregelungen war; sie war lediglich eine Aussetzung der Abschiebung unter bestimmten Umständen. [182] Laut der Regeln vor dem Bosnienkrieg war die Duldung zu erteilen, wenn einer Abschiebung rechtliche oder tatsächliche Gründe entgegenstanden, wenn die Abschiebung auf Grund einer Anordnung der obersten Landesbehörde wegen Gefahren für bestimmte Ausländergruppen nach ausgesetzt werden sollte,[183] oder wenn Gefahren für die körperliche Unversehrtheit, das Leben oder die Freiheit des „Ausländers" vorlagen.[184] Diese letzte Bestimmung war essentiell für die Kodifizierung des *Non-Refoulement* Gebots aus der GFK. Eine Duldung konnte auch aus humanitären Gründen erteilt werden, dies lag aber im Er-

[177] Davy: Refugees (wie Anm. 17) S. 117–118; Valentini: Deutschland (wie Anm. 149), S. 207.
[178] Valentini: Deutschland (wie Anm. 149), S. 208–209.
[179] Schuster: Use, (wie Anm. 59), S. 214.
[180] § 17 AuslG.
[181] § 55–56 AuslG 1990.
[182] Ebd.
[183] Wie z.Bsp. die Bosnier.
[184] § 55, Abs. 2, AuslG 1990.

messensspielraum der Behörden.[185] Sie konnte maximal für ein Jahr ausgesprochen werden und sie beschränkte typischerweise die Bewegungsfreiheit der Empfänger, in der Regel auf ein einzelnes Bundesland.[186]

Aber auch andere Personen waren vor Ausweisung geschützt. Zum ersten Mal wurden auch andere menschenrechtliche Gründe als Schutz vor Ausweisung eingeführt. Konkret nahm die neue Regelung Bezug auf die *Soering* Entscheidung des EGMR und verbot deshalb die Ausweisung im Rahmen eines Auslieferungsgesuches, wenn der Person im Heimatland die Todesstrafe drohte.[187] Auch waren Ausweisungen verboten, wenn der Person Folter drohte,[188] und „soweit sich aus der Anwendung der [EMRK] ergibt, daß die Abschiebung unzulässig ist".[189] Eine Ermessensklausel, die besagte, dass „von der Abschiebung [...] abgesehen werden kann, wenn [...] eine erhebliche konkrete Gefahr für Leib, Leben oder Freiheit besteht"[190] wurde auch eingefügt. In Zusammenhang mit diesem letzten Punkt konnte die oberste Landesbehörde solche Gefahren für die allgemeine Bevölkerung oder eine spezifische Bevölkerungsgruppe berücksichtigen, um die Abschiebungen in solch ein Land temporär für sechs Monate auszusetzen.[191] Das bedeutete konkret, dass Kriegsflüchtlinge nach Ermessen der Landesbehörden tatsächlich Schutz vor Ausweisung und in Verbindung mit Duldungsstatus auch diese erhalten konnten.

Eng mit diesen Bestimmungen war auch die generelle Aufenthaltsbefugnis verbunden. Diese konnte im Gegensatz zur Duldung für zwei Jahre ausgestellt werden.[192] Vor allem wichtig war, dass die generelle Aufenthaltsbefugnis für Personen ausgestellt werden konnte, bei denen auf Grundlage des Artikels 33 in der GFK endgültig entschieden worden war, dass sie abgeschoben werden konnten.[193] Konkret verhießen diese Regelungen, dass ehemalige *de facto* Flüchtlinge, deren Asylstatus nach dem Grundgesetz anerkannt wurde, eine Befugnis nach diesen Vorschriften erhalten konnten.[194]

Der Asylkompromiss 1993 änderte diese Regelungen. Die neuesten Regelungen zur Duldung besagten, dass diese nur für drei Monate und nur im Falle der Gefahr

185 § 55, Abs. 3, AuslG 1990.
186 § 56 AuslG 1990.
187 § 53, Abs. 2–3, AuslG 1990.
188 § 53, Abs. 1, AuslG 1990.
189 § 53, Abs. 4, AuslG 1990.
190 § 53, Abs. 6, AuslG 1990.
191 § 53, Abs. 6, S. 2, AuslG 1990.
192 §§ 30; 34 AuslG 1990. Die Erlaubnis konnte nach § 34, Abs. 1, AuslG 1990 verlängert werden, allerdings nicht, wenn der Grund für die Aussetzung der Ausweisung wegfiel. § 34, Abs. 2 AuslG 1990.
193 § 30, Abs. 5, AuslG 1990.
194 Münch: Asylpolitik (wie Anm. 63), S. 47–48.

für Leib, Leben oder Freiheit auszustellen war.[195] Auch die Vergabe der Befugnis im Falle von Gefahren laut Artikel 33 GFK wurde eingeschränkt: diese Bestimmung traf nur noch zu, wenn die Abschiebung aus „nicht nur vorübergehenden" Gründen unmöglich war.[196]

Die Annahme, dass *de facto* Flüchtlinge eine generelle Befugnis erhalten würden, hielt nicht an: nur ca. 5 Prozent aller bosnischen Flüchtlinge in Deutschland erhielten die Befugnis.[197] Die absolute Mehrheit – etwa 80 Prozent – erhielten nur die Duldung, die alle drei Monate verlängert werden musste.[198] Ebenso wurde denjenigen Bosniern, die mit einem Visum oder als Touristen eingereist waren, eine dreimonatige Duldung gewährt, allerdings nur so lange, wie sie nicht auf Sozialleistungen angewiesen waren.[199] Von den verbleibenden 15 Prozent der Bosnier erhielten zwischen 1992 und 1995 nur etwa drei bis vier Prozent eine tatsächliche Flüchtlingsanerkennung.[200] Der Status der übrigen Bosnier ist schwer zu bestimmen, da nicht alle Bundesländer genaue Statistiken führten, in denen der ihnen gewährte Status aufgeschlüsselt wurde.[201] Überwiegend wurde Bosniern also nur die geringste Form des *Non-Refoulement* Schutzes gewährt.

Insgesamt galten die Bosnier in Deutschland also nicht als „echte" Flüchtlinge. Die Wurzel dieses Problems lag darin, dass die Motivation von Personen, die aus Kriegsgründen flohen, bezweifelt wurde: Die allgemeine Meinung war, dass Personen, die durch ein anderes Land, in dem sie keiner Gefahr ausgesetzt waren, einen anderen Grund als Schutz gehabt hätten, um ausgerechnet nach Deutschland zu kommen.

Angesichts dieser Annahmen bzw. dem mangelnden Verständnis ist es leicht zu erkennen, warum die Bosnier als nicht wirklich dauerhaft schutzbedürftig angesehen wurden, denn schließlich gab es andere Länder, die geografisch näher an Bosnien lagen und Schutz hätten bieten können. Das Verständnis, dass die Präsenz von Verwandten in Deutschland, die dort vor dem Krieg schon lebten, ein größeres Sicherheitsgefühl für die Flüchtlinge verhieß, schien auch zu fehlen. Der Ausschluss von Bosniern aus der formellen Anerkennung als Flüchtlinge beruhte also auf der Vorstellung, Asylmissbrauch verhindern zu wollen. Allerdings ging es im öffentlichen Diskurs nicht um die Tatsache, dass die gesetzlichen Bestimmungen

195 § 41, Abs. 1, AsylVfG 1992.

196 § 70, Abs. 1, AsylVfG 1992.

197 o. A.: Flüchtlinge: Kaputtes Leben, Der Spiegel, 24.7.1995, S. 24–25, hier: S. 25.

198 Valentini: Deutschland (wie Anm. 149), S. 200.

199 Ebd. S. 198.

200 Lederer: Migration (wie Anm. 174), S. 285.

201 Siehe z. B., Deutscher Bundestag, 13. Wahlperiode, 26.06.1996, BTag Drs. 13/5065: Antwort der Bundesregierung auf die Große Anfrage der Abgeordneten Cem Özdemir, Kerstin Müller, Volker Beck, weiterer Abgeordneter und der Fraktion BÜNDNIS 90 / DIE GRÜNEN, S. 7–8.

und rechtlichen Interpretation so angelegt waren, dass man Kriegsflüchtlinge wie die Bosnier vorab ausschließen wollte.

Dabei darf jedoch nicht übersehen werden, dass Deutschland ihnen dennoch Schutz vor der akuten Gefahr der Ausweisung gewährte, auch wenn dies nur ein Mindestmaß der gesetzlichen Möglichkeiten im Rahmen des *Non-Refoulements* darstellte und rechtlich gesehen auch eine Lücke zwischen dem auf der GFK basierenden *Refoulement*-Verbot der Duldung und dem breiter gefassten *Refoulement*-Verbot im Sinne der EMRK bestand. Dahinter standen hauptsächlich die deutschen Rechtstraditionen, die einen über das GFK-bedingte *Non-Refoulement* Gebot hinausgehenden Schutz nur im Rahmen des politischen Asyls des Grundgesetzes in Betracht zog – und selbst dieser wurde historisch restriktiv definiert. Als diese Rechtsgrundlage durch den Asylkompromiss eingeschränkt wurde, bedeutete dies auch eine grundlegende Änderung des Verständnisses von Schutz. Die Entscheidung von *Soering* eröffnete zwar weitere Grundlagen, wie zum Beispiel die Einführung der Regelung, dass Abschiebehindernisse aus der EMRK entstehen könnten, diese wurden aber nicht im vollen Ausmaß angewandt. Diese Regelungen und die Tatsache, dass die Duldung so verbreitet war, deutet darauf hin, dass sich Deutschland der völkerrechtlichen Pflichten bewusst war, diese aber dennoch einschränken wollte, sobald der Staat mit einer großen Fluchtbewegung konfrontiert war. Die Tatsache, dass alternative Schutzformen, wie die temporäre Aufenthaltsbefugnis spezifisch für Kriegsflüchtlinge nötig war, wiesen auch darauf hin, dass man sich auch der gesetzlichen Lücken bewusst war und diese zumindest auf dem Papier schließen wollte, auch wenn es in der Praxis nicht für den angedachten Anwendungsfall der Bosnier verwendet wurde. Dass solche Lösungen in der Entstehungszeit einer menschenrechtsbasierten Europäischen Union an Boden gewannen, zeichnete sich schnell ab.

Die Entwicklung neuer Schutzformen aufgrund etablierte Menschenrechtsgrundlagen

Die Verankerung der Menschenrechte in der Migrationspolitik der EU

Während die 1990er-Jahre auf dem Balkan durch Kriege geprägt waren, waren andere europäische Länder von der Gründungsphase der EU beeinflusst. Dabei stellte die Freizügigkeit den Grundgedanken dieser neuen, engeren Union dar. Gleichzeitig sollte aber eine strengere Kontrolle von Einreisen diesen neuen Raum der Freizügigkeit schützen.[202] Der Grundstein zur Einschränkung von Einreisen wurde bereits in den 1980er-Jahre mit der Unterzeichnung des Schengener Abkommens gelegt, das die Voraussetzungen für eine Lockerung der Grenzkontrollen für die Bürger der Vertragsstaaten schaffte.[203] 1999 trat der Vertrag von Amsterdam und sein Versprechen in Kraft, einen gemeinsamen Raum der Freiheit, der Sicherheit und des Rechts zu schaffen. Das rückte die Frage eines europaweiten Asylsystems erst recht in den Mittelpunkt des politischen Interesses.[204] Die Gründernationen der EU, darunter auch Deutschland, wandten sich daher in den späten 1990er- und frühen 2000er-Jahren der Festlegung von Zielen für ein gemeinsames Asyl- und Migrationssystem zu.

Die eigentliche Schaffung des Gemeinsamen Europäischen Asylsystems (GEAS) sollte in zwei Phasen erfolgen. Die erste Phase strebte eine Harmonisierung der in allen EU-Mitgliedstaaten geltenden Rechtsvorschriften innerhalb der ersten fünf Jahre nach Inkrafttreten des Vertrags von Amsterdam an. Zu diesem Zweck übernahmen die nun etablierten EU-Institutionen bestehende völkerrechtliche Instrumente – insbesondere den Schengen-*acquis*[205] und die Dublin-Regeln[206] – und schufen neue Rechtsinstrumente zur Regelung aller asylrelevanten Bereiche. Diese inkludierten sowohl materielle Bestimmungen zur Definition des Schutzes[207] als auch die prozessuale Festlegung von Mindestnormen für Asylverfahren[208] und der Auf-

202 Lisa Heschl/Alma Stankovic: The Decline of Fundamental Rights in CJEU Jurisprudence after the 2015 ‚Refugee Crisis', European Yearbook on Human Rights – Vol. 2018 (2018), S. 103–134, hier: S. 106.

203 The Schengen *acquis* – Agreement between the Governments of the States of the Benelux Economic Union, the Federal Republic of Germany and the French Republic on the gradual abolition of checks at their common borders, O. J. L 239/13 of 22.9.2000, S. 13–18.

204 Vertrag von Amsterdam zur Änderung des Vertrags über die Europäische Union, der Verträge zur Gründung der Europäischen Gemeinschaften sowie einiger damit zusammenhängender Rechtsakte, O. J. C 340, S. 1–144 (von hier an „Vertrag von Amsterdam").

205 Art. 1, Vertrag von Amsterdam (wie Anm. 204), S. 93.

206 Vertrag von Amsterdam (wie Anm. 204), Art. 2, Abs. 15 (Einfügung Art. 73k[1][a]). Siehe auch Hemme Battjes, European Asylum Law and International Law, Leiden/Boston 2006, S. 29–30.

207 Geltende Fassung: Richtlinie 2011/95/EU des Europäischen Parlaments und des Rates vom 13. Dezember 2011 über Normen für die Anerkennung von Drittstaatsangehörigen oder Staatenlosen als Personen mit Anspruch auf internationalen Schutz, für einen einheitlichen Status für Flüchtlinge oder für Personen mit Anrecht auf subsidiären Schutz und für den Inhalt des zu gewährenden Schutzes (Neufassung), O. J. L 337 vom 20.12.2011, S. 9–26 (von hier an „Qualifikations-Richtlinie").

208 Geltende Fassung: Richtlinie 2013/32/EU des Europäischen Parlaments und des Rates vom 26. Juni 2013 zu gemeinsamen Verfahren für die Zuerkennung und Aberkennung des internationalen Schutzes (Neufassung) O. J. L 180 vom 29.6.2013, S. 60–95.

nahme von Flüchtlingen[209] bis hin zu Bestimmungen für Massenfluchtbewegungen,[210] wie man sie in den 1990er-Jahren infolge der Jugoslawienkriege erlebt hatte. In einer zweiten Phase sollte das System weiter gestärkt werden, um es zu einem wirklich einheitlichen System zu machen, das in der gesamten EU auf denselben Standards beruht und überall denselben Schutz bietet.[211]

Das inzwischen mehrmals überarbeitete GEAS erreichte nicht ganz die Ziele der Harmonisierung und auch die zweite Phase scheiterte an der Idee einer EU-Verfassung, die aus rechtlichen Gründen nicht etabliert werden konnte. Dennoch wurde GEAS durch den Vertrag von Lissabon als supranationales Recht etabliert und schränkte dadurch die bislang vollkommen freie Gestaltung von Flüchtlingsregeln auf nationaler Ebene ein. Obwohl die Situation der bosnischen Flüchtlinge die Lücken im Flüchtlingsrecht offenbarte, stärkte dennoch das Bewusstsein, dass es gewisse Rechte gibt, gegen jene man nicht verstoßen konnte. Dazu zählten an erster Stelle die Rechte aus der GFK und das *Non-Refoulement*-Gebot, beides Rechtskonzepte, die inzwischen durch den Lissabon Vertrag ins EU-Primärrecht eingebettet wurden:

> „Die Union entwickelt eine gemeinsame Politik im Bereich Asyl, subsidiärer Schutz und vorübergehender Schutz, mit der jedem Drittstaatsangehörigen, der internationalen Schutz benötigt, ein angemessener Status angeboten und die Einhaltung des Grundsatzes der Nicht-Zurückweisung gewährleistet werden soll. Diese Politik muss mit dem Genfer Abkommen vom 28. Juli 1951 und dem Protokoll vom 31. Januar 1967 über die Rechtsstellung der Flüchtlinge sowie den anderen einschlägigen Verträgen im Einklang stehen."[212]

Das *Non-Refoulement*-Gebot wurde vor allem vom EGMR durch die Einführung der Individualbeschwerde weiter ausgebaut, und es spezifizierte, dass das *Non-Refoulement*-Gebot des Artikel 3 in der EMRK breiter aufgestellt ist als das in Artikel 33 der

209 Geltende Fassung: Richtlinie 2013/33/EU des Europäischen Parlaments und des Rates vom 26. Juni 2013 zur Festlegung von Normen für die Aufnahme von Personen, die internationalen Schutz beantragen (Neufassung), O. J. L 180 vom 29.6.2013, S. 96–116.

210 Geltende Fassung: Richtlinie 2001/55/EG des Rates vom 20. Juli 2001 über Mindestnormen für die Gewährung vorübergehenden Schutzes im Falle eines Massenzustroms von Vertriebenen und Maßnahmen zur Förderung einer ausgewogenen Verteilung der Belastungen, die mit der Aufnahme dieser Personen und den Folgen dieser Aufnahme verbunden sind, auf die Mitgliedstaaten, O. J. L 212 vom 7.8.2001, S. 12–23 (von hier an „Massenzustrom-Richtlinie").

211 Battjes, European Asylum Law (wie Anm. 6), S. 614–15.

212 Art. 78, Konsolidierte Fassungen des Vertrags über die Arbeitsweise der Europäischen Union – Vertrag über die Europäische Union (konsolidierte Fassung) – Vertrag über die Arbeitsweise der Europäischen Union (konsolidierte Fassung) – Protokolle – Anhänge – Erklärungen zur Schlussakte der Regierungskonferenz, die den am 13. Dezember 2007 unterzeichneten Vertrag von Lissabon angenommen hat – Übereinstimmungstabellen, O. J. C 326 vom 26.10.2012, S. 47–390 (von hier an „AEUV").

GFK.[213] Das EGMR konnte aber trotz seiner neuen Rolle keine Asylentscheidungen treffen, da dieses Recht nicht in der EMRK besteht.[214] Aber die Einbettung der Rechte in den Vertrag über die Arbeitsweise der EU (AEUV) sowie die ausdrückliche Referenz im Vertrag über die Europäische Union (EUV), dass die durch die EMRK gesicherten Grundrechte „allgemeine Grundsätze Teil des Unionsrechts" sind,[215] etablierten diese Menschenrechtsnormen als Grundlagen der EU.

Die Charta der Grundrechte der EU, die ebenfalls durch den Vertrag von Lissabon in den EUV eingebunden wurde,[216] eröffnete zudem die Möglichkeit der supranationalen Rechtsprechung durch den neuen Gerichtshof der Europäischen Union (EUGH).[217] Die Charta war, im Gegensatz zu all den anderen Verträgen der EU in offenen Besprechungen unter Mitwirkung der Zivilgesellschaft entwickelt worden und stellte somit einen breiter akzeptierten gesellschaftlichen Konsens dar.[218] Da die Rechte der Charta zum Teil aus der EMRK übernommen wurden – mit dem zusätzlichen Vorteil, dass es auch Bestimmungen über das Recht, Asyl zu beantragen enthält[219] – bedeutete dies im Wesentlichen, dass die Mitgliedstaaten doppelt verpflichtet wurden, diese Bestimmungen anzuwenden, einmal aufgrund ihrer Verpflichtung als Unterzeichner der EMRK und einmal aufgrund des EU-Rechts.[220] Ver-

[213] Chahal (wie Anm. 5), Abs. 80.

[214] Sufi and Elmi v.The United Kingdom, Applications nos. 8319/07 and 11449/07 (EGMR 2011), Abs. 226.

[215] Art. 6, Abs. 3, Konsolidierte Fassungen des Vertrags über die Europäische Union und des Vertrags über die Arbeitsweise der Europäischen Union Vertrag über die Europäische Union (konsolidierte Fassung) Vertrag über die Arbeitsweise der Europäischen Union (konsolidierte Fassung) Protokolle Anhänge des Vertrags über die Arbeitsweise der Europäischen Union Erklärungen zur Schlussakte der Regierungskonferenz, die den am 13. Dezember 2007 unterzeichneten Vertrag von Lissabon angenommen hat Übereinstimmungstabellen, O. J. C 326 vom 26.10.2012, S. 13–390 (von hier an „EUV").

[216] Art. 6, Abs. 1 EUV.

[217] Art. 267 AEUV. Siehe auch Kay Hailbronner/Daniel Thym: Legal Framework for EU Asylum Policy, in: Kay Hailbronner/Daniel Thym (Hgs.): EU Immigration and Asylum Law: A Commentary, München 2016, S. 1023–1053, hier: S. 1030 (Rz. 11).

[218] Damian Chalmers u. a.: European Union Law: Text and Materials, 4th ed., Cambridge, UK 2019, S. 29; dies.: European Union Law: Cases and Materials, 2nd ed., Cambridge, UK, New York 2010, S. 35.

[219] Art. 18, Charta der Grundrechte der Europäischen Union, O. J. C 326 vom 26.10.2012, S. 391–407 (von hier an „Grundrechte Charta"). Siehe auch Hailbronner/Thym: Framework (wie Anm. 217) S. 1029 (Rz. 8), 1053 (Rz. 63); Samantha Velluti: Reforming the Common European Asylum System – Legislative Developments and Judicial Activism of the European Courts, Heidelberg u. A. 2014, S. 28–29.

[220] Hailbronner/Thym: Framework (wie Anm. 217) S. 1029–30 (Rz. 9–10); Art. 53, Grundrechte Charta.

stöße gegen die Rechte in der Grundrechte-Charta konnten nun aber auch auf allen Niveaus vom EUGH geprüft werden:[221]

„[A]ny action which engages the provisions of the CEAS (whether by direct applicability, including provisions which accord Member States discretionary powers, or indirectly pursuant to national provisions transposing the provisions of EU Directives) is potentially justiciable from the standpoint of the Charter before national courts and tribunals. This may require consideration not only of the secondary legislation concerned but also of primary law including the Charter."[222]

Auch wenn die EU ultimativ nicht der EMRK beigetreten ist, kam die Ähnlichkeit der zwei Menschenrechtsinstrumente Flüchtlingen auch insbesondere deswegen zugute, weil der EUGH sich zumindest anfangs überwiegend an der Rechtsprechung des EMRK in der Auslegung der gleichlautenden Artikel orientierte.[223] Dies war ebenfalls doppelt im EU-Primärrecht verankert: Artikel 6, Absatz 1 des EUV weist spezifisch darauf hin, dass die „Rechte, Freiheiten und Grundsätze [der Charta] ... gemäß den allgemeinen Bestimmungen des Titels VII der Charta, der ihre Auslegung und Anwendung regelt, und unter gebührender Berücksichtigung der in der Charta angeführten Erläuterungen, in denen die Quellen dieser Bestimmungen angegeben sind, ausgelegt" werden sollen.[224] Die Charta wiederum beruft sich auf die EMRK und besagt, dass „[s]oweit diese Charta Rechte enthält, die den durch die Europäische Konvention zum Schutz der Menschenrechte und Grundfreiheiten garantierten Rechten entsprechen, haben sie die gleiche Bedeutung und Tragweite, wie sie ihnen in der genannten Konvention verliehen wird."[225] Da der EUGH schon immer mit dem Vorrang des EU-Rechts gegenüber dem nationalen Recht sowie der einheitlichen Anwendung der EU-Rechte befasst war, konnten diese Interpretationen nun auf alle Mitgliedsstaaten angewandt werden, wenn diese EU-Recht anwenden.[226]

221 Velluti: Developments (wie Anm. 231), S. 21. Es ist jedoch zu beachten, dass in der Charta unterschieden wird, was als Recht und was als Grundsatz gilt; ersteres ist unter allen Umständen einklagbar, letzteres nur in Fällen, in denen Organe der EU oder Mitgliedstaaten diese umsetzen. Chalmers u. a.: EU Law – 4th ed. (wie Anm. 218) S. 259.

222 International Association of Refugee Law Judges European Chapter (IARLJ Europe)/European Asylum Support Office (EASO): An Introduction to the Common European Asylum System for Courts and Tribunals: A Judicial Analysis (2016), S. 28.

223 Ebd. Hailbronner/Thym: Framework (wie Anm. 217) S. 1045 (Rz. 45). Für Abweichung seit der 2015 Flüchtlingsbewegung, siehe generell Heschl/Stankovic: Decline (wie Anm. 203).

224 Art 6, Abs. 1 EUV.

225 Art. 52, Abs, 3, Grundrechte Charta. Siehe auch Chalmers u. a.: EU Law – 2d ed. (wie Anm. 218) S. 232, 243.

226 Velluti: Developments (wie Anm. 221), S. 21.

Neue Schutzformen und der neue Schutz für Kriegsflüchtlinge

Die Regelungen des GEAS sind zumindest zum Teil den Erfahrungen mit den Bosniern zu verdanken. Die Massenzustrom-Richtlinie war die erste Richtlinie, die im Rahmen der gemeinsamen Asylpolitik 2001 geschaffen wurde.[227] Der Status, der durch die Massenzustrom-Richtlinie vergeben werden kann, gestaltet sich ähnlich wie die Befugnis, welche im Rahmen des Asylkompromisses 1993 eingeführt wurde: sie bietet Personen Schutz für ein Jahr, die aus ihrer Heimat geflohen sind wegen eines bewaffneten Konflikts, andauernder Gewalt oder weil sie dort „ernsthaft von systematischen oder weit verbreiteten Menschenrechtsverletzungen bedroht waren oder Opfer solcher Menschenrechtsverletzungen sind."[228] Zudem verbesserten sich die Rechte, denn im Gegensatz zu der Aufenthaltsbefugnis des Asylkompromisses müssen geflüchtete Personen, die Schutz im Rahmen der Massenzustrom-Richtlinie suchen, nicht darauf verzichten, einen Asylantrag zu stellen.[229] Das einzige Problem der Richtlinie war die umständliche Art und Weise sie zu aktivieren, ein Grund warum sie wahrscheinlich zum ersten Mal für ukrainische Flüchtlinge 2022 zum Einsatz kam.[230]

Auch das Konzept des Subsidiärschutzes leitet sich aus den Erfahrungen mit den Bosniern ab. Subsidiärschutz ist den Personen zu geben, wenn diese einem ernsthaften Schaden ausgesetzt wären. [231] Dieser Schutz stellt somit die Kodifizierung des *Non-Refoulement*-Gebots aus der EMRK dar, was aus dem eigentlichen Wortlaut von Artikel 15, Absatz (a) und (b) der Richtlinie hervorgeht, welche die Verstöße gegen Artikel 2 und 3 der EMRK als ernsthaften Schaden definiert.[232] Somit ist das *Non-Refoulement*-Gebot als eine positive Rechtspflicht im Rahmen von EU-Recht für die Mitgliedsstaaten geworden.[233]

[227] Hanne Beirens u. a.: Study on the Temporary Protection Directive: Final Report, European Commission, Directorate-General for Migration and Home Affairs (2016) S. 4.

[228] Art 2, Abs. (c) Massenzustrom-Richtlinie.

[229] Art. 3, Abs. 1, Massenzustrom-Richtlinie.

[230] Beirens u. a.: Study (wie Anm. 227) 13; H. Deniz Genç u. a.: Why Not Activated? The Temporary Protection Directive and the Mystery of Temporary Protection in the European Union, International Journal of Political Science & Urban Studies – Vol. 7 (2019), S 1–18, hier: S. 2. Dies wiederum war eine Lektion der Flüchtlingsbewegungen in 2015–16.

[231] Art 2e-f Qualifikations-Richtlinie.

[232] Art 2f Qualifikations-Richtlinie.

[233] In der Begründung zu der ursprünglichen Bestimmung von Art. 15, Abs. a der ursprünglichen Qualifikationsrichtlinie stellte die Kommission fest: „[i]n establishing whether an applicant qualifies according to this criteria[,] Member States should not apply a greater threshold of severity than is required by the ECHR but in all cases an application must be well-founded." Europäische Kommission: Proposal for a Council Directive on minimum standards for the qualification and

Aber ernsthafter Schaden existiert auch, wenn es für eine Person „eine ernsthafte individuelle Bedrohung des Lebens oder der Unversehrtheit einer Zivilperson infolge willkürlicher Gewalt im Rahmen eines internationalen oder innerstaatlichen bewaffneten Konflikts“ gibt.[234] Artikel 15, Absatz (c) der Qualifikationsrichtlinie ist das direkte Resultat der unterschiedlichen Praktiken der Mitgliedsstaaten, die sich in den 1990er-Jahren für u. a. die Bosnier entwickelt haben, um vor allem Kriegsflüchtlingen eine Form von Schutz zu gewähren, der ihnen im Rahmen der GFK Definition vielleicht nicht gewährt werden kann.[235] Der Wortlaut von Artikel 15, Absatz (c) der Qualifikations-Richtlinie war anfangs zugegebenermaßen etwas seltsam, denn die Idee der individuellen Bedrohung steht im Widerspruch zur Idee der willkürlichen Gewalt. Die Individualisierungserfordnernis war, ähnlich wie in der GFK, als Begrenzung gedacht, da man bei der Erstellung der Qualifikationsrichtlinie noch immer Massenbewegungen befürchtete.[236] Dennoch, im Gegensatz zur Massenzustrom-Richtlinie, die an erster Stelle für administrative Effizienz sorgen sollte,[237] galt das Konzept des Subsidiärschutzes immer als Ergänzung zu der Lücke in der GFK, die Kriegsflüchtlinge unberücksichtigt ließ.[238]

Der offensichtliche Widerspruch des Artikels wurde auch vom EUGH im Fall *Elgafaji v. Staatssecretaris van Justitie* erfasst, in dem ein irakisches Ehepaar, welches mit britischem Militär zusammengearbeitet hatte, sich auf diesen Absatz be-

status of third country nationals and stateless persons as refugees or as persons who otherwise need international protection, COM(2001) 510 final, S. 56.

234 Art 15, Abs. C, Qualifikations-Richtlinie.

235 Europäische Kommission: Proposal (wie Anm. 233), S. 26; Hugo Storey: Asylum Qualifications Directive 2011/95/EU (Articles 15–19), in: n: Kay Hailbronner/Daniel Thym (Hgs.): EU Immigration and Asylum Law: A Commentary, München 2016, S. 1233–1247, hier: S. 1237 (Rz. 11); Jane McAdam: The Qualification Directive: An Overview, in: Karin Zwaan (Hg.), The Qualification Directive: Central Themes, Problem Issues, and Implementation in Selected Member States, Nijmegen 2007, S. 7–30, hier: S. 21; Olga Ferguson Sidorenko: The Common European Asylum System: Background, Current State of Affairs, Future Direction, The Hague 2007, S. 76.

236 McAdam: Qualification Directive (wie Anm. 235), S. 482; Durieux: Salah Sheekh, (wie Anm. 19), S. 14–15.

237 McAdam: Qualification Directive (wie Anm. 235), S. 483.

238 Siehe Council Doc. 10560/02 (Limite Asile 34; Jur 247) (10.7.2002), 7–8 (para 26): „...on the international level temporary protection is most commonly understood as an exceptional emergency device to respond to a situation, where there are self-evident protection needs and little or no possibility to determine such needs on an individual basis in the short term. It is a distinct concept from that of subsidiary protection, the latter being a legal status offered after recognition of individual protection needs.“ Siehe auch Ebd. 8 (para. 29): „...the Legal Service takes the view that the con kept of temporary protection ... is a specific one, and is not identical to the general concept of subsidiary protection. Whereas temporary protection is to be understood as a protection granted in specific situations, mostly that of mass influx making a temporary group assessment necessary, subsidiary protection is granted on an individual basis and is not by definition limited in time.“

rief, um Subsidiärschutz in den Niederlanden zu bekommen.[239] In seiner Entscheidung befand der EUGH, dass Artikel 15, Absatz (c) der Qualifikationsrichtlinie eine individuelle Bedrohung nicht zwingend verlangt, sondern dass die Bedrohung sich auch „auf Personen ungeachtet ihrer persönlichen Situation erstrecken kann."[240] Im Rahmen dieser Entscheidung etablierte der EUGH einen Proportionalitätstest, wann der Schutz aus Absatz (c) des Artikel 15 greift: je größer die individuelle Bedrohung, ein desto geringeres Maß an Gewalt ist nötig; umgekehrt gilt: je größer das Ausmaß der Gewalt im gegebenen Land präsent ist, desto niedriger ist die Schwelle der individuellen Bedrohung, die man ausweisen muss.[241]

Das Resultat dieser rechtlichen Änderungen hat auch zu gesellschaftlichen Änderungen in Bezug auf Flüchtlinge geführt. Ein vertieftes Bekenntnis zu Menschenrechten und auch die Einführung des Subsidiärschutzes schwächte den Diskurs um den Asylmissbrauch. Zusammen mit den verbreiteten Bildern von flüchtenden Menschen dank neuer Medien hat sich inzwischen das Bild des „echten" Flüchtlings verändert. Die Antwort der ehemaligen Kanzlerin Angela Merkel „Wir schaffen das!" auf die Frage, wie man mit den Flüchtlingsbewegungen der Jahre 2015 und 2016 fertig wird, ist ein Zeichen dafür, dass die Politik die menschenrechtlichen Verpflichtungen ernst nahm, auch wenn sie politisch unpopulär waren.[242] Als praktisches Beispiel dieser normativen Entwicklungen kann man nicht nur die Situation der ukrainischen Flüchtlinge nennen, sondern die rechtliche Behandlung der Syrer in Deutschland, von denen fast 96 Prozent entweder Asyl oder Subsidiärschutz bereits 2012, nur ein Jahr nach Anfang des Krieges, erhielten.[243] Dies stand im starken Kontrast zu der durchschnittlichen Schutzquote, die sich im selben Jahr nur noch auf knapp 28 Prozent belief.[244] Als Resultat dieser neuen Einstellungen, sowohl rechtlicher als auch gesellschaftlicher Art, fanden seit Anfang des Krieges in Syrien mehr als 645.000 Syrer permanenten Schutz in Deutschland,[245] was darauf hindeutet, dass Bürgerkriegsflüchtlinge heutzutage eher als „echte" Flüchtlinge gelten.

239 Elgafaji v. Staatssecretaris van Justitie, CJEU C-465/07 (EUGH 2009).

240 Ebd. Abs. 34.

241 Ebd. Abs. 35, 39.

242 Sommerpressekonferenz von Bundeskanzlerin Merkel, Bundesregierung, 21.5.2015, online zugänglich unter: https://www.bundesregierung.de/breg-de/aktuelles/pressekonferenzen/sommerpressekonferenz-von-bundeskanzlerin-merkel-848300 (letzter Zugriff am 9.6.2021).

243 BAMF: Das Bundesamt in Zahlen 2012 (2013), S. 48.

244 Ebd. Der Prozentsatz berechnet durch Division der Gesamtzahl der Anerkennung unter Art. 16a GG, Konventionsflüchtlingen und Non-Refoulement-Fälle im Verhältnis zur Gesamtzahl der Entscheidungen.

245 Information berechnet aus BAMF Statistiken für die Jahre 2011 bis 2020. Alle berichte online zugänglich unter: https://www.bamf.de/DE/Themen/Statistik/Asylzahlen/BundesamtInZahlen/bundesamtinzahlen-node.html (letzter Zugriff am 28.11.2023).

Conclusio

Dass der Flüchtlingsschutz in Europa noch verbesserungsbedürftig ist, ist unumstritten. Dass Staaten in Europa trotz menschenrechtlicher Bekenntnisse immer noch restriktive Immigrationsgesetze einführen und massenweise negative Asylbescheide erlassen, ist ebenfalls bekannt und gibt Anlass zur Kritik. Dennoch wurde deutlich, dass trotz bestehender Mängel bereits deutliche Verbesserungen im Untersuchungszeitraum entstanden sind. Menschenrechtskonzepte wie das *Non-Refoulement*-Gebot fanden legislativen und praktischen Eingang und sind inzwischen fest im EU-Recht verankert. Sie wurden längst durch Rechtsprechung der höchsten Gerichte bestätigt. Flüchtlinge erhalten daher heute viel mehr Schutz als früher.

Vor allem hat sich die rechtliche Lage der Kriegsflüchtlinge um einiges verbessert. Während Staaten, so wie Deutschland, noch in den 1990er-Jahren bosnischen Flüchtlingen nur das absolute Mindestmaß an Schutz gewährten, werden heute Personen, die Kriegsgebieten entfliehen, typischerweise als „echte" Flüchtlinge wahrgenommen, selbst wenn sie keine individuelle Verfolgung nachweisen können. Die Lücken in der GFK waren mit den neuen Menschenrechtsgrundlagen der EU nicht vereinbar. Dabei ist auch zu berücksichtigen, dass die Erweiterung des Schutzes auf einer paradoxen Situation beruhte: Es waren ausgerechnet die Erfahrungen der 1990er-Jahre, in denen Staaten sich der Verantwortung für Flüchtlinge entziehen wollten, die dafür sorgten, dass nationale Modelle, die nur das Mindestmaß an Schutz bieten wollten, in supranationale Systeme für die Steuerung der Flüchtlingsmigration einbezogen wurden. Dadurch wurden diese supranationalen Systeme aber mit Menschenrechtsprinzipien versehen, die heute ein viel höheres Ausmaß an Schutz bieten – der nun auch einem viel größeren Personenkreis zur Verfügung steht.

Diese Ergebnisse sind für die Befürworter einer Ausweitung des Flüchtlings- und Menschenrechtsschutzes ermutigend. Der Paradigmenwechsel in den Flüchtlingsdoktrinen und die große Zahl von Personen, die allein in Deutschland in den letzten Jahren permanenten Schutz im Rahmen von Konventionsstatus oder Asyl erhalten haben, deuten auf eine Ausweitung sowohl des Schutzkonzepts in Theorie und Praxis hin. Ob diese Resilienz der GFK in Angesicht dem neuen Rechtsruck vieler EU Staaten bestehen kann, bleibt allerdings noch offen.

Abstract

Today, more than 100 million people have been displaced from their home countries. Only a third of them are recognized as refugees under the terms of the 1951 Geneva Convention, raising the question of how effective refugee protection remains in the present day. Amid increasing restrictions – particularly in Western European states and the European Union (EU) – on the admission of individuals seeking protection, it is easy to overlook that one group of refugees now enjoys greater protection than ever before: those fleeing civil war.

The most recent example is the case of Ukrainian refugees, with only a small number of states hesitating to accept them. For the first time, the EU even activated the Temporary Protection Directive, a legal instrument that had been part of the EU asylum framework since 2001. Some critics, adopting a cynical perspective, have accused Western European policy of discrimination, claiming that such special treatment is not afforded to non-European refugees. This claim is misleading. Refugees in similar situations, such as Syrians fleeing civil war, have also benefited from special provisions, though admittedly mostly at the national rather than the EU level. Moreover, just 30 years ago, Bosnian refugees arriving in Western Europe during the 1990s received significantly less protection, despite also being European.

How, then, has this shift occurred — such that within a single generation, refugees fleeing civil wars are now more likely to be admitted and protected? One key factor is the experience of the 1990s and the lessons learned from the treatment of Bosnian refugees. These experiences prompted the integration of new forms of protection grounded in the European human rights framework into the foundations of EU law. While this shift partly originated in an attempt to limit the obligations to grant protection, it nonetheless led to a genuine paradigm change: rather than excluding those fleeing civil war from refugee protections, they are now far more readily recognized as „legitimate“ claimants than those who would legally qualify as "genuine" refugees in international refugee protection law.

This article argues that, despite well-founded criticism of restrictive legal changes at both national and supranational levels, refugees now enjoy better protections – here defined as their ability to remain in a host country long-term. This is particularly true for those fleeing civil war. It demonstrates how a higher level of protection for such individuals has become institutionalized not only at the national level but also within the EU, through the embedding of foundational principles of human rights into EU legal instruments. In doing so, this protection has become a new legal norm within refugee protection. The article also highlights that a degree of flexibility in implementing mechanisms of protection can, in fact, result in more effective and expansive protection for refugees.

Biografien der Autorinnen und Autoren

Dr. Agnes Bresselau von Bressensdorf ist Historikerin und stellvertretende Leiterin der Münchner Forschungsabteilung am Institut für Zeitgeschichte München-Berlin (IfZ). Von 2019 bis 2023 war sie Wissenschaftliche Geschäftsführerin des Berliner Kollegs Kalter Krieg. Sie ist Expertin für die Geschichte des Kalten Krieges und der internationalen Politik sowie für die Geschichte von Flucht, Humanitarismus und Menschenrechten. Veröffentlichungen u. a.: Eine Frage der Weltordnung. Flucht und humanitärer Interventionismus im Mittleren Osten, 1979–1991 (2025); Kipppunkte. Momente des Wandels im 20. Jahrhundert (Mithg., 2024); Über Grenzen. Migration und Flucht in globaler Perspektive seit 1945 (Hg., 2019).

Dr. Emmanuel Comte ist Marie Skłodowska-Curie–ONISILOS Fellow an der Universität Zypern und Professorial Lecturer an der Diplomatischen Akademie Wien. Er hat einen Doktortitel in Geschichte Europas und Internationaler Beziehungen von der Universität Sorbonne und ist Absolvent der École normale supérieure in Paris. Er ist der Autor von The History of the European Migration Regime“ (Routledge, 2018), einem Werk, das das Verständnis dafür verändert hat, wie europäische Länder ein Regime der relativen Freizügigkeit auf dem Kontinent entwickelt haben.

Dr. Sebastian Gehrig unterrichtet moderne europäische und internationale Geschichte an der Universität Sheffield. Seine Forschungsschwerpunkte beinhalten die Geschichte des Rechts im Kalten Krieg, Menschenrechtsgeschichte und internationales Recht sowie die Geschichte des Verrats und nationaler Sicherheit. Er ist Autor des Buches Legal Entanglements. Law, Rights, and the Battle for Legitimacy in Divided Germany, 1945–1989 (2021).

Dr. jur. Rotem Giladi ist Senior Lecturer an der Law School der University of Roehampton. Studium der Rechtswissenschaften an der University of Essex (LL. B.) sowie an der Hebräischen Universität Jerusalem und in Internationalem Recht an der University of Michigan Law School (LL. M.). 2019/2020 Teaching Fellow in International Law an der Universität Edinburgh. Forschungsschwerpunkte Geschichte des internationalen Rechts, Diplomatiegeschichte, vor allem israelische Diplomatie des ersten Jahrzehnts (1948–1957) und jüdische Diplomatiegeschichte und moderne jüdische Geschichte. Veröffentlichungen u. a. Jews, Sovereignty, and International

https://doi.org/10.1515/9783111671109-011

Law: Ideology and Ambivalence in Early Israeli Legal Diplomacy (The History and Theory of International Law), Oxford: Oxford University Press 2021.

Prof. Dr. Fabian Klose ist Lehrstuhlinhaber für Internationale Geschichte und historische Friedens- und Konfliktforschung an der Universität zu Köln. Seine Forschungsschwerpunkte liegen im Bereich der Geschichte der Dekolonisation, des humanitären Völkerrechts, der Menschenrechte und des Humanitarismus. Er ist Mitgründer und geschäftsführender Direktor des *Cologne Center for Advanced Studies in International History and Law.*

Dr. Patrick Merziger ist Wissenschaftlicher Mitarbeiter am Historischen Institut der Justus-Liebig-Universität Gießen. Seine Forschungsschwerpunkte sind die Kommunikations- und Mediengeschichte seit dem 18. Jahrhundert und der Humanitarismus im 20. Jahrhundert.

apl. Prof. Dr. Jannis Panagiotidis ist Wissenschaftlicher Leiter des Research Center for the History of Transformations (RECET) an der Universität Wien. Seine Forschungsschwerpunkte liegen im Bereich der zeitgenössischen Migrationsgeschichte, mit einem Fokus u. a. auf die Geschichte der deutschen Aussiedlermigration und Fluchtfolgemigrationen nach dem 2. Weltkrieg.

Dr. Jakob Schönhagen ist Mitglied der Forschungsgruppe Zeitgeschichte von Professor Ulrich Herbert an der Albert-Ludwigs-Universität Freiburg. Sein Fachgebiet ist die Geschichte der internationalen Flüchtlingspolitik.

Dr. iur. Alma Stankovic ist lizenzierte Rechtsanwältin in den USA, in den Bundesstaaten Kalifornien und New York sowie im District of Columbia. Während Ihrer Praxiszeit arbeitete sie für hochrangige NGOs, darunter die Clinton Foundation in New York und das Public Counsel Law Center in Los Angeles, wo sie Rechtsberatung, Politikentwicklung und Vertretung in Rechtsstreitigkeiten im Namen von Immigranten und in Armut lebenden Menschen in einer Vielzahl von Fachbereichen verrichtete. Sie hat einen Bachelor of Arts in Politikwissenschaften von der University of California Los Angeles (UCLA) sowie einen Juris Doctor von der University of Southern California (USC). Sie promovierte 2022 an der Karl-Franzens-Universität Graz im Völkerrecht, mit einem Fokus auf Menschen- und Flüchtlingsrecht. Ihre Forschungsgebiete umfassen die Sachgebiete der transnationalen Governance, vor allem in Verbindung mit Staatsbürgerschaftsthemen, Migrationsthematiken, das internationale und europäische Menschenrechtssystem, und das Flüchtlingsrecht. Sie arbeitet derzeit an der Hochschule Esslingen als Wissenschaftliche Mitarbeiterin.

apl. Prof. Dr. Annette Weinke studierte Geschichte, Publizistik und Kunstgeschichte an der Universität Göttingen und der Freien Universität Berlin. Nach der Promotion an der Universität Potsdam unter anderem Aufenthalte an der University of Massachusetts und der Princeton University. Seit 2010 wissenschaftliche Assistentin an der Universität Jena, dort 2014 Habilitation und seit 2020 außerplanmäßige Professorin. Mitglied im Arbeitskreis „Geschichte und Menschenrechte im 20. Jahrhundert" und in der Vereinigung für Verfassungsgeschichte.

Personenregister

https://doi.org/10.1515/9783111671109-012

www.ingramcontent.com/pod-product-compliance
Lightning Source LLC
LaVergne TN
LVHW042235300926
849161LV00003B/362

9783111669878